KB266680

태극기, 처음으로 돌아가자

태극기, 처음으로 돌아가자

김인기 지음

좋은땅

첫머리에

　태극기는 동아시아 질서 속에서 오랜 기간 생존해 온 한민족韓民族이 준비 없이 세계질서에 편입되는 격랑의 와중에 창안되어, 1882년 5월 22일 조미수호통상조약 체결 장소에서 미국 성조기와 나란히 게양됨으로써, 한민족을 대표하는 상징으로 국제사회에 처음 모습을 드러내었다. 그 후 태극기는 조선의 국기로서, 대한제국의 국기로서, 국가 없는 한민족의 암흑기인 일제 강점기에는 나라를 되찾자는 민족 염원의 구심점으로서, 대한민국의 국기로서, 대한민국 국격의 상승과 더불어 지금은 세계 전 지역에서 대한민국을 대표하는 국가 상징으로 자랑스럽게 휘날리고 있다.

　태극기는 흰색 바탕, 중앙에 원으로 표시된 태극과 이 안에 파란색과 빨간색의 음양으로 이루어진 태극문양, 태극문양의 사방에 배열된 4괘로 이루어져 있다. 먼 옛날 동북아시아를 터전으로 삼아 살았던 옛사람들은 우주의 생성과 운동의 원리를 태극과 이 태극에 의해 생성된 음양이 줄어들고 늘어나는 관계, 즉 음양의 소식消息 관계로 인식하고 있었다. 그래서 태극기는 우주의 생성과 변화에 관한 철학적 보편성을 표현하고 있다. 『25시』의 저자 C. V. 게오르규는 태극기에 대해 "세계 모든 철학의 요약 같은 것이 새겨져 있다."라고 언급한 바 있다. 태극기는 대한민국의 국기로서 나라의 상징이니, 대한민국을 나타내는 상징성을 가지고 있어야 한다. 백의민족임을 나타내는 흰색 바탕, 우리 겨레가 오랜 세월 동안 애용해 온 모양과 색깔로 이루어져 다른 나라의 그것과 구별되는 태극문양, 세상 만물을 포함하는 팔괘를 의미 변화 없이 압축하여 독창적으로 표현한 4괘로 표현된 태극기는 한민족의 국가인 대한민국의 국기로서 국가 상징성을 나타내기에 충분하다.

지금 세계만방에서 휘날리고 있고 대한민국 국민에게 가장 익숙한 현행 태극기는 대한민국 정부 수립 후 1949년 10월 15일부터 지금까지 75년 이상 대한민국을 상징하고 있다. 그렇지만 현행 태극기는 처음 제작되었던 당시의 모습 그대로가 아니다. 태극기가 처음 공식적으로 나타난 지 120년도 더 지난 2004년 1월 최초의 태극기가 신문 지상을 통해 공개되었다. 지금까지 국기 또는 태극기라는 이름으로 만들어진 우리 태극기는 그 종류가 손가락으로 꼽을 수 없을 정도로 많다. 이렇게 많은 종류의 태극기는 얼핏 보면 모습이 너무 달라서 서로 아무 관련 없는 것처럼 보이지만, 필자는 현행 태극기를 포함한 이 책에 소개된 거의 모든 태극기가 최초 태극기로부터 도출된 것임을 밝혔다.

필자는 태극기에 대해 보통의 한국인이 가지고 있던 인식의 범주를

  태극기, 처음으로 돌아가자

벗어나지 못했다. 그런 필자가 태극기를 본격적으로 연구하게 된 계기는 대산 김석진의 저서『새로 쓴 대산 주역강의』로 주역을 공부하던 중, 대산 선생의 주역 강의 유튜브에서 "우리나라 태극기는 잘못 그려져 있습니다. 현행 태극기는 역리易理에 맞지 않는데, 역리에 맞게 고치면, 남북이 통일도 되고 민족도 화합을 이루고, 국가도 경제적으로 성장해서 더 부강한 나라가 될 것입니다."라는 말씀이다. 이처럼 태극기는『주역』의 철학 사상과 불가분의 관계에 있다. 태극기는 조선이 전 지구적인 세계질서에 편입되는 시점에 창안되었으므로, 당시 조선을 둘러싼 세계질서에 대한 역사적 관점에서 이해가 필요하다. 또한, 태극기는 기旗에 속하므로 기학旗學(vexillology, 기장학旗章學)에 관한 이해가 필요하다. 그래서 태극기 관련 저서나 논문의 저자는 주역 학자와 역사학자가 주를 이룬다. 필자는 태극기 관련 분야의 전공자가 아님에도 집필할 엄두를 내었다. 대산 선생의 말씀에 자극받아 태극기 연구에 뛰어들었지만, 관련 저서, 논문과 온라인상에 공개된 수많은 관련 자료의 집필자와, 귀중한 저작물의 사용을 흔쾌히 허락해 주신 분들의 배려로 이 책을 집필할 수 있었으므로, 이 자리를 빌려 감사드린다.

이 책은 크게 4부분으로 이루어져 있다. '우리 태극기에 적용되는 기본적인 개념', '최초의 태극기', '박영효 태극기' 및 '태극기, 처음으로 돌아가자'이다.

첫째, '우리 태극기에 적용되는 기본적인 개념'에서는 기旗로서의 태극기를 이해하기 위한 기본으로 기학旗學 이론과 태극기의 역리적 관점이 간단하게 소개되어 있다.

둘째, '최초의 태극기'에서는 최초 태극기의 창안자가 누구인지, 최초 태극기가 어떻게 창안되었는지, 최초 태극기의 태극문양은 그 출처가 어디인지, 태극문양 주변의 4괘는 왜 독창적인지, 태극기의 흰색 바탕은 태극기 창안자가 처음부터 백의민족임을 상징하는 의미로 채택되었는지, 최초 태극기는 조미수호통상조약의 조인식 때 임시로 한 번만 사용된 후 폐기되었는지 등에 대해 서술되어 있다.

셋째, '박영효 태극기'에서는 박영효 태극기가 만들어지게 된 역사적 배경과 박영효 저『사화기략』에 서술된 문언 중 그 문언의 의미 자체로 보기보다는 당시 시대 상황을 고려하여 문언에 숨겨진 다른 의미가 있는지 파악하고자 했고, 박영효 태극기가 최초 태극기로부터 도출되는 과정이 처음으로 소개되어 있다. 대한민국 정부 수립 기념식장인 중앙청에 게양된 2종류의 태극기는 실수나 착오가 아니라 신생 대한민국 정부의 고도로 계산된 정치적인 의도의 결과물일 수 있다는 것임을 밝혔다. 또한, 현행 태극기가 대한민국의 국기로 선정되는 과정을 정리하면서 그 과정에서 제기된 문제들의 진위를 밝히려고 노력했다.

넷째, '태극기, 처음으로 돌아가자'에서는, 지금까지의 태극기 개정론이 소개되어 있고, 현행 태극기가 우리 관점에서 창안되었다는 현행 태극기 옹호론이 타당한지를 분석하고, 최초 태극기로 돌아가는 것이, 태극기 창안자의 뜻과 역리에 부합할 뿐 아니라, 태극기가 가지는 상징성을 최대한 살리는 것임을 밝혔다.

태극기, 처음으로 돌아가자.

처음으로 돌아가기 위해서는 '대한민국국기법'의 개정이 필요하다. 현행 태극기를 처음 태극기로 개정하는 데는 태극문양에서 색色의 위치를 바꾸기 위한 글자의 순서 변경만으로 가능하다. 대한민국국기법 제7조 제2항의 "국기의 깃면은 그 바탕을 흰색으로 하고, 태극의 윗부분과 아랫부분은 각각 빨간색과 파란색으로 하며, 괘는 검은색으로 한다."를 "……, 태극의 윗부분과 아랫부분은 각각 파란색과 빨간색으로 하며, …….'로 태극의 색色의 순서를 바꾸기만 하면 된다. 이런 간단한 개정을 통해 태극기의 전체적인 분위기를 그대로 유지하면서 '남북통일과 대한민국의 국운 융성'을 기대할 수 있다면, 이런 개정은 아무리 빨라도 빠르다고 할 수 없다.

2026년(병오丙午년) 2월 김인기金麟基

목차

Ⅱ. 최초의 태극기

Ⅲ. 박영효 태극기

Ⅳ. 태극기, 처음으로 돌아가자

일러두기

- 인용 문헌에 대해 본문에는 통상적인 배열 방식과 달리했으나, 첨부의 '참고 자료 등'에서는 통상적인 배열 방식에 따랐습니다.
- 각주에서 인용 문헌의 문구를 인용하는 " " 내의 한자를 문맥이 명확한 경우 한글로 변환했고(변환에 따른 한글 띄어쓰기를 적용함), 부득이한 경우 한글과 한자를 함께 기재했습니다.
- 김원모 교수의 『태극기의 연혁』(행정자치부, 1998. 5.)에 관한 정보는 2024년 12월 행정안전부 의정담당관실에서 제공받은 책에 근거했습니다.
- 이 책은 현행 태극기를 최초 태극기로 개정하는 데 초점을 두고 집필된 관계로 많은 자료를 다루고 있고, 이와 관련된 설명이 장황할 수도 있습니다. 그래서 예를 들어 본문의 '다음(이하의 ①부터 ⑤까지)'에서 언급하는 세부적인 내용과 '각주'는 건너뛰어도 전체적인 내용 파악에 어려움이 없도록 구성하였습니다.
- '부록'에서 이응준 감정본(태극기)과 박영효 태극기 계열 등을 시간순으로 정리하여 태극기의 다양한 변화를 이해하기 쉽게 하였습니다.

I

우리 태극기에 적용되는
기본적인 개념

1

'기旗'로서의 태극기

가. 대한민국 국가 상징의 으뜸인 태극기

대한민국의 국기인 태극기는 국가 상징[1]인 국기(태극기)·국가(애국가)·국화(무궁화)·국새(나라 도장)·국장(나라 문장) 중에서 으뜸 자리를 차지하고 있다. 이처럼 국가 상징의 으뜸인 국기에 대해, 현행 태극기를 대한민국의 국기로 결정한 국기시정위원회(1949년)에서 국기시정위원(특별심사위원을 겸임)을 역임한 이선근 박사(이하 이선근)는 "국가와 민족의 최고 이상을 상징하게 되는 동시 그의 절대 권위와 생명으로 되어 언제나 독립 자주의 주권(主權)을 의미하게 된다.

---

1) 행정안전부(전자정부 누리집)는 국가 상징을 "국가 상징이란 국제사회에 한 국가가 존재한다는 사실을 알리기 위해 자기 나라를 잘 알릴 수 있는 내용을 그림·문자·도형 등으로 나타낸 공식적인 징표로서 국민적 자긍심의 상징이라 할 수 있다. 국가 상징은 어느 한순간에 인위적으로 만들어진 것이라기보다는 오랜 세월 동안 국가가 형성되는 과정에서 그 나라의 역사·문화·사상이 스며들어 자연스럽게 국민적 합의가 이루어져 만들어진 것이다. 따라서 국가 상징은 연령·신분의 고하, 빈부의 격차에도 불구하고 그 나라 국민이면 누구도 부정할 수 없으며 누구나 공감하고 하나가 될 수 있는 최고의 영속적인 가치를 갖는다."라고 정의하고 있다.

따라서 한 나라의 국기에 대한 관리(管理)와 경례(敬禮) 여하는 곧장 그 국가에 대한 경중(輕重)과 예우(禮遇) 여하를 말하게 되므로 제 나라 국기의 존엄을 수호하고 선양함은 그 나라 그 국민의 절대 책임이요 의무로도 간주하게 된 것이다."라고 언급하고, 이것이 지켜지지 않을 때 국가 사이에 외교 문제는 물론 무력 충돌이 야기된 사례를 들고 있는데, 그중에는 우리나라 역사에서 조선 말 국기에 대한 개념이 정립되기 전에 외국 국기를 모독하였다는 이유로 공격받은 사례가 있었다고 소개하고 있다.[2]

나. '기旗'를 구성하는 기본 요소

대한민국의 국기國旗는 태극기太極旗이다. 국기와 태극기 모두 '기旗'로 끝난다. '기旗'에 대해 이선근은 "인간의 지혜가 기호(記號)·신호(信號)·표준(標準)·군호(軍號) 등을 필요로 하여 사용하기 시작한 원시(元始) 시절부터 생겨난 것이니 앞서 지나간 자취를 뒷사람에게 알리고자 돌무지와 나무 밑동에 무엇을 그리거나 새겨 둔 것이 있었다면 이것이 곧 문자(文字)의 기원(起源)이요 신호를 위한 「기」의 시초라고

---

2) 이선근, 「우리 국기제정의 유래와 그 의의」(1959년, 『국사상의 제문제』 제2집, 국사편찬위원회), 188~189쪽. 이선근은 국가 사이의 무력 충돌로 1554년 영국 함대의 스페인 함대에 대한 함포 사격, 1653년 네덜란드와 프랑스 연합 함대의 영국에 대한 선전 포고, 1637년 네덜란드와 영국 사이의 포격 등을 들고 있다. 우리나라 역사에서 1871년 조선과 미국 사이의 분쟁인 신미양요는 미국 관점에서 볼 때 강화 해협의 조선 포대가 미국 국기를 모독하고 포격한 것이 미국이 광성진廣城鎭을 공격한 표면적인 이유였다고 한다(Griffis, 『Corea, the Hermit nation(조선, 은둔의 나라)』, P.411에 근거하고 있다).

도 볼 수 있다. 나아가 나무 꼭대기나 장대 끝에 풀잎과 새끼 오리 혹은 헝겊 같은 것을 매어 달아서 먼 곳에 떨어져 있는 동료들에게 이편의 존재를 알리며 위치와 방향을 알리는 표적과 신호로 사용하였다면 이것이야말로 가장 훌륭한 「기」였다고 볼 수 있으니 토끼나 노루 같은 산짐승을 쫓아 사냥할 때나 적(敵)과 싸우게 되는 전쟁 마당에서 이러한 것이 많이 사용되었기 때문에 「기」 중에서도 군기(軍旗)가 최초로 발달된 것이 틀림없다. … 그리하여 군기 중에서도 가장 고상하고 호화롭게 만들어진 것이 수기(帥旗)에 원수기(元帥旗)이었고 이 원수기가 발전하여 국기에까지 이르게 된 것이다.”라고 언급하고 있는데,[3] 이에 의하면 「기」는 그 기원부터 **깃대**(나무, 장대)와 **깃발**(풀잎과 새끼오리 혹은 헝겊)을 기본 요소로 하고 있음을 알 수 있고, 이는 동서 고금을 통하여 변하지 않는 원칙인 것으로 보인다. **깃대**와 **깃발**을 기본 요소로 하는 ‘기旗’에 관한 연구는 세계적으로 활발하게 진행되어 왔지만, 태극기 분야에서 **깃대**와 **깃발**의 관계를 다룬 논문과 저서는 극소수가 확인될 뿐이다. 깃대와 깃발의 위치와 관련한 역사적 지역적 사례(이하의 ①부터 ④까지), ‘기旗’의 연구와 관련한 상황(이하의 ㉮부터 ㉭까지)과 태극기 관련 깃대와 깃발에 관한 국내 연구 현황(이하의 ㉠부터 ㉢까지)은 다음과 같다.

① 조선의 의장기儀仗旗이다. 의장기는 긴 자루(**깃대**)에 특정 도상(용, 백호, 주작 등)을 담은 사각형의 천을 매단 **깃발** 형태의 의장물이다.[4] 대한제국의 의장물 중 깃발류는 모두 삼각형의 형태로 이루어져 있

---

3)　이선근, 앞의 논문 183~185쪽. 인용문 안의 몇 단어를 현대적 의미에 맞게 수정했다.
4)　국립고궁박물관, 『왕실문화도감 의장』 제4책(2018년 12월, ㈜조은피앤피), 109쪽.

다.[5] **조선과 대한제국의 의장물은 깃대가 깃발의 오른쪽에 있다.** 다만 대한제국 때의 명성황후국장도감의궤와 황태자비와 황(귀)비의 의장기로 사용되었던 흑봉기黑鳳旗와 홍봉기紅鳳旗는 깃대가 깃발의 왼쪽에 있다.

② 1882년 7월 19일 미국 상원에서 제작·분배를 결의한 미국 해군부(Navy Department) 발간의 『해양국가들의 깃발(Flags of Maritime Nations)』에는 전 세계 해양국가 49개국이 사용했던 각종 **깃발**(선박용 국기, 군함기 등)이 **깃대**의 오른쪽에 게양되어 있다. 즉, **깃대가 깃발의 왼쪽에 있다.**

③ 청국의 의장기이다. 1811년의 흠정대청회전도欽定大淸會典圖에는 삼각형의 **깃발**이 깃대의 오른쪽에 게양되어 있다.[6] 즉, 깃대가 깃발의 왼쪽에 있다.

④ 현행 태극기는 **깃발**이 **깃대**의 오른쪽에 게양되어 있다.[7] 즉, **깃대가 깃발의 왼쪽에 있다.**

㉮ 현대적인 의미의 '기旗' 연구는 휘트니 스미스(Whitney Smith) 박사로부터 시작되었다. WIKIPEDIA의 'Whitney Smith'에 관한 소개는 이하와 같다. 휘트니 스미스 주니어(1940~2016)는 vexillologist('기旗 연구자', '기 학자')이다. 그는 vexillology('기학旗學', '기 연구')라는 용어를 만들었다. vexillology는 모든 종류의 깃발에 대한 학문적 분석을 의미한다.

㉯ 휘트니 스미스는 1965년 Klaes Sierksma(클라스 시에르크스마)와 함께 'the First International Congress of Vexillology (Muiderberg, Netherlands)(제1회 국제기학國際旗學 학술대회

---

5)　국립고궁박물관, 앞의 책, 221쪽.
6)　국립고궁박물관, 앞의 책, 222~299쪽.
7)　행정안전부, 『2024 정부의전편람』(2024.8., 행정안전부 의정관실), 25~29쪽.

學術大會)'를 조직했다. 휘트니 스미스와 Sierksma(시에르크스마)는 Louis Mühlemann(루이 뮐레만)과 함께 'the International League of Vexillologists'를 설립했고, 그들은 1965년 9월 5일부터 1967년 9월 3일까지 운영된 운영위원회(Governing Board)의 멤버이다. 'the International League of Vexillologists'는 'the International Federation of Vexillological Associations'(국제기학협회國際旗學協會, 'FIAV'라고 하는데, 이는 프랑스어 'The Fédération internationale des associations vexillologiques'의 두문자어이다)로 대체되었고, 휘트니 스미스는 부회장으로 선출되었다. 깃발에 관한 'FIAV Flag Information Symbols'를 규정하고 있는데, 이에 의하면 '그림 3'에 표시된 '▦'은 'National flag and engine(국기 및 선적기船籍旗)'이라는 의미이다.

⑭ 'FIAV'의 사이트에 의하면, 2025년 11월 25일 현재 48개국 52개 단체가 가입해 있다. 52개 중 3개 단체는 복수의 국가가 연합하여 만든 단체인데, 'Southern Africa Vexillological Association(SAVA)'은 남아프리카 11개 국가의 연합 단체이다. 아시아는 현재 4개 국가(싱가포르, 인도, 일본, 중국)의 단체가 회원이고, 스리랑카는 2010년 Kumaran Femando의 사망으로 활동이 중단되었다.

⑮ 'FIAV'는 2년 주기로 'International Congress of Vexillology(국제기학國際旗學 학술대회學術大會 또는 국제기학회의國際旗學會議)'를 개최한다. 예를 들어 'ICV27 London 2017'은 2017년 런던에서 개최된 'International Congress of Vexillology'를 의미한다(각주 16 참조).

㉠ 2008년 3월 22일(인터넷한국일보는 3월 24일 입력) 한국일보는 "'데니 태극기' 앞뒤 못 가리는 독립기념관"이란 제목의 문화재전문가들과 독립기념관 사이에 데니 태극기의 앞면이 어느 쪽이냐에 관한 논쟁을

다른 기사(박관규 기자)에서, 담당 기자는 문화재전문가들의 의견에 동조하고 있다. 논쟁의 발단은 2008년 3월 19일 한국일보의 "독립기념관 '最古태극기' 원본 아니었다"라는 제목의 기사(박관규 기자)에서 "독립기념관 측은 … 16년 동안 국기의 앞뒷면을 바꿔 전시했다."라고 비판한 것이다. 이에 대하여 독립기념관 측은 2008년 3월 20일 "언론보도 해명 – 독립기념관의 데니 태극기 문제 지적 관련"이란 제목의 보도자료를 통해 "독립기념관의 전시 방향은 올바른 방향이었다."라며 그 근거로 "당시 태극기의 게양 깃대는 오른쪽"이었음을 제시했다. 한철호 교수(이하 한철호)는 2008년 12월에 발표한 논문에서 "최초의 국기 제정 이후 적어도 데니 태극기 이전까지인 1880년대에 제작된 국기 깃대의 위치는 오른쪽이었다. 따라서 현재 태극기의 앞뒷면에 대해 이의가 제기된 '데니 태극기'는 지금까지 알려진 바대로 독립기념관에서 전시되어 있던 형태가 정확하다고 판단된다."라고 언급하고 있다.[8]

ⓒ 2008년 5월 27일 연합뉴스의 기사에 의하면, '독립기념관 한국독립운동사연구소'가 27일 서울 대우재단 제2세미나실에서 개최한 제243회 월례연구발표회에서 한철호가 1882년 11월 제작 박영효 태극기와 1884년 6월 10일 조선 주재 영국 총영사 애스턴이 청국 주재 영국 공사에게 보낸 '조선국기'(Corean National Flag)를 근거로 '1880년대 무렵만 해도 깃대가 깃발의 오른쪽에 배치되어 있다'라고

---

8) 한철호, 「우리나라 최초의 국기('박영효 태극기' 1882)와 통리교섭통상사무아문 제작 국기(1884)의 원형 발견과 그 역사적 의의」(2008년, 『한국독립운동사연구』 제31집), 172쪽. 한철호와 같은 취지로는, 신원봉, 「박영효 태극기의 유래와 그 발견의 의미」(2011a), 『東洋古典研究』 第43輯), 267쪽. 신원봉은 "깃대의 위치는 태극기 연구에서 미세한 부분이지만 대단히 중요하기도 하다. 이 부분을 소홀히 하면, 자칫 깃대를 왼쪽에 고정시킴으로써 결과적으로 태극기를 뒤집어보는 실수를 범할 수 있다. 이 실수는 사실 지금까지 계속되고 있다. 예를 들어 최근에 발생한 독립기념관 '데니 태극기' 소동만 해도 그렇다. 문화재위원들이 '데니 태극기'를 거꾸로 게시했다고 비난하고, 여기에 독립기념관 측이 반론을 제기한 일련의 논의들도 다름 아닌 깃대의 위치에 대한 오해 때문에 야기되었다."라고 언급하고 있다.

주장했다고 한다. 이 기사 이후 깃발과 깃대의 관계를 언급한 태극기 관련 논문이 3편 정도 확인된다.[9]

ⓒ '데니 태극기'는 등록문화재 제382호로 2008년 8월 12일에 등록되었고(관보 제16812호), 2021년 10월 25일 보물 2140호로 지정되었다. 현재 보물로 지정된 태극기는 3점(각주 441 참조)에 불과한데, 데니 태극기는 국내에서 현존하는 가장 오래된 태극기이고, 고종이 외교 고문이던 데니에게 하사한 태극기라는 점에서 중요하다. 데니 태극기를 보물로 지정하기 위한 문화재위원회의 회의에서도 어느 쪽이 앞면인가에 대해 문화재위원들 사이에 격론이 있었고, 데니 태극기의 앞면은 독립기념관 측의 입장과 동일하게 깃대가 오른쪽에 위치하는 깃발의 면으로 정리되어 있다. 그러나 현재의 입장과 독립기념관 측의 입장은 잘못되었는데, 이에 대해서는 뒤에서 구체적으로 살핀다 {Ⅲ.2.라.(3)(라) 항 참조. 데니 태극기의 앞면은 그 제작 주체(조선정부)의 입장(깃대가 깃발의 오른쪽에 위치)에 더하여 태극기를 사용한 주체(미국인 데니)의 입장(깃대가 깃발의 왼쪽에 위치)도 추가로 고려해서 판단해야 하지만, 현재 및 독립기념관의 입장과 학설 등은 데니 태극기의 제작 주체만 고려한 결과로 보임. 데니는 미국으로 떠나기 전 경희궁 새문안 방향 성 끝 부근의 숙소에서 데니 태극기를 실제로 사용하였음(각주 584 관련 본문 참조)}.

태극기는 조선과 대한제국의 국기였고, 대한민국의 국기이다. 조선 시대부터 일제 강점기까지의 태극기는 깃대가 깃발의 오른쪽에 위치하고, 현행 태극기는 깃대가 깃발의 왼쪽에 위치하여, 깃대와 깃발

---

9) 한철호, 앞의 논문, 171~172쪽; 신원봉, 앞의 논문, 262~267쪽; 신희정, 「太極旗의 太極紋樣에 관한 研究」(2017, 원광대학교 동양학대학원 석사학위논문)의 108~109쪽.

사이의 관계에서 변화가 있다. 한편, 서양의 경우 변화 없이 일관되게 깃대는 깃발의 왼쪽에 위치하는 관행을 유지해 왔다. 태극기는 최초로 나타난 1882년 5월 22일 조미수호통상조약 조인식부터 서양에 속하는 미국과의 관계에서 출발했고, 그 후 다수의 서양인이 태극기의 제작[10]과 운용[11]에 관여한 결과, 지금까지 나타난 다양한 도안을 가진 태극기를 이해하는 데 큰 어려움이 있는 것도 사실이다. 특히 데니 태극기는 자체에 깃대가 부착되어 있음에도 어디가 앞면인지를 판단하는데 전문가들 사이에서 논란이 있었을 정도이다. 이처럼 태극기는 조선이 서양에 문호를 개방할 때 최초로 만들어졌기 때문에 초창기에 혼란이 있을 수밖에 없는 상황이었다. 이하에서 태극기를 포함하는 '기旗'를 이해하기 위한 개념에 대해 알아보고, 우리 태극기가 만들어지고 변화되어 온 과정을 살펴본다.

다. 깃발의 앞면과 뒷면을 판단하는 기준으로서의 깃대

대한민국 임시정부 태극기는 '대한민국임시정부공고 제75호'의 국기양식(그림 1 위의 왼쪽[12])에 도시되어 있는 바와 같고, 현행 태극기

---

10) 박영효 태극기와 관련한 메이지마루의 영국인 선장 제임스{Ⅲ.2.나.(4) 항 참조}. 1899년 미국 해군부 태극기{Ⅱ.3.다.(1)(나) 항 참조}.
11) 미국 군함 스와타라호의 승무원이 관련된 이응준 태극기{Ⅱ.4.나.(3) 항 참조}. 미국인 알렌과 관련된 1893년 시카고 만국박람회 조선관 지붕 위에 게양된 태극기{Ⅱ.3.다.(1)(나) 항 참조}. 조선의 외교 고문 미국인 데니가 사용한 데니 태극기{Ⅲ.2.라.(3) 항 참조}.
12) 대한민국역사박물관의 '한미수교 140주년 기념 작은전시'의 조미수교와 태극기 리플릿(leaflet)에 게재된 것을 인용하였다.

는 대한민국 정부 수립 이후 정부에서 규격을 바로잡은 시정是正 태극
기 도안(그림 1의 위의 오른쪽[13])(이하 이 항에서 현행 태극기)에 도
시되어 있는 바와 같다.

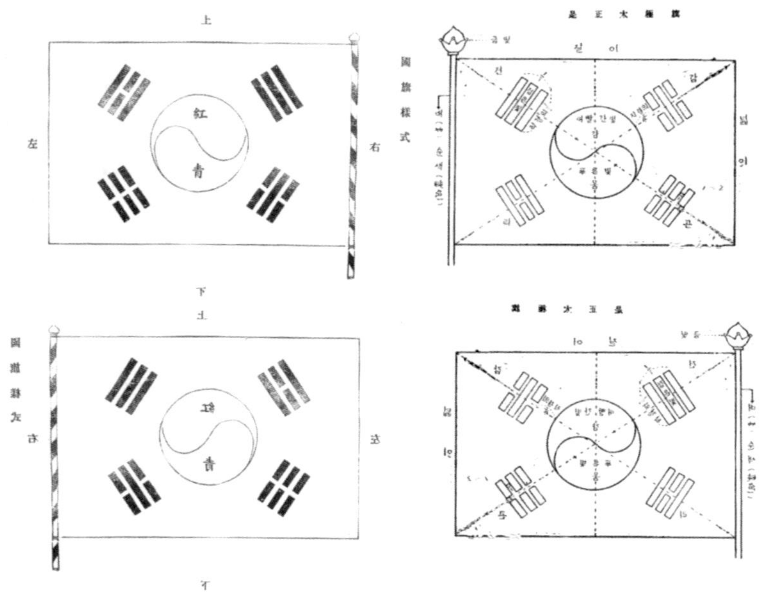

그림 1: 임시정부 국기양식, 대한민국 시정 태극기 도안의 앞면(상), 뒷면(하)

　임시정부 태극기는 깃대가 깃발의 오른쪽에 있는데, 깃대의 왼쪽에
지면상 보이는 깃발 부분이 앞면이다. 현행 태극기는 깃대가 깃발의
왼쪽에 있는데, 깃대의 오른쪽에 지면상 보이는 깃발 부분이 앞면이
다. 한편, 임시정부 태극기의 뒷면은 지면의 뒤쪽에서 임시정부 태극
기를 바라본 도안(그림 1의 아래 왼쪽)에서 깃대의 오른쪽에 지면상

---

13)　『관보』 제199호(1949.10.18.)에 게재되어 있다.

보이는 깃발 부분이다. 현행 태극기의 뒷면도 지면의 뒤쪽에서 현행 태극기를 바라본 도안(그림 1의 아래 오른쪽)에서 깃대의 왼쪽에 지면상 보이는 깃발 부분이다.

한편, 행정안전부가 발간한 『2024 정부의전편람』의 앞부분에 우리나라의 국가 상징이 게재되어 있고, 첫 번째가 태극기(그림 2의 가운데)인데, 깃대가 없다. 그렇지만 깃대가 없다고 하여도 현행 태극기는 깃대가 깃발의 왼쪽에 위치하는 것을 전제로 하고 있으므로(그림 2의 왼쪽), 태극기(그림 2의 가운데)는 앞면을 의미한다. 태극기의 뒷면은 깃대를 표시하지 않아도 자연적으로 정해지는데(그림 2의 오른쪽), 깃대가 오른쪽에 위치하는 것을 전제한다.

그림 2: 시정 태극기 도안(좌), 현행 태극기의 앞면(중), 현행 태극기의 뒷면(우)

(1) 전통적인 관점에서 깃발의 앞면과 뒷면을 판단하는 기준으로서의 깃대

국기의 앞면과 뒷면에 대해, 나무위키에는 "전통적으로 유럽에서는 깃대 쪽이 왼쪽인 면을 앞면, 오른쪽인 면을 뒷면으로 규정하고 있으

며 동아시아와 이슬람권에서는 그 반대로 깃대 쪽이 오른쪽인 면을 앞면으로 보아왔다."[14]라는 언급이 있다. 여기서 '전통적'이라 함은 유럽(이하 서양), 동아시아(이하 단순히 '조선'이라 한다. 대한제국과 일제 강점기의 한반도를 포함)와 이슬람권에서 각각 다른 지역의 영향을 받지 않고 독자적인 '기旗' 문화를 유지한 시기를 의미하는 것으로 이해된다. 그렇다면 조선, 서양과 이슬람권에 있어서 깃발의 앞면과 뒷면에 관한 전통적인 규정은 무엇에 근거하여 결정되었는지 의문이 들 수밖에 없다. 이 의문에 대해서는, 이선근이 "인간의 지혜가 기호(記號)·신호(信號)·표준(標準)·군호(軍號) 등을 필요로 하여 사용하기 시작한 원시(元始) 시절부터 생겨난 것이니 앞서 지나간 자취를 뒷사람에게 알리고자 돌무지와 나무 밑동에 무엇을 그리거나 새겨둔 것이 있었다면 이것이 곧 문자(文字)의 기원(起源)이요 신호를 위한 「기」의 시초라고도 볼 수 있다."라고 앞에서 언급한 사항 중 '문자(文字)의 기원(起源)이요 신호를 위한 「기」의 시초'와 관련되는 것으로 보인다. 즉, 각 문화권에서 사용되는 '문자'와 「기」는 불가분의 관계에 있고, 「기」를 구성하는 요소인 '깃대'는 '문자'를 작성할 때 출발점으로 볼 수 있는데, 이 관점에서 보면 서양은 전통적으로 '왼쪽에서 오른쪽으로 쓰고 읽는 문자'이고, 조선과 이슬람권은 '오른쪽에서 왼쪽으로 쓰고 읽는 문자'[15]여서,[16] 자연스럽게 서양은 깃대의 오른쪽 면이 깃발의 앞면이 되었고, 조선과 이슬람권은 깃대의 왼쪽 면이 깃발의 앞

---

14) 나무위키(2025.12.2. 기준) '국기'의 '5. 대칭 및 회전'에서 인용.

15) 조선 시대에 있어서, 한문은 물론 한글도 오른쪽에서 왼쪽으로 진행하였는데, 그 방식은 주로 세로쓰기이다. 국한문 혼용의 경우 김구 서명문 태극기(그림 77) 참조.

16) Theun Okkerse, 「The obverse-reverse paradox: reading flags differs fundamentally from reading texts」(2017년, ICV27 London 2017)의 p. 1.

면이 된 것으로 보인다.

이와 같은 전통적인 관점에서 볼 때, 깃발에 깃대가 표시되지 않은 상태에서의 아일랜드 국기(그림 3의 왼쪽[17])와 코트디부아르 국기(그림 3의 오른쪽[18]) 사이에 국기 비율을 동일하게 하면, 서양인이 인식하는 아일랜드 국기와 조선인이 인식하는 코트디부아르 국기는 서로 완전히 동일한 대상이 된다.[19]

그림 3: 아일랜드 국기(좌), 코트디부아르 국기(우)

(가) 깃대를 기준으로 오른쪽에서 왼쪽으로 작성된 문자가 있는 조선 시대 깃발

깃대를 기준으로 오른쪽에서 왼쪽으로 작성된 문자가 있는 조선 시대 깃발로 육정기六丁旗가 있다. 『세종실록』「오례」에 게재되어 있는데, 정축기丁丑旗(그림 4의 오른쪽) · 정미기丁未旗(그림 4의 왼쪽) · 정

---

17) 위키백과의 '아일랜드 국기'에서 인용. 국기 비율(세로:가로)은 1:2이다.
18) 위키백과의 '코트디부아르 국기'에서 인용. 국기 비율은 2:3이다.
19) Theun Okkerse, 앞의 리포트, p. 1에서 같은 의미로 언급하고 있다.

묘기丁卯旗 · 정유기丁酉旗 · 정사기丁巳旗 · 정해기丁亥旗를 총칭하여 육
정기라고 하고, 조선 시대 왕의 대가의장과 기우제의장에서 중기中旗
로 사용되었다. 정축기와 정미기는 깃대를 기준으로 오른쪽에서 왼쪽
으로 '丁丑旗' · '丁未旗'로 기재되어 있어,[20] 깃대의 왼쪽에 있는 깃발
부분이 앞면임을 알 수 있다.

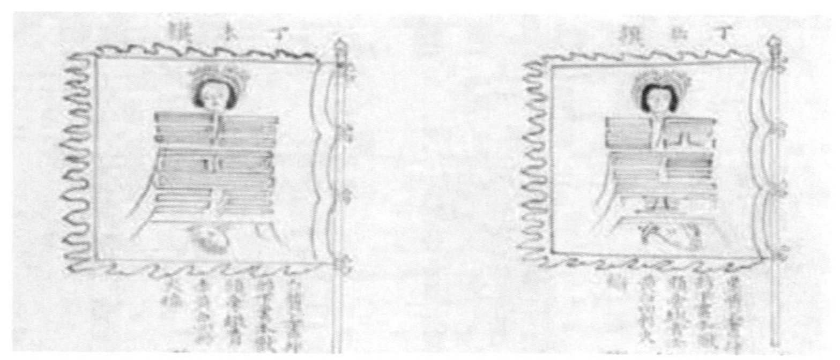

그림 4: 정미기(좌), 정축기(우)

(나) 오른쪽에서 왼쪽으로 작성된 문자가 있는 태극기

　　오른쪽에서 왼쪽으로 작성된 문자가 있는 태극기는 조선, 대한제국
과 일제 강점기에 걸쳐서 나타난다. 조선 시대 통리교섭통상사무아문
에서 1884년 제작한 '조선국기(Corean National Flag)'(그림 84
의 오른쪽)이다. 태극기의 오른쪽에 있는 깃대의 아래쪽에 깃대를 중
심으로 오른쪽에서 왼쪽으로 작성된 '國旗'라는 한자가 있다. 대한제
국 시대의 '대한제국국긔만만세'(그림 99와 그림 100의 왼쪽)와 '不遠

---

20)　　국립고궁박물관, 앞의 책, 122쪽을 인용.

復불원복 태극기'(그림 112의 왼쪽)가 있다. '대한제국국긔만만세'는 깃대가 표시되어 있지 않으나, 태극기의 위쪽은 오른쪽에서 왼쪽으로 작성된 '大韓'과 '듸한'이 위아래로 기재되어 있고, 그 아래에 오른쪽에서 왼쪽으로 작성된 '帝國國旗萬萬歲'가 기재되어 있으며, 태극기의 아래쪽에 오른쪽에서 왼쪽으로 작성된 '제국국긔만만세'가 기재되어 있다. '불원복 태극기'는 오른쪽에 태극기를 깃대에 고정하는 고정끈이 있고, 건괘(☰)와 리괘(☲) 사이에 오른쪽에서 왼쪽으로 작성된 '不遠復'이라는 한문이 있다. 일제 강점기에는 '대한독립만세' 태극기(그림 109의 왼쪽)와 김구 서명문 태극기(그림 77)가 있다. '대한독립만세' 태극기는 깃대가 깃발의 오른쪽에 위치하는 태극기의 왼쪽 부분에 '大韓'이 세로글씨로 기재되어 있고, 그 왼쪽에 오른쪽에서 왼쪽으로 작성된 '獨立萬歲'라는 한자가 있다. 김구 서명문 태극기는 깃발의 오른쪽에 위치하는 깃대의 왼쪽에 오른쪽에서 왼쪽으로 진행하는 국한문 혼용의 문장이 4줄로 기재되어 있다.

앞에서 살펴본 태극기들은 깃발에 작성된 문자를 보고 깃대가 깃발의 오른쪽에 위치하는 조선식 기준을 따르고 있다는 것을 알 수 있다.[21]

---

[21] 다만 '대한제국국긔만만세'가 게재되어 있는 『각국기도』(Ⅲ.2.다.(2) 항 참조)에 게재된 깃대가 깃발의 왼쪽에 위치하는 다른 국가의 국기에도 글씨가 오른쪽에서 왼쪽으로 기재되어 있지만, 이 글씨가 다른 국가의 국기도 깃대가 깃발의 오른쪽에 위치하는 것을 의도하지 않는다. 조선과 대한제국의 경우 태극기 관련한 도식에서 깃대를 표시하지 않는 것이 일반적이었고, 『각국기도』도 이러한 일반적인 경향을 따른 것으로 보인다.

(다) 이슬람권의 깃발

이집트는 이슬람권에 속하는 국가이다. 19세기의 이집트 깃발들
(그림 5[22])은 기본적으로 오스만 제국의 깃발들과 동일하다. 이집트
깃발들은 깃대가 깃발의 오른쪽에 있는 전통적인 이슬람권 기준을 따
르고 있다. 이집트 깃발들 대부분에는 붉은색 바탕에 초승달과 별이
그려져 있는데, 이들의 개략적인 의미는 다음(이하의 ①부터 ③까지)
과 같다.[23]

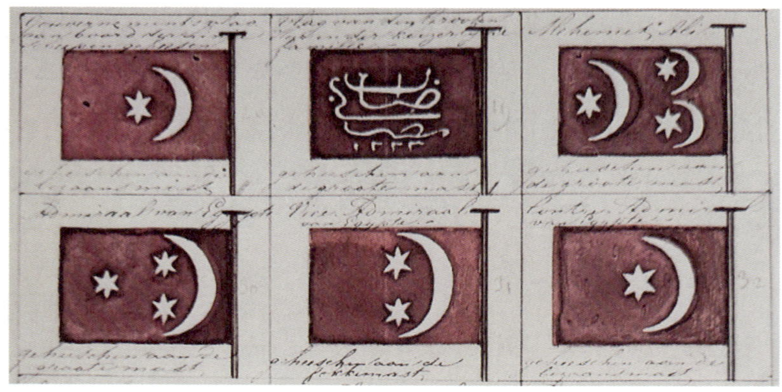

그림 5: 19세기의 이집트 깃발들

① 붉은색 바탕은 오스만 제국을 의미한다. 현재 튀르키예 국기도 붉은색
　바탕이다.
② 19세기 오스만 제국의 깃발은 보통 붉은색 바탕에 하나의 흰색 별과

---

22)　Whitney Smith, 『FLAGS: Through the ages and Across the world』
　　　(1975년, McGraw-Hill), 152쪽에서 깃발들의 일부를 인용했다.
23)　Whitney Smith, 앞의 책, 152쪽의 기재를 요약 인용했다.

초승달을 가진다.

③ Muhammad Ali(무함마드 알리, 1769~1849. 이집트 마지막 왕
조인 무함마드 알리 왕조의 창시자이다)[24]가 붉은색 바탕에 3개의 초
승달과 3개의 별을 채택했다.

(2) 현대적인 관점에서 깃발의 앞면과 뒷면을 판단하는 기준으로서
의 깃대

현대적인 관점에서 국기의 앞면과 뒷면에 대해, 나무위키에는 "현
대에는 동아시아와 이슬람권을 포함하여 거의 대부분의 나라가 깃대
쪽이 왼쪽인 면을 앞면으로 규정하고 있고 소수 국가만이 오른쪽인 면
을 앞면으로 규정하고 있다."[25]라는 언급이 있다. 이는 깃대가 깃발
의 오른쪽에 위치하는 것을 기준으로 하는 조선과 이슬람권의 전통적
인 관점이 깃대가 깃발의 왼쪽에 위치하는 서양식 관점으로 통합되었
다는 것을 의미한다. 이하에서 깃대가 깃발의 오른쪽에 위치하는 조
선식 기준을 따랐던 우리나라의 태극기와 이슬람권의 국기가 '**좌우**左
右 **반전**反轉'[26]의 원칙에 의해 서양식 기준으로 변경되었는데, 좌우 반
전 후 어떤 모습이 되었는지 살펴본다.

---

24) 괄호 안은 국립국어원 표준국어대사전의 '무함마드 알리'에서 인용했다.

25) 나무위키(2025.12.2. 기준) '국기'의 '5. 대칭 및 회전'에서 인용.

26) 국립국어원 표준국어대사전에 의하면, 반전(反轉)에 대해 '위치, 방향, 순서 따위가
     반대로 됨.'이라고 기재하고 있고, 좌우 반전을 예시하고 있다. 좌우 반전은 '위치,
     방향, 순서 따위가 좌우로 반대가 됨.'으로 해석된다.

(가) 19세기의 이집트 깃발들에서 이슬람권 깃발들로 변경: 좌우
반전

1914년 당시의 이슬람권 국가들, 예를 들어 예멘, 수단, 이집트, 리
비아, 시리아, 이라크와 요르단의 국기(그림 6의 오른쪽[27])는 19세기
의 이집트 깃발들(그림 6의 왼쪽. 그림 5 참조) 중의 대응 깃발과 좌우
반전의 관계에 있어 결과적으로 깃대가 깃발의 왼쪽에 위치하는 서양식
기준을 따르고 있음이 확인된다.[28] 좌우 반전의 관계에 있으면, 19세
기의 이집트 깃발들에서 확인되는 '별(star)과 초승달(crescent)'(그림
6의 왼쪽)이 좌우 반전되어 '별(star)과 그믐달(dark moon)'(그림 6
의 오른쪽)처럼 보인다고 하더라도,[29] 이를 좌우 반전 전의 '별(star)
과 초승달(crescent)'(그림 7의 왼쪽[30])이라고 표현한다.

그림 6: 19세기의 이집트 깃발들(좌), 1914년 이후의 이슬람권 국가의 국기(우)

---

27) Whitney Smith, 앞의 책, 154~155쪽의 기재를 인용했다. '그림 6'에는 리비아,
     시리아, 이라크와 요르단의 국기가 생략되어 있다.
28) 19세기의 이집트 깃발들 중 붉은색 바탕에 하나의 '초승달'과 별이 있는 기를 예로
     들면, 그림 6의 오른쪽 첫 번째 국기는 비록 깃대가 표시되어 있지 않지만, 붉은색
     바탕에 하나의 '초승달'(초승달이 좌우 반전되어 그믐달처럼 되었다고 하더라도 이를
     그믐달이라 하지 않고 초승달이라고 표현한다)과 별이 있는 기가 되어, 양자는 좌우
     반전의 관계에 있음을 알 수 있다.
29) 실제 그믐달은 '그림 7의 가운데'(나무위키의 '그믐달'에서 인용) 사진이고, 초승달은
     '그림 7의 오른쪽'(위키백과의 '초승달'에서 인용) 사진이다.
30) Whitney Smith, 앞의 책, 31쪽에서, 'star and crescent'라고 기재되어 있다.

그림 7: 깃발 도안의 별과 초승달(좌), 그믐달(중), 초승달(우)

앞에서 언급한 국가들 외에도 국기에 '별(star)과 그믐달(dark moon)'처럼 보이는 문양을 '별(star)과 초승달(crescent)'로 표현하고 있는 국가로는 알제리, 말레이시아, 파키스탄, 싱가포르, 튀르키예 등이 있다.[31]

한편, 별(star)이 없고 그믐달(dark moon)처럼 보이는 문양만을 초승달(crescent)로 표현하고 있는 단체의 기旗 또는 국기가 있다. 단체로는 국제 적십자사·적신월사 연맹(IFRC, International Federation of Red Cross and Red Crescent Societies)의 산하에 각국 적십자사赤十字社와 적신월사赤新月社가 있는데, 적신월사赤新月社는 이슬람권 국가들의 단체를 일컫는다{이스라엘은 적십자·적신월과 별도로 2006년부터 적수정赤水晶(Red Crystal)을 국제 적십자사·적신월사 연맹의 산하인 이스라엘 적수정사赤水晶社의 표장으로 사용하고 있다}. 각국의 적신월사赤新月社는 그 깃발로 적십자기赤十字旗가 아닌 적신월기赤新月旗(적赤은 빨간색이고, 신월新月은 음력 초하룻날의 달을 말하지만, 초승달 모양임)를 사용하고, 국기로

---

31) Whitney Smith, 앞의 책, 언급된 국가 순서로 229쪽, 256쪽, 271쪽, 280쪽, 289쪽에 소개되어 있다.

는 몰디브기가 있다.[32]

(나) 대한민국 임시정부 국기양식에서 군정 문교부 공포 태극기로 변경: 좌우 반전

해방 후 1945년 11월 군정 문교부에서 공포한 태극기(그림 8의 오른쪽. 이하 이 항에서 군정 태극기)는 깃대가 깃발의 왼쪽에 위치하는 서양식 기준을 따르고 있다. 대한민국임시정부 국기양식(그림 1 위의 왼쪽)을 구체화한 태극기(그림 8의 왼쪽. 이하 이 항에서 임시정부 태극기)는 깃대가 깃발의 오른쪽에 위치하는 전통적인 조선식 기준을 따르고 있다. 군정 태극기와 임시정부 태극기는 좌우 반전의 관계에 있다. 즉, 군정 문교부는 대한민국 임시정부 국기양식을 계승하면서 이를 좌우 반전하여 현대적 관점의 서양식 기준을 따르는 군정 태극기를 공포하였으므로, 군정 태극기는 태극기 역사상 처음으로 깃대가 깃발의 왼쪽에 위치하는 서양식 기준을 따라 1946년 1월 14일 중앙청 국기 게양대에 공식적으로 게양된 태극기가 된다.

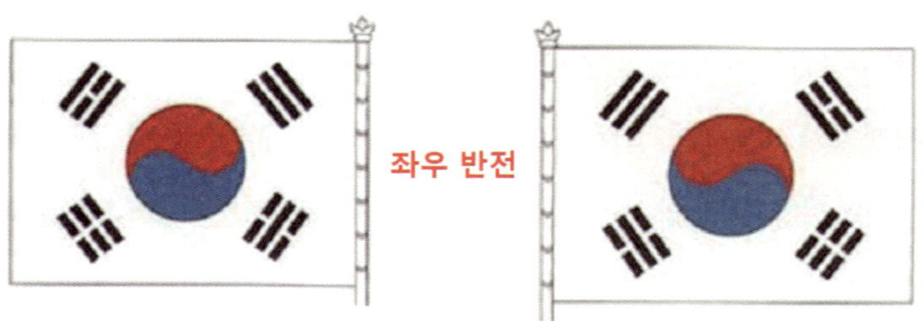

그림 8: 임시정부 태극기(좌), 군정 태극기(우)

---

32) 적신월기赤新月旗는 Whitney Smith, 앞의 책, 301쪽에 도시되어 있고, 몰디브기는 Whitney Smith, 앞의 책, 228쪽에 도시되어 있다.

태극기에 있어서 좌우 반전의 의미에 대해 살펴본다. 임시정부 태극기를 좌우 반전한다는 것은, 깃대를 중심축으로 놓고 깃대를 제자리에서 180도 회전하면 깃발도 깃대를 따라 180도 회전하여 깃발의 뒷면이 앞면으로 바뀐다. 그 결과 깃대는 깃발의 오른쪽에서 왼쪽으로 위치를 변경하게 된다. 좌우 반전을 하여도 상하는 바뀌지 않는다. 따라서 임시정부 태극기는 좌우 반전 결과 군정 태극기로 변경된다.

이슬람권 국기에 있어서 좌우 반전으로 초승달이 그믐달처럼 보여도 여전히 초승달로 인식되는 것과 같이, 태극기가 좌우 반전되어 앞면과 뒷면이 바뀌었다고 하더라도 동일한 문양(태극문양과 4괘)으로 인식된다. 그러므로 임시정부 태극기와 군정 태극기는 동일한 태극기라 할 수 있다.

(3) 전통적 · 서양식 관점에서 늘어뜨려서 게양된 태극기

실외의 게양대에 게양된 깃발은 바람에 의해 깃대를 중심으로 여러 방향으로 움직이기 때문에,[33] 깃발과 깃대의 관계에 관한 기준(전통적 · 서양식 관점)을 알고 있다고 하여도 어느 쪽이 깃발의 앞면인지 확인하기 힘든 측면이 있다. 그러나 실내에서 깃발을 벽면에 다는 경우 깃발은 바람의 영향을 받지 않고 고정되어 있으므로 깃발과 깃대의 관계에 관한 기준을 알고 있으면 보이는 면이 깃발의 앞면인지 또는 뒷면인지 확인하는데 어렵지 않다.

---

33) Theun Okkerse, 앞의 리포트, p. 4에는 실외에 게양된 깃발이 바람에 의해 여러 방향으로 움직이는 모양의 그림이 게재되어 있다.

(가) 깃면을 늘여서 벽면에 다는 방법

태극기의 깃면을 늘여서 벽면에 다는 방법(깃발의 세로 게양)은 행정안전부에서 발간한 『2024 정부의전편람』의 기재(30쪽) '깃면을 늘여서 벽면에 다는 방법'에 의해 확인된다. 이 방법은 "경축행사 등에 깃면을 늘여 벽면에 다는 경우 이괘가 왼쪽 위로 오도록(국기를 오른쪽으로 90도 회전[34]) 한 후 깃면의 하단 흰 부분만을 필요한 만큼 길게 한다."에 의하는데, 태극기의 앞면이 오른쪽으로 90도 회전한 형태이다(그림 9의 왼쪽). 2개 이상의 태극기가 게양되는 경우도 같은 형태로 나란히 배열된다(그림 9의 오른쪽).

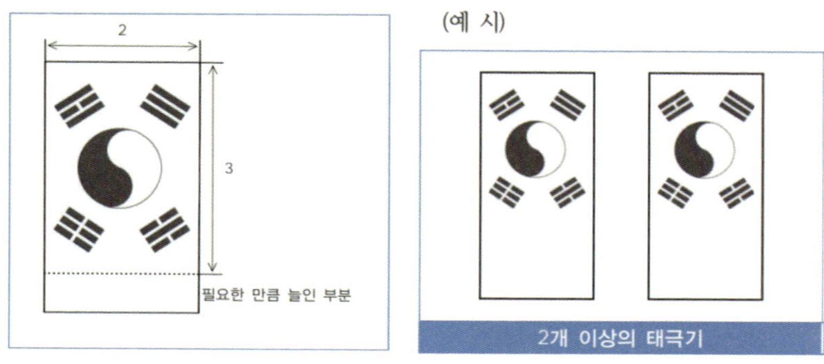

그림 9: 태극기를 늘여서 늘어뜨린 게양 방법(좌), 복수의 태극기 게양 방법(우)

한편, 조선, 대한제국, 일제 강점기와 대한민국 정부 수립 당시에

---

34) 현행 태극기는 깃대가 깃발의 왼쪽에 위치하는 서양식 기준을 따르고 있으므로, 수직으로 세워진 왼쪽의 깃대가 오른쪽으로 90도 회전하여 수평으로 되고, 깃발도 깃대와 일체로 오른쪽으로 90도 회전한다. 이하 '오른쪽으로 90도 회전'을 '시계 방향으로 90도 회전'으로 표현한다.

있어서 태극기는 늘여서 늘어뜨린 형식이 아닌, 깃발 자체가 세로로 게양되는 형태로 위의 그림 9에서 '필요한 만큼 늘인 부분'이 없는 상태로 게양된 사례만 보인다. 이하 이와 같은 사례를 뒤의 (다) 항에서와 같이 '늘어뜨려서 게양'이라고 표현한다.

  (나) 깃발의 뒷면이 나타나는 게양 방법

  행정안전부에서 발간한 『2024 정부의전편람』에는 '(6) 가로용 게양 방법'에 대해, "중앙분리대 녹지공간이나 가로변의 가로등 기둥에는 아래와 같은 방법으로 국기를 게양한다. 이때 경사진 형태로 기를 게양할 경우에는 3:2 비율의 국기를 게양하도록 하고, 깃면을 늘여 다는 형태로 게양할 경우에는 앞에서 설명한 「깃면을 늘여서 벽면에 다는 방법」과 괘의 위치가 다르므로 주의를 요한다."라고 기재되어 있다(31쪽. 3:2의 비율은 가로:세로의 비율임). 이에 의하면, 왼쪽에 게양된 태극기는 현행 태극기를 '좌우 반전'한 형태가 되어 태극기의 뒷면이 앞면으로 나타나는 게양 방법이 되고, 깃대가 깃발의 오른쪽에 위치하는 조선식 기준을 따르는 결과가 된다(그림 10의 '경사진 형태'와 '깃면을 늘여 다는 형태'의 왼쪽 태극기[35]에 해당한다). 좌우의 태극기에 있어서, 왼쪽 태극기는 오른쪽의 현행 태극기를 '좌우 반전'한 관계에 있음을 알 수 있다.

---

35) '깃면을 늘여 다는 형태'의 왼쪽 태극기는 깃대가 깃발의 오른쪽에 위치하는 조선식 기준을 따른 것으로, 수직으로 세워진 오른쪽의 깃대가 왼쪽으로 90도 회전하여 수평으로 되고, 깃발도 깃대와 일체로 왼쪽으로 90도 회전한다. 이하 '왼쪽으로 90도 회전'을 '시계 반대 방향으로 90도 회전'으로 표현한다.

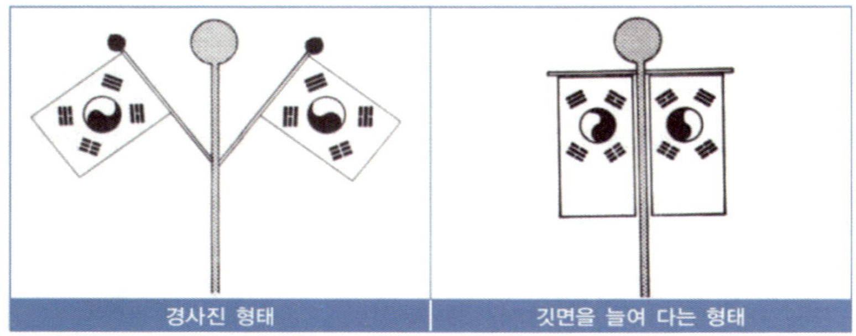

그림 10: 깃발의 앞면과 뒷면이 나타나는 게양 방법

(다) 늘어뜨려서 게양된 태극기

늘어뜨려서 게양된 태극기로는 ① 주미조선공사관의 중앙홀 벽면에 부착·게양된 태극기(그림 32의 오른쪽), ② 1893년 시카고만국박람회의 조선관 지붕 위에 늘어뜨려서 게양된 태극기(그림 70)와, ③ 1948년 8월 15일 대한민국 정부 수립 선포식장인 중앙청에 늘어뜨려서 게양된 2개의 태극기(그림 106)가 있다. ①의 태극기와 ③의 오른쪽 위 태극기는 깃대가 깃발의 오른쪽에 위치하는 조선식 기준을 따른 게양 방법이고, ②의 태극기와 ③의 중앙의 대형 태극기는 깃대가 깃발의 왼쪽에 위치하는 서양식 기준을 따른 게양 방법이다. 앞에서 살펴본 늘어뜨려서 게양된 태극기가 전통적·서양식 관점 중 어느 방식에 의한 것인지 확인되지 않은 상태에서는 게양된 태극기의 정확한 실체를 파악하기 어렵다. 이에 대해서는 해당 태극기 부분에서 자세하게 살핀다.

2

태극기에 있어서 태극문양과
그 주위의 4괘 사이의 역리적 관점

가. 최초 태극기와 현행 태극기의 공통점

우리나라 최초의 태극기인 1882년 미국 해군부 태극기(그림 11의 왼쪽. 이하 I. 항에서 '최초 태극기'. 대한민국역사박물관 소장)와 현행 태극기(그림 11의 오른쪽)는 역리易理의 측면에서 다음(이하의 ① 부터 ⑥까지)과 같은 공통점이 있다.

① 태극기의 가운데에 음(−, 파란색)과 양(+, 빨간색)으로 이루어진 태극문양이 있다.

② 태극문양의 주위에 팔괘八卦 중 4괘인 건乾(☰)·곤坤(☷)·감坎(☵)·리離(☲)가 배치되어 있다.

③ 태극문양에서 양(+, 빨간색)은 곤괘(☷)의 중간에 대응하는 위치에서 시작해서 건괘(☰)의 중간에 대응하는 위치까지 진행한다.

④ 태극문양에서 음(−, 파란색)은 건괘(☰)의 중간에 대응하는 위치에서 시작해서 곤괘(☷)의 중간에 대응하는 위치까지 진행한다.

⑤ 건괘(☰)와 곤괘(☷)는 태극문양을 사이에 두고 대칭되게 위치한다. 건괘·곤괘는 ☰·☷으로 모든 자리에서 양(+, ―)과 음(−, ⚋)이 반대로 대응된다.

⑥ 리괘(☲)와 감괘(☵)는 태극문양을 사이에 두고 대칭되게 위치한다. 리괘·감괘는 ☲·☵으로 모든 자리에서 양(+, ―)과 음(−, ⚋)이 반대로 대응된다.

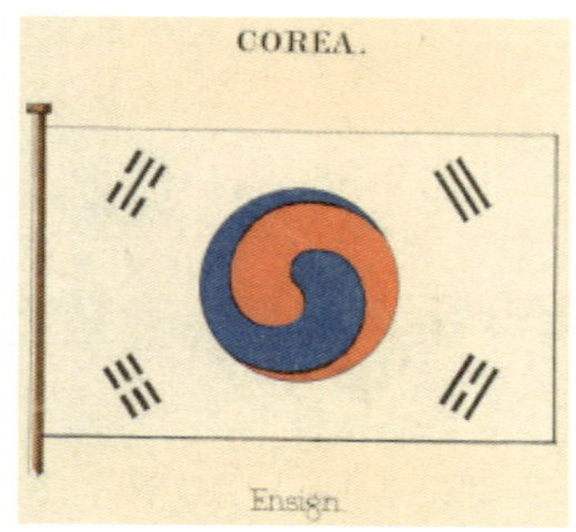

그림 11 : 1882년 미국 해군부 태극기(좌), 현행 태극기(우)

이처럼 최초 태극기와 현행 태극기는 '태극', '태극문양의 음(−)과 양(+)', 팔괘八卦 중 4괘인 건乾(☰)·곤坤(☷)·감坎(☵)·리離(☲)괘를 공통으로 가진다.

나. '태극', '태극문양의 음(−)과 양(+)', '4괘'의 이론적 배경

최초 태극기와 현행 태극기에서 공통으로 가지고 있는 '태극', '태극문양의 음(−)과 양(+)', 팔괘八卦 중 4괘인 건乾(☰)·곤坤(☷)·감坎

   태극기, 처음으로 돌아가자

(☵)·리離(☲)괘는『주역周易』[36]에 근거하고 있다.『주역』을 연구하는 데는 상象·수數·이理의 세가지 입장이 있는데, 상은 역易의 괘상卦象을 연구하는 것이고, 수는 수리數理, 이는 의리義理, 즉 윤리적 입장에서 연구하는 것이다. 상수역은 역전(易傳:十翼)에서 발원하여 음양오행설의 성행과 자연법칙을 중시하는 한대漢代의 기풍에서 나온 사상체계인데, 한대漢代의 상수론을 새로운 관점에서 정리하고 철학성을 부여하여 상수학으로 체계화시킨 인물이 송대宋代의 소옹邵雍이다. 상象의 전형이 음양의 효爻와 그 효爻로써 이루어진 팔괘八卦이다.[37]

---

36) 상경上經·하경下經 및 십익十翼으로 구성되어 있다. 십익은 단전彖傳, 상전象傳, 건문언전乾文言傳·곤문언전坤文言傳, 계사전繫辭傳 상하·설괘전說卦傳·서괘전序卦傳 상하·잡괘전雜卦傳의 10편을 말한다{유튜브 (2) 대산 주역강의-주역총론(주역과 공자, 주역과 후천)}. 한편, 십익에 대해서는 위와 다른 분류도 있는 것으로 보인다.
『주역』에 있어서, 계사전에 의하면 복희씨伏羲氏가 팔괘와 64괘를 만들었다. 주周의 문왕文王이 64괘에 괘사卦辭를 붙였고, 그 아들 주공周公이 384爻(64괘×6효)에 효사爻辭를 지었으며, 공자가 십익을 붙였다고 한다. 따라서『주역』은 2,500년의 세월 동안 4명의 성인에 의해 완성된 셈이다. 계사하전 2장에 "옛날에 복희씨(포희씨)가 천하에 왕을 할 때, 우러러 하늘의 상을 보고 구부려 땅의 법칙을 보며, 새와 짐승의 무늬와 땅의 마땅함을 보며, 가깝게는 몸에서 취하고 멀게는 물건에서 취해서, 비로소 팔괘를 만들어 신령스럽고 밝은 덕을 통하여 만물의 정을 통하니(古者包犧氏之王天下也에 仰則觀象於天하고 俯則觀法於地하며 觀鳥獸之文과 與地之宜하며 近取諸身하고 遠取諸物하야 於是에 始作八卦하야 以通神明之德하며 以類萬物之情하니)"(김석진,『새로 쓴 대산 주역강의 ③ 계사』, 231쪽에서 인용)에서, 공자는 복희(伏羲, 伏犧, 包犧, 庖犧, 宓犧 등으로 표기된다)씨가 팔괘를 만들었다고 언급하고 있다. 계사상전 11장의 "立(象)成器하야 以爲天下利 莫大乎聖人하고"라는 구절에 대해, 김석진은 성인이 모든 형상을 괘상으로 모두 세워놓고, 거기에 해당하는 기구를 만들어서(계사하전 2장에서 12가지 기구 설명) 천하를 이롭게 함이 성인보다 더한 사람이 없다고 설명하고 있는바(김석진, 앞의 책(③ 계사), 193쪽), 여기서 괘상의 괘는 대성괘(6개의 효로 이루어진 괘)를 의미하고, 공자가 말하는 성인은 복희씨, 문왕, 주공 중에서 '괘를 세워놓은' 복희씨로 해석된다. 각주 39『역경易經』의 1권(易經卷之一) '周易上經'에 대하여, 주희는 "… 그 괘는 원래 복희가 그은 것이다(其卦本伏羲所畫.). …"라고 주해註解하고 있다.

37) 한국민족문화대백과사전의 '상수론(象數論)'{집필자 최영진(성균관대학교, 유학)}에서 인용.

『주역周易』의「계사상전」11장에 "역유태극(易有太極), 시생양의(是生兩儀), 양의생사상(兩儀生四象), 사상생팔괘(四象生八卦)"라는 구절이 있다. 이 구절은 태극에서 양과 음으로 분화되는데, 태극에서 팔괘로 분화되는 과정을 3단계로 나누어 설명하고 있다. 첫 번째 단계를 양의, 두 번째 단계를 사상, 세 번째 단계를 팔괘로 이름을 붙였다. 첫 번째 단계의 분화에서, 양의兩儀는 가볍고 잘 움직여서 발산하는 양(+)의 개념을 표현하여 일직선으로 그은 양陽(⚊)과, 비어 있는 공간으로 응축 운동한다는 성질을 상징적으로 나타내서 중간을 비우고 두 개의 선으로 그은 음陰(⚋)으로 이루어진다.[38] 두 번째 단계의 분화에서, 사상四象은 양(⚊)에서 양(+, ⚊)과 음(-, ⚋)으로 분화된 태양太陽(⚌)과 소음少陰(⚍), 음(⚋)에서 양(+, ⚊)과 음(-, ⚋)으로 분화된 소양少陽(⚎)과 태음太陰(⚏)으로 이루어진다. 세 번째 단계의 분화에서, 팔괘는 사상 중 양(+, ⚊)에 속하는 태양太陽(⚌)과 소음少陰(⚍)에서 다시 양(+, ⚊)과 음(-, ⚋)으로 분화된 건乾(☰)·태兌(☱)·리離(☲)·진震(☳)과, 음(-, ⚋)에 속하는 소양少陽(⚎)과 태음太陰(⚏)에서 다시 양(+, ⚊)과 음(-, ⚋)으로 분화된 손巽(☴)·감坎(☵)·간艮(☶)·곤坤(☷)의 합인 건乾(☰)·태兌(☱)·리離(☲)·진震(☳)·손巽(☴)·감坎(☵)·간艮(☶)·곤坤(☷)으로 이루어진다.

---

38)   '⚊'이 양陽인 것은, 『주역』의 64괘 중 첫 번째인 중천건괘(䷀)의 '소상전'(각주 36의 상전象傳에서 효사에 대한 공자의 주해를 소상전이라 한다)에서 공자가 초구初九(중천건괘의 6효 중 아래에서 첫 번째)를 '잠용물용潛龍勿用 양재하야陽在下也'라고 표현함으로써 비로소 시작되었다.
  '⚋'이 음陰인 것은, 『주역』의 64괘 중 두 번째인 중지곤괘(䷁)의 '소상전'에서 공자가 초육初六(중지곤괘의 6효 중 아래에서 첫 번째)을 '이상견빙履霜堅氷 음시응야陰始凝也'라고 표현함으로써 비로소 시작되었다.

이러한 팔괘의 생성 과정을 중국 송대宋代의 소옹邵雍(1011~1077)
이 그림으로 표현하였는데, 이 그림은 주희朱熹(1130~1200)의 『주
역본의周易本義』[39]에 '복희팔괘차서도伏羲八卦次序圖'(그림 12의 왼쪽)
라는 이름으로 게재되어 있다. 소옹은 '복희팔괘차서도' 아래의 설
명란에서 건乾을 일一, 태兌를 이二, 리離를 삼三, 진震을 사四, 손巽
을 오五, 감坎을 육六, 간艮을 칠七, 곤坤을 팔八이라고 했다. 그림에
서 흰색은 양(+)을 나타내고, 검은색은 음(-)을 나타낸다. 팔괘 가운
데 건乾·태兌·리離·진震은 양의에서 양(陽, +)에 속하는 괘이고, 손
巽·감坎·간艮·곤坤은 양의에서 음(陰, -)에 속하는 괘이다. 소옹은
『주역』의 「설괘전」 3장의 구절을 근거로 '복희팔괘차서도'(그림 12의
왼쪽)의 팔괘를 여덟 방위로 배열한 그림을 그렸는데, 이 그림도 주
희의 『주역본의』에 '복희팔괘방위도伏羲八卦方位圖'(그림 12의 오른쪽)
라는 이름으로 게재되어 있다.[40] '복희팔괘방위도'의 아래 설명란에는
다음과 같은 기재가 있다.

---

39) 서울대 규장각에 소장된 『역경易經』(청구기호 奎中4461-v.1-2)에 근거했다. 그
'상세서지'에 의하면, 표제지의 편제면이 '周易本義坿音訓 同治四年(1865)金陵書
局開雕'인데, 이는 주희가 『주역』의 뜻을 풀이한 『주역본의』에 여조겸呂祖謙의 『周易
音訓』을 덧붙인 책이다.

40) 각주 39 『역경易經』의 10권(易經卷之十) 설괘전說卦傳의 제삼장第三章 중 '天地定位,
山澤通氣, 雷風相薄, 水火不相射, 八卦相錯,'에 대하여, 주희는 "소자가 이르기
를, 이는 복희팔괘의 방위이다(邵子曰, 此伏羲八卦之位.)."라고 주해註解하고 있다.
그림 12는 『역경易經』의 권수卷首 역도易圖에 실린 '복희팔괘차서도伏羲八卦次序圖'와
'복희팔괘방위도伏羲八卦方位圖'이다.

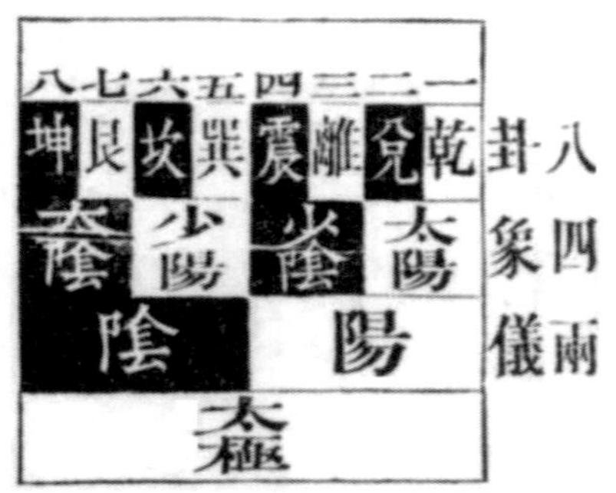 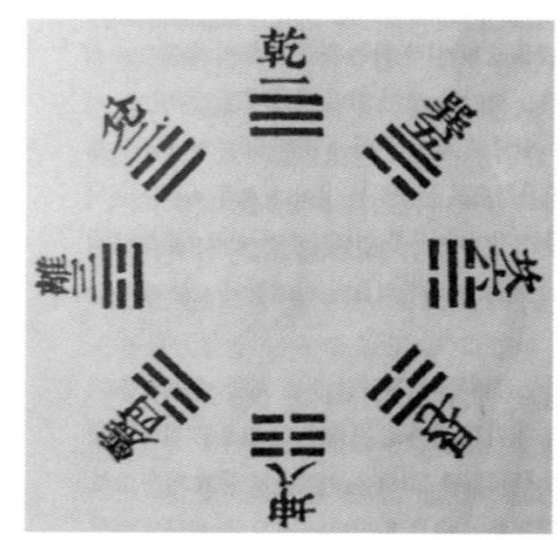

그림 12: 복희팔괘차서도(좌), 복희팔괘방위도(우)

설괘전에서 이르기를, 하늘과 땅이 자리를 정하고, 산과 못이 기운을 통하며, 우레와 바람이 서로 부딪치고, 물과 불이 서로 쏘지 않아서 팔괘가 서로 섞이니, 지나간 것을 세는 것은 순하고 오는 것을 앎은 거스르는 것이다. 邵子(소옹을 높이는 말:필자주)가 이르기를, 건乾은 남쪽, 곤坤은 북쪽, 리離는 동쪽, 감坎은 서쪽이다. 진震은 동북, 태兌는 동남, 손巽은 서남, 간艮은 서북이다. 진震부터 건乾까지는 순이고, 손巽부터 곤坤까지는 역이다.[41]

복희팔괘차서도와 복희팔괘방위도는 다음(이하의 ①부터 ⑩까지)과 같은 의미가 있다.

① 양(+)에 속하는 건乾·태兌·리離·진震괘 중에서 태兌·리離는 음괘陰卦[42]인데, 양중음陽中陰이라 한다. 복희팔괘차서도(그림 13의 왼쪽)에

---

41) 說卦傳日, 天地定位, 山澤通氣, 雷風相薄, 水火不相射, 八卦相錯, 數往者順. 知來者逆. 邵子日, 乾南坤北離東. 坎西. 震東北. 兌東南巽西南艮西北. 自震至乾爲順. 自巽至坤爲逆.

42) 팔괘에서 음양을 결정하는 기준은 괘를 구성하는 3개의 효爻에서 홀수개인 효爻를 따른다. 태兌(☱)와 리離(☲)는 양(—)이 두 개임에도 음(--)이 하나로 홀수여서 음(−)괘라 한다(「계사하전」 4장 중 "陽卦는 多陰하고 陰卦는 多陽하니"에 의함).

의하면, 양(+)에 속하는 사상과 팔괘에는 그 1/2이 음(-)(사상의 2개 중 소음少陰의 1개, 팔괘의 4개의 괘 중 태兌·리離의 2개의 괘)이다.

② 음(-)에 속하는 손巽·감坎·간艮·곤坤 중에서 감坎·간艮은 양괘陽卦[43]인데, 음중양陰中陽이라 한다. 복희팔괘차서도에 의하면, 음(-)에 속하는 사상과 팔괘에는 그 1/2이 양(+)(사상의 2개 중 소양少陽의 1개, 팔괘의 4개의 괘 중 감坎·간艮의 2개의 괘)이다.

③ 설괘전의 '하늘과 땅이 자리를 정한다(天地定位)'라는 구절과 관련되는 건괘(☰)와 곤괘(☷)는 서로 대칭 관계에 있다(그림 13의 오른쪽). 건괘·곤괘는 ☰·☷으로 모든 자리에서 양(+, ─)과 음(-, --)이 반대로 대응하면서 의지한다. 이를 음양의 대대對待라고 표현한다(각주 288 참조).

④ 설괘전의 '산과 못이 기운을 통한다(山澤通氣)'라는 구절과 관련되는 간괘(☶)와 태괘(☱)는 서로 대칭 관계에 있다(그림 13의 오른쪽). 간괘·태괘는 ☶·☱로 모든 자리에서 양(+, ─)과 음(-, --)이 대대對待 관계에 있다.

⑤ 설괘전의 '우레와 바람이 서로 부딪친다(雷風相薄)'라는 구절과 관련되는 진괘(☳)와 손괘(☴)는 서로 대칭 관계에 있다(그림 13의 오른쪽). 진괘·손괘는 ☳·☴으로 모든 자리에서 양(+, ─)과 음(-, --)이 대대對待 관계에 있다.

⑥ 설괘전의 '물과 불이 서로 쏘지 않는다(水火不相射)'라는 구절과 관련되는 리괘(☲)와 감괘(☵)는 서로 대칭 관계에 있다(그림 13의 오른쪽). 리괘·감괘는 ☲·☵으로 모든 자리에서 양(+, ─)과 음(-, --)이 대대對待 관계에 있다.

⑦ 설괘전의 '지나간 것을 세는 것은 순하다(數往者順)'라는 구절은 하늘에 순응하여 행함과 같이 왼쪽으로 돌아가는 것이며, 모두 이미 생하

---

43)   감坎(☵)과 간艮(☶)은 음(--)이 두 개임에도 양(─)이 하나로 홀수여서 양(+)괘라 한다.

여진 괘이므로 '지나간 것을 셈한다'라고 말한 것이다. 복희팔괘방위도
(그림 13의 오른쪽)에서 건乾·태兌·리離·진震괘 4괘의 배열이 숫자
의 순서(一, 二, 三, 四)대로 왼쪽으로 돌아가면서 배열된 것을 나타
낸다.

⑧ 설괘전의 '오는 것을 앎은 거스르는 것이다(知來者逆)'라는 구절은 하
늘을 거슬러 행함과 같이 오른쪽으로 운행하는 것이며, 모두 아직 생
하지 않은 괘이므로 '오는 것을 안다'라고 말한 것이다. 복희팔괘방위
도에서 손巽·감坎·간艮·곤坤괘 4괘의 배열이 숫자의 순서(五, 六,
七, 八)대로 오른쪽으로 돌아가면서 배열된 것을 나타낸다.

⑨ 소옹은 복희팔괘방위도에서 건(☰)을 남쪽, 곤(☷)을 북쪽으로 하고, 리
(☲)를 동쪽, 감(☵)을 서쪽으로 하여, 건·곤·리·감을 남·북·동·서의
사정방四正方에 위치시켰다. 여기서 남북은 오늘날의 방위와 반대이다.

⑩ 소옹은 복희팔괘방위도에서 진(☳)은 동북, 태(☱)는 동남, 손(☴)은
서남, 간(☶)은 서북으로 하여, 진·태·손·간을 사간방四間方에 위치
시켰다.

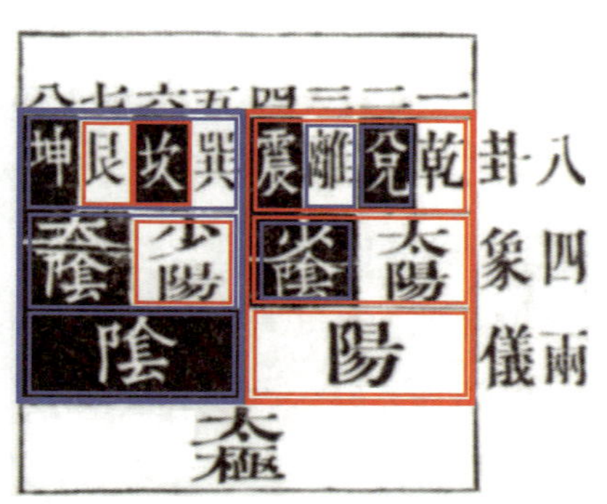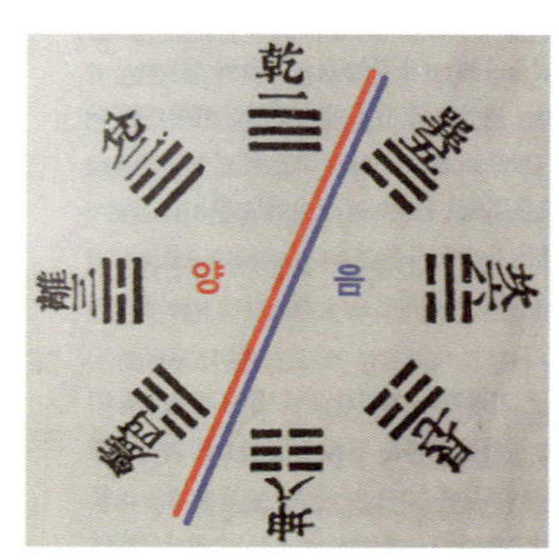

그림 13: 복희팔괘차서도(좌), 복희팔괘방위도(우)

다. 복희팔괘방위도의 역리에 부합하는 최초 태극기

　　최초 태극기(그림 14의 오른쪽)가 태극문양과 그 주위에 건乾(☰)·곤坤(☷)·감坎(☵)·리離(☲)를 배치하고 있다는 것에 대해서는 앞에서 살펴본 바와 같다. 최초 태극기에 있어서, 태극문양은 복희팔괘차서도(그림 14의 왼쪽)의 '태극太極'과 양의의 '음양陰陽'이 각각 '원'과 이 원안의 '양(＋, 빨간색)과 음(－, 파란색) 문양으로 표시된 것'이고, 건乾(☰)·곤坤(☷)·감坎(☵)·리離(☲)의 4괘는 복희팔괘차서도의 '팔괘八卦' 중 건乾·곤坤·감坎·리離가 괘의 형태로 표시된 것이다.

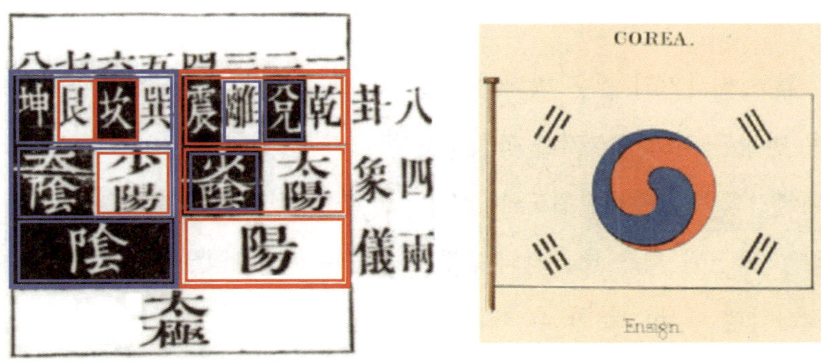

그림 14: 복희팔괘차서도(좌), 최초 태극기(우. 대한민국역사박물관 소장)

　　최초 태극기(그림 15의 왼쪽)와 복희팔괘방위도(그림 15의 가운데)를 비교하면, 양자는 4괘의 배열이 반대 방향으로 되어 있다. 곤坤(☷)을 기준으로 할 때, 최초 태극기는 시계 반대 방향으로 리離(☲), 건乾(☰), 감坎(☵)의 순서로 돌고 있지만, 복희팔괘방위도는 시계 방향으로 리離(☲), 건乾(☰), 감坎(☵)의 순서로 돌고 있다. 만약, 최초 태극기를 '좌우 반전'하면(그림 28의 2단계에서 1단계로의 변환에 상당), '좌우 반전된 최초 태극기'(그림 15의 오른쪽)는 복희팔괘방위도와 동일하게 곤坤(☷)을 기준으로 할 때 시계 방향으로 리離(☲), 건乾(☰), 감坎(☵)의 순서로 돌게 된다.

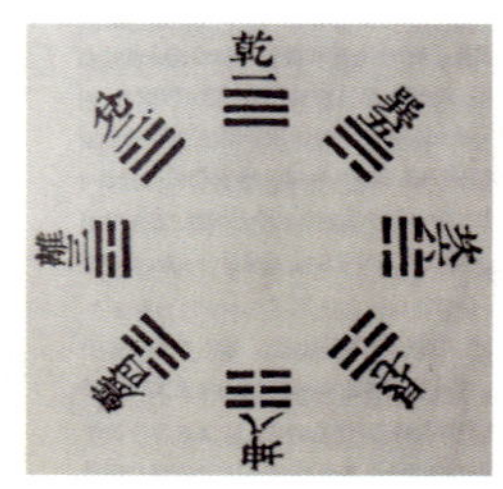

그림 15: 최초 태극기(좌), 복희팔괘방위도(중), 좌우 반전된 최초 태극기(우)

최초 태극기와 좌우 반전된 최초 태극기는 서로 동일하므로,[44] 좌우 반전된 최초 태극기가 복희팔괘방위도와 동일한 배열이라면, 최초 태극기도 복희팔괘방위도와 동일한 배열이 된다고 할 수 있다. 이는 좌우 반전된 최초 태극기의 4괘 사이를 복희팔괘방위도와 동일하게 정사각형 형상으로 한 후 4괘의 배치 관계를 복희팔괘방위도와 동일하게 사정방에 위치시키는 것에 의해 달성된다(각 단계는 다음의 ① 부터 ③까지와 같다). 즉, 좌우 반전된 최초 태극기를 3단계 변환하여 도출된 '태극문양과 그 주위에 복희팔괘방위도를 배치한 도식'(그림 17의 가운데)의 태극문양에 있어서, 양(+, 빨간색)과 음(−, 파란

___

44) 19세기의 이집트 깃발들에서 확인되는 '별(star)과 초승달(crescent)'이 좌우 반전되어 '별(star)과 그믐달(dark moon)'처럼 보인다고 하더라도, 좌우 반전 전의 '별(star)과 초승달(crescent)'로 표현하고 있고, 태극기가 좌우 반전되어 앞면과 뒷면이 바뀌었다고 하더라도 동일한 문양으로 인식된다(앞의 1.다.(2)(가) 및 (나) 항 참조).

색)은 각각 복희팔괘차서도(그림 17의 왼쪽)와 복희팔괘방위도(그림 17의 오른쪽)의 '양陽' 및 '음陰'과 완전히 부합하도록 배치되어 있음이 확인된다.

① 좌우 반전된 최초 태극기의 4괘 사이를 복희팔괘방위도와 동일하게 정사각형 형상으로 한다(그림 16의 1단계).
② 4괘와 태극문양을 일체로 시계 방향으로 45도 회전하여 복희팔괘방위도와 동일하게 건(☰)·곤(☷)·리(☲)·감(☵)을 사정방四正方에 위치시킨다(그림 16의 2단계).
③ 건(☰)·곤(☷)·리(☲)·감(☵)의 사정방四正方에 진(☳)·태(☱)·손(☴)·간(☶)의 사간방四間方을 추가하여 태극문양과 그 주위에 복희팔괘방위도를 위치시킨다(그림 16의 3단계).

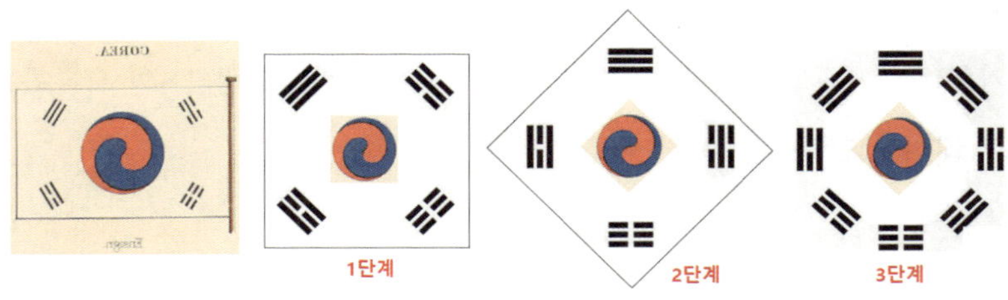

그림 16: 좌우 반전된 최초 태극기의 3단계 변환

그림 17: 복희팔괘차서도(좌), 좌우 반전된 최초의 변환(중), 복희팔괘방위도(우)

　이처럼 좌우 반전된 최초 태극기를 3단계 변환한 후의 도식(그림 17의 가운데)과 그 태극문양이 복희팔괘차서도와 복희팔괘방위도에 완전히 부합하는바, 결국 최초 태극기는 역리易理에 부합하는 것이다.

라. 최초 태극기와 현행 태극기의 차이점

　최초 태극기와 현행 태극기는 6가지 항목에서 공통점이 있다는 점에 대해서는 앞에서 살펴본 바와 같다(가. 항 ①부터 ⑥까지의 기재와 그림 11 참조).

　이와 같은 공통점에도 불구하고 최초 태극기와 현행 태극기는 서로 차이가 있는데, 그 차이점은 다음(이하의 ①부터 ⑥까지)의 현행 태극기(그림 18의 가운데)와 좌우 반전된 최초 태극기(그림 18의 오른쪽)의 대비와 같다.

　① 태극문양에서 양(+, 빨간색)은 곤괘(☷)의 중간에 대응하는 위치에서 시작해서 건괘(☰)의 중간에 대응하는 위치까지 진행하는 점은 동일하다. 그러나 좌우 반전된 최초 태극기는 시계 방향으로 진행하지만, 현행 태극기는 시계 반대 방향으로 진행하는 점에서 서로 다르다.
　② 태극문양에서 음(−, 파란색)은 건괘(☰)의 중간에 대응하는 위치에서 시작해서 곤괘(☷)의 중간에 대응하는 위치까지 진행하는 점은 동일하다. 그러나 좌우 반전된 최초 태극기는 시계 방향으로 진행하지만, 현행 태극기는 시계 반대 방향으로 진행하는 점에서 서로 다르다.

③ 리괘(☲)의 위치에 있어서, 좌우 반전된 최초 태극기는 태극문양의 양 (+, 빨간색)의 영역에 위치하여 복희팔괘차서도(그림 17의 왼쪽)와 복희팔괘방위도(그림 17의 오른쪽)에 부합하지만, 현행 태극기는 태극문양의 음(-, 파란색)의 영역에 위치하여 복희팔괘차서도와 복희팔괘방위도에 부합하지 않는다.

④ 감괘(☵)의 위치에 있어서, 좌우 반전된 최초 태극기는 태극문양의 음 (-, 파란색)의 영역에 위치하여 복희팔괘차서도와 복희팔괘방위도에 부합하지만, 현행 태극기는 태극문양의 양(+, 빨간색)의 영역에 위치하여 복희팔괘차서도와 복희팔괘방위도에 부합하지 않는다.

⑤ 태극문양의 양(+, 빨간색) 문양에 있어서, 좌우 반전된 최초 태극기는 곤坤(☷)을 기준으로 할 때, 곤坤(☷), 리離(☲), 건乾(☰)의 순서와 동일하게 시계 방향으로 돌고 있지만, 현행 태극기는 곤坤(☷), 감坎(☵), 건乾(☰)의 순서와 동일하게 시계 반대 방향으로 돌고 있는 점에서 서로 차이가 있다.

⑥ 태극문양의 음(-, 파란색) 문양은 좌우 반전된 최초 태극기는 건乾(☰)을 기준으로 할 때, 건乾(☰), 감坎(☵), 곤坤(☷)의 순서와 동일하게 시계 방향으로 돌고 있지만, 현행 태극기는 건乾(☰), 리離(☲), 곤坤(☷)의 순서와 동일하게 시계 반대 방향으로 돌고 있는 점에서 서로 차이가 있다.

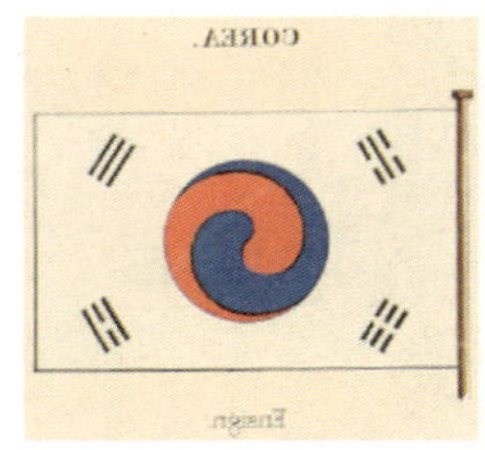

그림 18: 최초 태극기(좌), 현행 태극기(중), 좌우 반전된 최초 태극기(우)

　　최초 태극기가 복희팔괘차서도와 복희팔괘방위도의 역리易理에 부합한다는 점에 대해서는 앞에서 살펴본 바와 같다. 그렇지만 현행 태극기는 최초 태극기와 공통점이 있음에도 불구하고 역리易理상 현저한 차이가 있으므로, 결과적으로 역리에 부합하지 않게 된다.

3

태극기 해석 시 고려되어야 할 사항

태극기는 1882년 5월 22일 조미수호통상조약 조인식 때 최초로 게양되었다. 최초 태극기는 깃대가 깃발의 왼쪽에 위치하는 서양식 기준을 따르고 있다. 그러나 당시 조선은 깃대가 깃발의 오른쪽에 위치하는 조선식 기준을 따르고 있었는데, 조선의 국기로 게양된 최초 태극기가 어떤 이유로 서양식 기준에 따라 게양되었는지 의아하게 생각할 수도 있다. 11년 후인 1893년 미국의 두 장소, 즉 시카고 만국박람회와 주미조선공사관에 최초 태극기가 게양되어 있었는데, 게양 기준이 서로 다르다. 시카고 만국박람회의 조선관 지붕 위에 게양된 태극기는 서양식 기준을 따르고 있었고, 워싱턴에 있는 주미조선공사관의 옥상에 게양된 태극기는 조선식 기준을 따르고 있었다. 왜 이런 현상이 발생했는지 그 이유에 대해 이하에서 간단하게 살펴보고, 조선식 기준과 서양식 기준이 혼용되고 있을 때 이들 게양 방식 사이의 전환이 좌우 반전에만 의존했는지도 살펴본 후, 태극기의 제작 주체와 운영 주체가 다른 경우 어떤 현상이 발생했는지도 간단하게 살펴브기로 한다.

가. 보이는 부분이 앞면

최초 태극기이다. 최초 태극기의 보이는 부분이 깃대의 위치와 관계없이 앞면으로 인식되었다. 서양식 기준에 따른 것은 미국인 알렌의 주도하에 1893년 시카고 만국박람회의 조선관 지붕 위에 늘어뜨리는 방식으로 게양된 태극기(그림 70)이다. 조선식 기준에 따른 것은 조선 정부가 깃발 운용의 주체가 되어 주미조선공사관 옥상의 게양대에 게양된 최초 태극기(그림 33)이다.

박영효 태극기이다. 박영효 태극기의 보이는 부분이 깃대의 위치와 관계없이 앞면으로 인식되었다. 서양식 기준에 따른 것은 미국인 스튜어트 컬린(Stewart Culin, 1858~1929)이 1895년에 출판한 『Korean Games with Notes on the Corresponding Games of China and Japan』(번역본 『한국의 놀이』, 열화당, 2003.)에 게재된 박영효 태극기(그림 97의 오른쪽)이다.[45] 깃대는 없지만, 깃대가 왼쪽에 위치하는 깃발을 늘어뜨려서 게양하는 방식으로 표시되어 있다. 조선식 기준에 따른 것은 조선 정부가 운용의 주체가 되어 주미조선공사관의 중앙홀에 늘어뜨리는 방식으로 부착·게양된 박영효 태극기(그림 32의 오른쪽)이다.

---

45) 이현표, 『우주를 품은 태극기』(2015년 10월 15일, 코러스), 126~133쪽에 원본에 관한 설명이 있다.

나. 전통적·현대적 기준의 변경 시 '좌우 반전' 외의 고려 사항

깃발에 있어서, 서양식 기준에서 조선식 기준으로 전환하거나 그 반대 방향으로의 전환은 좌우 반전에 의한다는 것에 대해서는 앞에서 살펴본 바와 같다{앞의 1.다.(2) 항 참조}. 태극기는 중앙에 원형의 태극문양과 그 주변에 4괘가 대칭적으로 위치하는 특성상, 태극기의 도식을 변경함에 있어서 좌우 반전 외에 다양한 방식으로 전환되었다. '태극문양'과 '4괘'가 일체로 전환되는 '방식 1'(이하의 ①부터 ③까지), '태극문양'과 '4괘'가 서로 독립적으로 전환되는 '방식 2'(이하의 ㉮ 및 ㉯), '4괘'와 '태극문양' 중 어느 하나가 고정되고 다른 하나가 회전하는 '방식 3'(이하의 ㉠부터 ㉢까지)과 이들에 속하지 않는 '방식 4'가 있다. '방식 2'부터 '방식 4'까지에 의해 도출된 태극기는 역리에 맞지 않는다. 방식 2와 '방식 3의 ㉠'은 조선 정부(독립협회 포함)가 고의로 전환한 것으로 보이고, '방식 3의 ㉡ 및 ㉢'은 서양인이 '태극문양'과 '4괘'가 역리易理상 '서로 유기적으로 결합해서 일체로 된 하나의 구성'으로 인식하지 않고 서로 독립된 디자인으로 생각해서 제작한 것으로 보인다. 방식 4는 앞면이 어디인지에 대해 논란이 있었던 데니 태극기{Ⅲ.2.라.(3)(다) 항 참조}와, 다음{문화재위원회, 『2021년도 문화재위원회 동산문화재분과위원회 제4차 회의자료』, 428~431쪽 〈참고〉 표 태극기의 변천(1882~1906)'의 '11', '18', '24' 및 '15'(부록 참조)와 '통신원게양 태극기'(우정박물관 소장. 부록 참조)로서, 이하의 ⓐ부터 ⓔ까지}과 같은 전환 등이 있다. 이처럼 복잡한 전환 방식은 태극기에 대한 이해를 어렵게 한 원인이 되었다.

① 태극문양과 4괘를 포함하는 깃발 전체를 90도 회전하는 방식이 적용되는 예이다. 시계 반대 방향으로 90도 회전시켜 조선식 기준에서 서양식 기준으로 전환하는 예로서 1899년 미국 해군부 태극기가 있다. 이는 주미조선공사관 옥상의 게양대에 게양된 최초 태극기로부터 변경되었다(그림 33 참조). 또한, 시계 방향으로 90도 회전시켜 서양식 기준에서 조선식 기준으로 전환하는 예로서 임시의정원 태극기 3이 있다. 이는 박영효 태극기로부터 변경되었다(그림 104 참조).

② 태극문양과 4괘를 포함하는 깃발 전체를 90도 회전하는 방식과 좌우 반전이 결합된 방식이 있다. '不遠復불원복 태극기'(그림 112의 왼쪽)이다. 조선식 기준의 최초 태극기에서 시계 반대 방향으로 90도 회전하여 서양식 기준으로 전환한 후, 다시 좌우 반전함으로써 조선식 기준으로 되돌아갔다. 근왕勤王의 개념을 도입한 전환이다.

③ 태극문양과 4괘를 포함하는 깃발 전체를 180도 회전하는 방식이 적용되는 예가 있다. 조선식 기준에서 서양식 기준으로 전환하는 방식의 하나인데, '독립'이라는 특별한 의미가 부여된 전환이다. 1896년의 독립신문에 실린 태극기(그림 83 참조)이다.

㉮ 이응준 감정본(그림 28의 5단계)을 시계 반대 방향으로 90도 회전하여 서양식 기준으로 전환된 깃발의 '태극문양'과, 이응준 감정본을 좌우 반전하여 서양식 기준으로 전환된 깃발의 '4괘'를 결합하는 예이다. 이 방식에 의해 도출된 깃발이 박영효 태극기(그림 93 참조)이다.

㉯ 박영효 태극기를 180도 회전하여 도출된 깃발의 '태극문양'과, 이응준 감정본을 180도 회전하여 도출된 깃발의 '4괘'를 결합하는 예이다. 이 방식에 의해 도출된 깃발이 독립문 태극기(그림 131 참조)이다.

㉠ '4괘'는 고정한 상태에서 '태극문양'을 180도 회전한 방식이 적용된 예이다. 조선 정부의 외교 통상 사무를 관장하고 태극기 제작 주무 중앙 관청인 통리교섭통상사무아문에서 제작하여 1884년 6월 각국 공사와 영사에게 보낸 '통리교섭통상사무아문 제작 태극기'(그림 84의 오른쪽)로, 박영효 태극기에서 태극문양을 회전하였다(그림 121 참조). 이와 동일한 것으로 미국 담배회사인 알렌과 진터(Allen & Ginter)사가 1887년 미국에서 판매한 담배카드에 게재된 태극기(그림 86의 가운데)가 있다.

㉡ '4괘'는 고정한 상태에서 '태극문양'을 시계 반대 방향으로 90도 회전한 방식이 적용된 예이다. 영국인 배설(Ernest Thomas Bethell, 1872~1909)이 박영효 태극기에서 태극문양을 회전하여 '배설의 태극기'(등록문화재 제483호의 일부)를 도출하였다{Ⅲ.2.라.(3)(다) 항 참조}.

㉢ '태극문양'을 고정한 상태에서 '4괘'를 180도 회전한 방식이 적용된 예이다. 일본에서 33년 동안 외교관으로 활약했던 영국인 조셉 롱포드(Joseph Longford, 1848~1925)가 1911년 영국에서 발간한 『The Story of Korea(鷄林八道物語계림팔도물어)』의 표지에 실려 있는 태극기(부록 참조)이다{Ⅲ.2.라.(3)(다) 항 참조}.

ⓐ '〈참고〉 표 태극기의 변천(1882~1906)'의 '11' 관련이다. 프랑스 국립문서보관소 소장의 '콜랭 드 플랑시(Collin de Plancy) 외교문서'(1888.7.8.) 게재 태극기이다. 이 태극기는 박영효 태극기 전체를 '시계 방향으로 90도 회전'하고, '4괘'를 고정한 상태에서 '태극문양'을 시계 방향으로 다시 90도 회전하여 도출되었다.

ⓑ '〈참고〉 표 태극기의 변천(1882~1906)'의 '18' 관련으로 태극기 배지(1896)이다. 이 태극기는 1899년 미국 해군부 태극기에서, '4괘'

는 고정한 상태에서 '태극문양'을 좌우 반전하여 도출되었다. 이 태극
기 배지로 유추할 수 있는 사항은, 주미조선공사관의 옥상에 게양되어
있던 이응준 감정본의 '4괘'에 있어 검은색에서 파란색으로의 색깔 변
경은 1895년부터 1896년 사이에 이루어졌다는 것이다{'그림 33' 관
련 본문 및 '컬린 박영효 태극기'(그림 97) 부분 참조}.

ⓒ '〈참고〉 표 태극기의 변천(1882~1906)'의 '24' 관련으로 '세계전
도'(1900)이다. 이 태극기는 1882년 미국 해군부 태극기에서, '4괘'는
고정한 상태에서 '태극문양'을 좌우 반전한 후, 다시 태극문양을 180도
회전하여 도출되었다.

ⓓ '〈참고〉 표 태극기의 변천(1882~1906)'의 '15' 관련으로 '태극우
표'(1905)이다. 이 태극기는 박영효 태극기 전체를 시계 방향으로 90
도 회전하고, '4괘'를 고정한 상태에서 태극문양을 좌우 반전하되, 양
(+, 빨간색)의 시작점을 시계 방향으로 90도 늦춤과 동시에 태극문양
의 음양의 모양을 변형하여 도출되었다.

ⓔ '통신원게양 태극기'(1900년대로 추정)이다. 이 태극기는 이응준 감
정본(조선식 기준) 전체를 시계 반대 방향으로 90도 회전하고(서양식
기준), '4괘'를 고정한 상태에서 태극문양을 '좌우 반전'한 후, 다시 태
극문양을 시계 방향으로 90도 회전하여 도출되었다. 태극문양은 최초
우표 도안(그림 96의 왼쪽)과 동일하게 하였고, '4괘'의 색깔은 검은
색에서 빨간색으로 변경했다.

'통신원게양 태극기'의 위에서와 같은 복잡한 전환은 이하의 사항을 고
려하여 대한제국 정부가 다분히 의도한 것으로 보인다. i) 지금의 '우
정사업본부'라고 할 수 있는 당시의 '통신원'의 성격을 고려했다. 즉,
'4괘'를 빨간색으로 변경한 것은 당시 영국과 일본 등의 우체통이 빨간
색이었던 상황을 고려했을 것으로 추정된다. 조선 정부가 1884년 우
정총국을 발족한 후 조선의 우체통은 나무로 만든 나무색 우체통이었

  태극기, 처음으로 돌아가자

으나, 일제 강점기부터 빨간색 우체통을 사용했다(유튜브 우체국). 영
국은 1874년부터 빨간색 우체통을 사용하기 시작했다고 한다. ii) 몇
회에 걸친 전환은 우편제도 운용의 범위를 고려한 것으로 추정된다.
'통신원'의 우편·통신 업무가 동서양에 걸친 전 세계적인 범위로 행하
여진다는 의미를 태극기의 여러 전환을 통해 의도한 것으로 보인다.

4

문왕팔괘방위도 및 정역팔괘도

가. 문왕팔괘방위도

태극기에 있어서 태극문양의 주위에 배치된 4괘가 복희팔괘방위도라는 것에 대해서는 앞에서 살펴본 바와 같다(2. 항 참조). 복희팔괘방위도는 선천팔괘방위도先天八卦方位圖라고도 하는데, 천도天道의 운행을 그대로 본받아 팔괘의 생성 순서대로 방위를 배열한 것이다. 반면 문왕팔괘방위도文王八卦方位圖는 후천팔괘방위도後天八卦方位圖라고도 하는데, 천도의 운행으로 생겨난 팔괘가 각기 자신에게 마땅한 자리로 옮겨간 자리를 표시한 것으로, 일상생활에서의 방위와 시간을 표시할 때 적용된다. 소옹은 『주역』의 「설괘전」 5장을 근거로 팔괘를 여덟 방위로 배열한 그림을 그렸는데, 이 그림은 주희의 『주역본의』에 '문왕팔괘방위도文王八卦方位圖'(그림 19의 오른쪽)라는 이름으로 게재되어 있다.[46]

---

46) 각주 39 『역경易經』의 10권(易經卷之十) 설괘전說卦傳의 제오장第五章 중 '帝出乎震, 齊乎巽, 相見乎離, 致役乎坤水, 說言乎兌八, 戰乎乾, 勞乎坎, 成言乎艮'에 대하여,

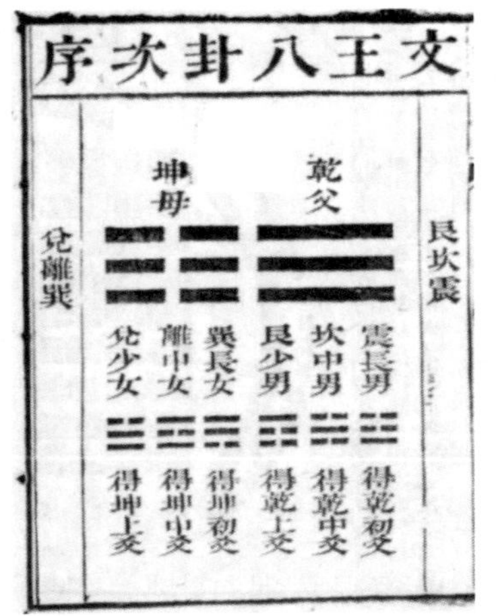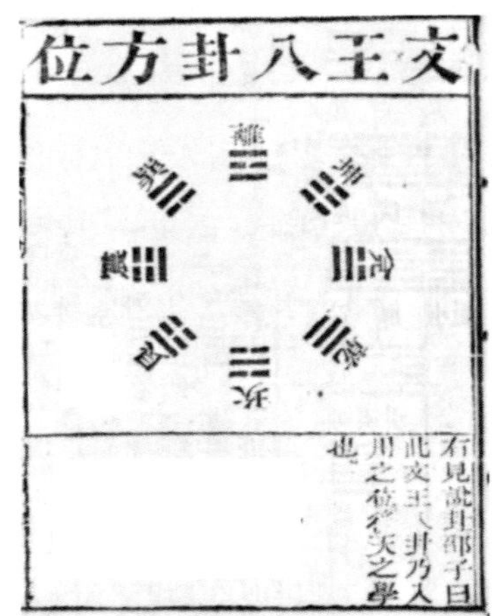

그림 19: 문왕팔괘차서도(좌), 문왕팔괘방위도(우)

복희팔괘방위도와 문왕팔괘방위도의 관계에 대하여, 중국 명대明代의 역학자 래지덕來知德은 『주역집주周易集註』{각주 286에서 언급한 서울대 규장각 소장 신각래구당선생역주新刻來瞿唐先生易註(奎中 4739)를 일컫는다}의 「설괘전」 6장에 대한 주해의 결론에서, "제3장, 하늘과 땅이 자리를 정함이다(第三章, 天地定位). 제4장, 우레로써 움직이니(第四章, 雷以動之), 복희팔괘방위도의 대대對待를 말한다(言伏羲圓圖之對待). 제5장, 제帝가 진震에서 나와서의 2절(第五章, 帝出乎震二節), 문왕팔괘방위도의 유행을 말한다(言文王圓圖之流行). 이(제6장:필자주)는 즉, 두 성인(복희씨, 문왕:필자주)의 그

주희는 "… 소자가 이르기를, 이는 괘의 방위인데, 문왕이 정한 것으로, 이른바 후천의 학문이다(… 邵子曰, 此卦位, 乃文王所定, 所謂後天之學也.)."라고 주해註解하고 있다. 그림 19는 『역경易經』의 권수卷首 역도易圖에 실린 '문왕팔괘차서도文王八卦次序圖'와 '문왕팔괘방위도文王八卦方位圖'이다.

림(복희팔괘방위도와 문왕팔괘방위도:필자주)을 합한 것이니(此則總二聖之圖), 문왕의 유행은 반드시 복희의 대대를 가진다고 말하고, 그 후에 유행이 가능하다(言文王之流行必有伏羲之對待, 而後可流行也)."라고 언급하고 있는데, 래지덕은 선유先儒인 주희朱熹가 대대와 유행의 개념을 몰랐기 때문에 본의(『주역본의』)에서 이 한 절(「설괘전」 6장)에 대해 모두 (그 뜻이) 상세하지 않다고 말했다고 하면서, 공자가 이 절(「설괘전」 6장)을 비秘(비결)로 하였고, 그래서 주희朱熹가 「설괘전」 6장에 대해 그 뜻이 상세하지 않다고 말했다고 언급하고 있다.[47] 래지덕은 「설괘전」 6장을 공자의 비결秘決로 복희팔괘방위도와 문왕팔괘방위도를 종합한 개념으로 파악한 것으로 보인다.

---

47) 각주 286 신각래구당선생역주新刻來瞿唐先生易註(奎中4739)의 15권(新刻來瞿唐先生易註卷之十五) 설괘전說卦傳 6장에 대한 래지덕의 주해. 래지덕이 주희의 「설괘전」 6장 주해에 대해 언급한 부분의 원문은 "… 先儒不知對待流行, 而倡爲先天後天之說. 所以本義于此一節, 皆云未詳. … 所以伏羲文王之圖, 不可廢一. 孔子所以發二聖于載之秘者, 此也. 此節, 乃總括上四節二圖不可廢一之意. 所以先儒未詳其義. …"이다. 「설괘전」 6장은 "신이라는 것은 만물을 묘하게 하는 것을 말한다(神也者, 妙萬物而爲言者也). 만물을 움직이는 것은 우레보다 빠른 것이 없다(動萬物者, 莫疾乎雷). 만물을 흔드는 것은 바람보다 빠른 것이 없다(撓萬物者, 莫疾乎風). 만물을 말리는 것은 불만큼 잘 말리는 것이 없다(燥萬物者, 莫燥乎火). 만물을 기쁘게 하는 것은 못만큼 기쁘게 하는 것이 없다(說萬物者, 莫說乎澤). 만물을 적시는 것은 물만큼 잘 적시는 것이 없다(潤萬物者, 莫潤乎水). 만물을 마치게 하고 시작하게 하는 것은 간보다 성한 것이 없다(終萬物始萬物者, 莫盛乎艮). 그러므로 물과 불이 서로 따른다(故水火相逮). 우레와 바람이 서로 거스르지 않는다(雷風不相悖). 산과 못이 서로 기운을 통한다(山澤通氣). 그 후에야 변화할 수 있어서 만물을 다 이루는 것이다(然後能變化, 旣成萬物也)."인데, 주희는 각주 39 『역경易經』의 10권(易經卷之十) 설괘전說卦傳의 제육장第六章에 대하여, "이(「설괘전」 6장:필자주)는 건곤을 버리고 육자(수, 화, 뇌, 풍, 산, 택:필자주)만 전적으로 언급함으로써 신이 하는 일을 나타낸 것이다. 그러나 그 방위의 순서는 앞 장의 설을 사용했으되, 그 뜻이 상세하지 않다(此去乾坤而專言六子, 以見神之所爲. 然其位序, 亦用上章之說, 未詳其義.)."라고 주해註解하고 있다.

한편, 복희팔괘방위도와 문왕팔괘방위도의 관계에 대하여, 선천(복희팔괘방위도)에서 후천(문왕팔괘방위도)으로 바뀌는 관계, 즉 천도天道의 운행을 그대로 본받아 팔괘의 생성 순서대로 방위를 배열한 선천팔괘방위도先天八卦方位圖에서 천도의 운행으로 생겨난 팔괘가 각기 자신에게 마땅한 자리로 옮겨간 자리를 표시한 후천팔괘방위도後天八卦方位圖로 바뀌는 관계에 대해, 공자가 『주역』의 「문언전文言傳」 2절 중천건괘重天乾卦(䷀)의 구오九五에 관한 설명에서 비결秘決로 숨겨 놓았는데, 역학자 야산也山 이달李達(1889~1958)이 문왕팔괘방위도와 복희팔괘방위도의 관계{그림 20의 가운데. 관계에 관한 설명은 다음(이하의 ①부터 ⑧까지)과 같다}를 통해 알아내었다고 한다. [48]

① 동성상응同聲相應은 번개 친 후 우렛소리가 울리는 상으로, 선천의 동방 불괘(☲) 자리에 후천 우레괘(☳)가 와서 처하는 것이다(先離後震).
② 동기상구同氣相求는 물구멍을 파 땅 속의 물을 구하는 상으로, 선천의 서방 물괘(☵) 자리에 후천 못괘(☱)가 와서 처하는 것이다(先坎後兌).
③ 수류습水流濕은 물이 젖은 대지로 흘러가는 상으로, 선천의 아래 땅괘(☷) 자리에 못괘에게 자리를 양보하였던 물괘(☵)가 후천괘로 흘러와서 처하는 것이다(先坤後坎).
④ 화취조火就燥는 불이 마른 하늘로 타오르는 상으로, 선천의 하늘괘(☰) 자리에, 우레괘에게 자리를 양보하였던 불괘(☲)가 후천괘로 올라와서

____

48) 김석진, 『새로 쓴 대산 주역강의 ① 상경』, 87~90쪽. 김석진은 공자가 구오九五에 하늘의 신묘한 조화 속에 선후천이 바뀌는 비결을 숨겨놓았는데, 김석진의 스승 야산 이달이 알아냈다고 언급하고 있다. 「문언전」 2절 구오九五의 관련 원문은 이하와 같다. "同聲相應. 同氣相求. 水流濕. 火就燥. 雲從龍. 風從虎. 聖人, 作以萬物覩. 本乎天者親上, 本乎地者親下, 則各從其類也." '그림 20의 가운데'는 88쪽의 그림을 인용했고, 이하의 '①부터 ⑧까지'는 87~89쪽의 내용을 발췌했다.

처하는 것이다(先乾後離).

⑤ 운종룡雲從龍은 구름이 용을 따라가는 상이다. 구름은 산마루에 걸려 그쳐 있으므로 산(☶)과 통하고, 아래로부터 위로 오르는 용은 우레(☳)의 상이다. 용이 날면 구름이 일어나듯이, 선천의 동북방 우레괘(☳) 자리에 산괘(☶)가 후천괘로 와서 처하는 것이다(先震後艮).

⑥ 풍종호風從虎는 바람이 범을 따르는 상이다. 바람은 아래로 불어 내리고 옷깃을 파고들므로 손괘(☴)의 상이고, 입을 벌려 포효하는 범은 태괘(☱)의 상과 통한다. 범은 날렵하기 때문에 비호飛虎라고 한다. 날렵한 범이 뛰면 바람이 일어나서 선천의 동남방 못괘(☱) 자리에 바람괘(☴)가 후천괘로 와서 처하는 것이다(先兌後巽).

⑦ 본호천자친상本乎天者親上은, 하늘은 본체가 높으므로 높은 산과 친하다. 그러므로 선천의 서북방 산괘(☶) 자리로 하늘괘(☰)가 후천괘로 와서 처하는 것이다(先艮後乾).

⑧ 본호지자친하本乎地者親下는, 땅은 본체가 낮으므로 아래로 손입巽入하는 바람과 친하다. 그러므로 선천의 서남방 바람괘(☴) 자리로 땅괘(☷)가 후천괘로 와서 처하는 것이다(先巽後坤).

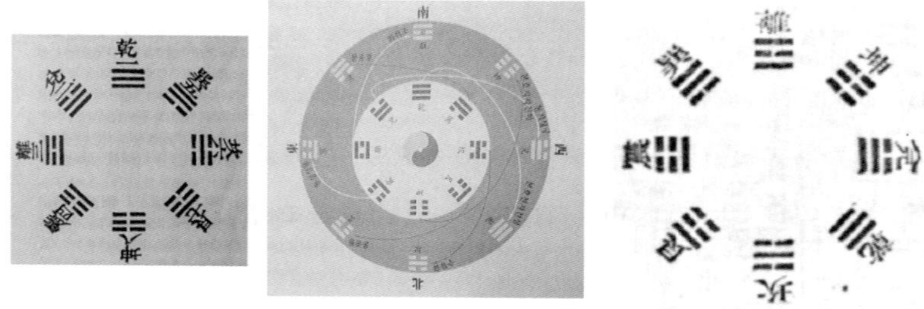

그림 20: 복희팔괘방위도(좌), 복희팔괘와 문왕팔괘의 관계(중), 문왕팔괘방위도(우)

태극기에서 방위를 언급할 때에는 당연히 복희팔괘방위도의 방위를 따라야 하지만, 일상생활에서의 방위는 문왕팔괘방위도에 의한다. 복희팔괘방위도와 문왕팔괘방위도의 방위는 아래의 표와 같다. 우리나라는 동북 간방艮方에 위치한다고 하는데, 이는 문왕팔괘방위도에 근거한 것이다. 또한, 남대문을 숭례문崇禮門이라고도 하는데, 숭례문에서 '례禮'는 문왕팔괘방위도에서 남쪽에 위치하는 리離괘(☲)와 관련된다.

	동	서	남	북	동남	동북	서남	서북
복희	리離 (☲)	감坎 (☵)	건乾 (☰)	곤坤 (☷)	태兌 (☱)	진震 (☳)	손巽 (☴)	간艮 (☶)
문왕	진震 (☳)	태兌 (☱)	리離 (☲)	감坎 (☵)	손巽 (☴)	간艮 (☶)	곤坤 (☷)	건乾 (☰)

나. 정역팔괘도

역학자 일부一夫 김항金恒(1826~1898)은 56세인 1881년에 정역팔괘도正易八卦圖(그림 21)를 완성하고, 그해『정역正易』의 서문인 「대역서大易序」를 지었으며, 1884년에 상편인 「십오일언十五一言」을, 1885년에 하편인 「십일일언十一一言」을 지어『정역』을 완성했다. 김일부는 54세인 1879년부터 팔괘도가 허공에 나타나서 이 그림을 놓고 연구하다가, 이것이 주희朱熹가 그 뜻이 상세하지 않다고 주해(각주 47 참조)한『주역』의 「설괘전」 6장을 가리킨 것임을 알게 되었다고

한다.[49] 『정역』은 소웅을 비롯한 송대宋代 역학에서 말한 복희선천과

---

49) 「설괘전」 6장 관련한 주희(주자)의 주해에 대해서는, 문광(권기완), 『탄허 선사의 사교
회통 사상』(2020년, 민족사), 396~406쪽. 문광은 김탄허(탄허 선사)가 박상화 저
『정역과 한국』(1981, 공화출판사)의 서문과 우익 지욱(藕益 智旭) 저 김탄허 역해 『주
역선해周易禪解』의 「설괘전」 6장에 대한 주해에서 설명한 내용을 인용하고 있다.
팔괘도가 허공에 나타났다는 내용에 대해서는, 문광, 앞의 책, 396~406쪽; 정승
안, 「일부(一夫) 김항(金恒)의 정역(正易)과 사회사상적 함의」(2017년, 『한국학논
집』 제68집), 211~213쪽; 한국민족문화대백과사전의 '김항(金恒)'{집필자 김홍철
(원광대학교, 불교학)로 『정역연구』(이정호, 국제대학 인문과학연구소, 1976)를 참
고)}; 한국민족문화대백과사전의 '정역(正易)'{집필자 유병덕(원광대학교, 철학)으
로 『정역연구』(이정호, 국제대학 인문과학연구소, 1976), 『정역석의』(박상화, 동아
출판사, 1966) 및 「정역사상의 연구」(류남상, 『한국종교』, 원광대학교 종교문제연구
소, 1971) 등을 참고}.
팔괘도가 김일부 앞의 허공에 나타난 경위는 이하와 같다. ① 김일부는 예학禮學의
대가였던 사계沙溪 김장생金長生(1548~1631)의 혈족으로 35세까지는 가문의 전통
에 따라 예학과 문장학을 배우고 익혔다. ② 36세(1861년)에, 옆 동네인 모촌리로
이사 온 연담蓮潭 이운규李雲圭를 스승으로 모셨고, 스승으로부터 뒤에 책을 지을 적
에 "맑음을 보는 것은 물보다 좋은 것이 없고, 덕을 좋아함은 인을 행하는 것이 마땅
함을, 달그림자가 천심월에서 움직이니, 그대에게 권하건대 이 진리를 찾아보소(觀
淡莫如水, 好德宜行仁, 影動天心月, 勸君尋此眞.)."라는 이 글 한 수를 책에 넣
어 달라는 부탁을 받았다(『정역』「심오일언」 '선후천주회도수先后天周回度數'). 스승의
권유에 따라 36세부터 시전詩傳과 역경易經의 정독과 다독을 계속하면서 영동천심월
影動天心月의 의미를 깨우치기 위해 정진했고, 54세(1879년)에 영동천심월影動天心
月의 의미를 깨우쳤다. ③ 연담蓮潭 이운규李雲圭에 대해, 한국민족문화대백과사전의
'이운규(李雲圭)'{집필자 장석만(서울대학교, 종교학)으로 『정역연구』(이정호, 국제
대학 인문과학연구소, 1976)와 「정역사상의 연구」(류남상, 『한국종교』 제일집, 원광
대학교 종교문제연구소, 1971)를 참고)}의 '개설'에 "본관은 전주(全州), 본명은 수
증(守曾), 운규(雲圭)는 별칭이다. 세종의 열여덟째 아들인 담양군(潭陽君)의 13대
손으로, …"라고 소개되어 있고, 김일부와의 관계와 관련해서는 '생애 및 활동사항'
에서 "일찍이 문참판(文參判)의 벼슬을 한 적이 있으나 국운이 쇠약하여짐을 느끼고
서울을 떠나 지금의 충청남도 논산군 양촌면 모촌리의 일명 띠올마을에 은거하였다.
그의 학통은 이서구(李書九)의 뒤를 이어 천문·역산(曆算)·역학·시문에 능통하였
고, 특히 사람을 판별하는 지인지감(知人之鑑)에 밝았다. … 김항에게는 유교의 전
통을 계승할 자라 하여 시(앞의 ② 항 언급)를 남겨주고 표연히 띠올마을을 떠나 무
주 용담(龍潭)으로 향했다. 그곳에서 은거하다가 다시 본고향인 천안 목천(木川)으
로 갔다고 하나 그 뒤의 행적은 알려지지 않고 있다."라고 소개되어 있다. ④ 앞의
③ 항에서 소개된 이운규李雲圭는 본명이 수증守曾이고, 문과 급제에 참판 벼슬을 한
적 있다는 정도이고, 행적의 구체적인 날짜 등에 대한 기재가 없다.

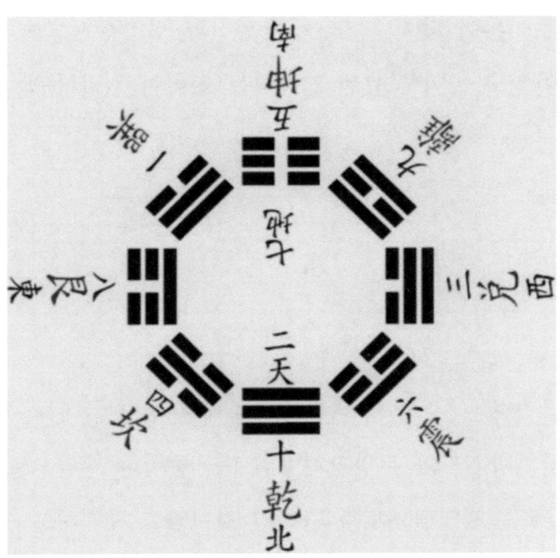

그림 21: 정역팔괘도(출처: https://blog.naver.com/gnbone/221215137235)

'전주이씨 문과방목文科榜目'과 2025월 2월 28일 세종대왕신문의 '[세종왕자 담양군家] 왜곡 많은 형조참판 이수증(李守曾)은 연담선생(蓮潭先生)인가?'라는 기사(임옥택 기자)에 의하면, 이수증李守曾의 구체적인 행적은 이하와 같다. i) 1808년(무진년) 순조 8년 천안 목천(木川) 교촌(校村) 쇳대배기에서 태어나, 1869년 고종 6년(기사년) 62세로 졸하였다. ii) 45세인 1852년 철종 3년 임자년에 간행된 담양군家 2차 족보 임자보(壬子譜)에 담양군의 13세손으로 나타나 있으나 호가 연담(蓮潭)이라거나 별칭이 운규(雲奎)라는 사실은 찾을 수 없다. iii) 1855년(48세) 철종 6년 을묘식년시에 문과에 급제하였다. iv) 철종 말년 연담 선생이 논산에서 강론하였다는 시기에 이수증도 잠시 관직에서 행적이 묘연하나 집안 행사에서는 보인다. 연담 선생은 논산을 떠나 고향 목천으로 간 뒤 행적이 묘연하다고 하였으나 이수증은 1864년 고종 갑자년에 복직하여 세상을 떠날 때까지 관직에 있었다. 1868년 형조참판(刑曹參判) 등을 지냈다. v) 이수증의 손자 이희선(李熙善, 막내 이복래의 아들) 묘가 논산 모촌리(茅村里, 띠올마을)에 있다.

한편, 류승국, 「한국 역학의 현대적 의의와 전망」(『한국사상의 염원과 역사적 전망』 성균관대학교 동아시아학술원 유교문화연구원, 281쪽)에는, 이천二天이 서방, 칠지七地는 동방에 놓여 있는 정역괘도(정역팔괘도)가 게재되어 있고, 이천二天이 북방, 칠지七地가 남방에 놓여 있는 그림 21과 같은 도식은 돈암서원판遯巖書院板(1922)에 게재되어 있다고 언급하고 있다.

문왕후천의 이론이 다시 복희·문왕선천과 정역후천으로 변화한 것이라는 것이 학자들의 공통된 견해라는 인식이 있다(문광, 앞의 책, 397쪽).

다. 소결

공자가 남겼다는 『주역』의 비결 중 「설괘전」 6장에 대해, 래지덕來知德은 복희팔괘방위도와 문왕팔괘방위도를 종합한 개념으로 파악하고 있고, 김일부는 정역팔괘도를 가리킨 것이라고 해석하고 있다. 기존의 두 개념(복희팔괘방위도와 문왕팔괘방위도)을 종합한 것이라는 해석과 새로운 개념(정역팔괘도)은 서로 양립할 수 없는 관계에 있는 것으로 보이지만, 래지덕來知德의 해석은 전대前代 성인들의 창작에 대한 공자의 생각을 반영한 것이고, 김일부의 해석은 역에 대한 공자의 아쉬움과 관계되는 것으로 보인다.[50]

이선경, 『주역의 눈』(2025.2.18., 불광출판사), 252쪽에 그림 21과 같은 도식의 사진(『학산이정호전집』을 인용)을 '돈암서원목판본(1923)'이라는 이름으로 게재하고 있다.

돈암서원은 충청남도 논산시 연산면 임리에 있고, 김장생金長生·김집金集·송준길宋浚吉·송시열宋時烈 등을 배향配享하고 있다.

50) 래지덕은 『논어』「술이述而」, "공자가 이르되, 전술傳述은 하되 창작하지 않고, 옛것을 믿고 좋아하는 것을 슬며시 우리 노팽에게 견주어본다(子曰, 述而不作, 信而好古, 竊比於我老彭.)."에 비추어 볼 때, 주역은 복희씨가 괘를 그리고 문왕·주공이 괘사와 효사를 붙인 글이므로, 술이부작述而不作, 즉, 전술傳述은 하되 창작할 수 없다는 공자의 언급에 영향받아(김석진, 앞의 책(① 상경), 64쪽. 김석진, 『새로 쓴 대산 주역강의 ② 하경』, 613쪽), 기존 개념(복희팔괘와 문왕팔괘) 사이의 관계를 규명한 것으로 보인다.

한편, 『논어』「술이述而」, "공자가 이르되, 나에게 몇 년의 세월을 더해 주어 오십五十

　「설괘전」 6장에 부합하는 정역팔괘도를 그린 김일부와, 공자가 숨겨놓은 선후천이 바뀌는 비결을 밝힌 야산 이달과 같은 주역 분야의 걸출한 두 학자는 당시 조선의 높은 역易의 수준을 엿볼 수 있게 한다. 이와 같은 분위기에서 한민족 고유의 태극문양과 복희선천팔괘에서 4괘를 생략한 나머지 4괘로 이루어진 독창적인 태극기가 조선의 국기로 창안될 수 있었던 것으로 보인다.

―――――――

으로써 역을 배운다면 가히 큰 허물은 없을 터인데(子曰, 加我數年, 五十以學易, 可以無大過矣.)."에 대해, 『정역』을 연구한 학자들은 '五十以學易'을 "오(五)와 십(十)으로써 역(易)을 공부한다면"으로 풀고 있고, 이를 '황극(五)과 무극(十)으로 역을 공부한다면'으로 해석하고 있다고 한다{문광, 앞의 책, 405쪽에서 이정호, 『正易과 一夫』, (1987, 아세아문화사), 366쪽을 인용하고 있다}.
정역팔괘도는 「설괘전」 6장에 부합하는 것이어서 『논어』「술이述而」에서 공자가 이른 '述而不作'에 반한다고 볼 수 없다는 취지의 언급이 있다. 정승안, 앞의 논문, 213쪽에 "54세 이후부터는 눈에 이상한 괘획(卦劃)이 나타나기 시작하여 점점 커지고 확대되어 나중에 천지가 모두 낯모르는 팔괘의 획으로 뒤덮여 보였다고 한다. 이상한 괘도를 본 선생은 주역에서 그런 괘도를 찾아보았지만 찾지 못하다가 주역 설괘전의 "神也者, 妙萬物而爲言者也"의 아래 글에 "… 故水火相逮 雷風不相悖 山澤通氣 然後能變化 旣成萬物也"라는 대목에서 괘도의 질서와 부합하는 것을 보고 "성인이 이미 주역에 말씀하신 것이니 그릴 수밖에 없다"고 하여 그리기 시작한 것이 정역팔괘도라고 한다."라고 소개되어 있다.
「설괘전」 6장이 정역팔괘도에 부합한다고 하더라도 공자의 술이부작述而不作에 대한 생각이 손상되는 것은 아니라고 여겨진다. 왜냐하면 복희팔괘방위도(선천팔괘방위도)와 관련된 「설괘전」 3장의 "數往者順. 知來者逆."(각주 41 참조)에서 '數往者順'은 선천이고 '知來者逆'은 후천을 의미하며, 후천이 앞으로 우리가 맞이할 시대를 의미한다고 하면{김석진, 앞의 책(③ 계사), 413쪽}, 공자는 복희팔괘방위도(선천팔괘방위도)가 현재 우리가 살고 있는 시대인 문왕팔괘방위도(후천팔괘방위도)의 세상보다 더 후의 시대를 포함하고 있다고 「설괘전」 3장을 해석하고 이를 「설괘전」 6장으로 표현했을 가능성이 있기 때문이다.

II

최초의 태극기

1

조미수호통상조약 체결 시
미국 성조기와 나란히 게양된 조선 국기

1882년 5월 22일 10시 45분 제물포[51]에서 조미수호통상조약朝美修好通商條約 조인식이 거행되었다. 조미수호통상조약은 조선이 구미 열강 가운데 최초로 미국과 체결한 조약이다. 조미수호통상조약 체결에 관한 미국 기록인 「조미조약 체결사」(The History of the Treaty with Korea)[52]에, 조미조약은 조미 양국 국기가 펄럭이는 가운데 조인되었고, 조선 국기는 조인식을 위해 스와타라호[53] 함상

---

51) 조인식이 거행된 구체적인 장소에 대해, 김원모, 「조미조약 체결 연구」(1992년 10월, 『東洋學』第22輯, 단국대학교 동양학연구소)의 67쪽의 관련 기재 및 각주 78에 의하면, 김원모는 스와타라호를 한눈에 내려다볼 수 있는 언덕으로 만석동萬石洞 화도진花島鎭을 들고 있는데, 현 인천광역시 동구 화수동 128·163번지 주변 일대라고 한다.
한편, 노영돈, 「태극기의 국기로서의 최초 사용과 인천」(2017년 2월, 『인천학연구』26)의 28~29쪽에서, 조인식 거행 장소가 화도진이라고 한 것은 최성연의 주장에 따른 것으로 이곳에 한미 수교 100주년을 기념하여 1981년 5월 22일에 표지석이 세워졌지만(각주 58), 그 후 박철호에 의해 화도진이 아니라 현재의 인천 중구 항동에 소재하고 있는 파라다이스호텔{인천광역시 중구 항동1가 3(제물량로 257)}의 입구쪽 경내라고 하는 주장이 제기되었고, 그 후 김성수에 의해 다비 웨딩홀 자리(인천광역시 중구 북성동 3가 8-3)가 정확한 장소인 것으로 비정되었다고 한다.
52) 김원모역, 「조미조약 체결사」('92.7, 『史學志』25, 단국대학교 출판부) 187~210쪽.
53) 슈펠트 제독이 탑승한 미국 군함으로 함장은 쿠퍼이다. 스와타라호는 1882년 5월 8

에서 제작된 것이라는 기재가 있는데,[54] 이 기재로부터 1882년 5월 22일 조미수호통상조약 체결 시 미국 국기 성조기와 함께 조선 국기가 나란히 게양되었다는 사실을 알 수 있다.

김원모 교수(이하 김원모)가 「조미조약 체결사」를 발굴하고 「조미조약 체결 연구」를 발표하기 전까지 조미수호통상조약 체결 시 미국 국기인 성조기만 게양되었다고 인식되고 있었지만,[55] 김원모의 연구 성과로 조선 국기가 미국 국기인 성조기와 함께 게양되었다는 사실이 알려지게 되었다.

조선 국기는 조인식을 위해 스와타라호 함상에서 **한 개**가 제작되었다.[56] 미국 대표인 슈펠트 전권특사는 조미조약이 조선이 구미 열강 가

일 청국淸國의 芝罘(즈푸. 중국 산둥반도에 있는 옌타이시(烟台市)의 옛 이름)를 출항, 4일간 항해 끝에 1882년 5월 12일 인천 앞바다 호도虎島에 도착했다(김원모, 앞의 논문, 55쪽).

54) 김원모, 앞의 논문의 59쪽 각주 47에 이하와 같은 원문이 실려 있다.
Shufeldt Papers : Letters, "The History of the Treaty With Korea, An Incident in the Life of Rear Admiral R.W. Shufeldt, December, 1898." "The Treaty was signed at Chemulpo, amidst the salutes of cannon and the waving of flags : a Korean national banner(flag) having been made on the Swatara for occasion (for the Koreans up to that time had used only the small flags, or rather large pennons) as the Koreans had only their small flags or rather large pennons."

55) 김원모, 앞의 논문, 63쪽.

56) 조선 국기가 한 개, 즉 하나가 제작되었다는 것은 각주 54의 "a Korean national banner(flag) having been made on the Swatara for occasion …" 기재의 'a Korean national banner(flag)'에서 확인된다. 태극기의 개수를 나타내는 단위명사로서 '개'는 『2024 정부의전편람』에 근거했다(그림 9의 오른쪽 참조). 이 책에서는 '본本'(각주 466, 468 참조), '부'(각주 78 참조) 및 '면面'(각주 72의 중국 바이두 백과 참조) 등으로 표현되어 있다.

운데 최초로 맺는 미국과의 조약 체결이고, 이 조약 체결이 미국과 조선이라는 독립 국가 사이의 조약 체결임을 표방하려는 슈펠트 제독 본인의 조선 개항 정신에 부합하도록, 당시 조선 대표가 사용하고 있던 삼각형 용기龍旗[57] 대신 조선이 자주국임을 나타내는 새로운 조선 국기를 제작해서 사용하기를 권했는데, 이는 조선의 신헌 전권대관 일행이 1882년 5월 14일 스와타라호를 처음 예방했을 때의 일이다.[58][59]

조인식 때 성조기와 함께 게양된 조선 국기가 구체적으로 어떤 모습인지 미국 기록인 「조미조약 체결사」에서는 확인할 수 없다. 조미조약

---

57) 용기는 청국淸國이 조선에 대해 조선 국기로 사용하도록 요구한 깃발로 조선이 청국의 속국임을 상징하는 의미를 가진다.

58) 김원모, 앞의 논문, 59~67쪽의 "Ⅳ. 太極圖形旗 制定(태극도형기 제정)"을 요약·정리하였다.

59) 김원모의 이와 같은 언급에 대하여, 김도형은 「1882년 '이응준 감정본' 국기 자료 검토」(2015년 12월, 『백범과 민족운동연구』 11, 백범학술원)의 109쪽에서 "그런데 김원모 교수가 이같이 주장하는 자료적 근거가 전혀 제시되지 않고 있다. 슈펠트의 권고를 받고 신헌과 김홍집이 이응준에게 국기 제작을 하라고 명하였다는 자료는 전혀 없다."라고 주장하고 있다. 김도형의 주장과 같이 직접적인 자료는 보이지 않지만, 관련 사실(이하의 ①부터 ⑤까지)에 의해 김원모의 언급 사항이 간접적으로 뒷받침되는 것으로 보인다. ① 김원모, 앞의 논문, 50쪽에 "이리하여 슈펠트는 이홍장의 초청을 받고, 즉각 천진을 방문 입약교섭(立約交涉)을 전개, 끈질긴 교섭 끝에 속방 조항을 삭제하고 그 대신 별도조회문(別途照會文)에 속방론을 명문화하는데 합의함으로써 입약교섭은 타결된 것이다."라는 기재, ② 각주 54에 의하면, 당시 조선은 작은 깃발들과 그보다 큰 삼각기를 사용하고 있었다는 기재, ③ 『청국문답』의 1882년 5월 22일과 5월 27일 김홍집과 마건충의 문답에서 '이응준이 소매에서 꺼낸 깃발'과 '이응준 감정본'에 관한 기재, ④ 청국은 조선에 대해 청국 국기인 용기와 동일한 것 또는 비슷한 것을 국기로 사용하도록 지속적으로 요구해 왔고, 『청국문답』의 1882년 5월 22일의 김홍집과 마건충의 문답에서 마건충이 백저청운홍룡白底靑雲紅龍(흰색 바탕에 파란색 구름과 빨간색 용)기旗를 조선의 국기로 사용하기를 요구하고 있는 점과 ⑤ 슈펠트는 조선 파견 미국 전권특사이고(김원모, 앞의 논문, 52쪽), 신헌은 조선의 전권대관이며 김홍집이 부관이라는 점으로부터, 당시 조선과 청국의 관계를 고려할 때 슈펠트 제독의 권고가 없었다면 스와타라호에서 조선 국기를 제작할 수 없었을 것으로 보이는바, 김원모의 언급은 사실에 부합하는 것으로 보인다.

체결 당일인 1882년 5월 22일의 조약 체결 후 김홍집과 청국淸國의
마건충馬建忠이 필담을 나누는 과정에서, [60][61] 마건충이 "저번 이응준
이 소매에서 꺼내 보여준 깃발은 일본 국기와 서로 혼동된다."[62]라고
언급했지만, 깃발의 구체적인 모습에 대한 설명은 없다. 마건충이 언
급한 이응준이 소매에서 꺼낸 깃발이 조인식 때 성조기와 함께 게양된
조선 국기와 같은 것인지 아니면 같은 종류인지 명확하지 않지만, [63]
이응준이 소매에서 꺼낸 깃발의 구체적인 모습이 무엇인지에 대해 여
러 추측과 논의가 있었다. [64]

조인식 때 게양된 조선 국기가 태극기임을 추정할 수 있는 획기적
인 내용이 세상에 공개되었다. 만약 이것이 사실이라면 최초의 태극
기가 바뀌는 일대 사건이 된다. 조미수호통상조약 체결 후 120여 년
이 지난 2004년 1월 27일 조선일보 사회면에 태극기 사진 아래에
제목을『가장 오래된 태극기 발견』으로, 부제를「1882년 7월 美해군

---

60) 조미수호통상조약 체결 과정에서 조선의 부관副官 김홍집과 청국의 마건충이 가진 필
담 내용을 적은『청국문답淸國問答』으로 7차에 걸친 필담이 기록되어 있다. 서울대학
교 규장각에 소장(도서 번호: 20417)되어 있으며, 전해종全海宗 교수가 1963년에
서울대학교 중앙도서관의 미정리 도서를 정리하는 도중 발견했다.

61) 『청국문답』에는 5월 22일(음력 4월 6일)이라는 기재만 있을 뿐이어서 조약 체결 후
에 필담이 있었는지 알 수 없다. 그런데, 마건충의 조선 왕래 기록인『동행초록東行初
錄』에 관련 기재가 있는데, 이에 의하면 마건충은 조미수호통상조약의 성공적인 체결
을 축하하고, 청국의 군함 위원威遠에 조선의 전권부관 김홍집, 종사관 서상우, 홍로
4품 이응준과 미국의 슈펠트 제독을 초청하여 연회를 베풀었는데, 이때 김홍집과 필
담하였다는 것을 알 수 있다{권석봉,「國旗 制定의 由來에 대한 管見」(1964년,『歷
史學報』23), 48~49쪽; 김상섭,『태극기의 정체』(2001년, 동아시아), 74쪽}.

62) 원문은 "昨李應俊袖知旗式以與日本相混"이다.

63) 필자는 두 깃발이 서로 동일한 것이 아닌, 동일 종류의 것으로 보고 있는데, 이 점에
대해서는 뒤의 2. 항에서 구체적으로 밝힌다.

64) 각주 72 참조.

부 발간 '깃발' 수록」으로 하는 기사가 보도되었다. 기사의 부제만으로도 '가장 오래된 태극기'(이하 미국 해군부 태극기)는 1882년 9월 12일(음력 8월 1일)부터 1882년 9월 25일(음력 8월 14) 사이에 제작되어 그때까지 최초의 태극기로 알려진 '박영효 태극기'[65]보다 시기적으로 2개월 앞선다. 미국 해군부 태극기는 서울의 고서점 아트뱅크(ARTBANK)의 대표 윤형원이 2004년 1월 조선일보의 유석재 기자에게 제보함으로써 세상에 알려지게 되었다. [66][67][68]

윤형원이 입수한 고서는 미국 해군부(Navy Department)에서 발간한 『해양국가들의 깃발(Flags of Maritime Nations)』인데, 이에는 49개국 150개의 깃발이 컬러로 실려 있고 그중 조선(Corea)의 깃발(Ensign, 선적기船籍旗)로서 미국 해군부 태극기(그림 22.

---

65) 박영효 태극기의 제작 기간 등은 박영효의 『사화기략使和記略』에 근거했다. 이에 대해서는 박영효 태극기(Ⅲ. 항)에서 구체적으로 밝힌다.

66) 2004년 1월 제보는 조선일보의 2022.5.17.자 '[유석재의 돌발史전] 태극기를 만든 사람은 '친일파'가 아니었다.'라는 기사(유석재 기자)에 근거했다.

67) 윤형원 대표에 관한 인적사항은 조선일보의 2004.1.27.자 기사와 동일자 동아일보의 '最古本 추정 태극기 사진 발견'(입력 2004.01.27. 오전 2:05)(이진영 기자)에서 확인된다(기사 주소: https://n.news.naver.com/mnews/article/020/0000223596).

68) 일본 위키피디아(ウィキペディア(Wikipedia))의 '大韓民国の国旗(대한민국의 국기)'에서 미국 해군부 태극기 사진 아래에 "『Flags of the Maritime Nations, 5th.ed., Bureau of Navigation, Secretary of the Navy, Washington. D.C., july 1882』に収録された「Corea」の「ensign」49ヶ国150旗の1つとして掲載されている。2003年 にソウルの古書店 ARTBANKが入手した。その刊行年が正しければ、現存する資料の中で最も早く太極旗を伝えたものとなる。"라는 기재와, 본문의 디자인의 변천(デザインの変遷) 란에 "だが、1882年 7月 に発行された古書『海上国家の旗』(Flags of Maritime Nations) [9] が公式に太極旗を視認できる最古の資料であると2003年 に確認されたため、朴泳孝の訪日以前の段階で既に四卦を使った太極旗のデザインが考案され、実際に使用されていた可能性が出てきている。"라는 기재에 의하면, 윤형원이 2003년에 입수했다고 한다.

대한민국역사박물관 소장)가 소개되어 있다. 『해양국가들의 깃발』의 서문에는 "3,000부를 제작, 각 기관에 분배하기로 1882년 7월 19일 상원에서 결의했다."라고 기재되어 있다. 복수의 태극기 연구 전문가는 미국 해군부 태극기가 조미수호통상조약 체결 시 게양된 조선 국기라는 것을 인정했다. 김원모는 "1882년 5월 22일 조미수호통상조약 체결 당시 내걸었던 것"이라 했고, 이태진 교수(이하 이태진)는 "만약 이 책에 적힌 출간 연도가 실제로 출간된 시기와 일치한다면 태극기의 사용 시점이 훨씬 올라가는 근거가 될 것"이라 했으며,[69] 한철호는 "김원모의 추정대로 필자 역시 이 'COREA Ensign'은 '이응준 감정본'일 가능성이 크다는 데 동의한다."라고 했다.[70]

그림 22: 미국 해군부 태극기

---

69) 2004년 1월 27일자 조선일보의 22면.
70) 한철호, 앞의 논문, 151쪽.

미국 해군부 태극기가 조미수호통상조약 체결 당시 성조기와 나란히 게양된 조선 국기였다는 취지의 태극기 연구 전문가들의 앞에서의 언급과 다른 의견이 있다. '이응준 감정본'이 태극기가 아니라는 것이 그 이유이다. '이응준 감정본'은『청국문답』의 1882년 5월 22일 문답에서 마건충이 언급한 '이응준 소매에서 꺼내 보여준 깃발'을 1882년 5월 27일 문답에서 김홍집이 '이응준 감정본'이라 표현한 것인데(이하 '이응준 소매에서 꺼내 보여준 깃발'을 '이응준 감정본'이라 한다), 마건충은 이응준 감정본이 일본 국기와 혼동되기 때문에 조선 국기로 사용하기에 적당하지 않다고 언급했고, 이와 같은 마건충의 언급에 의하면 이응준 감정본은 태극기가 될 수 없다는 것이다.[71] 이응준 감정본의 구체적인 모습에 대한 언급은 미국 해군부 태극기가 발견되기 전에도 여러 태극기 연구자들에 의해 제기되었고 그 영향을 받아 방송과 외국 자료에도 이응준 감정본이 일본 국기와 혼동된다는 취지로 방영되거나 언급되었다.[72] 그러나 마건충이 이응준 감정본에 대해 일본

---

71) 이와 같은 취지로는, 김도형, 앞의 논문, 106쪽 기재 등.

72) 김원모는 "이응준이 제작한 조선국기를 보면 흰 바탕 중앙에 태극도형을 그리고, 태극양의의 색깔은 반홍반흑으로 했으며, 8괘가 없는 태극도형기를 제작한 것이다." 라고 언급하고 있고(김원모, 앞의 논문, 62쪽), 같은 취지로는, 목수현,「한국 근대 전환기 시각 상징물」(2008년 2월, 서울대학교 대학원 고고미술사학과 미술사전공 문학박사학위 논문), 34쪽; 안창호,「국가 상징으로서 국기의 인식과 통일국가기 제작방안 연구」(2011년, 홍익대학교 대학원 디자인공예학과 시각디자인전공 박사학위논문)의 151쪽.
   김상섭은 "이 대화를 통해 필자는 이응준이 마건충에게 제시했던 우리 국기 도식이 흰색 바탕에 홍색의 원을 그린 것이 아니었을까 하는 생각을 한다. 이것이 일본 국기와 유사하여 서로 혼동된다고 마건충이 거부하였으므로,"라고 언급하고 있다(김상섭, 앞의 책, 79쪽). 같은 취지로는, 김도형, 앞의 논문, 98쪽. 김도형은 "'이응준 국기'는 흰색 바탕에, 중앙에 청홍의 합한 태극문양과 비슷한 동그란 원이 있는 양식이거나, 혹은 흰색 바탕에 중앙에 단색의 원이 있는 양식이었을 것이다. 물론 4괘나 8괘는 전혀 없는 … ."라고 언급하고 있다.

국기와 비슷하여 서로 혼동된다고 표현한 것은 이응준 감정본의 구체적인 모습대로 일본 국기와 비교하여 표현했다고 하기보다는 이응준 감정본이 조선의 국기로 채택되는 것을 저지하기 위한 청국의 절박함이 발현된 결과로 보이는데,[73] 조선과 청국 사이의 조선 국기 제정을 둘러싼 논의와 조선의 독자적인 국기 제정 노력에 대해서는 뒤의 3.항에서 구체적으로 밝힌다.

이처럼 미국 해군부 태극기가 조미수호통상조약 체결 당시 게양된 조선 국기임을 밝히는 명확한 단서가 없는 상태에서, 이태진에 의해 그 연결고리가 발견되었다. 미국 해군부 태극기가 공개된 2004년으로부터 무려 14년이 지난 2018년 8월에 이태진은 미국 워싱턴 의회도서관 소장 슈펠트 문서 박스(The Papers of Robert W. Shufeldt Subject File, Box 24) 속 '한국 조약 항목(Korean Treaty Items)

한편, 1998년 8월 18일 KBS 제1방송에서 방영한 「그때, 태극기가 있었다」에서 "이응준이 급히 제작한 국기는 흰색 천 중앙에 태극문양만을 그린 것으로 청색과 홍색을 반반씩 사용해 태극 양의를 그렸던 것이다."라고 방영하였다(김상섭, 앞의 책, 82쪽에서 재인용).
중국의 '바이두 백과(Baidu百科)'(https://www.baidu.com)의 '大韩民国国旗(대한민국 국기)'에 "1882年, 清朝协助朝鲜与美国签订《朝美修好通商条约》, 在条约签订前夕, 美国代表薛斐尔(R. W. Shufeldt)认为签字仪式时美国会鸣炮升旗, 朝鲜也应如此, 但朝鲜却只有各种杂乱无章的小旗和三角旗, 没有像样的国旗, 所以建议朝鲜设计国旗, 于是朝方人员在美国军舰斯瓦塔拉号上临时赶制了一面国旗。[15]通过后文描述可知, 这是一面无卦太极旗。"라고 언급하여, 조미수호통상조약 체결 시 게양된 조선 국기를 '괘가 없는 태극기(无卦太极旗, 無卦 太極旗)'라고 묘사하고 있다.

73) 조선일보 박종인 기자는 2023년 12월 8일 '[박종인의 땅의 歷史] 조미조약 체결 전 조선 대표는 청 황실에 삼궤구고두례를 올렸다'라는 기사에서 당시 상황에 대해, 청국이 주도했던 동아시아의 천하 질서에서 남은 속방은 조공국 조선뿐이었고, 청국에 있어 마지막 남은 유일한 속국인 조선은 버릴 수 없는 카드라고 언급하고 있다.

1881~82'에 들어 있는 태극기 그림을 발견했다(KBS가 2025년 3월 1일 방영한 '찢기고 밟히고 불태워진 태극기의 역사... 태극기가 1인칭 시점으로 자신의 이야기를 전달한다'라는 제목의 방송에서 발견 당시의 영상을 소개하고 있음. 유튜브 'KBS 다큐'에도 소개). 태극기 그림에는 날짜가 없지만, 이 문서 바로 뒤에 있는 문서는 같은 해 6월 11일에 작성된 것으로, 슈펠트는 1882년 5월 조미수호통상조약 이후 다시 조선을 방문한 적이 없었다. 김원모는 "1882년 5월 22일 제물포에서 열린 조·미 수호통상조약 당시 역관 이응준이 만들어 게양했다는 조선 국기가 태극기였음이 확실해졌다."라고 언급했고, 이태진도 김원모의 의견에 동의했다. 태극기(이하 이응준 태극기. 그림 23. 미국 의회도서관 소장)는 가로 17cm, 세로 8.5cm 크기의 종이에 펜으로 그리고 청·적색 태극무늬와 검은색 4괘로, 조미

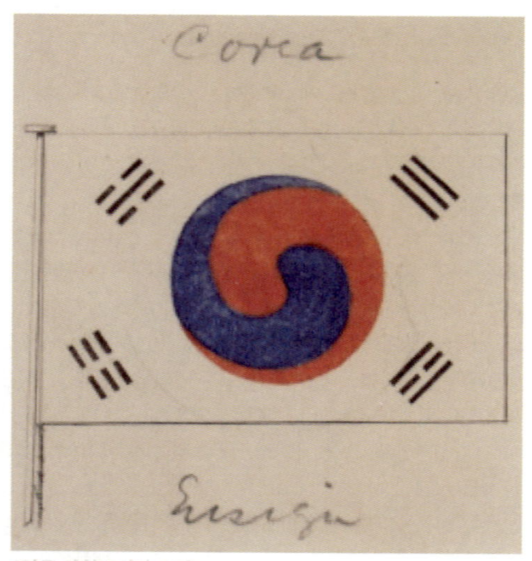

*미국 의회도서관 소장
(사진 이태진 교수 제공) | 6.1×3.8cm

그림 23: 이응준 태극기

수호통상조약 당시 미국 관리가 조선 국기를 보고 그린 것이다. 이응준 태극기는 미국 해군부 태극기의 원(原) 도안으로 보인다. 이태진은 이응준 태극기를 2018년 8월 13일 조선일보에 공개하였다.[74]

이응준 태극기는 미국 해군부 태극기의 원(原) 도안으로 양자(그림 24) 사이에 펜으로 작성한 것(이응준 태극기)과 인쇄된 것(미국 해군부 태극기)이라는 점에서 차이가 있을 뿐이어서, 이하 양자를 비교할 때에는 '이응준 태극기'와 '미국 해군부 태극기'로 구분 지칭하고, 다른 태극기와 비교할 때에는 통칭으로 '이응준 태극기'라 한다.

*미국 의회도서관 소장
(사진 이태진 교수 제공) | 6.1×3.8cm

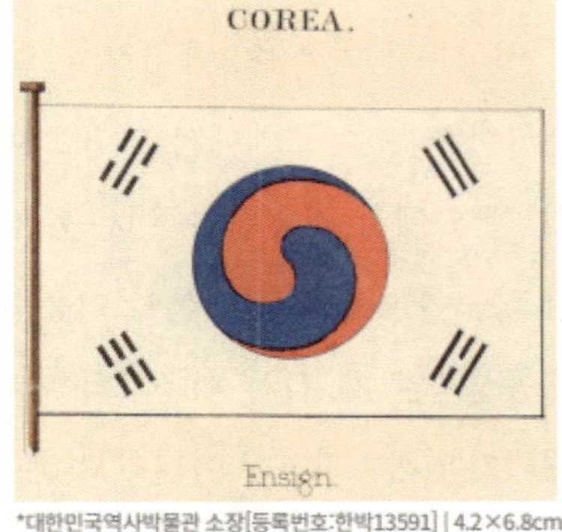

*대한민국역사박물관 소장[등록번호:한박13591] | 4.2×6.8cm

그림 24: 이응준 태극기(좌), 미국 해군부 태극기(우)

---

74) 2018년 8월 14일자 조선일보의 A8면 기사(유석재 기자)에서 발췌.

2

이응준 태극기와
이응준 감정본의 관계

가. 이응준 태극기와 이응준 감정본은 동일물이 아님

『청국문답』의 1882년 5월 22일(음력 4월 6일) 문답에서 마건충이 언급한 '이응준 소매에서 꺼내 보여준 깃발'을 5월 27일(음력 4월 11일) 문답에서 김홍집이 '이응준 감정본'이라 표현하고 있는데(1. 항 참조), 이 이응준 감정본이 이응준의 소매에 보관되어 있다가 조미수호통상조약 체결 시 성조기와 함께 게양되었던 조선 국기인 '이응준 태극기'일까? 필자는 아니라고 본다. 그 이유는 2가지이다.

첫째, 이응준 태극기와 이응준 감정본은 게양 방식이 달랐을 것이다.

이응준 태극기(그림 24 참조)는 깃대가 깃발의 왼쪽에 위치하는 서양식 기준을 따랐다. 깃발을 깃대의 오른쪽에 위치시키려면 깃발을 깃대에 고정하는 고정끈은 깃발의 왼쪽에 있어야 한다. 이응준이 미국 군함 스와타라호에서 이응준 태극기를 만들었다. 이응준 태극기는 조선 정부와 미국 대표 사이에 사전 조율 없이 슈펠트 제독이 조선 대표에게 권유하여 만들어졌으므로, 깃발과 고정끈 등은 스와타라호에 비치된 것이었을 가능성이 크다. 이응준이 이응준 태극기를 만든 후에 스와타라호에 승선하고 있던 슈펠트 제독의 청국인 통역에게 중국어로 이응준 태극기의 앞면을 얘기했고,[75] 고정끈은 스와타라호의 미국 승무원이 서양식 기준에 따라 이응준 태극기의 앞면 왼쪽에 고정했으며, 조미수호통상조약 당일 깃대에 고정되어 게양된 모습을 그린 것이 '그림 24의 왼쪽'이다.

이응준 감정본은 깃대가 깃발의 오른쪽에 위치하는 조선식 기준을 따랐을 것이다. 그렇지만 이응준 감정본에는 태극기의 오른쪽에 고정끈이 없었을 가능성이 크다. 왜냐하면, 이응준이 스와타라호에서 이응준 태극기를 그릴 때 이응준 감정본을 꺼내 놓았을 것이고, 미국 관계자가 이응준 감정본의 고정끈 위치를 보았다면 태극기의 앞면과 고정끈의 위치가 서양식 기준과 달라서 의아하게 생각하고 청국인 통역자를 통해 그 연유를 물어보았을 것이며, 이응준 감정본대로 깃대가 깃발의 오른쪽에 위치하도록 고정끈을 이응준 태극기의 오른쪽에 고정했다면, 서양식 기준을 따른 스와타라호 승무원의 관점에서 본 이응준 태극기의 모습은 '그림 24의 왼쪽'과 좌우 반전 관계에 있는 모

---

75) 슈펠트 제독은 딸을 동반하지 않고, 조약 체결 후 상하이(上海)에서 만나기로 하고 5월 8일 중국인 통역자 2명과 중국인 종복을 대동하고 스와타라호에 승선했기 때문에(김원모, 앞의 논문, 53쪽 마지막 행부터 54쪽 1행까지), 이응준은 이들 청국인 통역자를 통해서 미국 관계자와 의사소통했을 가능성이 크다.

습(그림 25)일 것이기 때문이다.[76] 더욱이 당시 조선은 작은 깃발과 그보다 큰 삼각형기를 사용하고 있었기 때문에,[77] 이응준 감정본은 애당초 깃대에 달고 사용할 목적으로 만들어지지 않았다고 보는 것이 타당하다.

그림 25: 이응준 태극기의 깃발을 좌우 반전한 모습

둘째, 이응준 태극기와 이응준 감정본은 깃발의 크기가 달랐을 것이다.

이응준 태극기는 조미수호통상조약의 조인식 때 성조기와 나란히 게양될 목적으로 **한 개**가 만들어졌다. 조선과 미국이 외교 관계를 맺는 조인식 때 게양된 조약 당사국의 국가 상징인 이응준 태극기와 성

---

76) 그림 25는 본 저서의 제목인 '태극기, 처음으로 돌아가자'의 지향 방향이기도 하다.
77) 각주 54의 영문 참조.

조기는 비슷한 크기의 대형 국기일 가능성이 크다.[78] 그런데 이응준 감정본은 이응준의 소매에 넣고 다닐 수 있는 정도의 크기이다. 조선 시대 관복의 소매가 넓고 컸다고 하더라도, 국가 간 중요한 행사에 게 양될 대형의 국기를 넣고 다닐 정도로 넓고 크지 않았을 것이다.

나. 제작 장소와 기간이 다른 두 태극기

이응준 태극기는 스와타라호에서 만들어졌다. 조미통상수호조약의 조선 대표 일행이 1882년 5월 14일(음력 3월 27일)에 스와타라호 를 방문한 후 다시 방문한 기록이 없고, 또 일정상 다시 방문할 시간 도 없었을 것으로 보이므로, 이응준 태극기는 1882년 5월 14일 스 와타라호에서 만들어졌을 가능성이 크다.[79] 그 이유는 조선 전권대관 등 조선 대표의 일정은 다음(이하의 ①부터 ⑦까지)과 같으므로, 조선 대표는 5월 15일부터 5월 21일 사이에 스와타라호를 방문할 기회가 없었다고 보아야 한다.

① 5월 15일 조선 전권대관은 슈펠트·마건충·정여창을 인천관사로 초
    청하여 연회를 베풀었다(김원모, 앞의 논문, 57쪽).
② 5월 16일 조선 국왕이 승정원 우부승지 김만식을 청국 군함으로 파견

---

78) 이응준 태극기가 대형이라는 동일한 취지로는, 김도형, 앞의 논문, 110쪽 참조. 김
     도형은 "왜냐하면 'a Korean national banner'라고 하여 문장 뒤에서 부연해서
     설명하기를, 지금까지 조선에서는 작은 깃발과 커다란 삼각형기만을 사용하였다고
     한다. 이를 보아 조인식 때 사용한 조선국기는 스와타라호에서 대형으로 한 부 제작
     하였다고 보아야만 한다."라고 언급하고 있다.
79) 김원모, 앞의 논문, 62쪽.

노문(勞問)했다(김원모, 앞의 논문, 57쪽).

③ 5월 17일 마건충·정여창이 인천행관을 방문, 신헌·김굉집(본명 김홍
집)과 오찬을 들면서 제4호조약 초안(가조약)을 최종 검토했다(김원모,
앞의 논문, 57쪽).

④ 5월 18일 마건충이 초상국(招商局) 5명을 서울로 파견, 조선의 상황
(商況)을 시찰하게 했다(김원모, 앞의 논문, 58쪽).

⑤ 5월 20일 슈펠트 제독은 스와타라호 함장 쿠퍼 해군대령·페리·스타
운톤 대위·나리스 등을 거느리고 제물포로 상륙, 인천부 관사(行館)
를 공식 예방했고, 마건충·정여창도 동석했다(김원모, 앞의 논문,
58쪽).

⑥ 5월 21일 제물포에서 조약을 체결할 장소에 장방(帳房)을 설치했는
데, 조선측이 장방설치공사를 담당했고, 청국측이 병사들을 보내어
역사를 도와주었다(김원모, 앞의 논문, 67쪽).

⑦ 한편, 『청국문답』에 의하면, 김원모, 앞의 논문에서 언급하지 않은 5
월 19일(음력 4월 3일)은 왕청선문답(往淸船問答)으로 조선 대표가
청국의 군함을 방문하여 김홍집과 마건충이 필담을 하였다.

한편, 1882년 5월 14일 신헌 전권대관 일행은 청국 군함을 예방
하고 나서 마건충·정여창과 함께 스와타라호를 예방하였으므로,[80] 마
건충 등 청국 대표와 함께 있는 자리에서 슈펠트 제독이 새로운 조선
국기의 제작을 권유할 수 없었을 것을 고려할 때에, 이응준이 충분한
시간을 들여서 여유롭게 '이응준 태극기'를 만들었다고 할 수 없었던
상황이었을 것으로 추측된다. 그렇다면 이응준 태극기가 '급히' 제작
되었다는 「조미조약 체결 연구」에서의 김원모 언급은 5월 14일의 상

---

80)　김원모, 앞의 논문, 55쪽.

황으로 보아 정확한 표현이라 할 수 있다.

이응준 감정본이 이응준 태극기와 같은 도식일 뿐 아니라 미리 준비되어 있어야만 슈펠트 제독의 조선 국기 제작 권고를 받고 나서 바로 김홍집이 이응준에게 조선 국기인 이응준 태극기를 만들도록 지시할 수 있었을 것이다. 그러므로 이응준 감정본은 한나절 정도에 '급히' 만들어질 수 있는 것이 아니다.[81] 이응준 감정본은 주역에 통달하고 있어야 하고 또 깃발에 대한 깊은 이해가 있어야 비로소 만들어질 수 있는 것인데, 설사 그렇다고 해도 장시간의 고민과 노력 후에 비로소 창안될 수 있는 것이다. 이하 이응준 태극기에 근거해서 이응준 감정본의 도출 과정을 몇 가지 단계로 나누어 추론해 본다.

(1) 주역과 깃발의 이론에 정통한 이응준 감정본의 창안자

유교 국가인 조선의 지식인은 주역을 기본적인 소양으로 삼고 있었다. 고려 말과 조선 초기에 걸쳐서 양촌 권근이 저술한 『입학도설入學圖說』에 게재된 십이월괘지도十二月卦之圖(그림 54의 오른쪽)는 태극문양과 동일하게 음양이 줄어들고 늘어나는 소식消息 관계를 보여주고 있는데, 『입학도설』은 유교의 경서 연구에 이바지함이 컸고 후학에게 이용되어 모든 사람에게 회자膾炙되고 있었을 정도이다{뒤의 3.다.(3)(마) 항의 '첫째' 부분 참조}. 조선 시대 성리학의 대표적인 논쟁인 퇴계 이황과 고봉 기대승 사이의 사단칠정 논쟁의 발단이 된

---

81)　같은 취지로는, 목수현, 앞의 논문(2008), 31쪽; 최정준, 앞의 논문, 360쪽; 신희정, 앞의 논문, 40쪽; 이선경, 앞의 책, 94쪽.

『천명도설』에는 태극문양과 비슷한 음양의 소식消息 관계를 보여주는 천명도天命圖(그림 58)가 도시되어 있는데, 천명도는 중국 명대明代의 유학자 래지덕來知德의 『주역집주周易集註』에 실린 복희팔괘방위도(그림 50의 오른쪽)보다 40년 이상 앞설 정도이다{뒤의 3.다.(3)(마) 항의 '셋째' 부분 참조}. 또한, 1876년 조일수호조규朝日修好條規 체결을 위한 회담 장소인 강화도 유수영留守營 삼문三門의 정문에 그려져 있었던 태극문양(그림 26의 왼쪽 복희팔괘방위도의 가운데 부분)은 1876년보다 480년 앞선 1395년에 건립된 경복궁의 정전인 근정전의 계단에 새겨져 있는 태극문양과 같다(그림 34 참조). 이처럼 태극문양은 오랜 기간 우리 겨레에게는 일상이었을 정도로 익숙하였으므로,[82] 이응준 감정본 제작 당시 주역을 깊이 연구한 조선의 지식인은

____

82) 신원봉, 앞의 논문, 283쪽; 최정준, 「태극기에 관한 역학적 검토 -개정논의와 관련하여-」(2014년 8월, 『한국사상사학』 제47집)의 356쪽. 이들이 인용한 김두봉金枓奉의 『신국기의 제정과 태극기의 폐지에 대하여』(1948년, 노동신문사, 55쪽~56쪽)에, "그때 우리나라에서는 관위(官衛) 사택(舍宅) 기타 성황당(城隍堂) 등의 문에 태극을 그리어두는 일이 많았다."라고 언급되어 있다.
그런데 최종고, 「남북한의 국가 상징과 법」(1999년, 『서울대학교 법학』 제40권 3호), 100쪽에 의하면, 김두봉의 위 논의에서 태극기 폐지 이유의 요지는 이하와 같다. 첫째, 태극기는 미군정청이 권유하고 있으므로 새 민주국가에는 맞지 않는다. 둘째, 태극기의 근거인 주역(周易)은 비과학적이다. 셋째, 태극기는 표준성이 없다. 넷째, 태극기 도형이 각양각색이다.
김두봉의 위 논의는 태극기가 주역에 바탕을 두어 비과학적이라고 깎아내리면서 태극기 폐지 이유를 논한 것이나, 1993년 9월 26일 동아일보가 카자흐스탄 거주 박일 교수(광복 이후 북한에 파견되어 북한 정치를 총괄했던 니콜라이 레베데프 소장의 통역으로 활동했고, 김일성대학 부총장을 역임)의 '구소련이 북한 인공기를 만들었다'라는 충격적인 증언을 보도했다. 보도 내용(이현표, 앞의 책, 299~300쪽)을 요약하면 이하와 같다. 1947년 여름, 레베데프로부터 전화를 받고 그의 사무실에 갔더니 김일성대학 총장 김두봉이 와있었다. 레베데프는 박일에게 북한이 건국되면 국기가 필요한데, 김 총장(김두봉)의 의견을 듣고 싶으니 통역해달라고 부탁했다. 김두봉이 태극기에 우주의 원리가 담겼고, 한국의 전통이 반영됐으니 국기로 채택하는 것이 바람직하다고 하자, 레베데프는 '황당무계하다'(в з д о р : 우른도르)라고

태극문양과 복희팔괘방위도와의 관계를 명확하게 이해하고 있었을 가
능성이 크다.

　태극문양과 복희팔괘방위도의 관계에 관한 도식(그림 26의 왼쪽)을
깃대에 고정하는 방식은 조선 시대의 문헌과 도식에는 확인되지 않는
다.[83] 그런데 조선 시대에는 군영의 대장기이자 주장기主將旗인 좌독
기坐纛旗가 있었다. 속병장도설續兵將圖說[84]에 좌독기(그림 26의 가운
데)가 실려 있는데, 좌독기 아래에 '바탕은 검은색(質黑)이고, 가장자
리는 백색(邊白)이며, (중앙에서 밖으로) 태극太極, 팔괘八卦[85]와 낙서
洛書가 그려져 있고, 화염火焰이 있다'[86]라는 문장이 있다. 좌독기는

힐책했다. 몇 달 후 평양 주둔 소련 제25군 사령부를 통해 북한에 인공기 도안이 건
네졌으며, 박일이 북한인들에게 그 의미를 설명해 줬다.
2020년 7월 2일 방송된 KBS(WORLD RADIO) '한반도 A to Z'에 의하면,
1948년 7월 10일 소집된 북조선인민회의 제5차 회의석상에서 태극기가 내려지고
인공기가 시험 게양되었고, 그해 9월 9일 인공기가 공식적으로 사용되었다고 한다.
한편, 김두봉의 태극기에 대한 인식은 1919년 11월 24일 임시정부 주최 첫 건국기
원절 축하식에서 행한 강연 내용으로 확인할 수 있다(각주 679 참조).

83)　조선의 문헌과 도식은 아니지만, 영조의 책봉례(1725년 3월)에 참석했던 청국 사
　　신단의 부사副使 아극돈阿克敦이 그린 봉사도奉使圖에 태극문양과 그 위아래에 리離
　　괘(☲)와 감坎괘(☵)가 그려져 있는데(그림 44의 왼쪽), 괘는 복희팔괘방위도가 아
　　닌 문왕팔괘방위도의 괘 배열(그림 26의 가운데 참조)을 따랐다{자세한 사항은 뒤의
　　3.다.(2)(다) 항의 '첫째' 부분 참조}.
84)　영조 25년(1749년)에 기존의 병서인 병장도설의 속편으로 만들어진 조선의 고유 진
　　법서로서, 현재 서울대학교 규장각(청구기호 奎1609)과 한국학중앙연구원 장서각
　　(K3-288)에 소장되어 있다. 『속병장도설續兵將圖說』에 게재된 군기軍旗는 의장기와
　　동일하게 사각형 깃발이다.
85)　문왕팔괘방위도('그림 19의 오른쪽' 참조)이다.
86)　"質黑邊白畫太極洛書八卦有火焰"이다(畫는 畵의 속자). 가장자리(邊)는 바탕과 화
　　염을 구분하는 검은선(그림 26의 가운데)으로, 어기(그림 94)의 바탕과 화염각을 구
　　분하는 황색선과 같다. 계속해서 좌독기의 크기와 다른 부분에 관한 설명으로 "五色
　　帶以應五方二十八宿旗方一丈高一丈六尺纓頭珠絡極其華飾"이라는 기재가 있다.

깃발의 위쪽이 장대에 고정되어 있고, 깃발의 오른쪽에 깃대가 있다. '태극'은 이응준 태극기의 '태극문양'과 그 형태가 다르고, 주돈이의 태극도(부록 참조) 중 둘째 층의 양동음정도陽動陰精圖(그림 95 참조)와 비슷하지만 동일하지 않다. 팔괘는 이응준 태극기의 복희선천팔괘가 아닌 문왕후천팔괘이다. 좌독기는 문왕팔괘방위도가 아무런 형태적인 변화 없이 깃대의 왼쪽에 위치하는 깃발에 그려져 있다. 한편, 조선 시대의 전 기간에 걸쳐서 깃대는 깃발(주체부)의 오른쪽에 위치하는 조선식 기준을 따르고 있었다(그림 26의 오른쪽). 조선 시대의 의장기는 긴 자루(깃대)에 특정 도상[87]을 담은 사각형의 천을 매단 깃발 형태의 의장물로서, 직물로 만들어진 주체부(바탕, 깃, 화염각, 고정 끈)와 자루부(자루, 곡지, 줄)로 구분되는데, 자루(깃대)는 깃발을 지지해 주는 중심축으로서 깃발의 오른쪽에 위치한다.[88]

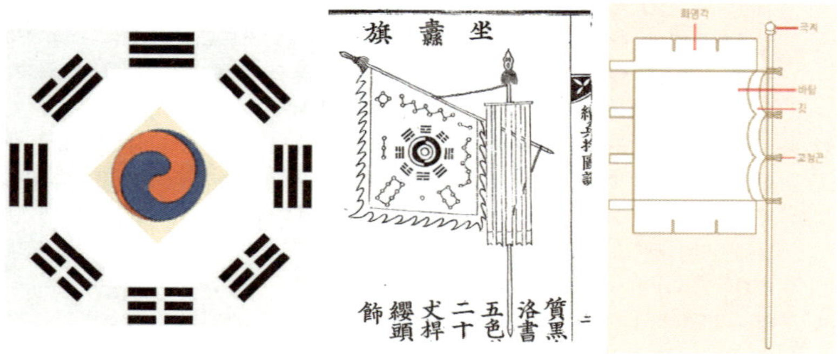

그림 26: 태극문양과 복희팔괘방위도(좌), 좌독기(중), 조선 시대의 깃발과 깃대(우)

---

87) 용龍, 백호白虎, 주작朱雀 등 여러 종류가 있다. 특정 도상은 국립고궁박물관, 앞의 책, 109~147쪽에 구체적으로 기재, 도시되어 있다.

88) 조선 시대의 의장기 및 이와 관련한 설명과 '그림 26의 오른쪽'은, 국립고궁박물관, 앞의 책, 109~147쪽에 기재된 사항에 근거하였다.

(2) 깃발의 조선식 기준을 적용한 이응준 감정본의 창안자

　이응준 감정본의 창안자는 이응준 감정본을 도출하기 위해 우선 태극문양과 복희팔괘방위도로 이루어진 깃발을 그린다(그림 27의 1단계). 조선식 기준에 따라 깃발을 깃대의 왼쪽에 위치시키되, 좌독기와 달리 하늘(건괘, ☰)을 '깃발을 지지해 주는 중심축'인 깃대의 위쪽 옆에 위치하도록 시도했다. 하늘을 깃대의 위쪽 옆에 위치하도록 태극문양과 복희팔괘방위도 전체를 시계 방향으로 45도 회전시킨다(그림 27의 2단계).[89] 시계 방향으로 45도 회전하면 복희팔괘방위도에서 정위正位에 있던 건乾·곤坤괘가 정위를 벗어나게 되고, 대신 태兌·간艮괘가 정위에 위치하게 되어 바람직하지 못하므로, 팔괘 중 정위正位에 위치하지 않았던 태兌·간艮·진震·손巽괘를 생략하고 건乾(☰)·곤坤(☷)·감坎(☵)·리離(☲)의 4괘와 태극문양으로 태극기를 구성한다(그림 27의 3단계). 더욱이 이응준 감정본의 창안자는 건·곤·감·리로 이루어진 4괘만으로도 팔괘八卦의 하위 개념인 64괘를 모두 포함한다는 사실을 인식하고 있었으므로,[90] 팔괘에서 태·간·진·손괘를 생략하여도 태극문양과 복희팔괘방위도의 의미가 훼손되지 않는다는 것을 알고 있었다. 건·곤·감·리로 이루어진 4괘만으로도 64괘를 모두 포함하는 사항은 다음(이하의 ①부터 ⑧까지)의 기재에 의한다(각주 90의 내용을 요약한 것으로, 특히 ⑦, ⑧과 직접 관련된다).

---

89)　팔괘가 360도에 걸쳐 균일한 각도로 위치하므로, 팔괘를 구성하는 개별 괘 사이의 각도는 45도가 된다.

90)　김석진, 앞의 책(③ 계사), 512~513쪽 및 563쪽의 '13 호괘원도 互卦圓圖'.

그림 27: 태극문양과 복희팔괘방위도를 시계 방향으로 45도 회전하고 4괘를 생략

① 주역 64괘는 상경 30괘, 하경 34괘로 놓아 하경이 상경보다 4괘가 더 많다.

② 괘를 순서에 따라 배열한 서괘序卦도 두 가지 측면에서 볼 수 있다. 하나는 공자가 「서괘전」에서 설명한 인과관계이고, 또 하나는 도전괘 또는 배합괘끼리 둘씩 나란히 놓은 상반관계이다.

③ 64괘는 한 괘만 그려 놓고 반대편에서 보면 또 한 괘가 나오는 도전괘倒轉卦가 있고, 한 괘를 그려 놓고 반대편에서 보아도 역시 똑같은 부도전괘不倒轉卦가 있는데, 도전괘는 56괘이고, 부도전괘는 8괘이다. 도전괘는 한 괘만 놓고 상하로 보면 되니까 28괘만 그리면 되고, 부도전괘는 도전이 되지 않아 8괘 모두를 그려야 한다.

④ 도전이 된 28괘와 부도전 8괘를 합하면 36괘가 되므로, 주역 64괘를 36괘라고도 하는데, 주역을 36괘로 보면 상경에 18괘, 하경에 18괘로 고르게 분배되어 있다(아래의 ⑤, ⑥).

⑤ 상경 30괘 중에 부도전괘가 건乾·곤坤·이頤·대과大過·감坎·리離의 6괘가 있다. 상경 30괘 중에서 이들 부도전괘 6괘를 빼면 24괘가 된다. 24괘를 도전하면 12괘가 되므로, 이에 부도전괘 6을 합하면, 상경은 18괘가 된다.

⑥ 하경 34괘 중에는 부도전괘가 중부中孚·소과小過의 2괘이다. 이 2괘를 뺀 하경 32괘를 도전하면 16이 되므로, 이에 부도전괘 2를 합하면

18괘가 된다.

⑦ 초효와 상효를 가리고 중간의 2, 3, 4, 5효로 괘를 짓는 호괘互卦가 있
다. 64괘를 끝까지 호괘로 계산해서 줄이면 건乾(䷀)·곤坤(䷁)·기제
旣濟(䷾)·미제未濟(䷿)의 4괘만 남는다{이 4괘는 팔괘의 건乾(☰)·곤坤
(☷)·감坎(☵)·리離(☲)로 이루어져 있다}.

⑧ 우주 만물(64괘)은 천지수화(天地水火: 乾坤坎離)에 의해 생성 변화
한다. 즉 천지를 체體로 하고 수화를 용用으로 하는 것이니, 천지는 수
화작용으로 만물을 생성한다.

그림 27의 오른쪽 태극기(3단계)는 하늘(건괘, ☰)이 깃대의 위쪽
옆에 위치하도록 하는 데는 성공했다. 그런데 팔괘를 포함하는 상위
개념인 태극문양에서 양(陽, +)인 빨간색 문양이 시계 방향으로 45
도 회전한 결과 음(陰, -)인 파란색 문양의 위쪽에 위치하여, 결과적
으로 태극문양은 양(+)이 위에 음(-)이 아래에 위치하는 형상이 되
었다.『주역』에서는 음이 위에 위치하고 양이 아래에 있으면 길하다
고 본다. 그 반대로 양이 위에 위치하고 음이 아래에 있으면 흉하다고
본다. 양(+)은 위로 올라가고, 음(-)은 아래로 내려가는 성질이 있
다. 음이 위에 위치하고 양이 아래에 있으면, 아래에 있는 양(+)은 위
로 올라가고 위에 있는 음(-)이 아래로 내려오면서 음양이 서로 교접
하여 만물은 형통한다. 태괘泰卦를 예로 들면, 태괘는 하늘(건괘, 양,
+)이 아래에 있고 땅(곤괘, 음, -)이 위에 있다. 양이 위에 위치하고
음이 아래에 있으면, 위에 있는 양(+)은 위로 올라가고 아래에 있는
음(-)이 아래로 내려오면서 음양이 서로 교접하지 못하므로 만물은
막힌다. 비괘否卦를 예로 들면, 비괘는 하늘(건괘, 양, +)이 위에 있

고 땅(곤괘, 음, −)이 아래에 있다.

　태극문양의 양(+)인 빨간색 문양은 세상에 존재하는 만물의 모든 양(+)을 포함하는 상위 개념이다. 태극문양의 음(−)인 파란색 문양은 세상에 존재하는 만물의 모든 음(−)을 포함하는 상위 개념이다. 결과적으로 '그림 27의 오른쪽 태극기'는 음양이 서로 교접하지 못하여 만물은 막혀서 흉하다. 이런 태극기를 조선의 국기로 할 수 없다. 대안을 찾아야 한다.

　(3) 깃발의 조선식 기준 적용 시 발생한 문제 해결

　이응준 감정본의 창안자는 태극문양과 복희팔괘방위도로 이루어진 깃발을 그린다(그림 28의 1단계). 태극문양과 복희팔괘방위도로 이루어진 깃발을 깃대의 왼쪽에 위치시키되, 하늘(건괘, ☰)을 깃대의 위쪽 옆에 위치시키면서 태극문양의 음(−)인 파란색 문양을 양(+)인 빨간색 문양의 위쪽에 위치시키도록 시도했다. 이를 위해 하늘을 깃대의 위쪽 옆에 위치하도록 태극문양과 복희팔괘방위도 전체를 시계 방향으로 45도 회전시키고, 동시에 태극문양의 음(−)인 파란색 문양을 위에 위치시키도록 이하의 순서로 작업했다. ① 태극문양과 복희선천팔괘로 이루어진 깃발을 좌우 반전한다(그림 28의 2단계). ② 좌우 반전된 깃발을 시계 방향으로 45도 회전한다(그림 28의 3단계). 이렇게 하면 복희팔괘방위도에서 정위正位에 있던 건乾·곤坤괘가 정위를 벗어나게 되고, 대신 손巽·진震괘가 정위에 위치하게 되어 바람

직하지 않다. ③ 팔괘 중 정위正位에 위치하지 않았던 손巽·진震·간
艮·태兌괘를 생략하고 건·곤·감·리의 4괘와 태극문양으로 태극기를
구성한다(그림 28의 4단계). ④ 깃발의 형상을 정사각형에서 직사각
형으로 변경한다. 이때 태극문양 중 음(-)인 파란색 문양과 양(+)인
빨간색 문양은 건괘(☰)와 곤괘(☷)의 중간을 잇는 선에서 시작하도록
태극문양을 회전하여 조정한다(그림 28의 5단계).

그림 28: 복희팔괘방위도를 좌우 반전하고
시계 방향으로 45도 회전하여 4괘를 생략

그림 28의 태극기(5단계)는 하늘(건괘, ☰)이 깃대의 위쪽 옆에 위
치하도록 하면서 태극문양에서 양(陽, +)인 빨간색 문양이 음(陰, -)
인 파란색 문양의 아래쪽에 위치하게 함으로써 음양이 서로 교접하여
만물은 형통한다.

다. 소결

앞에서 살펴본 바와 같이, 이응준 감정본은 5단계의 과정을 거쳐야 비로소 도출되는 것이어서 필요에 따라 급히 만들어질 수 있는 성질의 것이 아니다. 따라서 이응준 태극기는 이응준 감정본을 모본으로 하여 미국 군함 스와타라호에서 급히 만들어졌다고 보는 것이, 지금까지 확인된 자료를 근거할 때 타당한 것으로 보인다.

3

조선의 집단 지성에 의해 만들어진 이응준 감정본

고서점 아트뱅크(ARTBANK)의 대표 윤형원이 입수하고 2004년 1월 27일 일간신문에 보도됨으로써 세상에 알려진 '이응준 태극기'가 최초의 태극기이고 그 창안자가 이응준이라는 것에 사회적 이견이 없는 것으로 보인다.[91] 이응준 태극기가 알려지기 전에는 '박영효 태극기'가 최초의 태극기라는 인식이 일반적이었다. 그런데 박영효 태극기조차 누가 만든 것인지에 대해 여러 설이 존재하고 있을 정도인데, 이는 당시 조선이 처한 대내외적 시대 상황과 밀접하게 관련된 것으로 보인다. 한철호는 "'이응준 감정본'이 '박영효 태극기'와 매우 유사하다는 점에서 박영효가 최초의 국기를 제정하는 과정에서 결정적인 영향을 끼쳤다는 점에서 중요한 의의를 가진다."라고 언급했다.[92] 한철호

---

91) 2022월 5월 17일 조선일보의 ' [유석재의 돌발史전]태극기를 만든 사람은 '친일파'가 아니었다'라는 기사(유석재 기자)에서, 태극기를 만든 사람은 박영효가 아니라 이응준이라는 것이고, 그동안 많은 백과사전의 서술이 바뀌었는데, '태극기를 만든 사람' 또는 '태극기 창안자'가 종래의 박영효에서 이응준으로 고쳐졌다고 서술되어 있다.

92) 한철호, 앞의 논문, 152쪽.

의 이러한 언급은 '박영효가 태극기를 조선 국기로 최초로 제정制定[93]
하는 과정에서 결정적인 영향을 끼쳤다는 점'을 의미하는 것이지, 태
극기의 창안자가 박영효가 아니라는 의미일까? "'이응준 감정본'이 '박
영효 태극기'와 매우 유사하다는" 언급은 '박영효 태극기'의 창안자가
'이응준 감정본'을 모본模本으로 해서 박영효 태극기를 도출했다는 의
미일까? 그리고 '이응준 감정본', 즉 '이응준 태극기'의 창안자는 현재
일반적으로 인식되고 있는 대로 이응준 한 사람만일까?[94] 이와 같은
의문에 대해, ① 이응준 태극기가 세상에 알려지기 전까지의 태극기
창안자가 누군지에 관한 논의와 관련한 시대 상황을 살펴보고, ② 이
응준 감정본이 이응준 개인 한 사람이 아닌, 이응준을 포함한 당시의
집단 지성에 의해 만들어졌을 가능성에 대한 태극기 창안을 둘러싼 여
러 소문에 대하여,[95] ③ 여러 소문이 지금까지 알려진 역사적 사실과
부합되도록 연결되어 있다는 점을 밝힘으로써, ④ 신미양요 때 조선
이 미국으로부터 받은 공격도 미국 국기가 가지는 존엄성이 무시되었

---

93) 제정의 사전적 의미는 '제도나 법률 따위를 만들어서 정함'이므로, 박영효가 일본을
방문한 다음 해 초인 1883년 3월 26일(음력 1월 27일) 조선이 최초로 국기를 제
정·반포한 사실『고종실록』20권 1883년 1월 27일 기유(己酉) 1번째 기사]을 의미
하는 것으로 읽힌다.

94) 한철호, 앞의 논문, 151쪽. 한철호는 "김원모의 추정대로 필자 역시 'COREA Ensign'
은 '이응준 감정본'일 가능성이 크다는 데 동의한다. 이제 남은 문제는 이 태극기를
누가 창안했으며, 과연 '국기'라고 부를 수 있느냐이다. 먼저 국기 제정 문제는 그야
말로 국가 대사인 만큼, 수행원 이응준이 창안했더라도 국왕의 재가 혹은 정부 대신
들의 논의 과정을 거치지 않은 채 결정될 사항이 아니었다. 그러나 조미조약 체결 시
이미 국기 제정 문제가 구체적으로 검토되었을 가능성도 배제할 수 없지만, 창안자
에 관련된 명확한 자료가 부재한 현시점에서 '이응준 감정본'은 당사자 이응준에 의
해 창안되었다고 보는 것이 타당할 듯하다."라고 언급하고 있다.

95) 오경석, 김경수 등 역관 그룹(이선근, 앞의 논문, 193쪽; 최정준, 앞의 논문 356
쪽)과 박정양과 이상재 등 사대부 그룹[이선근 앞의 논문, 193쪽; 홍승표, 「태극기
는 누가 처음 만들었을까?」, 2020년 2월 27일 뉴스앤조이(NEWS&JOY) 기고].

다는 이유에서 기인한다는 당시 미국의 인식과,[96] 운요호(雲揚號) 사
건 때 일본이 운요호에 일본 국기를 달았음에도 공격당했다는 일본의
주장,[97] 일본과의 강화도조약 회담 당시 오경석은 조선의 국기가 어떤
것이냐는 질문을 일본 협상 대표로부터 받았고, 신헌 대관은 일본 대
표에게 조속히 국기를 제작하겠다고 답변하는 등 국기 문제가 대두되
었으며,[98] 조일수호조규(강화도조약) 체결 후 접견 대관 신헌이 수호
조규의 한문과 일본문 각각 1책, 비준한 원본 1책, 일본 전권대신이
의안擬案하여 비준한 것 1책, 일본 사신이 준 편지 1본, 미야모토 고
이치(宮本小一)의 수록手錄 1본을 의정부에 올렸는데, 미야모토 고이
치의 수록에는 "또 배마다 반드시 국기를 달아야 하는데 국기는 지극
히 귀중한 물건으로서 갑국(甲國)의 배가 을국(乙國)의 국기를 도용(盜

---

96) 이선근, 앞의 논문, 188~189쪽(각주 2 참조); 김원모, 『태극기의 연혁』(1998. 5.
   행정자치부), 18쪽.

97) 『고종실록』 13권 1876년 1월 19일(양력 2월 13일) 신해(辛亥) 1번째 기사에서,
   접견 대관 신헌이 1월 17일(양력 2월 11일)에 일본국의 특명 전권 변리 대신 구로
   다 기요타카(黑田淸隆), 부대신 이노우에 가오루(井上馨)와 군영 안의 연무당(鍊武
   堂)에서 회견하고 주고받은 말을 개록(開錄)하여 치계(馳啓)하였는데, 일본 전권대
   신이 "雲揚艦三帆, 皆建國旗, 以標我國船, 何謂不知也?(운요함에 있는 세 개의
   돛에는 다 국기를 달아서 우리나라의 배라는 것을 표시하는데 어째서 알지 못하였다
   고 말합니까?)"라고 말하였다는 기록이 있다{김원모, 앞의 책, 20쪽에서, 김원모는
   『高宗純宗實錄』 上, 515쪽(고종 13. 1. 19) 등을 인용하고 있다}.
   이선근, 앞의 논문, 190쪽. 이선근은 본인의 『조선최근정치사』의 24쪽을 인용하면
   서 같은 취지로 언급하고 있다.

98) 오경석과 관련해서는, 최정준, 앞의 논문, 356쪽. "일본과 강화도조약을 체결할 적
   에 조선의 판중추부사 신헌과 부총관 윤지승이 … 연무당(鍊武堂) 집사청(執事廳)에
   서 의사가 진행될 즈음에 한 문제가 생겼으니 이것은 곧 일본측에서 우리나라의 국기
   가 어떤 것이냐고 질문한 일이었다."라는 언급{김두봉, 『신국기의 제정과 태극기의
   폐지에 대하여』, (1948, 노동신문사), 55쪽~56쪽}이 있다.
   신헌과 관련해서는, 김원모, 앞의 책, 20~21쪽. 신헌은 일본 대표(野村靖)로부터 조선
   의 조속한 국기 제정 요청을 받고, 다음 사절을 일본에 파견할 때 국기를 휴대하고 가겠
   다고 구두약속을 했다고 한다(김원모는 『日本外交文書』 권9, 124쪽을 인용하고 있다).

用)한 경우 해적(海賊)과 동일하게 보아 을국의 군함이 잡아 징벌할 것입니다.”라는 기록이 있을 정도였으니,[99] 세계열강과 문호 개방을 앞둔 조선이 국가 상징인 국기 창제에 신중하고 조심스럽게 접근했을 가능성이 커서, 조선 국기인 태극기는 당시 지식인들의 집단 지성에 의한 비교적 장기간에 걸친 노력의 결과물이라는 결론으로 귀결된다.

가. 태극기 창안자로 거론되는 여러 사람들

이응준 태극기가 공개되기 전까지 태극기 창안자로 많은 사람이 거론되었다. 오경석 창안설,[100] 박정양 제정설,[101] 이종원(李淙遠) 제안설,[102] 일본 공사 하나부사(花房義質) 제안설,[103] 고종 창안설,[104]

---

99) 『고종실록』 13권 1876년 2월 3일(양력 2월 27일) 을축(乙丑) 1번째 기사. 미야모토 고이치의 위 수록 내용의 원문은 “又每船必立國旗, 國旗是至貴至重之物, 若有甲國船假冒乙國旗號, 則視與海賊同, 乙國兵艦緝拏懲罰.”이다. 이선근도 동일한 취지로 언급하고 있는데(이선근, 앞의 논문, 191쪽), 日本外務省藏版 日本外交文書의 第9卷 133面을 인용하였다고 한다(동일 취지로, 김원모, 앞의 책, 21쪽).

100) 이선근, 앞의 논문, 193쪽; 신원봉, 앞의 논문, 283~284쪽. 신원봉은 김두봉의 ‘오경석, 김경수 창안설’(각주 82, 158)을 지지하고 있다.

101) 이선근, 앞의 논문, 193쪽; 김원모, 앞의 책, 33~34쪽.

102) 문일평(文一平, 1888~1936), 『호암전집』 第3卷, 106쪽{이선근, 앞의 논문, 194쪽; 김원모, 앞의 논문, 65쪽; 김원모, 앞의 책, 27쪽; 이태진, 「대한제국의 황제정과 [민국] 정치이념 -국기의 제작·보급을 중심으로-」(1998년 12월, 『韓國文化』 22), 236쪽에서 재인용}.

103) 이선근, 앞의 논문, 193쪽에서, 이선근은 東京帝國大學 明治新聞雜誌文庫主任 宮武外骨의 編纂인 “壬午鷄林事變”(昭和 7년 刊行의 非賣品) 61면을 인용하고 있다. 또한, 김원모, 앞의 책, 28쪽 및 이태진, 앞의 논문, 237쪽에서, 일본인 宮武外骨, 「朝鮮の國旗 花房義質の提案」『壬午軍亂鷄林事變』(近藤印刷所, 1932)}, 60~63쪽을 인용하고 있다.

104) 이선근, 앞의 논문, 200쪽; 김원모, 앞의 책, 31쪽; 이태진, 앞의 논문, 237~238쪽.

청국의 마건충 창안설,[105] 김옥균 등 창안설,[106] 박영효 창안설[107]과 이응준 창안설[108] 등이다.

앞에서 살펴본 태극기 창안설의 대부분은 근거가 없다는 이유로 부정되었다. 오경석 창안설과 박정양 제정설은 항간의 소문에 불과하고 뚜렷한 기록도 없다는 것이 그 이유이다(각주 100의 이선근, 193쪽). 이종원 제안설은 ① 임오(1882년) 이후 공주관찰사 이종원이 제출한 태극팔괘의 도식에 의하여 태극으로써 국기를 결정하였다 하고, 임오군란 후에 박영효가 일본으로 갈 때 처음으로 사용하였다 하나, 결정과 사용을 달리하면서 월·일을 밝히지 못하고, 이종원 제안과 결정에 관한 고증이 없으며, 국내사용이 을미(1883년) 이후라고 한 것도 수긍할 수 없다(각주 102의 이선근, 194쪽). ② 출전을 제시하지 않아 설득력이 없고, 고종실록에 의하면 공주관찰사 직함 시에 제안했다면 시기가 맞지 않는 등 구체적인 자료가 나오지 않는 한 중요시할 수 없는 주장이다(각주 102의 이태진, 237쪽). ③ 뒷받침해 줄

---

105)　권석봉, 앞의 논문, 54쪽; 김원모, 앞의 책, 29쪽; 김상섭, 앞의 책, 94쪽; 한홍구, '[한홍구의 역사이야기] 태극기는 정말 민족의 상징인가'(2002.06.26. 등록, 한겨레21 제415호).

106)　2018년 8월 16일자 뉴데일리(NewDaily)의 '[추적]태극기 누가 만들었나? … 뜻밖의 인물이 있었다'(이상흔 기자)에서 경향신문 기사[유자후柳子厚(1895~납북), '국기고증변(辨)' 1948월 2월 8일]를 재인용하고 있다. 유자후에 의하면 1882년 7월 25일 특명전권대사 수신사 박영효가 국서를 가지고 일본으로 향하기 전에 김옥균이 창안하여 김홍집과 상의하고 어윤중의 찬성을 얻은 후에 박영효의 동의를 얻어 고종의 재가를 받았다고 언급하고 있다.

107)　이선근, 앞의 논문, 195~199쪽.

108)　김원모, 앞의 논문, 62쪽; 한철호, 앞의 논문, 151·162쪽과 175쪽. 김원모는 조선 국기는 "흰 바탕에 중앙에 태극도형을 그리고, 태극양의의 색깔은 반홍반흑으로 했으며, 8괘가 없는 태극도형기를 제작한 것이다."라고 언급하고 있다.

만한 사료적 증거자료가 없는 막연한 주장에 불과하다(각주 102의 김원모, 65쪽)는 것이 그 이유이다. 일본 공사 하나부사 제안설은 일본의 민간 예복인 "하오리[109]"에 흔히 볼 수 있는 삼의(三儀)태극(3태극)을 권고했다는 정도에 불과하고(각주 103의 이선근, 193쪽), 국기 제정 과정을 소상하게 밝힌 박영효의『사화기략』에서 방일에 동행한 하나부사 공사의 태극기 제작 관여에 관한 언급이 전혀 없다(각주 103의 이태진, 237쪽)는 것이 그 이유이다. 청국의 마건충 창안설은 이응준 태극기가 1882년 5월 22일에 게양된 후인 1882년 5월 27일에 마건충에 의해 태극 팔괘도가 제안되었으므로,[110] 이응준 태극기의 공개와 함께 마건충 창안설은 자연스럽게 부정된다. 박영효 창안설도 마건충 창안설과 같은 이유로 박영효 창안설에서 이응준 창안설로 수정되었다.[111] 김옥균 등 창안설은 창안 시점이 1882년 7월 25일로 특명전권대사 수신사 박영효가 국서를 가지고 일본으로 향하기 전이라는 것이나(각주 106 참조), 1882년 7월 25일보다 이른

---

109) 「羽織」의 일본어 발음으로, 기모노 위에 입는 짧은 길이의 서양식 겉옷으로, 예를 갖추거나 추위를 피하기 위한 목적으로 입었다.

110) 『청국문답』의 5월 27일(음력 4월 11일)의 김홍집과 마건충의 문답에서 마건충이 "지난번에 이 일을 논의한 후에 생각했습니다만, 바탕은 여전히 흰색을 사용하고, 가운데는 태극도를 사용하고, 바깥둘레에는 8괘를 사용하면 이는 (조선의) 8도와 꼭 맞습니다. 8괘는 모두 검은색을 사용하여 드러내고, 태극은 반은 빨간색(紅色) 반은 검은색을 사용하고, 기의 둘레는 빨간색(紅色)으로 장식한다면 어떻겠습니까? 다만 이것은 내 사견(생각)이므로 귀국하면 당연히 우리 정부(淸)에 알릴 것입니다.(日前議此事後曾思仍用白底中用太極圖外週用八卦則恰合八道之數八卦純用黑色爲顯太極用半紅半黑旗外又緣以紅色何若但此係鄙人私(美案, 所)見歸當語我政府也)"라고 언급했다.
한국민족문화대백과사전의 '태극기'(집필자 유승국)에서 같은 취지로 마건충 창안설을 부정하고 있다.

111) 각주 118 참조.

1882년 5월 22일에 이응준 태극기가 이미 게양되었으므로, 창안 시점 1882년 7월 25일 직전은 사실이 아닌 것으로 보인다.[112]

　고종 창안설에 대해서는, 그 근거가 되는 일본『時事新報(시사신보)』의 1882년 10월 2일(179호)「朝鮮の維新(조선의 유신)」이란 기사 내용[113] 중 "이번에 청국으로부터 내도한 마건충(馬建忠)"에서 '이번'이 임오군란 후라고 한 이선근의 언급에 대해, 임오군란 후에는 대원군을 압송한 것이 마건충의 주된 임무로서 고종을 알현하여 국기 문제를 논의했다는 기록이 보이지 않는다는 점을 들어『시사신보』의 보도는 날조일 가능성을 배제할 수 없다고 한 김원모의 의문 제기에 대하여, 이태진은 '이번'을 '조미수호통상조약 체결 전후'로 보면 아무런 문제가 생기지 않는다고 반박하면서 고종 창안설을 지지하고 있다.[114] '이번'이 언제인가 하는 문제에 대해서, 조미수호통상조약 체결 당시 국기

---

112)　다만, 창안자라고 언급되고 있는 김옥균 등은 뒤의 다.(1) 항에서 살펴보는 바와
　　　같이 개화파 지식인들로 집단 지성의 일원이 될 수 있는 것으로 여겨진다.

113)　"지금까지 조선에는 국기라는 것이 없었으므로 이번에 청국으로부터 내도한 마건
　　　충(馬建忠)이 조선의 국기는 청국 것을 모방하여 삼각형 푸른 바탕에 용(龍)을 그
　　　려 쓰라. 청국은 누른빛을 사용하지만 조선은 중국 동쪽에 해당하는 속방(屬邦)
　　　이요 동쪽(東方)은 푸른 빛을 존중한다는 의미에서 청지(靑地)를 사용할 것을 권
　　　고하였으나 국왕은 이를 크게 분개하여 결단코 청국기를 모방할 수 없다고 거절
　　　한 다음 옥색지(玉色地)에 태극도안을 청·적색으로 그리고 기의 사우(四隅)에는
　　　동·서·남·북의 역괘(易卦)를 부치어 이제부터 조선의 국기로 결정한 줄로 하명하
　　　셨다고 한다."(이선근, 앞의 논문, 199~200쪽에서 재인용하였다).

114)　이태진, 앞의 논문, 238~239쪽. 중국의 바이두 백과는 이태진과 같은 입장이다
　　　(각주 116 관련 본문 참조).
　　　한편, 이선근은 임오군란을 기화로 청국이 용기를 조선의 국기로 사용하라고 강권
　　　했다고 언급하고 있다(이선근, 앞의 논문, 214쪽).
　　　김원모는 날조 보도의 근거로 마건충의 '용기습용' 강요를 크게 부각하여 보도함으
　　　로써 조·청 간의 유대관계를 단절할 수 있다는 정치적 효과를 노린 점을 들고 있다
　　　(김원모, 앞의 책, 33쪽).

문제가 본격적으로 제기되고 논의되었다는 측면에서 이태진의 관점이 정확한 것으로 보이지만, 고종 창안설에 대해서는 회의적이다. 그렇지만, 용기龍旗를 조선의 국기로 채택하라는 청국의 지속적인 압박에도 불구하고 조선이 자주국임을 상징하는 국기가 나올 수 있도록 국왕으로서 상황을 주도하지 않았다면 이응준 태극기가 불가능했을 것이므로, 태극기 창안에 있어 고종 창안설은 본질이 아닌 것으로 보인다.

일부 태극기 연구자에 의한 마건충 창안설 주장에도 불구하고, 박영효 창안설이 대세였다가, 이응준 태극기가 2004년 1월에 공개되고 나서 2008년 5월 이후에는 이응준 창안설로 일반화되었고, 많은 백과사전의 서술도 태극기 창안자가 박영효에서 이응준으로 바뀌었다. 그런데 중국에서는 청국의 마건충 창안설이 정설로 인식되고 있는 실상이다. 이는 많은 중국인이 접속하고 있는 '바이두 백과(Baidu 百科)'에 게재된 '大韩民国国旗(대한민국 국기)' 등 중국의 온라인상에 공개되는 태극기에 관한 자료에 오류 등 부정확한 정보가 많은 데에 기인하는 것이 아닌가 생각된다. 앞에서 언급한 바와 같이, 조미수호통상조약 체결 시 게양된 조선 국기를 '괘가 없는 태극기'라고 묘사하고 있다(각주 72 참조). 계속해서 '바이두 백과(Baidu 百科)'의 '大韩民国国旗(대한민국 국기)'에는 조선 국기 관련 김홍집과 마건충 사이의 『청국문답』 기재 필담(1882년 5월 22일과 5월 27일) 내용을 소개한 후,[115] "요컨대, 조미수호통상조약 체결 시 사용된 이응준 소매

---

115) 1882년 5월 22일 마건충과 김홍집(김굉집으로 표현되어 있으나 김홍집으로 표시)의 필담 내용 등에 대한 기재는 이하와 같다. 마건충이 국기 문제를 제기했다. "저번 이응준이 소매에서 꺼내 보여준 깃발은 일본 국기와 서로 혼동됩니다. 귀국

의 국기 도식은 도대체 어떻게 해야 하겠습니까? 황 전찬참(황준헌)은 귀국이 마땅히 중국의 용기를 사용해야 한다고 말했는데, 제가 보기에 이 또한 타당하지 않습니다.” 마건충은 전에 제안한 중국 용기 방안을 부정하고 다른 새로운 방안을 제안했다. “나는 귀국의 국기는 흰색 바탕에 푸른 구름과 붉은 용을 사용하는 것이 좋다고 생각합니다. 용은 네 발톱을 사용하여 구분을 암시하고, 어떻게 구별하는가 하는 것은 다만 용의 네 발톱과 다섯 발톱에 있을 뿐입니다. 푸른 구름은 또한 구름이 용을 따른다는 뜻을 취한 것이고, 군신은 백성을 근본으로 하므로 바탕색은 흰색을 사용하는 것입니다.” 김홍집이 대답했다. “의미가 심묘합니다. 당연히 조정에 알려서, 속방에서는 중국 의장을 본떠서 사용할 수 있을 뿐임을 나타내겠습니다.”(马建忠专门提起国旗问题，写道：“昨李应浚袖至旗式，似与日本相混，贵国旗式究竟何若，前黄参赞(黄遵宪)谓贵国宜用中国龙旗，以仆观之，似亦未安。”马建忠在否定了先前的中国龙旗方案后，又构思了一种新方案：“吾想贵国国旗，可用白底、青云、红龙，惟龙用四爪，暗示区划。何以区别？只在四爪、五爪耳。青云者，亦取云从龙之意，君臣以民为本，故质用白色。”金宏集回答：“旨意(각주 60의『청국문답』에는 ‘意’가 아닌 ‘義’로 기재)甚妙，当告知朝廷，从可以表属邦之仿用中国仪章耳。”)

1882년 5월 27일 마건충과 김홍집의 필담 내용 등에 대한 기재는 이하와 같다. 그러나 5월 27일에 마건충이 조선 수도 한성(지금의 한국 서울)을 떠나기 전 국기 문제를 재차 김홍집에게 주의를 환기시켰을 때, 김홍집이 “홍룡청운기는 제조하는 데 비용과 노력이 필요하다.”라는 이유로 마건충의 제안을 완곡하게 거절하고, “빨간색 바탕에 가운데 파란색과 흰색으로 이루어진 원”(빨간색 바탕, 파란색과 흰색의 조합으로 이루어진 태극)으로 국기를 만든다면, 일본 국기와 혼돈되는 것을 면할 수 있다고 주장했다. 마건충이 다시 제안했다. “지난번에 이 일을 논의한 후에 생각했습니다만, 바탕은 여전히 흰색을 사용하고, 가운데는 태극문양을 사용하고, 바깥 둘레에는 팔괘를 사용한다면 이는 (조선의) 팔도와 꼭 맞습니다. 팔괘는 모두 검은색을 사용하여 드러내고, 태극은 반은 빨간색 반은 검은색을 사용하고, 기의 둘레는 빨간색으로 장식하는 것은 어떻습니까? 다만 이것은 내 사견(생각)이므로 귀국하면 당연히 우리 정부에 알릴 것입니다.” 김홍집이 대답했다. “가르침을 받들겠습니다. 저 역시 당연히 저의 조정에 알리겠습니다.”(可是在 5月 27日 马建忠离开朝鲜首都汉城(今韩国 首尔)前再次就国旗问题提醒金宏集时，金宏集以 “红龙青云制造须费工” 为由婉拒了马建忠的提议，并主张采用 “红质中青白合成圈子”(红色为底、青白两色组成太极)作为国旗，以免与日本国旗相混。马建忠又建议道：“(각주 60의『청국문답』에는 ‘日’이 추가로 기재. 각주 110 참조)前议此事后，曾思仍用白底，中用太极图，外周用八卦，则恰合八道之数。八卦纯用黑色为显，太极用半红半黑，旗外又缘以红色，何若，但此系鄙人所见，归当语我政府也。”金宏集回答：“领教，仆亦当告知敝朝廷也。”)

에서 꺼낸 깃발은 태극기의 초기 형식(雛形: 우리 국어사전은 '어떤 물건의 원형 그대로를 줄여 만든 본'이라는 '모형'의 의미로만 사용)이라 할 수 있으나, 이는 파란색(靑), 빨간색(紅), 흰색(白)의 3색이고, 현재 태극기와 비교할 때 4괘가 없을 뿐이었는데(그래서 마건충에 의해 일본 국기와 혼동된다는 평을 받았다), 괘를 넣은 것은 마건충의 제의에 의한 것이다. 그러나 그 뒤에 조선은 마건충이 제안한 빨간색 테두리를 하지 않고, 태극문양을 마건충이 제안한 빨간색과 검은색이 아닌 파란색과 빨간색을 사용하였다. 일본 신문(時事新報)의 보도에 의하면, 조선 국왕 이희李熙(고종)는 마건충이 국기 설계에 간섭하는 것에 불만을 품고, 파란색과 빨간색 태극문양으로 국기 양식을 정하도록 하명했다."116)라고 조선의 국기 제정 과정을 설명하고 있다. 이와 같은 내용이 중국인으로 하여금 태극기 창안자가 마건충이라고 인식하게 한 것으로 보이고, 2016년 9월 12일 방영된 중국 장쑤위성TV의 퀴즈 프로그램에서 태극기 창안자가 누구냐는 질문에 마건충이라고 대답한 출연자가 정답 처리되었을 정도이다. 그러나 위의 요약 내용 중 '조미수호통상조약 체결 시 사용된 이응준 소매에서 꺼낸 깃발'이 '이응준 감정본'이고 이것이 이응준 태극기로 게양된 것임은 앞에서 밝힌 바와 같다. 그렇다면, 마건충은 4괘와 태극문양을 가진 이응준 감정본이 일본 국기와 혼돈된다고 하였으니, 명백하게 오

---

116) "总而言之，这面设计于美国军舰并使用于朝美条约签字仪式的"李应浚袖至旗式"可以说是太极旗的雏形，是以青、红、白三色绘制的，与现在的太极旗相比只是没有四卦而已(故被马建忠评为"似与日本相混")，而配卦当是出自马建忠的提议。[1] [14] 不过，后来朝鲜并没按马建忠的建议使用红色边缘，用的也是青红两色太极图而非马建忠建议的红黑两色太极图。据日本报纸《时事新报》报道，朝鲜国王李熙(高宗)对马建忠干涉国旗设计不满，遂下旨以青红两色太极图作为国旗式样。"

류가 있는 요약 내용이다.[117] 그런데 바이두 백과에는 오류가 있는 내용을 바로잡을 수 있는 자료인 미국 해군부 태극기와 미국 의회도서관 소장 슈펠트 문서 박스 안의 이응준 태극기 그림(그림 24 참조)이 게재되어 있는바, 이를 반영하여 수정할 필요가 있는 것으로 보인다.

앞에서 언급한 대로 이응준 태극기가 공개된 후에는 이응준이 태극기를 창안하였다는 것이 일반적인 인식이 되었다.[118]

나. 조선의 국기로 용기를 채택하도록 압박한 청국

1876년 조일수호조규(강화도조약, 병자수호조약) 이후 조선과 청국을 둘러싼 국제 정세는 급격히 변화하고 있었다. 청국과 러시아는

---

117) 날짜에 대한 오류도 보인다. 각주 72의 바이두 백과 기재 원문에 의하면, 조약 체결 전날 저녁(前夕), 즉 1882년 5월 21일에 미국 대표 슈펠트가 당시 조선이 가지고 있던 각종 작은 깃발과 삼각기 대신 조선 국기 제작을 건의했다고 기재되어 있다. 이는 각주 115의 마건충 언급 사항인 "저번 이응준이 소매에서 꺼내 보여준 깃발은 일본 국기와 서로 혼동됩니다."에서 '昨'을 '저번'으로 해석(김도형, 앞의 논문, 94쪽)하지 않고 '어제'로 해석함에 따른 오류로 보인다. '昨'을 '어제'로 해석한 논문으로는, 김원모, 앞의 논문, 62~63쪽; 김원모, 앞의 책, 40쪽; 이태진, 앞의 논문, 240쪽; 한철호, 앞의 논문, 148쪽; 목수현, 앞의 논문, 31쪽; 신희정, 앞의 논문, 36쪽 등이 보인다. '지난번'으로 해석하고 있는 자료로는, 김상섭, 앞의 책, 75쪽이 있다. 권석봉, 앞의 논문, 49쪽은 1882년 3월 22일(양력 5월 9일)부터 4월 5일(양력 5월 21일)까지 사이'로 해석하고 있다.

118) 2008년 5월 30일 조선일보 기사(유석재 기자)에 의하면, 2008년 5월 27일 '독립기념관 한국독립운동사연구소' 주최로 서울 대우재단빌딩에서 열린 '국기 원형 자료 분석 보고회'에서 국내 태극기 권위자인 한철호, 김원모, 이태진(토론문 송부)이 4시간을 넘긴 격론 끝에 태극기의 창안자는 이응준이라고 결론을 내렸다고 한다.

이리 지역을 놓고 10년간(1871년~1881년) 대립하고 있었고,[119] 일본은 1874년 타이완 침공에 이어 1879년 류큐를 오키나와현으로 해서 일본에 편입했다. 1874년 3월 프랑스와 베트남 사이에 체결한 제2차 사이공 조약으로 프랑스는 베트남의 외교권을 감독하게 됨으로써,[120] 청국의 베트남에 대한 종주권은 부정되었다. 러시아와 일본의 세력 확대는 청국에게 큰 위협이 되었고, 청국을 중심으로 한 동아시아 세계질서에서 남은 조공국은 조선뿐이었다. 전통적으로 조선과 청국은 조공·책봉 관계를 맺어왔다. 조공·책봉 관계는 의례적인 관계로 조선은 청국의 실질적인 간섭을 받지 않았다. 청국의 외교관이나 군대가 조선에 머무르지 않았고, 양국 사이에 정기적인 사절단 등이 오고 갈 뿐이었다. 따라서 조미수호통상조약 체결 당시까지 조선은 청국의 속방[121]屬邦(속국屬國)이 아니었다.[122] 위기감을 느낀 청국에게 있어 조공국 조선을 그 영향 아래 두는 것은 중요한 현안이었다.

---

119) 1871년 신장 위구르 지역에서 투르크계 이슬람교도들의 반란이 일어나자 러시아가 이들을 지원하며 청국의 영토를 침범하여 이리강 유역을 점령했고, 1881년 청국이 이리 지역을 되찾기 위해 출병하자, 러시아가 이리 지역을 청국에 반환한 일련의 사건이다.

120) 국사편찬위원회(우리역사넷), '청프전쟁'에서 인용.

121) 속방이나 속국은 사전적으로 같은 의미이다. 속방(속국)의 사전(국립국어원 표준국어대사전)적인 의미는 이하와 같다. "1. 법적으로는 독립국이지만, 실제로는 정치나 경제·군사 면에서 다른 나라에 지배되고 있는 나라. = 종속국 2. 종주국의 국내법에 근거하여 외교 관계는 스스로 처리하고, 다른 부분은 종주국에 의하여 처리되는 나라. 터키에 대한 제일 차 세계 대전 전의 이집트 및 1908년까지의 불가리아 따위가 이에 속한다. = 종속국"

122) 임오군란 후 조선에 대한 청국의 영향력이 확대되는 과정에서 조선이 1882년 8월 23일(음력) 청국과 체결한 조청상민수륙무역장정朝淸商民水陸貿易章程은 조선을 청국의 속국으로 명문화시킨 불평등 조약으로, 이 조약 이후 조선은 속국의 지위로 전락했다. 일본군이 1894년 7월 23일 경복궁에 침입하고, 일본군 천여 명이 청국의 총리공관과 용산의 분관, 한성전보총국漢城電報總局을 공격했고, 7월 25일에 조선과 청국 사이의 위 장정이 폐기되었다.

청국은 조선 정부에 미국 등 서구 열강과의 통상을 권유했고, 국가 상징인 조선 국기를 청국의 용기와 연관시키게 하여 조선이 청국의 속방이라는 것을 외부에 인식시키려고 했다.

(1) 청국의 국기인 용기를 조선의 국기로 제안한 황준헌

김홍집이 제2차 수신사로 일본에 파견되었다. 파견 기간은 부산진을 출발한 1880년 6월 26일(음력)부터 8월 28일(음력)까지이다. 주일청국공사관 참찬관參贊官 황준헌[123]黃遵憲과 양추楊樞는 7월 15일(음력) 수신사의 숙소인 본원사 별원을 방문하여 김홍집과 국제 정세 및 자강의 중요성에 대해 필담筆談을 나누었고, 김홍집은 답방의 형태로 7월 16일(음력) 주일청국공사관을 방문하여 주일 청국공사 하여장何如璋과 필담을 나누는 등 주일청국공사관 관계자와 6차례 필담을 나누었다.[124] 황준헌은 그의 논문『조선책략朝鮮策略』을 김홍집이 귀국할 때 주었는데,『조선책략』의 주요 내용은 러시아의 남하 정책을 경계하고 침입을 막기 위해 조선은 청국과 친선하고(親中國) 일본과 결탁하며(結日本) 미국과 연합하여(聯美國) 자강自强을 도모해야 한다는 것이고, 외교 사절 교환 등 외교에 있어 조선 국기의 필요성에 대해 최초로 언급한 것 등이다. 황준헌은『조선책략』에서 "(청국에) 주청해서 해군과 육군의 모든 군대의 군기는 중국의 용기龍旗를 그대로 사용

---

123)　한국식 이름으로 널리 알려져 있어, 이를 반영했다. 청국(중국의 이전 왕조 포함)
　　　사람은 모두 동일하게 적용했다.

124)　김홍집,『대청흠사필담록大淸欽使筆談錄』(장서각)에 의하면, 주일청국공사관 관계자
　　　가 먼저 수신사 숙소를 방문하고(음력 7월 15일, 18일, 8월 2일), 김홍집이 주일
　　　청국공사관을 방문(음력 7월 16일, 21일, 8월 3일)하는 형식으로 이루어졌다.

하고, 이를 전국의 기의 표지標識로 한다(奏請海陸諸軍 襲用中國龍旗
爲全國徽幟).[125]"라고 하여, 주청奏請해서[126] 청국의 용기를 조선의
국기로 사용하도록 권고했다. 1880년 당시 청국의 국기인 용기는 아
래(그림 29)와 같다.

그림 29: 1882년 미국 해군부 『해양국가의 깃발』 중 청국의 용기

(2) '용을 그린 사각형기'를 조선의 국기로 제안한 이홍장

김홍집이 『조선책략』을 조정에 보고하면서 국기 문제를 거론했
고,[127] 조선 정부는 황준헌의 권고에 따라 국기 제정문제를 청국에 주

---

125)　修信使日記 卷二, 朝鮮策略 167쪽(國史編纂委員會 發行, 韓國史料叢書 九,
　　　　4291年 11月)(권석봉, 앞의 논문, 42쪽 각주 2에서 재인용하였다).
126)　주청은 '임금께 상주上奏하여 청함'이라는 사전적 의미이므로, '주청해서'는 '청국의
　　　　황제에게 아뢰어서'라고 읽힌다.
127)　권석봉, 앞의 논문, 42쪽. 권석봉은 "따라서 고종 17년(1880) 8月에 수신사 김
　　　　홍집이 회환(回還)한 이후 조선 정부에서 그의 소론(所論)을 논의하였을 때 국기
　　　　도식 문제 역시 논의의 대상이 되었으리라는 것은 능히 짐작할 수 있다. 그러나 구

청하는 형식을 취했다. 1880년 12월 1일(음력) 진하겸동지사은사進
賀兼冬至謝恩使 일행으로 수행한 사역원 부사직 이용숙李容肅이 무비학
습武備學習을 위해 톈진(天津)을 방문했을 때, 조선 정부에서 작성한
「청시절약서책請示節略書冊」 1본과 「영중추부사領中樞府事 이유원李裕
元의 서함書函」을 이홍장李鴻章에게 전달하였다.[128] 「청시절약서책」은
「절략소개각조내節略所開各條內 유영의정이최응계본有領議政李最應啓本」
이라 한 것으로 보아 영의정 이최응이 주관해서 청국에 주청한 것인
데, 그 내용은 『李文忠公全書 奏稿』卷40, 「답복조선소문사의접答覆朝
鮮所問事宜摺」(光緖 7年 2月 2日)의 부건附件으로 전문 8조의 「근장작
복조선순문각조조선청단謹將酌覆朝鮮詢問各條照繕淸單」에 그 요지가 기
록되어 있고, 제7조에 국기도식國旗圖式에 관한 것이 있다.[129] 제7조
의 전문은 다음과 같다.

> 우리나라 선박에는 본래 '기의 표장'(旗標)이 없어 지금 논의하여 만들려
> 고 합니다. 황참찬(황준헌)이 귀국에 주청하여 중국의 용기龍旗를 그대로
> 따라 사용할 것을 논한 바 있습니다. 중국의 선박에 다는 기의 모습과 그
> 림은 어떠한지 삼가 묻습니다. 우리나라는 어떤 색과 어떤 그림을 사용한
> 다면 마땅하겠습니까?[130]

체적으로 어떠한 논의가 되었는가 하는 것은 이를 뒷받침할 만한 사료가 발견되지
않아 불명(不明)하다."라고 언급하고 있다.

128) 『李文忠公全書 譯署函稿』卷12, 「論朝鮮外交」光緖 7年 2月 2日(권석봉, 앞의
논문, 43쪽에서 재인용).

129) 권석봉, 앞의 논문, 43쪽.

130) 원문은 "小邦船舶本無旗標 今將議造 而黃參贊有奏請襲用中國龍旗之論 敢問中
國船上 旗身畫樣 而小邦 則用某色某畫 是否有當乎"로 권석봉, 앞의 논문, 43쪽
에서 재인용하였다.

이러한 조선 정부의 질의에 대해 이홍장은 1881년 2월 2일(음력) 청국의 덕종德宗에게 올린 「답복조선소문사의접答覆朝鮮所問事宜摺」이라는 상주문上奏文에서 그 부건 문서 「근장작복조선순문각조조조선청단謹將酌覆朝鮮詢問各條照繕淸單」의 제7조에 질의 내용과 함께 본인의 처리 방안을 개진하였다.[131] 이홍장은 조선 정부의 질의에 대해 다음과 같이 '용을 그린 사각형 기(畫龍方旗)'를 국기로 사용할 것을 권고하고 있다.

> 무릇 서양의 상선에서 사용하는 기의 도식은 모두 그 나라 왕의 기와 관계됩니다. 이는 바다에서 오고 가는 선박이 어느 나라 상선임을 알 수 있도록 알리기 위해서입니다. 이제 귀국의 왕이 사용하고 있는 기旗는, 말하는 바에 의하면 '용을 그린 사각형 기(畫龍方旗)'라고 하니, 이 또한 중국의 용기와 서로 비슷하므로, 지금부터 이 용을 그린 기를 국기로 해도 좋습니다. 이것을 선박의 기표로 사용합니다. 마땅히 바르게 정하여 사용할 것이니, 먼저 용기의 치수, 색깔, 회구, 도식을 본 대신아문大臣衙門에 자문하여 명확하게 하여, 핵주자행核奏咨行의 기초가 되도록 하겠습니다.[132]

이러한 이홍장의 조선 국기에 대한 의견과 처리 방안의 제시는 조미조약朝美條約 약장約章의 대의代擬와 함께 청국의 덕종에게 상주되었고, 청국의 덕종은 1881년 2월 4일(음력) 조선에 회자回咨하는 것으로 결정하였고, 청국의 회자문은 1881년 3월 16일(음력)에 성경盛

---

131) 권석봉, 앞의 논문, 44쪽.

132) 원문은 "凡西國商船旗式 皆係國主之旗 因海上往來 俾知爲某國船隻 今貴國王自用之旗 據稱是畫龍方旗 亦與中國龍旗相仿 自可以畫龍旗爲國旗 卽作爲船舶旗標 應於定用之 先將龍旗尺寸顏色繪具圖式 咨明本大臣衙門(O北洋大臣衙門) 以憑核奏咨行"으로 권석봉, 앞의 논문, 44쪽에서 재인용하였다.

京[133] 예부禮部의 자문咨文으로 전하여졌다.[134]

앞에서 살펴본 바에 의하면 조선의 국기 제정 문제는 황준헌이 『조선책략』에서 청국의 국기인 용기를 조선의 국기로 사용하도록 권고하면서 이에 대해 청에 주청하라고 종용하였고, 조선은 그의 종용을 수용해서 청국에 주청하는 형식으로 이 문제를 진전시켰으며, 청국은 이홍장이 '용을 그린 사각형 기(畫龍方旗)'를 조선 국기로 사용할 수 있다는 권고 내용을 성경 예부의 회자문回咨文으로 구체화했다. 그런데 여기서 주의해서 살펴보아야 하는 사실은 청국의 용기를 조선의 국기로 하는 문제에 대해 청국이 더 적극적이었을 뿐 아니라, 조선의 국기 제정 문제와 조미조약 약장의 대의를 함께 진행했다는 것이다. 이는 조선의 국기 제정 문제가 외교 사절의 교환 등 외교에 있어 조선 국기의 필요성을 언급한 황준헌의 『조선책략』에서의 논지와 완전히 일치한다. 이와 같은 사실로부터 청국이 조선과 미국의 외교 관계 수립을 진행하면서, 조선이 청국의 속방임을 조미조약에 명문화함과 동시에,[135] 용기를 조선의 국기로 함으로써, 조선이 청국의 속방임을 외부에 주장하기 위해 장기간에 걸쳐 노력해 왔다는 것이 엿보인다.

조선의 국기 제정에 있어 청국의 적극적인 노력과 대비되게 조선의

---

133)   중국 랴오닝(遼寧)성의 도시 선양(沈陽)의 청국 때 명칭.
134)   권석봉, 앞의 논문, 45쪽.
135)   청국이 조미조약 초안에 조선이 청국의 속방임을 명시적으로 규정했다는 것은, 김원모, 앞의 논문, 50쪽에 "이리하여 슈펠트는 이홍장의 초청을 받고, 즉각 텐진을 방문 입약교섭을 전개, 끈질긴 교섭 끝에 속방屬邦조항을 삭제하고 그 대신 별도 조회문別途照會文에 속방론을 명문화하는데 합의함으로써 입약교섭은 타결된 것이다."에서 확인된다.

대응은 소극적이었다. 조선 정부는 황준헌의 권고로 청국에 국기 제정 문제를 주청하면서 정작 질의 내용은 조선의 국기에 대한 것이 아닌, 선박에 사용할 기표로 한정하고 있다. 이에 대해 권석봉은 "국기의 필요성 내지 그의 성격에 대한 것으로 당시의 조선 정부에서 필요로 한 것은 선박에 사용할 기표에 한정된 것이며, 따라서 그러한 기표의 표식이 국기에 대한 개념으로까지 발전되었는가는 매우 의심스럽다는 것이다."라고 언급하고 있다.[136] 그렇지만 당시 조선의 국기 제정 문제는 절실한 현실 문제였던 것으로 보인다. 조선은 불과 몇 년 전인 1876년에 일본과 조일수호조규를 체결했고, 조약 체결의 계기가 된 것이 운요호(雲揚號) 사건인데, 운요호 사건에서 일본은 자국 국기를 게양한 운요호가 포격당했다는 것을 문제로 삼았을 정도이고, 당시 개방정책으로 전환한 조선 정부에 있어서 국기 제정 문제는 최대 현안의 하나였을 것이다.[137]

그런데도 청국의 회자문이 조선에 전해진 이후에 조선 정부는 이홍장의 권고를 실행하기 위한 조치를 취하지 않았던 것으로 보이는데,[138] 그 이유는 독자적으로 국기(이응준 감정본) 제작을 진행하고

---

136) 권석봉, 앞의 논문, 43~44쪽.
137) 각주 97~99와 관련 본문 참조.
      또한, 이태진, 앞의 논문, 247쪽. 이태진은 "조선 정부는 1876년의 조일수호조규 이후 새로운 국제관계 수립의 필요성을 느껴 1880년 12월에 국제관계를 전담하는 새로운 부서로 통리기무아문을 설치하고 1881년 윤 7월에 국교 관계에서 사용할 국호를 대조선大朝鮮으로 높이는 조치를 취한 단계에서 국기 문제는 구체적으로 검토되었던 것으로 보인다."라고 언급하고 있다.
138) 권석봉, 앞의 논문, 46쪽. 권석봉은 "그 이후에 조선 정부에서 어느 정도로 이 문제를 구체화시켰는가 하는 것이 불명하다는 것이다."라고 언급하고(같은 취지로 김상섭, 앞의 책, 72쪽), 고종 18년대는 황준헌의 『조선책략』과 밀접한 관련성이 있었

있었던 관계로 회자문에서의 청국 권고를 의도적으로 무시하고 있었을 가능성이 큰 때문으로 보인다.[139]

(3) 청색 바탕 삼각형 용기를 조선의 국기로 요구한 마건충

슈펠트의 『조미조약체결사』에 의하면 조선 정부는 조미수호통상조약 체결 때까지 삼각기를 사용해 왔다고 명기하고 있다(각주 54 참조). 이 삼각기의 구체적인 색깔과 모양 등에 대해서『조미조약체결사』에 기재되어 있지 않지만, 김원모는 삼각기가 곧 삼각형 청룡기를 가리키고 있고, 이 삼각형 청룡기는 1882년 10월 2일 일본의 시사신보 기사(각주 113 참조)에 소개되어 있듯이 마건충이 조선에 왔을 때 조선에서 국기로 사용하도록 요구한 것으로, 파란색 바탕(靑地)에 용龍을 그린 삼각형 깃발로 보았다.[140]

그러면 마건충은 언제 파란색 바탕(靑地)에 용龍을 그린 삼각기를 조선의 국기로 사용하도록 요구했을까? 일본 시사신보 기사에서 언급한 마건충이 조선에 온 시기인 '이번'이 앞(태극기의 고종 창제설의 각주 113 관련 부분)에서 언급했듯이 '조미수호통상조약 체결 전후'라고 하면, 1882년 5월 14일(양력) 조선 대표가 미국 군함 스와타라호를 방문했을 때 사용하던 깃발에 삼각기도 있었다고 하니, 마건충이

___

던 신사위정척사론辛巳衛正斥邪論이 풍비했던 시기여서 국기 문제에 관해 논의를 일단 중단시켰다고 생각한다고 언급하고 있다(같은 취지로 김원모, 앞의 책, 37쪽).

139) 이에 대해 김원모는 조선 정부가 별도의 국기 제정을 논의했는지에 대해서는 관계 기록이 남아 있지 아니해서 알 길 없다고 언급하고 있다(김원모, 앞의 책, 37쪽).

140) 김원모, 앞의 논문, 61쪽.

조선 정부에 삼각기를 사용하도록 요구한 시기는 청국 군함 3척이 제
물포에 도착한 1882년 5월 8일부터 5월 14일의 하루 전인 5월 13
일 사이인 것으로 추정된다. [141]

　마건충은 청국 북양아문막하北洋衙門幕下의 외교 담당 책임자로 조
미조약 체결을 지도하고 감독하기 위해 이홍장이 파견한 인물로서,
상사인 이홍장의 속방론을 끝까지 관철하려고 파란색 바탕에 용을 그
린 삼각기의 사용을 요구했을 것이다. 만약 마건충의 삼각기 사용 요
구가 없었다면, 조선 정부가 스스로 삼각기를 국기와 의장기로 사
용하지 않았을 것이다. 왜냐하면, 조선은 개국 후부터 대한제국 성
립 전까지 삼각형 깃발을 조선 왕실의 의장기로 사용한 적이 없었으
며, [142] 대한제국 성립 후 황제국인 청국의 의장제도를 참고해서 삼각
형 깃발을 의장기로 최초로 채택했기 때문이다. [143] 조선이 비록 황제
국의 의장기를 사용했던 고려[144]를 이었지만, 개국 후 명국明國을 중

---

141)　고종이 1882년 5월 26일(음력 4월 10일) 편전에서 마건충과 정여창을 접견하였
　　　으므로『고종실록』19권 1882년 4월 10일 을축(乙丑) 1번째 기사), 일본 시사신
　　　보의 기사 내용 중에서 마건충에 의한 파란색 바탕 삼각형 용기의 사용 요구는 고종
　　　이 마건충을 접견한 자리에서 거론된 것으로 보이지 않는다.
142)　고궁박물관, 앞의 책, '의장물 조선' 중 '의장기儀仗旗' 관련 부분에서, 의장기는 사
　　　각형의 천을 매단 깃발 형태로 총 28종이며 크기에 따라 대기大旗, 중기中旗, 소기
　　　小旗로 분류된다고 언급하고(109쪽), 의장기 28종 중 24종을 구체적으로 설명하
　　　고 있다(110~147쪽).
143)　고궁박물관, 앞의 책, '의장물 대한제국' 중 '의장기儀仗旗' 관련 부분에서, 대한제국
　　　의장물 중 깃발류는 모두 삼각형의 형태로 이루어져 있고, 종류는 총 75종이라고
　　　언급하고(221쪽), 의장기 75종을 구체적으로 설명하고 있다(222~299쪽).
144)　고궁박물관, 앞의 책. '문헌으로 본 의장제도의 역사' 중 '1. 조선 이전' 관련 부분
　　　에서, 고려의 의장기는 조선과 달리 황제의 기치에 걸맞는 규모와 형태를 지니고
　　　있었다고 설명하고 있다(416쪽).

심으로 하는 동아시아 세계질서에서 제후국이 된 후에 그 의장물도 제
후국의 반열에 맞는 것들을 채택하였다.[145]

　앞에서 살펴본 바에 의하면 마건충은 청국 북양대신인 이홍장의 외
교 담당 책임자로 이홍장의 조선 속방화 정책을 충실하게 수행한 인
물이다.[146] 슈펠트와 이홍장 사이의 조미수호통상조약 교섭 과정에
서 청국이 조약문 초안에 명기한 속방屬邦 조항이 삭제되자(각주 135
참조), 조선이 청국의 속방임을 국기를 통해 나타내려고 의도하고 청
국 군함이 1882년 5월 8일 제물포에 도착하고 조선 대표와 미국 군
함 스와타라호를 방문하기 하루 전인 5월 13일 사이에, 마건충이 조
선 정부에 파란색 바탕에 용을 그린 삼각기의 사용을 요구했을 것이
다. 이는 5월 14일 조선 대표가 청국 군함(위원호)을 방문했을 때 청

------

145)　고궁박물관, 앞의 책. '문헌으로 본 의장제도의 역사' 중 '2. 조선 전기' 관련 부분에
　　서, 조선 건국 후에는 명과의 외교 관계 성립 이후 제도를 정비해 나가면서 제후국
　　의 반열에 맞는 것들을 채택하였는데, 고려의 의장기 중에 보이던 군왕만세기君王
　　萬歲旗가 조선조에 들어와 군왕천세기君王千歲旗로 바뀐 사례를 설명하고 있다(416
　　쪽). 143쪽의 '군왕천세기'란에 전례서 및 의궤 도식을 도시하고, 고려시대에는 송
　　宋의 의장 제도를 도입해 군왕만세기를 사용하다가, 조선시대에는 제후의 격에 맞
　　는 '천세'를 쓰게 되었다고 설명하고 있다.

146)　마건충에 대해 『청사고淸史稿』에 "마건충(馬建忠), 자는 미숙(字眉叔)이고, 장수단
　　투인(江蘇丹徒人)이다. 어려서부터 학문을 좋아했고(少好學), 경사에 통했다(通
　　經史). 외환이 날로 심해지는 것에 분개했고(憤外患日深), 이에 서양 학문을 전념
　　해서 연구했으며(乃專研西學), 각국 공사관에 부임하여 서양 관련 업무를 익혔고
　　(派赴各國使館學習洋務) … 북양대신 이홍장의 칭찬을 많이 받았으며(北洋大臣
　　李鴻章頗稱賞之), 의사가 많이 채택되었다(所議多采行). 특사로 많이 보임되었고
　　(累保道員) …"라고 소개되어 있다.
　　또한, 김상섭은 마건충(1845~1900)에 대해 젊을 때 라틴문, 희랍문, 영문, 프랑
　　스문 등을 익혔고, 1875년에 프랑스에 유학하였으며, 귀국한 후 이홍장의 막하에
　　서 외교활동을 하였고, 최초의 중국어 문법책인『마씨문통馬氏文通』을 저술하였다고
　　소개하고 있다(김상섭, 앞의 책, 74쪽).

국의 황실에 삼궤구고두례三跪九叩頭禮를 행했던 사실로 보아(각주 73 참조),[147] 조미수호통상조약 체결 시 미국 국기와 함께 게양될 조선 국기가 청국의 속방임을 나타내게 하려고 의도했을 것임은 조선 국기의 모양에 대한 청국의 일관된 태도로 확인된다. 더욱이 파란색 바탕에 용을 그린 삼각기는 황준헌의 『조선책략』이나 조선의 국기 관련한 질의에 대한 청국의 회자문에는 언급되지 않았던 것이었다. 한편, 1882년 5월 22일 조미수호통상조약이 체결된 후 김홍집과 한 필담에서 마건충이 언급한 사항(각주 115 참조)을 고려할 때에, 마건충은 속방화 대상인 조선의 국기는 청국 국기와 완전히 같아서는 안 되지만 청국의 속방임이 조선의 국기 자체에는 표현되어 있어야 한다고 생각하고, 조선 정부로 하여금 파란색 바탕에 용을 그린 삼각기를 사용하게 했을 것이다.

(4) 흰색 바탕 삼각형 용기를 조선의 국기로 요구한 마건충

1882년 5월 22일 조미수호통상조약이 체결된 후 김홍집과 한 필담에서 마건충이 "저번 이응준이 소매에서 꺼내 보여준 깃발은 일본 국기와 서로 혼동됩니다. 귀국의 국기 도식은 도대체 어떻게 해야 하겠습니까? 황 전찬참(황준헌)은 귀국이 마땅히 중국의 용기를 사용해

---

147) 김원모, 앞의 논문, 55쪽에서, 김원모는 마건충에게 삼궤구고두례를 행했다고 언급했다. 김원모, 앞의 책, 38쪽에서, 김원모는 마건충의 '馬建忠, 『適可齋紀言紀行』(文海出版社, 1896), 「東行初綠」, 345쪽(광서 8. 3. 27)'을 인용하고, "마건충은 조선대관으로부터 세 번 무릎을 꿇어 아홉 번 머리를 조아리는 「삼궤구고례(三跪九叩禮)」를 받았다. 이홍장을 대신한 마건충이라는 것, 조선 국왕을 대신한 신헌대관이라는 것, 조선 국왕을 대신하여 신헌이 상국(上國)의 사신 마건충에게 이 같은 최고의 예를 올린 것이다."라고 언급하고 있다.

야 한다고 말했는데, 제가 보기에 이 또한 맞지 않는 것 같습니다. …
나는 귀국의 국기는 흰색 바탕에 푸른 구름과 붉은 용을 사용하는 것
이 좋다고 생각합니다. 용은 네 발톱을 사용하여 구분을 암시하고,
어떻게 구별하는가 하는 것은 다만 용의 네 발톱과 다섯 발톱에 있을
뿐입니다. 푸른 구름은 또한 구름이 용을 따른다는 뜻을 취한 것이
고, 군신은 백성을 근본으로 하므로 바탕색은 흰색을 사용하는 것입
니다."(각주 115 참조)라고 언급한 사실로부터, 마건충은 김홍집에
게 '이응준이 소매에서 꺼내 보여준 깃발'(이응준 감정본)이 일본 국기
와 혼동되기 때문에 조선 국기로 사용하기에 적당하지 않고, 황준헌
이『조선책략』에서 권고한 청국의 용기도 맞지 않는다고 하면서, 대신
'흰색 바탕에 파란색 구름과 빨간색 용'이 그려진 깃발을 조선 국기로
사용하도록 권고하고 있다.

'흰색 바탕에 파란색 구름과 빨간색 용'이 그려진 깃발의 형상이 삼
각형인지 아니면 사각형인지 명확하지 않으나, 대화의 전후 맥락으로
보아 마건충은 삼각형 깃발을 의도하고 있었던 것으로 보인다. 왜냐
하면, '이응준이 소매에서 꺼내 보여준 깃발'은 '이응준 감정본'이고 이
것이 조미수호통상조약 체결 시 이응준 태극기로 게양된 것임은 앞에
서 살펴본 바와 같은데, 이응준 태극기는 사각형 깃발이고, 청국 이
홍장의 회자문에 언급된 화룡방기畫龍方旗도 사각형 깃발이면서 청국
의 용기와 같이 용을 그린 깃발인데도, 마건충은 이를 무시하고 조미
수호통상조약 체결 전에 파란색 바탕에 용을 그린 삼각기를 조선의 국
기로 사용하도록 요구한 바 있으므로, 조미수호통상조약 체결 후에

사각형 깃발인 이응준 태극기 대신 마건충이 권고한 '흰색 바탕에 파
란색 구름과 빨간색 용'이 그려진 깃발도 삼각형 깃발이어야 이치에
맞기도 하고,[148] 용이 그려진 삼각기가 조선이 청국의 속방임을 명확
하게 나타낼 수 있기도 하기 때문이다.

앞에서 살펴본 바에 의하면 마건충은 '이응준이 소매에서 꺼내 보여
준 깃발'인 이응준 감정본이 일본 국기와 혼동된다고 하면서 조선의
국기로 '흰색 바탕에 파란색 구름과 빨간색 용'이 그려진 삼각기를 권
고하고, '푸른 구름은 또한 구름이 용을 따른다는 뜻을 취한 것{靑雲
者亦取雲從龍之意(美案, 義)}'이라고 설명하고 있다. 이응준 감정본이
일본 국기인 일장기와 혼동된다는 '앞의 마건충의 언급'과 파란색 구
름을 취한 근거를 설명하는 '뒤의 마건충의 언급'으로부터, '앞의 마건
충'과 '뒤의 마건충'은 서로 전혀 다른 사람인 것처럼 여겨진다.

'앞의 마건충'은 이응준이 소매에서 꺼내 보여준 깃발인 이응준 감정
본을 바로 앞에서 확인했던 상황이었다. 이응준 감정본은 태극문양과
그 주위에 사괘가 배치된 깃발로, 『주역』의 「계사상전」11장에 있는
"역유태극(易有太極), 시생양의(是生兩儀), 양의생사상(兩儀生四象),
사상생팔괘(四象生八卦)"라는 복희선천팔괘伏羲先天八卦가 생성되는
관계를 도식圖式으로 나타낸 것이다(Ⅰ.2. 항의 나. 및 다. 참조). 이

---

148) '흰색 바탕에 파란색 구름과 빨간색 용'이 그려진 삼각기의 '흰색 바탕', '파란색' 및
      '빨간색'은 각각 이응준 태극기의 '흰색 바탕', 태극문양의 '파란색' 및 '빨간색'에 대
      응하므로, 마건충은 이응준 태극기에 적용된 색깔을 고려하여 '흰색 바탕에 파란색
      구름과 빨간색 용'이 그려진 삼각기를 권고한 것으로 보인다.

응준 감정본에서 태극문양의 원은 태극을 나타내고, 원 내에 파란색
과 빨간색으로 이루어진 문양은 음양(양의)을 나타내며, 사괘는 팔괘
에서 다른 사괘를 생략한 것인데, 마건충은 이 태극문양과 그 주위의
사괘로 이루어진 도식이 일본 국기의 흰색 바탕 가운데에 위치하고 있
는 태양을 나타내는 붉은 원과 혼동된다고 봤다. 그렇다면 '앞의 마건
충'은 태극문양과 복희팔괘방위도의 의미를 전혀 이해하지 못한 상태
에서 이응준 감정본의 태극문양과 일본 국기의 가운데 붉은 원이 시각
적인 관점에서 서로 혼동된다고 판단하였을 것이다.

 '뒤의 마건충'은 '파란색 구름(靑雲)은 구름이 용을 따른다(雲從龍)'
라는 뜻을 취했다고 설명하고 있다. 구름이 용을 따른다(雲從龍)는 용
어는 『주역』의 「문언전文言傳」 2절 중천건괘重天乾卦(䷀)의 구오九五에
관한 설명에서 나오는 것이다. 공간적으로는 다스리는 자리이고 시간
적으로는 우주 변화를 주재하는 자리인 구오(나라의 경우 인군人君의
자리이고, 하늘의 경우 천지만물을 주재하는 상제上帝의 자리)에 대하
여, 시간적으로는 복희팔괘방위도에서 문왕팔괘방위도로의 괘의 자
리바꿈을 공자가 비결로 설명하고 있다.[149] 마건충은 구름이 용을 따
른다(雲從龍)를 언급하고, 이를 해석해서 구름이 파란색을 띠게 된 의
미까지 함축해서 설명하고 있다. 즉, 마건충은 용龍을 홍룡紅龍으로
해서 '빨간색 용'으로 했지만 용龍이 방위로는 동쪽이고 오행으로는 목
木인 파란색을 내포하고 있으므로, 이 용을 따르는 구름(雲)의 색깔을
파란색으로 하자고 제안하고 있다. 그렇다면 '뒤의 마건충'은 『주역』의

「문언전文言傳」 2절 건괘 구오九五에 관한 설명인 구름이 용을 따른다 (雲從龍)는 의미를 명확하게 이해하고 있는 상태에서,[150] 구름(雲)의 색깔을 파란색으로 한 이유까지도 완벽하게 알고 있었다.

이처럼 태극문양과 복희팔괘방위도를 전혀 이해하지 못하는 '앞의 마건충'과, 『주역』의 「문언전」 2절 건괘 구오九五의 문구까지 명확하게 알고 있는 '뒤의 마건충'은 동일 인물일 수 없는 것으로 보이지만, 김홍집과 필담했던 마건충은 동일 인물일 수밖에 없다. 『청사고淸史稿』[151]에 의하면(각주 146 참조), 마건충은 어려서부터 학문을 좋아했고(少好學) 경사[152]에 통했으므로(通經史), 김홍집과 필담했던 마건충은 당연히 '뒤의 마건충'이다. 그런데도 마건충이 '앞의 마건충'도 된 것에는 분명한 이유가 있었을 것이다. 조선의 국기는 청국의

---

150) 그렇지만 마건충은 '각주 48'에서 공자가 선후천이 바뀌는 비밀을 비결로 숨겨 놓았다는 것을 알고 있었을 가능성이 없는 것으로 보인다. 마건충이 비록 경사經史를 통했다고 하나, 중국 역학자{남송南宋의 주희, 명대明代의 래지덕과 청대淸代의 이광지李光地(1642~1718)}가 야산 이달이 알아낸 공자의 비결을 인식하고 있지 못했기 때문에, 마건충 역시 마찬가지일 가능성이 크기 때문이다. '각주 39' 『역경易經』의 9권(易經卷之九) 문언전文言傳의 구오九五에 대한 주희朱熹의 주해와 '각주 286' 신각래구당선생역주新刻來瞿唐先生易註(奎中4739)의 1권(新刻來瞿唐先生易註卷之一) 문언전文言傳의 구오九五에 대한 래지덕의 주해에는 '그림 20의 가운데'에 도시된 복희방위팔괘도와 문왕방위팔괘도의 관계에 관한 언급이 없다. 또한, 이광지의 『계몽부론啓蒙附論』(주희의 『역학계몽』에 덧붙여 논한다는 의미)에 실려 있는 선천괘변후천괘도先天卦變後天卦圖와 그 해설에도 '그림 20의 가운데'에 도시된 복희방위팔괘도와 문왕방위팔괘도의 관계에 관한 언급이 없다(선천괘변후천괘도와 그 해설은 김상섭, 앞의 책, 88~91쪽에 설명되어 있다).
151) 중국의 바이두 백과에 의하면, 중화민국 초인 1927년에 자오얼쉰(趙爾巽)의 주도로 편찬된 청국 역사에 관한 기전체 사서이다. 전체 536권(본기 25권, 志 142권, 表 53권, 열전 316권)으로, 1616년부터 1912년까지 296년 동안의 청대淸代의 중요 역사 사건과 역사 인물을 기재하고 있다.
152) 경사經史는 경서經書와 사기史記를 아울러 이르는 말이다.

속방임을 나타내어야 한다는 것이다. 마건충은 자국의 이익을 위해 조선의 김홍집을 대면해서 전후가 이치에 맞지 않는 논의를 하는 무리수를 두면서까지 이응준 감정본이 일본 국기와 혼동된다고 말했을 것이다. [153)

(5) 청국의 용기 요구를 끝까지 거부한 조선 정부

김홍집이 1880년 8월(음력) 황준헌으로부터 『조선책략』을 받고, 1882년 5월 22일(양력) 조미수호통상조약의 체결까지 2년이 되지 않는 비교적 짧은 기간 동안 조선의 국기 제정문제를 둘러싸고 청국은 최소한 4회에 걸쳐 조선의 속방화를 의도하는 용龍을 그린 국기 도식을 권고하였고, [154) 조선 정부는 청국이 권고한 조선의 국기 도식을 채택하지 않고 독자적으로 창안한 이응준 감정본을 조미수호통상조약 체결 시 이응준 태극기의 형태로 미국 국기 성조기와 함께 게양했다.

---

153) 김홍집도 조선 정부의 용기 채택 거부 입장을 견지하기 위해 무리하게 주장하고 있는 측면을 보인다. 예를 들어 1882년 5월 27일의 『청국문답』에서 "홍룡청운기는 제조하는 데 비용과 노력이 필요하다."(각주 115 참조)라는 이유로 '홍룡청운기'를 조선의 국기로 하자는 마건충의 제안을 거절하고 있다. 사실 용기는 조선의 전 시기에 걸쳐서 의장기로 사용되고 있었던 점을 고려할 때에 '홍룡청운기'의 제조에 비용과 노력이 많이 필요하다는 주장은 외교적인 수사로 거절 의사를 완곡하게 표현한 것으로 보인다.

154) ① 황준헌의 『조선책략』에서 제안한 청국 국기, ② 이홍장의 회자문에서 권고한 화룡방기畫龍方旗, ③ 마건충이 요구한 파란색 바탕의 삼각형 용기, ④ 마건충이 제안한 흰색 바탕에 파란색 구름과 빨간색 용을 그린 삼각형 용기이다.

다. 집단 지성의 결과물인 이응준 감정본

지금까지 나타난 역사 자료와 신문기사 등에 의하면 이응준 감정본은 세 번 언급되었다. 『청국문답』에서, 이응준이 소매에서 꺼내 청국의 마건충에게 보여준 이응준 감정본은 1882년 5월 22일(양력) 조미수호통상조약 체결 후 청국 군함(위원호)에서 김홍집과 마건충의 문답에서 마건충에 의해 처음 언급되었고, 1882년 5월 27일(양력) 김홍집과 마건충의 남관별시南館別時 문답에서 김홍집에 의해 두 번째로 언급되었다. 일본 『時事新報(시사신보)』의 1882년 10월 2일(179호) 「朝鮮の維新(조선의 유신)」이란 기사에서 고종이 이응준 감정본으로 해석되는 태극기를 국기로 결정하였다고 하므로,[155] 이응준 감정본은 세 번째로 언급된 셈이다. 이응준 감정본은 조미수호통상조약 체결 시 이응준 태극기로 미국의 성조기와 함께 게양된 후 조선인이 아닌 청국의 마건충에 의해 최초로 언급되었을 정도로, 착상부터 완성까지 완전히 베일에 가려져 있다. 조선왕조실록, 승정원일기와

---

155) 일본 시사신보의 1882년 10월 2일자 기사인 「朝鮮の維新」은 내용(각주 113 참조)과 박영효 태극기를 그린 그림으로 이루어져 있다. 기사 내용 중 태극기에 관한 부분은 박영효 태극기를 설명한 것처럼 보이기도 하지만(바탕색이 옥玉색이란 의미의 옥색지(玉色地)라는 기재가 있고, 박영효 태극기의 그림에는 옥玉색의 오기誤記인 오五색으로 기재된 것), 기사 내용의 전체 맥락은 수신사 일행이 방일訪日하기 전 고종이 조선 국기 관련한 청국의 요구를 거절하고 대신 4괘 태극기를 국기로 하기로 하명하였다는 것이므로, 고종의 언급 시기로 보아 4괘 태극기는 박영효 태극기가 아닌 이응준 감정본으로 해석되어야 한다.
수신사 일행에는 전권대신 겸 수신사 박영효, 종사관 서광범과 비공식 수행원으로 김옥균(각주 162에 의하면 이들은 오경석의 제자임)이 포함되어 있어(김원모, 앞의 책, 43쪽), 일본 시사신보의 기사는 이응준 감정본의 제작 과정을 잘 알고 있었을 이들 중 누군가의 진술에 기초했을 가능성이 큰 것으로 보인다.

일성록日省錄 등 방대한 기록 문화를 자랑하는 조선에서, 그것도 가장 중요한 국가 상징인 국기의 탄생에 관한 기록이 조선왕조실록(고종실록)과 승정원일기에서 전혀 발견되지 않는다는 것이 의아하게 여겨지지만,[156] 이는 청국이 조선의 속방화를 위한 노력의 하나로 용기龍旗를 조선 국기로 사용하도록 계속해서 종용하였음에도, 용기와 무관한 이응준 감정본을 조선의 국기로 하고자 했던 조선 정부로서 부담을 느끼고 공식적인 언급을 회피했을 것이라는 정황[157]과 무관하지 않은 것으로 보인다.

비록 이응준 감정본이 착상부터 완성까지 완전히 베일에 가려져 있기는 하지만, 앞에서 살펴본 바를 고려할 때에 이하에서 언급하는 사항은 사실이다. 첫째, 1876년에 체결된 강화도조약을 계기로 조선 정부는 국기의 필요성을 절감했다(각주 96~99 참조). 둘째, 청국은 조선의 속방화屬邦化를 위해 용기를 조선 국기로 채택하도록 간여하고 압박했지만, 조선 정부는 황준헌이 『조선책략』에서 권고한 대로 청국에 국기에 관해 주청하면서도, 질의 내용은 정작 국기가 아닌 선박에 다는 깃발에 관한 것이었다{앞의 나.(2) 항 참조}. 셋째, 고종

---

156) 일성록은 데이터베이스화가 이루어지지 않은 상태여서, 이에 대해서는 검색이 이루어지지 않았다.

157) 파란색 바탕에 용을 그린 삼각기를 조선의 국기로 사용하라는 마건충의 요구에 대해 국왕(고종)이 분개하여 거절하면서 태극기를 국기로 결정했다는 언급(각주 113 참조)이 기록에 철저했던 조선에서 고종실록과 승정원일기에 관련 기재가 빠져 있다는 사실은 일반적이지 않은 것으로 보인다. 조미수호통상조약 체결과 임오군란 당시 청국의 마건충이 조선에 왔을 때, 마건충의 근황이 조선왕조실록에서 7회, 승정원일기에서 22회 기록되어 있을 정도임에도, 마건충과 직접 연관되어 있기도 하고 또 중요도에 있어서 비교할 수 없을 정도인 국기國旗에 대한 기록이 전혀 없다는 것이다.

은 청국에 의한 용기의 조선 국기 채택 요구를 거부했고(각주 113 참조), 태극기의 창안자로 언급되는 사람의 숫자가 이례적으로 많다(앞의 가. 항 참조). 넷째, 조선의 국기로서 이응준 감정본은 어떤 상황에서 누가 만들자고 해서 급히 만들어질 수 있는 것이 아니다(앞의 2.나. 항 참조). 다섯째, 이응준 태극기는 1882년 5월 22일(양력) 조미수호통상조약 체결 시에 성조기와 함께 게양되었다(앞의 1. 항 참조).

한편, "오경석은 국기 없는 것을 수치로 알고 임기응변으로 대답하고 그 뒤에 친교 있는 동역관지사 김경수와 이 사실을 말하고 국기를 고안(考案)하자고 하였더니 김(金)은 태극의 사주(四周)에 팔괘(八卦) 중 사괘(四卦)를 배치하자 하였다. 이렇게 고안된 태극기를 왕궁에서 채택하여 차차 국기로 되어 1882년 고종이 경내(京內)에 거동할 때는 벌써 태극기를 게양하였다."라는 오경석 창안설과,[158] 1881년 조사시찰단(신사유람단)의 박정양 수행원이었던 이상재가 그 제자 윤치영[159] 등에게 한 『주역』과 「태극도설」에 깊은 이해가 있는 자신이 태극

---

158) 신원봉, 앞의 논문, 283쪽; 최정준, 앞의 논문, 356쪽.
      한편, 이선근에 의한 오경석 창안설(각주 100)과 이것이 항간의 소문에 불과하고 뚜렷한 기록도 없다는 언급(105쪽)은 김두봉의 『신국기의 제정과 태극기의 폐지에 대하여』가 알려진 1980년(국토통일원의 《북한연표》가 출전이지만, 1997년 12월 27일 조선일보의 '[건국 50주년] 태극기와 함께 다시 뛰자'라는 기사에는 김두봉의 위 책이 최근에 발견되었다고 하고, 김두봉은 오세창으로부터 직접 들은 김일성대학의 역사강사 한길언 등의 증언으로 기록해 놓았다고 함)의 전의 것이다.

159) 윤치영尹致暎(1898.2.10.~1996.2.9)은 사상가·정치인·언론인으로, 대한민국의 초대 내무부장관, 국회부의장 등을 역임했다. 제3공화국 출범 이후 민주공화당 당의장, 서울특별시장 등을 역임했다. 소년기에 중앙학교에 다니면서 YMCA서 이상재, 이승만 등에게서 수학하였는데, 이들은 윤치영의 평생 정신적 지주가 되었다{윤치영, 『(東山回顧錄) 尹致暎의 20世紀』(1991년, 삼성출판사), 54쪽}.

기를 손수 고안하고 박정양과 의견을 모아 직접 내걸었다는 언급(각
주 101의 박정양 제정설 관련[160])은 관련된 뚜렷한 기록이 없는 것은
사실이다. 그렇지만, 양설兩說 모두 창안 시점이 이응준 태극기가 성
조기와 함께 게양된 1882년 5월 22일보다 앞선다는 점, 오경석과
이상재의 태극기 관련 언급 사항이 이응준 감정본과 관련성이 깊은 점
(이 점에 대해서는 후술) 등을 고려할 때에, 관련 기록이 뚜렷하지 않
다고 해서 태극기 창안과 무관하다 할 수 없다.

　앞에서 언급한 사항 등을 종합하여 고려하면, 이응준 감정본은 오
랜 세월 한민족의 생활 속에 스며든 흰색에 태극문양을 기본 요소로
하고, 태극문양 주위에 4괘를 배치함으로써 이루어진 국가 상징으로
서 고종의 의지와 지식인들의 장기간 노력으로 완성된 집단 지성의 결
과물이라고 할 수 있다.[161] 이하에서 태극기와 관련한 사료와 자료들
에 근거하고 이들을 결합해서 이응준 감정본이 만들어지는 과정을 재
구성해 본다.

---

160)　박정양 제정설과 관련한 논문(이선근, 앞의 논문, 193쪽)에서, 이선근은 박정양
　　이 1887년에 주미공사로 부임할 때 처음으로 제정 사용하였다고 하나, 이상재는
　　1881년 조사시찰단 방일 시를 언급하고 있다. 그런데, 이상재는 박정양이 1887
　　년 주미공사로 부임할 때 서기관으로 수행했고(각주 186 참조), 출국 전에 태극
　　기를 미리 준비했다는 이상재의 잡지(별건곤) 기고문(각주 187 참조)으로 보아,
　　1887년의 주미공사 부임은 1881년 조사시찰단 방일의 잘못으로 보인다.
　　한편, 홍승표, 앞의 뉴스앤조이(NEWS&JOY) 기고에서, 홍승표는 1881년 조사시
　　찰단(신사유람단)의 방일 당시 박정양은 국가를 상징하는 국기를 갖고 일본에 입국해
　　야겠다는 생각에 수행원인 월남 이상재에게 깃발을 고안하라고 지시했고, 이상재는
　　선상에서 태극기의 초안을 완성했다는 '고환규의 〈목회〉, 1978년 9월호, 154.'에
　　서의 월남 이상재의 유족인 이홍식의 주장과 윤치영의 진술을 소개하고 있다.
161)　한편, 홍승표는 고종이 주도하고 조정의 젊은 인재들이 협력해서 조선 국기를 제작
　　했을 것이라고 언급하고 있다{홍승표, 앞의 뉴스앤조이(NEWS&JOY) 기고}.

(1) 개화파 인사들을 중심으로 형성된 집단 지성

태극기 창안자로 거론된 인물 중에서 오경석, 박정양, 김옥균, 박영효는 개화파이고, 오경석, 김경수, 이응준은 역관이다. 여기서 특기할 점은 개화파와 역관에 오경석이 공통으로 포함되어 있다는 사실이다. 더욱이 개화파인 박정양, 김옥균, 박영효는 오경석의 문하여서, 이들은 스승과 제자 사이다.[162] 역관 오경석(1831~1879), 김경수金景遂와 이응준은 모두 한학역관漢學驛官[163]으로 청국 연행燕行의

---

162) 신용하, 「開國論의 대두와 開化思想의 형성」(1998년 11월, 『東洋學』 第28輯 檀國大學校 東洋學研究所), 45쪽. 1860년대에 박규수와 오경석이 친교가 있었다는 기재가 있고, 박영효는 김옥균·홍영식·서광범과 박영효의 형 박영교와 함께 재동의 박규수 집 사랑에서 모여서 신사상新思想이 나왔다고 언급했다는 기재가 있다.
한편, 김종학, 「개화당의 기원과 비밀외교, 1879-1884」(2015년 2월, 서울대학교 대학원 정치외교학부 외교학전공 외교학박사학위논문), 9쪽. 김옥균은 박규수 사후 오경석의 영향을 받았고, 오경석의 사후에 유대치(유홍기)의 지도를 본격적으로 받았다는 기재가 있다.
또한, 장철균, 「인물로 본 한국 외교사(18) 金弘集」(월간조선 2016년 3월호)에서, 김홍집이 사랑방 모임에 합류해 박규수의 문하생이 되어 박영교, 김윤식, 김옥균, 박영효, 박정양, 홍영식, 윤치호, 유길준, 서광범, 서재필 등과 교류하게 된다는 기재가 있다.
위의 자료로부터, 박정양, 김옥균, 박영효는 박규수의 사랑방 모임의 구성원임을 알 수 있고, 김옥균이 박규수, 오경석, 유홍기로부터 개화사상의 지도를 받았음을 확인할 수 있으므로, 이들 세 사람 모두 오경석의 지도를 받았다는 것을 알 수 있다(위키백과의 '박정양'에는 박정양이 오경석의 문하에 출입하였다는 기재가 있고, 위키백과의 '오경석'에는 김옥균 등의 청년 지식인들이 박규수 사후에 오경석과 유홍기, 강위 등의 문하에 출입하였다는 기재가 있으며, 위키백과의 '박영효'에는 박영효가 수석 역관 자격으로 박규수의 청나라행 사신단에 있었던 오경석에게도 배웠다는 기재가 있다).
163) 한어역관漢語驛官이라고도 한다.

경험이 많고,[164] 김경수는 개화사상가로 활동했으며,[165] 이들은 업무적으로도 밀접한 관계[166]에 있었다. 이 같은 관계에서 이응준 감정본은 오경석을 포함하는 역관 그룹이 시작하고 개화파 그룹이 마무리하는, 2단계를 거쳐 완성된 것으로 보인다.

---

164) 연경燕京은 베이징(北京)의 별칭으로, 연행燕行은 사신이 베이징에 가던 일 또는 그 일행을 의미한다. 오경석은 23세인 1853년 중국어 통역관으로 처음으로 北京에 가서 거의 1년 가까이 체류했고, 일생 동안 모두 13차례 北京에 다녀왔다(신용하, 앞의 논문, 39쪽).
또한, 오경석과 관련해서, 羅樂然(Law, Lok-Yin)은 「達志通欲 : 朝鮮漢語驛館與十七至十九世紀的中朝關係 = Communicating likings and needs : Chinese interpreters of Choson and Sino-Choson relations, 1600-1900」(싱가폴, 난양이공대학, 2017)에서 1853년부터 1874년까지 총 13회의 연행 기록을 언급하고(336쪽의 표 참조), 추사 김정희와 오경석의 사제관계에서 김정희가 오경석을 아꼈으며(335쪽), 오경석의 개화사상과 외교활동 등을 자세하게 언급하고 있다(331쪽부터 345쪽). (羅樂然의 논문은 https://dr.ntu.edu.sg에서 다운로드 받은 것이다).

165) 김경수金景遂는 청국이 서구 열강에 침탈당하던 시기의 청국 사행을 통해 조선의 앞날을 예견하고, 개국의 필요성과 부국에 대한 인식을 발전시켜 나가기 위해 청국에서 발간되던 '만국공보'와 '교회신보'에서 조선에 필요한 글들을 모아서 『공보초략公報抄略』을 간행하였다(최식, 「19세기말 20세기초 閭巷文人의 交遊樣相 -六橋詩社의 向背와 殘影-」(2017년, 東方漢文學 第71輯, 東方漢文學會), 165쪽).
유학幼學 지석영池錫永은 『공보초략』 등 각종 외국 서적을 수집하고 연구시킬 것에 관하여 올린 상소에서 "전 현령(前縣令) 김경수(金景遂)가 기록한 《공보초략(公報抄略)》 등의 책은 모두 막힌 소견을 열어주고 시무(時務)를 환히 알 수 있게 하는 책들입니다.(前縣令臣金景遂所錄《公報抄略》等書, 皆足以開發拘曲, 瞭解時務者也。)"라고 언급하고 있다(『고종실록』 19권 1882년 8월 23일 병자(丙子) 4번째 기사).

166) 오경석은 사역원에서 『통문관지속편通文館志續編』을 교정할 때 한학당상漢學堂上 김경수金景遂 등 16명의 역관과 함께 교정관으로 참여하였다(승정원일기 2810책 1875년(고종 12년) 2월 26일 갑오 20/23 기사).
오경석은 강화도조약 체결 과정에 참여하여 활동하였고(각주 158 관련 본문 참조), 이응준은 강화도조약 체결 당시 이희문(李熙聞)과 함께 강화문정역관(江華問情譯官)으로 참여하였다(승정원일기 2821책 1876년(고종 13년) 1월 8일 경자(庚子) 18/25 기사).

(가) 유수영 삼문의 태극문양에서 시작된 이응준 감정본

조일수호조규(강화도조약)가 1876년 2월 27일에 체결된 후, 오경석은 조약 체결을 위한 회담 당시(1876년 음력 1월) 일본 대표에게 강화도 유수영 삼문의 정문에 그려져 있었던 태극문양이 조선의 국기라고 임기응변으로 대답한 사항을 잊지 않고 있었다. 오경석은 향후 다른 나라와 외교 관계 수립이 예상되는 상황에서 국기 제정은 시급한 문제라고 생각하고, 평소 친교가 있던 김경수와 만난 자리에서 조약 체결을 위한 회담 당시 일본 대표와 가졌던 조선 국기 관련한 대화를 언급하고 태극문양이 들어간 조선의 국기를 함께 만들자고 제안했다. 김경수는 오경석의 제안을 흔쾌히 승낙했다.

오경석과 김경수는 태극문양과 팔괘를 중심으로 해서 조선의 국기를 만들기로 하였고, 김경수는 팔괘 중에서 태·간·진·손을 빼고 건·곤·감·리의 4괘를 태극문양의 주위에 배치하자고 제안했으며, 이 제안은 채택되었다. 이것이 이응준 감정본의 1단계 완성본이고, 구체적인 형상은 '그림 27의 오른쪽(3단계) 태극기'를 직사각형으로 변경한 것이다. '그림 27의 태극기'는 태극문양에서 양(陽, +)인 빨간색이 시계 방향으로 45도 회전한 결과 음(陰, −)인 파란색의 위쪽에 위치하게 되었다(구체적 과정은 그림 41 참조). 결과적으로 태극문양은 양(+)이 위에 음(−)이 아래에 위치하는 형상이 되었는데, 역관의 신분인 이들은 빨간색인 양(+)이 군주를 상징하는 의미로 해석될 수 있다는 것을 잘 알고 있었기에, 추가적인 진행은 하지 않았다. 이응준 감정본의 1단계 완성본은 1876년 2월 27일(양력) 이후부터 오경석이 사망한 1879년 10월 7일(양력) 사이에 완성되었고, 오경석에 의해 그의 개화파 제자들에게 전달되었다.

어떤 이는 오경석과 김경수가 비록 개화사상가로서 학문이 높았지만, 태극문양 주위에 팔괘를 배치하고 팔괘에서 다시 4괘로 하는 과정은 주역에 대한 이해가 높은 사람만이 고안할 수 있다고 생각할지 모르겠다. 오경석은 역관으로서 개화사상가이기도 했지만, 금석학자[167]이자 작가[168]이고 시인[169]이며 서예가, 서화가였고, 고미술품 감정에도 높은 식견을 가지고 있는 등 당대 최고 지식인의 한 사람이었다. 김경수도 오경석과 마찬가지로 역관으로서 개화사상가이기도 했지만, 시인으로서 인재서옥을 운영했고,[170] 강위姜瑋가 조직한 육교시사六橋詩

167)   오경석은 금석학과 실사구시의 방법론에서 김정희를 계승하였고, 『삼한금석록三韓金石錄』은 김정희의 『금석과안록金石過眼錄』을 더욱 발전시킨 것이다(신용하, 앞의 논문, 38쪽).
오경석과 함께 추사 김정희의 문하생인 이상적에게 배웠던 김석준金奭準(1831~1915)은 오경석이 28세 때 완성한 『삼한금석록』이 청국의 금석학자 유연정劉燕庭이 편찬한 『해동금석원海東金石苑』보다 뛰어나다고 평가하고 있다(이성혜, 「19세기 새로운 지식인의 출현: 오경석론」(2014년 2월, 東洋漢文學研究 第38輯, 동양한문학회), 153쪽).

168)   저서로는 『삼한금석록』, 『삼한방비록三韓訪碑錄』, 『천죽재차록天竹齋箚錄』, 『양요기록洋擾記錄』 등이 있다(한국민족문화대백과사전의 '오경석(吳慶錫)'(집필자 신용하)에서 인용).

169)   청계천의 여섯 번째 다리인 광교 부근에 모여 살았던 역관 시인들이 중심이 된 모임인 육교시사六橋詩社에서 가장 활발한 활동을 펼쳤던 사람이 오경석, 김석준 등의 역관이고, 강위의 사후에 김석준이 육교시사의 맹주가 되었다는 기재가 있다(유정화, 「근대 개혁기 한일 통번역 결사 비교 연구 육교시사(六橋詩社)와 메이로쿠샤(明六社)를 중심으로」(2019년 4월, 통번역학연구 제23권 2호, 한국외국어대학교 통번역연구소), 144쪽).

170)   서울신문의 '[조선후기 신지식인 한양의 中人들] (45) 세계일주에 나선 역관들' (2007.11.05., 허경진 연세대 국문과 교수 작성)에 강위가 김경수의 인재서옥 등을 오가며 시를 지었다는 기재가 있다.

社에도 참여하는 등,[171] 당대의 지식인이었다. 조선 시대의 과거 중 잡과雜科의 역과譯科{한학漢學(중국어), 몽학蒙學(몽골어), 왜학倭學(일본어), 여진학女眞學[172](만주어)} 시험에서 해당 언어, 경국대전과 함께 경서經書는 초시와 복시에서 필수과목이었다.[173] 특히 한학역관에 대해서는 조선 초에 경사經史의 학문을 알게 하여 중국 사신의 뜻을 통하게 하여 국가의 수치를 면하게 해야 한다고 사헌부에서 상소했을 정도로,[174] 한어(중국어)뿐 아니라 중국 사신의 경사에 관한 어떠한 언급도 이해할 정도의 높은 수준의 경사經史 지식을 요구하고 있었다. 더욱이 오경석, 김경수와 이응준이 모두 한학역관으로 청국 연행燕行의 경험이 많았다는 것은 이들이 능력을 인정받았기 때문에 가능했고, 경사經史에 밝았음은 당연하다 할 것이다.

---

171) 문경득, 「19세기 말 '부민(富民)' 개념의 의미장의 변화 양상 – 개항기 신문 매체를 중심으로–」(2020년, 『민족문화논총 76』, 영남대학교 민족문화연구소), 55쪽 각주 38; 유정화, 앞의 논문, 144쪽.

172) 병자호란 이후에는 청학淸學으로 명칭이 변경되었다.

173) 이남희, 「조선후기 잡과의 위상과 특성 – 변화 속의 지속과 응집 –」(2012년, 『한국문화』 58 (2013, https://s-space.snu.ac.kr)}, 70쪽.

174) 『태종실록』 8권 1404년 8월 20일 기축(己丑) 1번째 기사. 관련 상소 내용은 "작은 나라로서 큰 나라를 섬기는 것은 고금의 공통된 의리입니다. 하물며, 우리 조정은 바닷가 벽지(僻地)에 치우쳐 있어서 어음(語音)이 아주 다르므로, 역관(譯官)으로 인하여 통(通)합니다. 그러므로 사역(司譯)의 직임은 진실로 중요합니다. 근래 사역(司譯)의 학습에 다만 한어(漢語)만을 익혀서 경사(經史)의 학문을 알지 못하여, 중국 사신의 말이 경사(經史)에 미치면, 몽연(懜然)히 알지 못하여 응대하는 데 실수하니, 매우 국가의 수치(羞恥)가 됩니다. 원하건대 이제부터 한어를 잘하고 경학에 밝은 자를 선택하여 훈도관(訓導官)을 삼아, 힘써 후진을 깨우쳐 역어(譯語)에 널리 통하게 하고, 경학(經學)에 상명(詳明)하게 하여, 중국 사신의 뜻을 통하게 할 것입니다(以小事大, 古今之通義也。況我朝僻處海陬, 語音殊異, 因譯以達, 故司譯之任, 誠爲重矣。近來司譯之學, 但習漢語, 而不知經史之學, 朝廷使臣, 有語及經史, 則懜然不知, 失於應對, 深爲國家之所羞。願自今, 擇善於漢語而明經學者, 爲(訓道) 〔訓導〕 官, 敦諭後進, 博通譯語, 詳明經學, 以達朝廷使臣之意。)。"이다.

(나) 1881년경에 완성된 이응준 감정본

　　조일수호조규(강화도조약)가 1876년 2월 3일(음력)에 체결된 후,
2차례의 일본 수신사가 파견(1876년의 1차 김기수, 1880년의 2차
김홍집)되었고, 김기수와 김홍집은 서양의 근대 문명과 근대화에 성
공한 일본의 문물제도를 배워야 한다고 주장했다. 고종은 김홍집의
복명과 『조선책략』 등의 서적을 통해 조미수교와 자강정책의 추진이
시급하다고 판단했고, 1880년 9월 8일에 소집된 중희당회의重熙堂會
議에서 영의정 이최응을 비롯한 대신과 당상堂上들은 조미수교 방침에
긍정적인 태도를 보였다.[175] 조선 정부는 1880년 12월 외교·통상과
부국강병책을 추진하기 위해 행정기구를 개편해서 통리기무아문統理
機務衙門을 설치했고, 외교·통상과 부국강병책에 성공한 일본의 경험
을 수용·도입하기 위해 조사시찰단朝士視察團(신사유람단)의 파견을
결정했다.[176] 조사시찰단은 1881년 5월 7일(음력 4월 10일)부터 8
월 26일(음력 윤7월 2일)까지 일본에 파견되었다. 이로부터 조선 정
부에 있어서 조사시찰단의 파견 전에 조미수교와 국기 제정 등의 문제
가 현안이었음이 확인된다.

　　조사시찰단의 조사朝士는 박정양을 포함해서 12명이고,[177] 각 조사

---

175)　조선의 조미수교 방침이 청국에 전달되었고, 청국의 이홍장은 조미조약 약장의 대
　　　의를 조선의 국기에 대한 의견과 처리방안 제시와 함께 청국의 덕종에게 상주했으
　　　며, 청국의 덕종이 1881년 2월 4일 조선에 회자하는 것으로 결정했다는 것에 대
　　　해서는 앞의 나.(2) 항에서 살펴본 바와 같다.
176)　허동현, 「1881年 朝士視察團의 활동에 관한 연구」(1995년, 『國史館論叢』 第66
　　　輯, 국사편찬위원회), 7~8쪽.
177)　박정양, 조준영, 엄세영, 강문형, 심상학, 홍영식, 어윤중, 이헌영, 민종묵, 조병

는 수행원(隨員)을 두었는데, 박정양의 수행원은 왕재응과 이상재이다.[178] 이상재는 박정양의 지시로 일본에 가는 선상에서 태극기를 손수 고안했고, 이상재 본인이 태극기를 직접 내걸었다고 한다(각주 159 관련 본문). 한편, 조사시찰단의 수행원 중 3인이 사행록을 남겼는데, 이들 사행록에서 일본에 가는 선상에서 게양된 태극기를 보았다거나 태극기와 관련된 기록은 보이지 않는다.[179] 이는 고종실록, 승정원일기 등에서 1883년 3월 6일(음력 1월 27일) 조선의 국기 반포 관련한 기록보다 앞선 시기에서 국기 관련 기록이 보이지 않는 것과 같다.

그런데 조사시찰단의 일본행 배[180] 위에서 이상재가 박정양의 지시로 태극기(이응준 감정본)를 고안해서 내걸었다는 윤치영의 언급도 액면 그대로 믿기 어렵다. 왜냐하면, 조미수호통상조약 체결 시 미국 군함 스와타라호 함상에서 김홍집의 지시로 이응준이 이응준 태극기를 급히 만들었다는 언급이 사실에 부합되지 않은 것과 같은 이유이다. 비록 이상재가 어려서부터 총명함이 뛰어났고,[181] 일찍이 역학易

직, 이원희와 김용원이다(허동현, 앞의 논문, 18쪽 〈표 1〉).

178) 수행원은 모두 27명이다. 유길준과 윤치호는 어윤중의 수행원이고, 이원희의 수행원은 송헌빈이며, 이헌영의 수행원은 민건호이고, 강문형의 수행원은 강진형이다. 박정양의 수행원은 원래 김준식金俊植과 왕재응이었는데, 이상재가 전주에서 합류한 후에 김준식은 귀경했다(허동현, 앞의 논문, 26쪽 〈표 3〉, 24쪽의 각주 90).

179) 필자가 확인한 사행록은 송헌빈의 『동경일기東京日記』(서울대 규장각 古4710-4), 강진형의 『일동록日東錄』(서울대 규장각 奎7774)과 민건호의 『동행일록東行日錄』(부산근대역사관사료총서 3)이다.

180) 일본 선적 상선인 안네이마루(安寧丸)이다(문순희, 「1881年 조사시찰단의 일본을 바라보는 시선 차이 -『日東錄』, 『東行日錄』, 『東京日記』를 비교하며 -」(2016. 10., 『洌上古典硏究』 제53집, 열상고전연구회), 65쪽).

181) 이상재는 일곱 살부터 서당에서 한문을 배우기 시작했는데, 이때 그의 총명함이 얼마나 뛰어났던지 사람들은 그를 가리켜 '실재실재實才實才'라고 하면서 선조인 '목은 선생이 재현한 인물'이라고 칭찬하였다고 한다. (네이버 블로그 https://blog.

學에 달통하여,[182] 유학 체계에 밝고『주역』과「태극도설」에 깊은 이해가 있다고 하여도, 이응준 감정본은 급히 만들어질 수 있는 것이 아니어서(앞의 2.나. 항 참조), 윤치영의 이상재 태극기 고안 관련 언급은 긴 고안 과정을 간단하게 정리하려 했던 이상재의 의도가 반영된 것으로 보인다. 오히려 이응준 감정본은 고종과 박정양을 포함하는 개화파 인사들의 상당 기간에 걸친 국기 제정 논의가 이상재에 의해 완성되었다고 해석하는 것이 타당할 것이다. 이하 이에 대해 살펴본다.

고종은 청국의 용기가 아닌 조선의 자주성을 나타내는 독자적인 조선 국기를 원했고(각주 113 참조), 오경석과 김경수에 의한 이응준 감정본 1단계 완성본이 오경석의 사망 전(1879년 양력 10월)에 그 제자인 박정양, 김옥균과 박영효 등 개화파의 누군가에게 전달되었으며, 개화파 인사들 사이에서 국기 제정 논의 과정이 있었고, 논의 과정은 오랜 기간 승지로 봉직하던 박정양에 의해 고종에게 보고되었을 것이다.[183] 한편, 박정양은 이응준 감정본의 1단계 완성본이 태극문

---

naver.com/63yhs/222302118004 (2021. 4. 7. 19:59)에서 인용}

182) "할아버지께서 태극기를 만드셨다는 말은 구전口傳으로 심심찮게 들어 왔습니다. 개화 초기 외교관 박정양 씨와 가장 밀착해 계셨던 조부는 일찍이 역학易學에 달통하신 관계로 박씨의 요구에 따라 능히 오늘의 태극기를 창안한 줄 아는데 우리 한산韓山 이씨 가문은 무슨 일을 밖에 선전하지 않는 미풍을 지키느라 내세우지 않아요." (홍승표, 앞의 뉴스앤조이(NEWS&JOY) 기고 중 '이홍식의 증언')

183) 박정양은 1873년 우부승지『고종실록』10권 1873년 12월 14일 무자(戊子) 5번째 기사], 1876년 우승지『고종실록』13권 1876년 윤5월 19일 경진(庚辰) 4번째 기사], 1881년 좌승지『고종실록』18권 1881년 10월 26일 을유(乙酉) 3번째 기사], 1882년 행행좌승지『고종실록』19권 1882년 7월 21일 을사(乙巳) 3번째 기사], 1887년 도승지『고종실록』24권 1887년 6월 7일 계사(癸巳) 2번째 기사]로 무려 14년 동안 고종을 옆에서 모셨으며, 그 기간 중 다른 직책에도 보임되기도 했으나, 1880년에는 행행좌승지左承旨로 근무하였으므로(허동현, 앞의 논문, 21쪽 〈표 2〉), 이응준 감정본의 완성과 직접 관련되는 1880년과 1881년에 승지로 근무했다.

양과 그 둘레에 4괘가 그려진 태극기여서, 유학 체계에 밝고『주역』과
「태극도설」에 깊은 이해가 있는 본인의 오랜 문객門客인 이상재[184]와
이응준 감정본 1단계 완성본에 대해 주역 관점에서 타당성 등을 토론
했다. 이상재는 역리易理의 관점에서 가장 이상적인 도식으로 변경한
이응준 감정본(그림 28의 5단계)을 제안했으며, 박정양은 개화파 동
료들과 이응준 감정본을 상의한 후 고종의 재가를 받았다. 고종의 재
가를 받은 이응준 감정본은 조사시찰단의 일본행 배 위에서 이상재에
의해 그려져서 게양되었다.[185]

　이상재가 이응준 감정본의 완성에 주도적인 역할을 했다는 근거는
주미조선공사관의 옥상에 게양된 이응준 감정본, 1893년 시카고 만
국박람회의 조선관 지붕 위에 게양된 이응준 태극기와, 미국 해군부
에서 발간한『해양국가의 깃발』1899년 판(16쪽)에 실려 있는 태극

---

184)　이상재는 18세 되던 1867년 과거에 응시했으나 낙방하였고, 낙방 후 박정양과 고종
　　　사촌의 관계인 친족 이장직李長稙의 소개로 박정양의 집에서 13년간 문객으로 머물
　　　며 그와 교분을 쌓는 동시에 개화사상의 인물들과 교류하면서 점차 개혁의 꿈을 키우
　　　게 되었다. {네이버 블로그 https://blog.naver.com/63yhs/222302118004
　　　(2021. 4. 7. 19:59)에서 인용}
185)　고종은 1881년 1월~2월 사이 12명의 조사들에게 봉서를 내렸고, 1월에 봉서를
　　　받은 조사 7명은 '동래부 암행어사'라는 직분으로 일본행을 명받았기 때문에 조사시
　　　찰단의 방일은 비공식적으로 추진되었으며(문순희, 앞의 논문, 65쪽), 청국과 국기
　　　제정에 관한 논의도 진행 중이어서, 이응준 감정본을 조선 정부에서 공개적으로 진
　　　행하기에는 시기상조라고 생각했을 가능성이 크다.『고종실록』18권 1881년 12월
　　　14일 임신(壬申) 1번째 기사는 "동래부 암행어사(東萊府暗行御史) 어윤중(魚允
　　　中)을 소견(召見)하였다. 복명(復命)하였기 때문이다."이지만, 아래에 "이해 정월
　　　중에 비명(秘命)으로 조준영(趙準永)·박정양(朴定陽)·엄세영(嚴世永)·강문형(姜
　　　文馨)·조병직(趙秉稷)·민종묵(閔種默)·이헌영(李鑛永)·심상학(沈相學)·홍영식
　　　(洪英植)·어윤중(魚允中) 등이 전에 일본에 가서 시찰하였는데 명칭을 동래부 암
　　　행어사(東萊府暗行御史)라고 하였기 때문에 국사(國史)에는 다만 '복명하였다.'라
　　　고만 기록되었다."라는 기재가 부가되어 있다.

기(이하 '1899년 미국 해군부 태극기')의 존재이다.

　첫째, 주미조선공사관의 옥상에 게양된 이응준 감정본이다. 박정양이 초대 미국 주재 전권대신으로 미국에 부임할 때 이상재가 서기관으로 수행했다.[186] 일행이 미국으로 출발하기 전 주미조선공사관에 게양할 조선 국기를 미리 준비(예비)했다는 이상재의 잡지(별건곤) 기고문이 있다.[187] 조선 정부는 1888년 1월 19일 워싱턴 D.C. O가에 위치한 피셔하우스(Fisher House)(1513 O St NW Washington, D.C.)에 첫 번째 공사관을 개설하고 13개월 뒤, 아이오와서클(현 로건서클)에 위치한 건물(1500 13th St NW Washington, D.C.)로 이전하여 두 번째 공사관을 개설(1889년 2월 13일)했는데, 당시 공사관 건물 사진의 옥상 가운데에는 '국긔'라고 적어놓은 곳에 희미한 모습의 국기게양대와 태극기를 확인할 수 있다(1889년 5월 8일 사진은 그림 30의 왼쪽).[188] 사진에서는 태극기의 구체적인 모습을

---

186)　『고종실록』 24권 1887년 8월 7일 신묘(辛卯) 3번째 기사.

187)　잡지 '별건곤'의 제2호 1926년 12월 1일에 이상재는 '상투에 갓 쓰고 미국에 공사 갓든 이약이'를 기고하고 있는데, 그 내용은 "도처에 흔날리는 태극기. 이 상투잡이 공사의 일행인 우리가 떠날 때에 공사관에 게양할 조선 국기를 미리 예비한 것은 물론이어니와 우리가 타고 가는 기선 중에도 좌상에 국기를 꼬잣섯는데 눈치 빠른 선주는 벌서 우리 국기를 준비하야 식당이나 우리 출입하는 문구에다 게양하고 또 미국에 상륙할 시에도 부두, 정차장, 차내, 호텔까지 우리 국기를 게양하야 환영의 의를 표하엿섯다. 도처에 조선 국기를 볼 때에 반갑기도 하려니와 미국인의 외교술이 발달된 것도 감복하엿섯다."이다(홍승표, 앞의 뉴스앤조이(NEWS&JOY) 기고). 동아일보의 2014.8.19.에 같은 취지의 기고('고종의 워싱턴 공사관 되찾은 의미'(김정동))가 있다.

188)　국외소재문화재재단, 『자주외교와 한미우호의 상징 주미대한제국공사관』(초판 2쇄 2020년 11월 30일), 75~77쪽에서 인용. 주미조선공사관 사진(그림 30의 왼쪽)은 77쪽에 게재되어 있다.

확인할 수 없어 당시 공사관의 옥상에 게양된 태극기가 어떤 모습인지 알 수 없지만, 주미대한제국공사관이 폐쇄된 후인 1910년(추정)에 태극기가 그려진 공사관 사진엽서[189]에 공사관 옥상에 게양된 태극기(그림 30의 가운데. 이 항에서 '옥상 태극기 1')가 그려져 있다. 한편, 데니 태극기의 등록문화재 등록을 위한 문화재위원의 현지 조사의견에서 박정양이 주미전권공사로 활동하던 시기에 주미조선공사관의 건물 옥상 게양대에 게양되었다는 태극기(그림 30의 오른쪽. 이 항에서 '옥상 태극기 2') 관련 기재가 있다.[190] 옥상 태극기 1, 2와 관련 사항으로부터 주미조선공사관의 옥상에 특정 시점(1893년 시카고 만국박람회 이후)을 기준으로 해서 형태가 다른 동일 종류의 태극기가 순차적으로 게양되었고, 이들이 이응준 감정본이라는 것이 다음(이하의 ①부터 ⑤까지)의 기재에 의해 확인된다.

그림 30: 주미조선공사관(좌), 공사관 엽서(중), 2008년 등록문화재 등록보고서(우)

189)   국외소재문화재재단, 앞의 책, 87쪽에서 인용.

190)   국가유산청(문화재청), 『2008년도 등록문화재 등록보고서』, 106쪽. 관련 기재는 "이런 형태의 태극기는 박정양이 주미전권공사로 활동하던 1887~1889년 사이 워싱톤 15번가 공사관 건물 옥상 게양대에 게양하였던 태극기(사진)와 동일함을 알 수 있다."이다.

① 옥상 태극기 2에는 주미조선공사관의 건물이 나타나 있지 않지만, 옥상 태극기 2는 깃발이 나부끼는 모양, 태극문양과 4괘가 〈독립정신〉(1917년)에 게재된 주미조선공사관의 건물 옥상에 게양된 태극기(그림 111의 왼쪽)와 동일한 것으로 보인다.

② 1889년 5월 8일에 촬영된 주미조선공사관(그림 30의 왼쪽)의 정문 입구에는 1891년 5월 29일 설치가 결정된 '포치(porch)'가 보이지 않고, 옥상 태극기 1과 2가 게양된 주미조선공사관(그림 30의 가운데, 그림 111의 왼쪽)의 정문 입구에는 포치가 보이므로, 옥상 태극기 1, 2는 1891년 5월 29일 이후에 게양된 것이다.

③ 옥상 태극기 1, 2는 깃발이 나부끼는 모양이 다르고, 태극문양의 색상이 칼라와 흑백으로 다르며, 4괘의 구분 정도에서 차이(옥상 태극기 2는 4괘가 명확하게 구분이 가능하나 옥상 태극기 1은 리괘와 감괘의 구분이 어려움)가 있으나, 태극문양의 모양이 동일하고 태극문양과 4괘 사이의 거리가 동일하여, 서로 동일한 종류의 태극기로 보인다.

④ 옥상 태극기 1, 2는 이응준 감정본과 동일하다. ⅰ) 이응준 감정본과 동일하게 깃대가 깃발의 오른쪽에 위치하는 조선식 기준을 따르고 있다. ⅱ) 태극문양이 동일하다. 다만, 옥상 태극기 1, 2는 음(-) 문양의 시작점이 명확하지 않지만, 옥상태극기 1의 태극문양과 이응준 감정본(그림 31의 왼쪽)의 태극문양이 동일한 것으로 보인다. ⅲ) 태극문양과 4괘의 배치 관계가 동일하다. 옥상 태극기 2에 있어서 태극문양과 4괘의 배치 관계는 이응준 감정본(그림 31의 왼쪽)에 있어서 태극문양과 4괘의 배치 관계와 동일하다.

⑤ 옥상 태극기 1, 2는 태극문양과 4괘 사이의 거리가 1899년 미국 해군부 태극기(그림 33의 오른쪽)와 동일하지만, 이응준 감정본보다 가까운 것으로 보인다. 그리고 1899년 미국 해군부 태극기의 4괘가 파란색이므로, 옥상 태극기 1, 2의 4괘도 파란색일 가능성이 크다. 한

편, 이상재가 조선에서 준비해 간 이응준 감정본은 1893년 시카고 만
국박람회 후의 어느 시점(각주 200 참조)까지 1893년 시카고 만국박
람회의 조선관 지붕 위에서 늘어뜨리도록 게양된 태극기(이하 이 항
에서 '박람회 태극기')와 동일하게 4괘가 검은색이고, 태극문양과 4괘
사이의 거리도 박람회 태극기와 동일했을 것이다. 그런데 앞에서 언급
한 '어느 시점' 이후에 이상재가 준비해 간 이응준 감정본은 낡아서 사
용하지 못하게 되었고, 옥상 태극기 1, 2로 교체된 것으로 보인다.

둘째, 주미조선공사관의 건물 옥상에 게양되어 있던 조선 국기인 태
극기가 이응준 감정본이라는 것은 '박람회 태극기'에 의해 확인된다(그
림 31의 오른쪽 참조).[191] 박람회 태극기는 이응준 감정본과 깃대의
위치에 차이가 있을 뿐 동일하다. 이응준 감정본은 깃대가 오른쪽에
위치하는 조선식 기준을 따르고 있지만, 박람회 태극기는 깃대가 왼쪽
에 위치하는 미국(서양식) 기준을 따르고 있는데, 박람회 태극기의 서
양식 채용과 조선 국기로서 조선관 게양은 1893년 시카고 만국박람
회에 조선의 참여를 준비하고 본인도 직접 참가했던 호러스 N. 알렌
(Horace Newton Allen. 이하 알렌)의 영향인 것으로 보인다.[192]
박람회 태극기의 서양식 채용은 알렌 본인이 미국인[193]이고 미국이

---

191) 박람회 태극기가 1882년 조미수호통상조약 체결 시 성조기와 함께 게양된 태극기
　　 (이응준 태극기)와 같다는 것에 대해서는 뒤의 '4.가. 항'에서 상세하게 밝히는 바
　　 와 같다. 그림 31의 오른쪽은 '4.가.(2)(라) 항'의 그림 70의 오른쪽과 같다.
192) 국외소재문화재재단, 앞의 책, 63쪽. '29 알렌의 시카고 만국박람회 출입증' 관련
　　 기재.
193) 알렌의 시카고 만국박람회 출입증에는 소속 국가를 'KOREA'로 명기해 알렌이 주
　　 미공사관의 공관원 자격으로 박람회에 참가했음을 보여 준다(국외소재문화재재단,
　　 앞의 책, 63쪽. '29 알렌의 시카고 만국박람회 출입증' 관련)라고 하고 있다. 고종
　　 이 알렌에게 주미조선공사관의 공관원 자격을 주었다는 것은 고종이 1893년 시카
　　 고 만국박람회를 얼마나 중시하였는지 엿볼 수 있다.

서양식 기준을 채택하고 있을 뿐 아니라, 1893년 시카고 만국박람회의 참가국 46개국의 대부분이 서양식 기준을 채택하고 있는 서양 열강이 주축을 이루고 있었음이 고려되었을 것이다. 박람회 태극기의 조선 국기로서 조선관 게양은 조선을 세계에 알리는 계기가 되고 더욱이 고종이 박람회를 중시하고 있었던 관계(각주 415 참조)로 조선 정부에 있어 중요한 의미가 있다. 그런데 알렌은 주미조선공사관의 건물 옥상에 게양된 조선 국기인 이응준 감정본을 어떻게 알고 이를 1893년 시카고 만국박람회의 조선관에 게양할 생각을 하게 되었을까? 이는 알렌의 주미조선공사관 근무 경험 때문으로 보인다. 알렌은 1887년 12월 10일 일본 요코하마항에서 샌프란시스코행 오셔닉호에 초대 미국공사 일행으로 합류했고,[194] 주미조선공사관에서 박정양을 보좌하는 참찬관參贊官으로 근무했다. 1889년 5월 8일 촬영된 주미조선공사관 사진(그림 30의 왼쪽)의 뒷면에 작성된 기록에 따르면, 건물의 계단 앞에 서 있는 네 명은 왼쪽부터 참무관 이완용, 서리 전권공사 이하영, 서기관 이채연, 참찬관 알렌이다.[195] 알렌은 1889년 6월[196]까지 주미조선공사관 참찬관으로 근무하면서 건물 옥상에 게양된 이응준 감정본을 익히 알고 있었을 것이다.

---

194) 국외소재문화재재단, 앞의 책, 38쪽.

195) 국외소재문화재재단, 앞의 책, 77쪽.

196) 1889년 6월은 "고종이 신임하던 알렌은 이러한 상황에서 고종의 반청외교에 자문을 하며 자주외교를 위해 외국에 공사관을 설치할 것을 진언하였으며, 1887년 박정양의 주미공사 파견과 이후 미국에서 공사관 개설에 이르기까지 일련의 과정에 직접 관여하였다. 그렇지만 이에 대하여 위안스카이가 강하게 반발, 조선 정부를 압박하자 박정양은 본국으로 소환되었으며, 알렌 역시 1889년 6월 조선 정부의 외교관리로서의 직책을 사임하고 다시 내한하였다."라는 기재(우리역사넷 '알렌')에서 인용하였다.

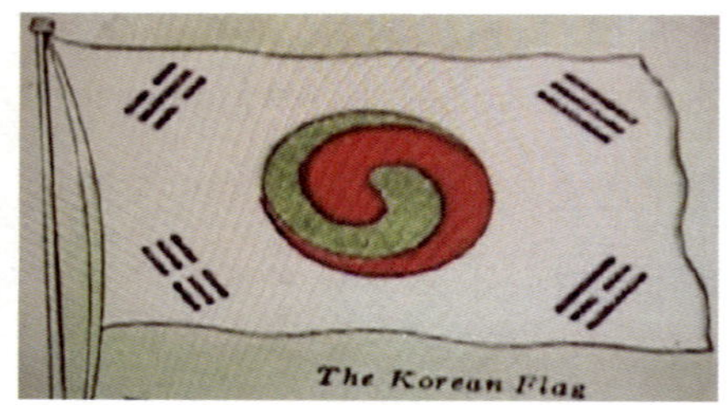

그림 31 : 이응준 감정본(좌), 1893년 박람회 조선관 태극기의 깃대 게양 예시도(우)

한편, 1893년 시카고 만국박람회의 개최일인 5월 1일 전에 주미조선공사관에는 공사관 건물 옥상에 게양된 이응준 감정본 외에도 박영효 태극기가 있었다. 주미조선공사관의 정문 입구에는 1891년 5월 29일 설치가 결정된 '포치(porch)'의 합각 금속판에 박영효 태극기가 새겨져 있고(그림 32의 왼쪽), 존스턴(Frances B. Johnston)이 1893년에 촬영한 사진 속 공사관 중앙홀의 벽면에는 대형 태극기(중앙홀 태극기)가 부착·게양되어 있는데, 중앙홀 태극기는 박영효 태극기이고 늘어뜨리는 방식으로 벽면에 부착·게양되어 있다(그림 32의 오른쪽).[197] 박영효 태극기는 조선 정부가 1883년 3월 6일(음력 1월 27일) 국기를 반포할 당시의 해당 국기로서(Ⅲ.1.나. 항 참조),

---

197) '포치(porch)'의 합각 금속판에 새겨진 태극기는 '국외소재문화재재단, 앞의 책, 159쪽 목수현의 「근대 전환기의 국가 상징 제정과 주미공사관의 태극기」에서 인용하였고, 중앙홀 태극기는 '국외소재문화재재단, 앞의 책, 84쪽에서 인용하였다. 중앙홀 태극기는 깃대가 깃발의 오른쪽에 위치한 조선식 기준에서 늘어뜨리는 방식으로 벽면에 부착하였다. 태극문양은 현행 태극기와 비슷한 점에서 특징이 있다. 여기서 중요한 것은 이들 태극기는 '새겨져 있거나', '벽면에 부착·게양된' 것이어서 이상재가 언급한 태극기의 '게양'이 아니라는 것이다.
한편, 문화재위원회, 『2021년도 문화재위원회 동산문화재분과위원회 제4차 회의 자료』, 426쪽에는 "건물 현관으로 들어가면 바로 나오는 중앙홀의 벽면에 대형 태극기를 게양하고 있다."라고 표현되어 있다.

조선의 공식 국기로 기능했을 것이다. 이러한 박영효 태극기가 1893
년 시카고 만국박람회의 개최 전에 공사관의 정문과 중앙홀이라는 주
미조선공사관의 중요 장소에 설치되어 있었다. 이응준 감정본의 창안
에 주도적인 역할을 한 이상재는 1893년 당시 주미조선공사관에 근
무하지 않았다.[198] 그런데도 조선 정부가 1893년 시카고 만국박람회
의 조선관에 이응준 태극기를 게양했다는 것은 이응준 감정본을 박영
효 태극기보다 더 중요하게 여겼다는 방증으로 보인다.

그림 32: 공사관 정문의 포치 태극기(좌), 공사관 중앙홀 부착·게양 태극기(우)

셋째, 이응준 감정본이 주미조선공사관의 옥상에 게양되었다는 사

---

198) 박정양은 조선이 청국과 맺은 영약삼단另約三端을 위배했다는 이유로 청국의 항의를
      받았고, 그 결과 1889년에 조선으로 귀국했으며『고종실록』26권 1889년 7월 24
      일 무진(戊辰) 1번째 기사는 고종이 미국 주재 전권대신으로 있다가 돌아온 박정양
      을 소견한 내용이다}, 이상재는 1889년 1월 16일(양력) 이후 미국을 떠나 귀국했
      다{국가유산청(문화재청), 『2022년도 국가등록문화재 등록조사보고서』, 53쪽}.

실을 뒷받침해 주는 것으로 '1899년 미국 해군부 태극기'가 있다(그림 33의 오른쪽[199]. 대한민국역사박물관 소장). 1899년 미국 해군부 태극기는 이응준 감정본을 시계 반대 방향으로 90도 회전한 것으로, 이응준 감정본을 미국(서양식) 기준으로 깃대가 깃발의 왼쪽에 위치하도록 전환한 것이다. 1899년 미국 해군부 태극기는 당시 주미대한제국공사관 옥상에 게양되어 있던 태극기를 보고 미국식으로 깃대를 변경한 결과로 보아야 한다. 다만, 1899년 미국 해군부 태극기는 4괘가 파란색이고, 태극문양과 근접해서 배치되어 있다. 이러한 4괘의 색깔 및 태극문양과 4괘의 배치 관계는 박영효 태극기(그림 84 왼쪽)와 비슷한데, 이는 이상재가 준비해 간 이응준 감정본이 어느 시점[200]에 낡아서 사용하지 못하게 되자 대체용으로 새로 만든 태극기에 주미조선(대한제국)공사관의 중앙홀 벽면에 부착·게양되어 있던 박영효 태극기의 4괘의 색깔 등이 반영된 것으로 보인다(Ⅰ.3.나. 항의 ⓑ 참조). 따라서 1899년 미국 해군부 태극기를 보아, 1899년 당시 주미대한제국공사관의 건물 옥상에 게양된 이응준 감정본도 파란색 4괘일 가능성이 크다.

---

199) 대한민국역사박물관에서 인쇄한 한미수교 140주년 기념 작은전시(2022.05.13. 금~07.07.목) 소개 리플릿(조미수교와 태극기)에서 인용했다.

200) 1895년부터 1896년 사이로 보이는데, 그 이유는 이하와 같다. 미국인 스튜어트 컬린이 1895년에 출판한 『Korean Games with Notes on the Corresponding Games of China and Japan』(번역본 『한국의 놀이』, 열화당, 2003.)에 게재된 박영효 태극기{Ⅲ.2.다.(1) 항의 ③ 참조}와 태극기 배지(1896){Ⅰ.3.나. 항의 ⓑ 참조}의 존재이다. '컬린 박영효 태극기'는 검은색 4괘인데, 1895년 당시 주미조선공사관의 옥상에 게양된 이응준 감정본은 검은색 4괘였을 것이다. '태극기 배지'는 1899년 미국 해군부 태극기를 전환하여 도출된 것으로, 1896년에 생산되었으므로, 최소한 이즈음 주미조선공사관 옥상의 게양대에는 4괘가 파란색인 이응준 감정본이 게양되어 있었을 것이다.

그림 33: 이응준 감정본(좌)과 그 수정본(중앙), 1899년 미국 해군부 태극기(우)

(다) 소결

오경석이 김경수와 함께 태극문양의 주위에 팔괘 중 4괘를 배치한 태극기를 고안했고 이를 왕궁에서 채택하여 차차 국기로 되어 1882년 고종이 경내(京內)에 거동할 때는 벌써 태극기를 게양하였다고 오경석의 아들인 오세창(1949년 대한국민회 회장의 자격으로 국기시정위원회의 국기시정위원으로 참여. 각주 565 참조)이 언급했고,[201] 1881년 조사시찰단의 일원으로 일본에 가는 배에서 이상재가 태극기를 손수 고안하여 박정양과 의견을 모아 직접 내걸었다는 말을 본인에게 비친 적이 있다고 이상재의 제자 윤치영이 언급했다는 것(각주 159 관련 본문)에 대해서는 앞에서 살펴본 바와 같다.

태극기의 오경석, 박정양(이상재) 창안설과 관련한 앞의 문장은 얼핏 보기에 각자가 서로 독자적으로 태극기를 고안했다는 점과 태극기의 고안 시기가 겹친다는 점 등에서 서로 모순이 있는 것처럼 보이지

___

201) 최정준, 앞의 논문, 356쪽에서, "… 이렇게 고안된 태극기를 왕궁에서 채택하여 차차 국기로 되어 1882년 고종이 경내(京內)에 거동할 때는 벌써 태극기를 게양하였다.[이상은 오세창(吳世昌) 談]"라는 기재가 있다.

만, 이하의 사정을 고려하면 모순은 해소된다. ① 유수영 삼문에 그려져 있던 태극문양의 주위에 4괘를 배치한 태극기가 오경석의 사망일인 1879년 10월 7일(양력) 전에 만들어졌고, 이것이 오경석의 제자인 개화파 인사에게 전해져서 1881년 조사시찰단이 일본으로 출발하기 전에 이상재에 의해 좌우 반전의 한 단계가 추가되는 정도의 수정(그림 28의 2단계)이 있었으며, 수정본이 고종의 재가를 얻은 후 1882년 고종의 경내 거동 시 게양되었다는 점, ② 오세창의 언급은 부친인 오경석한테서 직접 들은 부분(태극기 고안)과 1879년 역과에 합격하여 관직에 나아간 오세창 본인이 보고 판단한 부분(차차 국기로 되어 1882년 고종의 경내 거동 시 태극기 게양)으로 나누어지는 점, ③ 오경석은 아들인 오세창에게, 이상재는 제자인 윤치영에게, 나라의 국기 제정과 같은 중요한 문제에 대해 거짓말을 할 수 없었을 것이라는 점, ④ 오경석과 이상재의 인품으로 보아 거짓말을 하지 않았을 것이라는 점이다. 다만, 다분히 주관적으로 보이는 오경석과 이상재의 인품에 대해서는 자료에 근거해서 이하에서 간단하게 소개한다.

역매亦梅(진재鎭齋, 천죽재天竹齋) 오경석은 우선藕船 이상적李尙迪의 제자이다. 이상적은 스승인 추사 김정희로부터 세한도歲寒圖를 받았다. 세한도는 변함없이 사제의 의리를 지켜 준 것에 대한 고마움을 세한송歲寒松에 비유하여 그린 그림으로, 김정희의 이상적에 대한 고마운 마음이 세한도 발문跋文에 표현되어 있다. [202]

---

202) 유홍준, 『완당평전1－일세를 풍미하는 완당바람』(2002.2.28., 도서출판 학고재), 393~396쪽. 세한도의 발문 중의 관련 내용과 그 원문인 "且世之滔滔惟權利之是趨爲之費心費力如此而不以歸之權利乃歸之海外蕉萃枯槁之人如世之趨權利者"

지금 세상은 온통 권세와 이득을 좇는 풍조가 휩쓸고 있다. 그런 풍조 속에서 서책 구하는 일에 마음을 쓰고 힘들이기를 그같이 하고서도, 그대의 이곳을 보살펴 줄 사람에게 주지 않고 바다 멀리 초췌하게 시들어 있는 사람에게 보내는 것을 마치 세상에서 잇속을 좇듯이 하였구나!

오경석의 부친 오응현吳應賢은 당상역관을 거쳐 지중추부사를 지낸 인물로 박제가의 실학을 공부하여 가학家學으로 삼았고, 오경석도 가숙家塾에서 박제가의 실학을 가학으로 공부했으며, 부친의 친구인 이상적을 스승으로 모시고 공부했다.[203] 오경석은 부친 오응현과 스승 이상적의 영향을 많이 받은 것으로 보인다.

오경석은 1866년 청국 사행 시 북경에서 친교를 맺었던 청국 조정의 실무 관료들과 광범위하게 접촉해 자료를 수집했고, 이 자료를 토대로 프랑스군과 단기의 정면 결전을 하지 말고 지구전으로 전개해 3개월만 싸우면 프랑스 침공 함대는 패퇴할 것이라는 건의안을 흥선대원군에게 제출하였고,[204] 프랑스군은 10월 14일 상륙 이래 거의 한 달 동안 강화부를 점거했지만, 정신적·육체적으로 피로했기 때문에 11월 10일 함대를 철수해서 청국으로 돌아갔는데 공사 벨로네를 비롯한 북경의

는 이상적의 스승에 대한 의리를 잘 나타내고 있다(https://wuohyun.tistory.com/14955016에서 인용). 세한도는 김정희가 제주도에 유배된 지 5년이 되는 해에 그려졌다.

203) 오경석의 부친 오응현에 대해서는 한국민족문화대백과사전의 '오경석(吳慶錫)'(집필자 신용하)에서 인용.
오경석의 박제가의 실학 공부와 이상적과의 사제 관계에 대해서는 신용하, 앞의 논문, 38쪽에서 인용.

204) 한국민족문화대백과사전의 '오경석(吳慶錫)'(집필자 신용하)에서 인용.

모든 외교관은 원정을 실패로 간주하였으며, 흥선대원군은 기존에 고수하고 있었던 쇄국정책을 더욱 강화했다.[205] 오경석은 병인양요 이후에는 자주적 개국을 실현하고 자주개화정책을 실시해 근대국가로 건설해야 할 필요성을 통감하였고, 미국이 1871년 수호통상조약의 체결과 개항을 요청해 왔을 때 좋은 기회라고 판단하고 흥선대원군에게 개항을 건의했으나 거절당하고 오히려 '개항가'라고 비판받았으며, 흥선대원군과의 친근한 관계도 소원해졌다.[206]

오경석은 흥선대원군이 실각한 뒤에도 당상역관으로 근무하였고, 나라의 장래를 위해 권력자였던 흥선대원군의 미움과 박해도 감수하고 본인의 신념인 조선의 개화정책을 고수했으며,[207] 본인의 영달과

---

205) 한국민족문화대백과사전의 '병인양요(丙寅洋擾)'(집필자 김원모)에서 인용.
206) 한국민족문화대백과사전의 '오경석(吳慶錫)'(집필자 신용하)에서 인용.
207) 오경석은 대원군의 쇄국정책으로 지론이었던 조선의 자주개화정책의 실현이 어려워졌음을 절감하고, 외부 세력에 의한 강제적인 개방도 조선의 장래를 위해 필요하다고 생각한 것 같다.
그런데 한겨레의 2024년 3월 19일 '길윤형의 조선의 갈림길_02' 「"일본의 위엄을 과시하라"...'개화파 시조' 역관 오경석의 배신」이라는 제목의 칼럼(길윤형 기자)에서 오경석이 조선을 배신했다는 취지로 언급하고 있다. '오경석의 배신'은 1876년 1월 강화도에 침범한 일본함대를 문정(問情)했을 때 일본 대표에게 한 오경석의 발언(이하 김종학의 논문에 구체적으로 기재)을 문제 삼고 있는 것으로 보이지만, 앞에서 언급한 오경석의 지론의 변화(자주개화정책이 불가능해지자 외부 세력에 의한 강제적인 개방도 조선의 장래를 위해 필요하다)를 고려할 때, 단순히 '배신' 행위로 매도할 문제는 아닌 것으로 보인다.
김종학, 앞의 논문에 의하면, 오경석은 유럽 열강에 의한 조선의 개방을 희망했고, 이마저 실현되지 못하자 적국으로 생각하고 있던 일본에 의한 개방에 의하더라도 조선의 개방을 희망하고 있었음이 확인된다. 오경석은 1874년 3월 27일 그가 북경 주재 영국공사관 서기관 메이어즈(W.T.Mayers)를 재차 방문하여, "그는 완고한 무지 속에서 스스로 어떤 침략자도 물리칠 수 있다고 믿는 동포들의 맹목적인 자신감을 계속해서 한탄했습니다. 그리고 그는 머지않아 유럽 열강이 군대를 동원해서, 조선 정부로 하여금 그 은둔 체제를 포기시켜 주기를 바란다는 기묘한 희망

이득을 위해 권세를 좇지 않았던 인물이다.

　월남月南 이상재는 신혼 기간 중 선산 문제로 부친이 투옥되자 부친을 대신하여 옥살이하겠다고 군수에게 청하여 부친 대신 투옥되었다가 풀려난 일이 있을 만큼 효심이 깊었다. 이상재는 1881년 조사시찰단으로 박정양을 수행하여 일본에 파견될 때 친교를 맺었던 홍영식이 1884년 우정국 총판이 된 후 그의 권고로 우정국 주사主事로 인천에서 근무하게 되었고, 그해 10월 11일 우정국 사사에 임명되었으며, 12월 우정국의 인천분국장에 임명되었으나 개화파가 일으킨 갑신정변이 실패로 돌아가자, 고향으로 내려갔다. 이상재는 고종이 학문이 뛰어난 그의 실력을 인정하여 지방 수령으로 임명하려 했지만, 자신을 정계로 이끌어준 박정양이 유배되었으니, 관직에 나아갈 수 없다고 하며 거절했을 정도로[208] 개인의 영달보다는 의리와 대의명분

───────

을 표명했습니다. 그는 자신의 발언을 설명하기를, 자신은 일본이나 유럽의 침공을 불가피한 것으로 간주하며, 그렇다면 대대로 조선의 적국인 일본보다는, 차라리 조선을 보다 인도적으로 다룰 것으로 생각되는 유럽에 의해 실현되는 것이 낫다고 했습니다."(3쪽)라고 발언하고 있다. 그 후 약 2년 후인 1876년 1월 오경석은 강화도에 침범한 일본함대를 문정(問情)했을 때, "이 말은 실로 우리나라의 입장에서 하는 것이 아니니 절대 외부에 누설하지 마십시오. 신미년에 미국 함선이 왔을 때 대원군이 마침 전권을 장악하고 있었습니다. 당시 저는 대원군에게 도저히 외교를 시작하지 않을 수 없는 이유를 설명했습니다. 그런데 미국 함선은 겨우 몇 발의 포격을 받더니 그대로 물러나 버렸습니다. 그 이후로 저는 개항가(開港家)로 지목되어 무슨 말을 해도 채용되지 않았습니다. … 따라서 금일의 형세로 보면, 대신께서 그곳에 가시자마자 곧장 상륙해서 위엄을 과시하는 것이 제일입니다. 그렇게 하지 않으면 다시 부산에서의 담판처럼 시일을 질질 끄는 상황에 빠질 것입니다. 이러한 형세이거늘, 금일의 이 상황을 저희가 아뢰더라도 누구 하나 믿어 주는 사람이 없습니다. 이번의 일은 한번 차질이 생기면 실로 만민이 도탄에 빠지는 고통을 야기할 것이니, 그것을 두려워해서 이렇게 내부사정을 틀어놓는 것입니다."(5쪽)라고 일본 관계자에게 언급하고 있다.
208)　위키백과의 '이상재'에서 인용.

을 중시[209]하고 실천했다(대의명분 중시 상소문 내용은 다음과 같다).

　신은 바로 의정부(議政府) 소속의 한 관료입니다. 그 직책의 담당 범위는 비록 상관의 지휘와 명령을 정성껏 준수하는 데 불과하지만 타고난 떳떳한 성품이야 어찌 다른 사람보다 조금이라도 못한 것이 있겠습니까? 근래의 형국을 가만히 보건대, 조약을 맺은 여러 나라가 서로 곁눈질해 보면서 무기, 배, 수레를 접경 지역에 잇대어 놓고 있으며 서로 이익을 다투고 각각 토지를 점령하고 있습니다. 거울삼을 일이 먼 곳에 있지 않으니 분쟁의 불길이 이미 시작되었습니다. 만약 이런 때에 편안히 즐길 것만을 일삼고 떨쳐 일어날 방도를 생각하지 않는다면 앞으로 끝없는 화가 반드시 입으로는 형언할 수 없는 지경에 이르게 될 것입니다. 그런 만큼 오늘날 역시 어찌 조금 편안한 때라고 말할 수 있겠습니까? 이것은 어리석은 백성들도 명백히 알며 매우 근심하는 것입니다. 그래서 때문에 일전에 백성들이 공동으로 협의하여서 한목소리로 상소를 올렸는데 결과적으로 의정부에 대해 반대하는 꼴이 되겠습니다. 그런데 신 역시 의견이 차이가 없었으므로 같은 말로 논의하는 데 참가하였으니, 이것은 의정부에 속한 관료로서 감히 의정부의 잘잘못을 말한 데에 대한 책임을 면할 수 없습니다. 그러니 신이 어떻게 태연하게 외람되이 자리를 차지하고 스스로 녹봉을 탐하여 양쪽에 가담한다는 비난에 빠질 수 있겠습니까? 이에

---

209)　대의명분을 중시하는 이상재의 성격이 그대로 드러나는 일례로 의정부 총무국장으로 근무할 때 올린 사직 상소(『고종실록』 39권 1898년 7월 14일 양력 2번째 기사)가 있고, 원문은 이하와 같다. "臣卽政府之一屬僚也。其職掌範限, 雖不過恪遵上官指揮命令, 而其天賦之秉彛, 則何嘗欲一毫讓於人哉? 竊觀近日局勢, 定約諸國, 迭相睥睨, 干戈舟車, 聯絡於接壤之間, 互爭利益, 各占土地, 淸鑑不遠, 原燎旣始。苟於此際, 徒事恬嬉, 不思所以振發, 則來頭無窮之禍, 必至於口不能形言處矣。然則今日亦豈可曰稍康之時乎? 是愚夫·愚婦所明知而深憂者也。所以日前人民, 公同協議, 齊聲陳章, 自致反對於政府。而臣亦意見不差, 同辭參論, 則是不免以政府屬僚而敢言政府之得失也。臣何可恬然冒據, 自陷於貪祿兩祖之譏哉? 玆敢冒悚仰籲。伏乞皇上俯垂鑑諒, 斥臣見職, 以存朝體焉。"

감히 송구스러움을 무릅쓰고 우러러 호소합니다. 삼가 바라건대, 황상皇
上께서는 굽어살피시어 신의 현직을 체차함으로써 조정의 체면을 보존하
소서.

이상재가 주미조선공사관의 서기관으로 근무할 때 미국 청소년들이
한복 입은 자신에게 돌을 던진 무례한 행동을 하여 경찰조사를 받게 되
자, 이상재는 "나이 어린 청소년들의 철없는 행동이니 용서해 달라"며
선처를 요청했고, 이 사실을 안 부모들은 이상재에게 고마워했으며,
신문에 코리아에서 온 외교관이 베푼 선행 이야기가 실렸을 정도로[210]
마음이 따뜻하고 너그러운 성품이었다.

이상재는 국권 침탈 이후 1913년 어용단체인 유신회維新會에 의해
파괴된 청년회의 총무로 취임하여 청년회를 사수했고, 1914년에는
학생YMCA를 망라한 조선기독교청년회를 조직하여 청년들의 깨달
음과 실력 양성을 위해 힘썼다.[211] 이상재 선생이 1927년에 병환으
로 별세했을 때 일제 강점기임에도 최초로 사회장으로 치러졌고, 당
시 서울 인구 30만의 1/3에 해당하는 10만의 조문객이 모여서 애도
했다.[212]

---

210) 어린이그림위인전기 《이상재》에 관한 글(계몽사)을 소개한 위키백과의 '이상재'에서
       인용.
211) 한국민족문화대백과사전의 '이상재(李商在)'(집필자 전택부)에서 인용.
212) 우리문화신문 2017년 4월 6일 '이상재 선생 사회장에 10만 명이 몰렸다'라는 제목
       의 기사(김영조 기자)에서 인용. 서울연구원, 서울연구데이터서비스(도시개요 인
       구개괄 표 1. 1-1)에 의하면, 1927년의 서울 인구는 315,006명으로 기술되어
       있다.

(2) 유구한 세월 동안 한민족과 함께해 온 태극문양

이응준 감정본의 출발점이 된 유수영 삼문의 정문에 그려져 있었던 태극문양은 한민족이 유구한 세월 동안 사용해 오던 독자적인 것으로서 중국의 태극문양에 비해 시기적으로 앞서고 형태적으로도 다르다.

(가) 유수영 태극문양과 경복궁 근정전의 계단 태극석

오경석이 조일수호조규(병자수호조약) 체결을 위한 회담 장소인 강화도 유수영의 삼문 정문에 그려져 있던 태극문양(이하 유수영 태극문양)을 일본 대표에게 조선의 국기라고 말했을 때는 1876년 2월(양력)로, 조선 개국 후 484년 후의 일이다. 유수영 태극문양(그림 27의 태극문양)은 경복궁 근정전 계단 태극석의 태극문양[213](이하 이 항에서 근정전 태극문양)과 서로 동일하다(그림 34 참조).

그림 34: 유수영 태극문양(좌), 근정전 태극문양(우)

---

213)　문화재위원회, 앞의 책, 443쪽. 우측 사진에서 인용.

근정전 태극문양은 경복궁 창건 당시인 1395년부터 있었던 것으로,[214] 태극문양을 둘러싸고 있는 별도의 원(태극)이 표시되어 있지 않아 태극석의 둘레(녹색 원 부분)가 태극을 나타내는 것으로 해석되므로, 유수영 태극문양과 근정전 태극문양(녹색 원 부분 포함)은 서로 동일하다. 근정전 태극문양이 1395년부터 있었다는 사실은 다음(이하의 ① 부터 ⑥까지)의 사항으로 확인된다.

① 근정전은 1395년에 준공되었다. 근정전 태극문양은 경복궁 근정전 계단의 태극석에 새겨져 있고, 근정전 계단은 근정전의 월대(月臺, 越臺)에 설치되어 있다.

② 『태조실록』 8권 1395년 9월 29일 경신(庚申) 6번째 기사에서, "정전(근정전)은 5칸으로 조회를 받는 곳으로 보평청의 남쪽에 있다. 상하층의 월대가 있는데 들어가는 깊이가 50척, 넓이가 1백 12척 5촌이다. 동쪽계단·서쪽계단·북쪽계단의 넓이가 각각 15척이다. 윗층계(上層階)의 높이는 4척, 석교(石橋)가 5급(五級)이다. 중간계단은 사면 넓이가 각각 15척이고, 아랫층계(下層階)의 높이는 4척, 석교가 5급이다.(正殿五間, 受朝之所, 在報平廳之南。有上下層越臺, 入深五十尺, 廣一百十二尺五寸。東西北階廣各十五尺。上層階高四尺, 石橋五級。中階四面廣各十五尺, 下層階高四尺, 石橋五級。)"라고 하여, 근정전의 월대越臺와 이에 설치된 계단은 1395년부터 있었음을 알 수 있다.

③ 이성준, 「景福宮 勤政殿 月臺 欄干石柱像 研究(경복궁 근정전 월대 난간석주상 연구)」(2006, 고려대학교 대학원 석사학위논문), 29쪽에 "근정전의 연혁을 살펴보면 근정전의 보수 기록은 조선 전기에는 세종(1418~1450)·성종(1469~1494)이고, 임진왜란 때 소실된 후 고

____

214)　근정전은 1395년에 준공되었지만, 임진왜란 때 소실되었고, 1867년 경복궁 중건 시 다시 지어졌다.

종 4년(1867)에야 재건된다(부록 1). 월대는 근정전의 기단 역할을 하는 공간이기 때문에 근정전이 보수될 때 월대도 보수되었을 가능성은 있으나 『朝鮮王朝實錄(조선왕조실록)』을 비롯한 여러 자료에서 월대 보수의 기록은 찾을 수 없기 때문에 그 가능성은 배제하고자 한다."라고 언급하고 있는 바와 같이, 조선 전기의 세종·성종 시 근정전의 보수 기록은 있지만 월대의 보수 기록은 없는 것으로 보인다.

④ 다만, 서울역사편찬원, 『국역 경복궁영건일기 2』(2019년 6월 17일 발간), 334쪽에 1867년 10월 9일의 근정전 영건 작업과 관련하여 "근정전 상하 월대月臺에는 박석을 깔고, 상하의 네 귀퉁이에 쌍법수석雙法獸石을 각각 1좌씩 둔다.〔혹은 이문螭吻이라 하는데 제□권 광화문에 보인다.〕 상하 월대에는 석난石欄을 둔다. 보계의 좌우로는 난간의 주두柱頭에 모두 법수法獸를 새긴다. 대개 6곳의 보계는〔또는 경지대擎支臺라고 이름한다.〕 상하의 대를 합쳐서 12곳이 된다. 보계의 가장자리 돌의 아래에 드리운 용두龍頭 및 남쪽 보계의 어간석의 남쪽에 새긴 쌍봉과 네 귀퉁이의 쌍법수는 옛 월대의 제도이며, 석난은 새로운 제도이다."라는 기재가 있는바('보계'와 '남쪽 보계'는 각각 태조실록의 '계단'과 '중간계단'에 해당한다. '6곳의 보계'는 근정전에 동쪽계단과 서쪽계단이 각각 2곳씩 있으므로, 이들 4곳과 북쪽계단과 중간계단의 각각 1곳을 합하면 '6곳의 계단'이 된다), 이 기재로부터 1867년의 경복궁 중건 시 기존의 월대에 박석薄石을 새로 깔고, 난간석(석난石欄)을 새롭게 설치(새로운 제도)하였음을 알 수 있다(1867년의 경복궁 중건 전에는 근정전 월대에 난간석이 존재하지 않았던 것으로 보인다). 그리고 남쪽 보계(중간계단)의 어간석御間石, 어간석의 남쪽에 새긴 쌍봉雙鳳과 네 귀퉁이의 쌍법수雙法獸는 '옛 월대의 제도'라고 표현하고 있으므로, 이 '옛 월대의 제도'에 의하면 중건 당시 옛것이 그대로 유지되어 온 것으로 해석된다.

⑤ 또한, 전나나, 「경복궁 광화문 월대(月臺)의 난간석 복원에 관한 고찰」 (2021, 『MUNHWAJAE Korean Journal of Cultural Heritage Studies』Vol. 54 No. 4, December 2021, pp 114-133), 116 쪽. "『경복궁영건일기』에 나타난 근정전 월대의 구성과 난간석주에 배치된 법수의 도상에 관한 기존 연구를 바탕으로 근정전의 월대 석축의 용어를 살펴보고자 한다. 이때 답도(踏道)로 널리 알려진 어간석에 쌍봉을 새기는 것은 옛 제도이고, 난간석을 설치하는 것은 새로운 제도임을 밝히고 있다. … 따라서 근정전 월대와(문맥으로 보아, '와'는 '의'의 오타로 보임:필자주) 난간석은 고종 연간에 새롭게 제도화되어 설치된 점을 알 수 있다."라는 언급으로부터, 근정전 월대의 난간석이 1867년 경복궁을 중건할 때 추가되었다는 사실을 확인하고 있다.

⑥ 결국, 중간계단의 어간석과, 이 어간석의 남쪽에 새긴 쌍봉과 네 귀퉁이의 쌍법수가 어간석 설치 당시부터 계속 있었던 것과 마찬가지로, 근정전 태극문양, 즉 근정전 계단의 태극석에 새겨진 태극문양도 태극석 설치 당시부터 계속 있었다고 해석하는 것이 타당하다.

1876년의 유수영 태극문양은 1395년 근정전 태극문양으로부터 481년 후의 것이다. 근정전은 조선시대 법궁인 경복궁의 중심 건물로, 신하들이 임금에게 새해 인사를 드리거나 국가 의식을 거행하고 외국 사신을 맞이하던 장소로 사용되었는데,[215] 근정전 태극문양과 동일한 형태의 태극문양이 국가 사무를 집행하는 관청의 정문 등에 조선 왕조의 초기부터 말기까지 계속 사용되었다는 것은 태극문양에 대한 조선 정부의 일관된 태도를 보였다는 점에서 중요한 의미가 있다고 생각된다.

---

215)　국가유산청 국가유산포털, 국가유산의 '경복궁 근정전(景福宮 勤政殿)'에서 인용.

또한, 유수영 태극문양은 회암사지 태극석의 태극문양[216](이하 이 항에서 회암사 태극문양)과 동일하다(그림 35의 왼쪽과 가운데 태극문양). 회암사 태극문양은 근정전 태극문양과 달리 음양의 문양을 둘러싸고 있는 원(태극)이 명확하게 조각되어 있다. 다만, 그림 35의 가운데 태극문양은 회암사 태극문양(그림 35의 오른쪽)을 시계 반대 방향으로 90도 회전한 것인데, 양 태극문양은 기본적으로 동일한 것으로 보인다.

그림 35: 유수영 태극문양(좌), 회암사 태극문양(우), 우를 좌로 90도 회전(중앙)

회암사는 고려 때 창건된 사찰이지만, 조선의 태조 이성계가 왕위를 태종에게 물려준 후 머물렀던 곳으로, 회암사 태극문양은 조선 초인 1402년에 만들어졌을 가능성이 크다.[217] 회암사 태극문양이 태조

---

216) 문화재위원회, 앞의 책, 443쪽. 가운데 사진에서 인용.

217) 데일리안, '〈168〉 회암사지(檜巖寺址), 빈터에는 잔설만 남아(1)'(2007. 1. 27). 기사 중에 "이성계가 왕위를 물려주고 난 뒤 회암사에서 수도생활을 한 것으로 유명하다. … 계단의 소맷돌은 왕궁이나 왕실의 묘역에서나 볼 수 있듯 각각 네 개씩 만들어져 중앙 계단과 바깥의 양 계단 등으로 삼등분 되어 있고 태극문양이 아로새겨져 있으며 가운데 계단으로는 아마도 왕이 다녔으리라."라는 기재가 있다. 태종실록에 "태상왕이 회암사를 중수하고, 또 궁실을 지어 머물러 살려고 하니, 임금이 그 뜻을 어기기가 어려워서 대부 1백 50명을 보내어 부역하게 하였다.(太上

가 회암사에 머물 당시 만들어진 것이라면, 근정전 태극문양과 유수
영 태극문양의 관계와 동일하게 조선 정부의 태극문양에 대한 일관성
을 엿볼 수 있다.

(나) 최소한 삼국시대부터 한민족이 사용한 태극문양

태극문양은 유적이나 유물로 보아 한민족이 최소한 삼국시대부터
다양한 영역에서 실생활에 계속 사용하여 온 것으로, 크게 3가지로
구분되는 것 같다. 삼국시대는 원(태극) 안에 음양이 각각 2개씩 형성
되어 있고,[218] 고려시대 이후에는 현행 태극기의 태극문양과 이응준
감정본의 태극문양의 2종류가 혼재하고 있는 것으로 보인다.[219]

첫째, 삼국시대의 태극문양이다. 백제 시대의 것으로 2009년 나주
복암리 고분군(사적 404호)에서 발견된 태극문양(이하 이 항에서 복

欲重修檜巖寺, 且營宮室而留居, 上重違其意, 遣隊副一百五十名赴役。)"「『태종실
록』 3권 1402년 6월 9일 신유(辛酉) 1번째 기사]라는 기재와 "임금이 회암사로 가
서 태상왕을 조알하였다.(上朝太上王于檜巖寺。)"「『태종실록』 4권 1402년 8월 2
일 계축(癸丑) 3번째 기사]라는 기재가 있다.

218) 백인수, 김태식, 「감은사지 태극 장대석의 수리천문학적 의미」(2011.03.14.
https://www.researchgate.net/publication/263362257)에서, 태극문
양을 사태극으로 표현하고 있지만, 태극문양에서 돌출부의 2부분을 양(빨간색)으
로 표시하고 함몰부의 2부분을 음(파란색)으로 표시하고 있으므로, 음양의 태극문
양을 의미하고 있다고 해도 무방한 것으로 보인다. 왜냐하면, 우리나라에서 전통적
으로 이태극은 빨간색과 파란색의 2색, 삼태극은 빨간색, 파란색과 노란색의 3색,
사태극은 삼태극에 초록색을 추가한 4색의 문양으로 동일 평면에 형성되어 있기 때
문이다.

219) 태극문양에 있어서 음양의 결합 관계의 차이에 의한 구분으로, 이응준 감정본은 음
양의 머리 부분에서 음양이 서로 밀접하게 결합하고 있지만, 현행 태극기는 그렇지
않다.

암리 태극문양)이다. 복암리 태극문양은 칼(刀) 모양의 목제품에 그려져 있는데, 함께 출토된 기와, 토기 등 유물의 연대를 고려할 때 618년경 무왕 시기에 만들어진 것으로 추정된다.[220] 신라 시대의 것으로는 1959년 감은사지 금당터의 동편 장대석에서 발견된 태극문양[221](이하 이 항에서 감은사지 태극문양)이 있다. 감은사지 태극문양은 682년에 창건된 감은사지의 금당터에서 발견되었으므로 감은사의 창건 시 만들어진 것으로 추정된다. 복암리와 감은사지 태극문양은 원(태극) 안에 음양이 각각 2개씩 형성되어 있다(그림 36[222] 참조). 복암리와 감은사지 태극문양 모두 주렴계의 태극도설보다 400년(감은사지 태극문양은 350년) 전에 만들어졌음에도, 주렴계周濂溪(주돈이周敦頤, 1017~1073)의 「태극도설」과 주희朱熹의 『역학계몽易學啓蒙』에서 태극을 원으로 표현하고 있는 것과 동일하게 복암리와 감은사지 태극문양에서도 태극을 원으로 표현하였는데, 당시 백제와 신라에서 『주역』「계사상전」의 11장에 언급된 양의(음양)를 생生하는 태극을 원의 형상으로 파악하고 있었을 가능성이 크다.[223]

---

220) 국가유산청 사이트, '현존하는 가장 오래된 태극문양'(2019. 12. 27. 작성)에서 인용.

221) 1979년 2차 발굴 때 감은사지 남쪽 연못에서 발견되어 1993년 인위적으로 서편 태극 장대석으로 옮겨진 태극문양도 포함.

222) 김일환, 박태봉, 「감은사 태극문양의 기하학적 의미 연구」(『한국콘텐츠학회논문지 '21』 Vol. 21 No. 6), 436쪽. 그림 1, 2에서 인용. 그림 36의 왼쪽(좌) 사진은 일반 카메라로 촬영한 것이고, 가운데(중앙) 사진은 적외선 카메라로 촬영한 것이다(서울신문 2009년 6월 4일자 박록삼 기자의 '1400년 된 最古 태극무늬 발굴' 기사의 사진 설명에서 인용).

223) 고구려는 372년(소수림왕 2년)에 태학을 세워 자제를 교육하였고, 고구려인들은 유학의 오경을 읽었으며, 백제는 고이왕 62년(285)에 박사 왕인이 일본에 논어와 천자문, 주역, 산해경을 전수하였고, 신라는 682년(신문왕 2년) 국학을 설립하여 유교 경전을 교과 내용으로 하였으므로(成均館 사이트, '성균관 소개', '역사', '한국

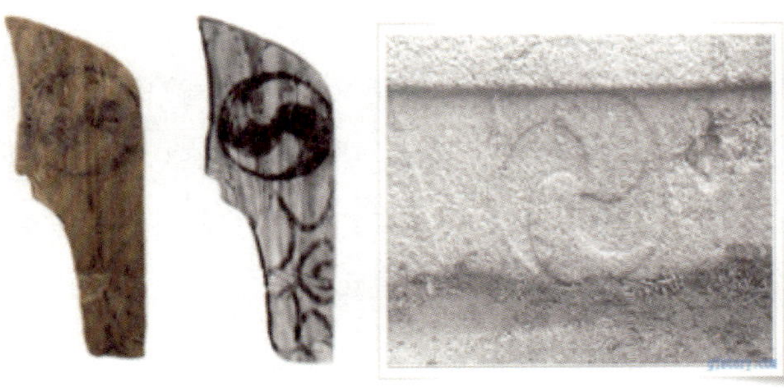

그림 36: 복암리 태극문양(좌, 중앙), 감은사지 태극문양(우)

둘째, 현행 태극기의 태극문양과 비슷한 태극문양(이하 이 항에서 현행 태극문양)이다. 고려시대의 것으로 1144년에 사망한 호부상서 검교태위 허재의 무덤 석관石棺의 천판天板 위에 새겨진 태극문양(그림 37의 왼쪽[224])이 있고, 조선시대의 초기에는 회암사 태극문양

의 유교', '삼국시대'에서 인용. 그러나 박사 왕인에 관한 정보는 다른 문헌과 차이가 있다. 예를 들어, 한국학중앙연구원, 한국민족문화대백과사전의 '왕인(王仁)'에는 왕인이 일본의 『고사기』에는 근초고왕 때의 인물로, 『일본서기』에는 아신왕 말년 경에 왜국으로 건너온 것처럼 기록되어 있다고 한다), 태극문양이 만들어지기 전에 이미 주역이 일반화되었을 가능성이 크다. 류승국, 「東方思想 형성의 연원적 연구」(『한국사상의 염원과 역사적 전망』 성균관대학교 동아시아학술원 유교문화연구원, 24~25쪽)에서, 류승국은 "문헌상으로 유교의 수용은 고구려 소수림왕 2년(372)으로 알려져 있지만, 이것이 중국의 학제學制를 수입하여 제도를 세운 제도적 측면에서 말한 것이요, 유학사상이 이때 처음 들어왔다는 뜻은 아니다."라고 언급하고 있다. 이선경은 한겨레의 2022년 10월 24일 휴심정 벗님글방의 '신라의 주역 문화를 아십니까'라는 기고문에서, '감은사지'와 '이견대'(利見臺)의 관계를 설명하면서 이견대가 '주역'과 관련 있다고 하면서, '주역'에 분명히 "역(易)에 태극이 있다"라고 하였고, 복희씨가 8괘를 그렸다는 기록도 있으므로, 삼국시대의 태극문양과 '주역'과의 관련성을 한마디로 부정할 수도 없다고 언급하고 있다.
한편, 김일환, 박태봉은 앞의 논문(441쪽)에서 감은사지 태극문양을 주역과 신라시대의 수학을 결부시켜, "감은사 창건 유래에 기록되어 있듯이, 해룡이 금당 안으로 들어오는 음양조화(神, 龍)의 문을 상징하기 위해 금당 석재에 태극문양을 새긴 것으로 설명할 수 있다."라고 언급하고 있다.
224) 류승국, 「태극기의 원리와 민족의 이상」(『한국사상의 염원과 역사적 전망』 성균관대

2[225](그림 37의 왼쪽에서 두 번째[226])가 있으며, 조선시대의 말기에는 주미조선공사관의 중앙홀에 부착·게양된 태극기의 태극문양(그림 37의 왼쪽에서 세 번째[227])이 있고, 대한제국 시대인 1899년 미국화가 휴버트 보스(Hubert Vos)가 그린 고종황제 초상화의 흉배胸背에 새겨진 태극문양[228](그림 37의 오른쪽[229])이 있다. 이로부터 현행 태극문양은 고려시대부터 조선시대를 거쳐 대한제국 시대까지 계속 사용된 것임을 알 수 있다.

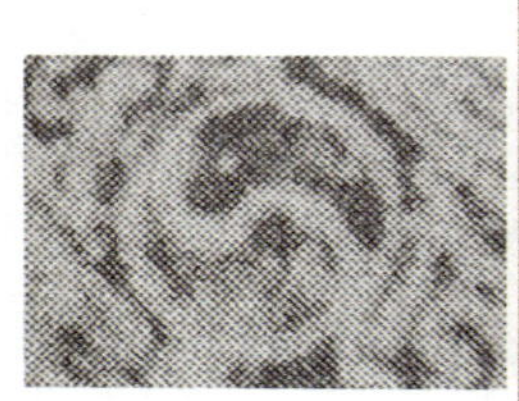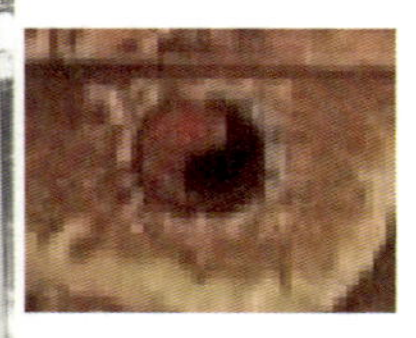

그림 37: 허재의 석관, 회암사지, 주미조선공사관, 고종황제 황룡포의 태극문양

셋째, 이응준 감정본의 태극문양(이하 이 항에서 이응준 태극문양)이다. 고려시대의 것으로 1374년에 세상을 떠난 공민왕의 왕릉에 새

학교 동아시아학술원 유교문화연구원)의 526쪽의 사진에서 취한 태극문양이다.
225) 앞에서 언급한 이응준 감정본의 태극문양과 비슷한 회암사 태극문양과 다른 것이다.
226) 유정열의 네이버 블로그(https://blog.naver.com/kheritage/221450815461, 2019.1.25.) '양주 회암사지는 사찰일까 왕궁일까?'의 회암사지 석조 계단의 사진에서 인용한 태극문양이다.
227) 그림 32의 오른쪽 사진에서 취한 태극기이다.
228) 국가유산청 사이트, '휴버트 보스의 고종황제 초상'(2017. 02. 01. 작성)에서 인용.
229) 네이버 블로그(https://blog.naver.com/rde4265/222580559161, 2021. 11. 28.) '홍익인간 배달민족의 유산 태극문양'의 고종황제 황룡포에서 취한 태극문양이다.

겨진 태극문양(그림 38의 왼쪽[230])이 있고, 조선 초기에는 근정전 태극문양(그림 34의 오른쪽)과 회암사 태극문양(그림 35의 오른쪽)이 있으며, 조선 후기인 18세기 말에 단원 김홍도의 무동(춤추는 아이)에서 좌고座鼓에 그려진 태극문양(그림 38의 오른쪽[231])이 있다. 특히 무동은 삼현육각으로 편성된 악수들의 반주에 맞추어 무동이 춤을 추는 장면을 그린 것으로,[232] 당시 삼현육각 연주팀은 최고의 흥행사로 종일 굿판, 궁중연회, 양반잔치, 기로연, 회혼례, 과거급제 삼일유가잔치, 굿중패, 산대패나 남사당패든지 빠지는 곳이 없었다고 하니,[233] 조선 후기에 있어서 태극문양은 일상화되어 있었을 가능성이 크다.

그림 38: 공민왕릉 태극문양(좌), 무동(춤추는 아이)의 좌고에 새겨진 태극문양(우)

---

230) 류승국, 앞의 논문(「태극기의 원리와 민족의 이상」)이 수록된 책의 526쪽 사진에서 취한 태극문양이다.

231) 이응준 태극문양과 비교할 때 음양이 회전하는 방향이 반대이지만, 음양의 머리 부분에서 음양이 서로 밀접하게 결합하고 있다는 점에서 동일한 관계에 있다.

232) 김홍도필 단원풍속화첩(국립중앙박물관 소장, 보물 527호)에 수록된 그림으로, 씨름, 서당과 함께 김홍도의 대표적인 작품이다{한국민족문화대백과사전의 '김홍도'(집필자 홍선표)에서 인용}.

233) 오마이뉴스, 단원 김홍도의 무동...조선의 혼, 광대꿈이 피다[김태균의 만화방창 풍류1] (2022. 06. 23)의 기고 내용.

넷째, 그려진 태극문양의 형상이 처음부터 그대로 유지되었는지 또는 중간에 변경되었는지 지금은 알 수 없지만, 오경석이 언급했던 당시 관위, 사택 기타 성황당 등의 문에 그려진 태극문양 외에도, 궁궐이나 관청, 그리고 서원이나 향교 같은 신성하고 엄숙한 곳 앞에 세워진 홍살문의 중앙에 태극문양이 그려져 있었고,[234] 서원의 문에도 태극문양이 그려져 있다.[235]

(다) 중국의 태극문양과 다른 한민족의 태극문양

한민족의 태극문양은 중국의 태극문양과 비교할 때, 구체적인 형상에 있어서 차이가 있고, 시기적으로 빠르며, 색상도 다르다.

첫째, 한민족의 태극문양과 중국의 태극문양은 구체적인 형상에 있어서 차이가 있다. 중국의 태극문양은 양(+)을 나타내는 흰색 부분에 음(-)을 나타내는 검은 점이 있고, 음(-)을 나타내는 검은색 부분에

---

234) 국방일보의 '경외의 대상인 홍살문 맨 위에 태극문양'(2014.02.16., 이현표 전 주미한국문화원장 작성)에서, 태극기에 관해 남다른 관심을 가졌던 퍼시벌 로웰이 1885년 5월 29일 미국 과학잡지 'Science'에서 'The Hong sal mun, or the Red arrow gate'(홍살문 혹은 붉은 화살문)라는 제목에서, "홍살문 가운데에는 사람의 눈처럼 야릇한 형상이 디자인돼 있는데 두 개의 나선형 모양이 하나로 합쳐져 원의 형태를 이룬다. 이것은 중국철학에서 음양의 본질을 나타내며, 왕권을 상징하기도 한다."라고 언급했다는 기재가 있다.

235) 노선희, 「서원문(書院門)의 태극문양 연구」(2019년 2월, 서경대학교 경영문화대학원 동양학과 동양학석사 학위논문), 34쪽. [그림 13]에서, 조사 대상 150곳의 서원에 '좌선이태극', '좌선삼태극', '문양 없음', '우선이태극'과 '우선삼태극'이 그려져 있는 것을 연도별 건립연도별로 언급하고, 서원의 태극문양이 건립 이후에 계속 유지되었는지 혹은 중간에 바뀌었는지를 확인하는 것은 상당히 어려운 일이라고 언급하고 있다.

양(+)을 나타내는 흰 점이 있지만(그림 39의 왼쪽[236]), 한민족의 태극문양은 음양 부분에 점이 없다(그림 39의 오른쪽).

그림 39: 중국의 태극문양(좌), 회암사 태극문양 2(우)

중국의 태극문양은 복희팔괘방위도와 이를 관찰하는 방향(밖에서 안으로)으로부터 도출되는 것으로,[237] **팔괘의 존재를 전제**로 하는데{그렇지만 중국 산둥대학교(山東大學) 교수인 장커삔(張克賓)의 논문(각주 236 참조)의 66쪽에 의하면, 중국의 태극문양(그림 39 왼쪽)으로써는

---

236)　중국의 '바이두 백과(Baidu百科)'의 '太极(태극)'에 게재된 '太极的概述图(태극의 개술도)'인데, 이하 이를 중국의 태극문양이라 한다.
　　　이는 장커삔(張克賓, Zhang Ke-bin), 「明代〈古太極圖〉考論(명대〈고태극도〉고론)」(2023년 12월, 『政大中文學報』第四十期), 66쪽에 게재된 圖 23과 동일하다. 장커삔(張克賓)에 의하면 圖 23은 명대明代 교중화喬中和의 『說易』(1637년 발간. 卷 1, 頁 1)에 〈古太極圖(고태극도)〉라는 이름으로 게재되어 있다고 한다. 장커삔(張克賓)은 이〈古太極圖〉는 현재 자주 보이는 태극도라고 설명하면서, 외관이 보기 좋지만 이미 8등분 할 수 없고, 팔괘의 형상을 형성할 수 없다고 언급하고 있다. 명대 교중화의 관점에서 보면〈古太極圖〉는 '태극문양'과 다른 개념이지만, 이를 중국의 태극문양으로 해서 한민족의 태극문양과 비교한다.
237)　장커삔(張克賓), 앞의 논문, 61~64쪽.

그 전제가 되는 팔괘가 형성되지 않는다고 한다}, 이는 장커삔(張克賓)
논문의 61쪽, 62쪽과 64쪽을 요약한 다음의 기재 사항{그림 40은 장
커삔(張克賓) 논문의 도 15, 16, 18을 인용}에 의해 확인된다.

송·원宋·元 때 괘효를 밖에서 안으로 향하여 보는 선천팔괘방위도, 예를
들어 양갑陽甲의 《六經圖육경도》에 게재된 〈복희팔괘도〉(圖 15. 아래 그림
40의 왼쪽), 송대 말기의 《六經奧論육경오론》의 〈宓犧畫八卦복희획팔괘〉 등
이 있다. 만약 이런 종류의 선천도를 흑백 블록 형식으로 표시하면 圖
16(아래 그림 40의 가운데)과 같은 형태로 표시된다. 이 도식의 특징은
음양의 두 기운이 모두 밖에서 생기기 시작해서 점차 증가하고 끝에는 안
에서 소멸한다. … 만약 圖 16의 가운데에 있는 'ㅇ'을 제거하면 그 형상
은 圖 18(아래 그림 40의 오른쪽)과 같은 형상으로 된다. 만약 圖 18의
흑백 블록을 연속적으로 유연하게 그려지는 선으로 흑백이 구분되도록
변경하면 그 형상은 대체로 〈고태극도〉가 된다(예를 들어 圖 2. 圖 2는
그림 48의 가운데에 해당:필자주). … 선천팔괘방위도를 흑백 블록으로
표시한 이후, 음양의 소식을 곡선으로 표시하게 되었지만, 감리坎離의 2
괘의 효획爻畫의 특수성으로 인해 유려한 흑백선의 원형도로 표시하기 어
려웠던 점을 고려하여, 흑색 음의에 백색 1점을 가하고, 백색 양의에 흑
색 1점을 가하여 리괘와 감괘를 구분하여 표시하게 되었다.

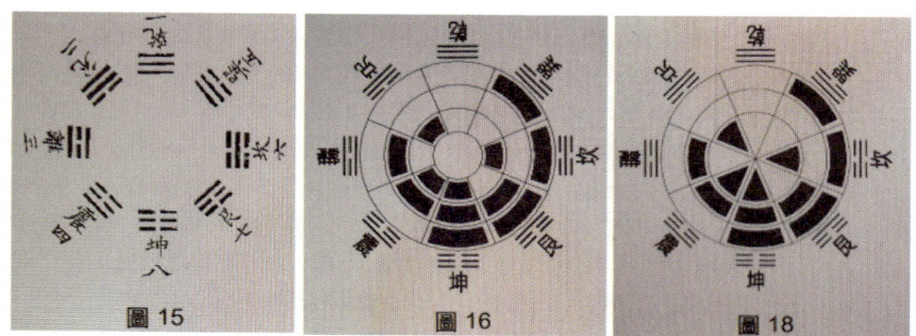

그림 40: 《六經圖육경도》(좌), '좌'를 흑백 블록으로 표시(중), '중'의 'ㅇ'을 제거(우)

이처럼 중국의 고태극도 계열은 팔괘의 괘효卦爻가 항상 밖에서 안쪽을 향하도록 그어져 있거나, 괘의 이름도 밖에서 안쪽을 향하는 쪽에서 쓴 형식을 취하고 있고, 태극문양에서 음양이 줄어들고 늘어나는 소식消息의 표현은 팔괘에 근거하고 있다. 즉, 하위개념의 팔괘가 상위개념의 음양을 규정하는 형식이다.[238] 그런데 이응준 감정본은 강화도 유수영 삼문의 정문에 그려져 있던 태극문양을 출발점으로 하여 그 주위에 팔괘를 배치한 후 4괘로 줄인 것이어서, 『주역』의 「계사상전」에서 언급하고 있는 역易의 순서에 맞게 제작되었다고 할 수 있다.[239] 즉, 원('○')으로 표현된 태극에 상호 줄어들고 늘어나는 소식

---

238) 김상섭, 앞의 책, 79쪽에서, 김상섭은 "'태극' 문양은 반드시 그 주위에 배열되어 있는 괘에 의해 결정된다."라고 언급하고(261쪽에도 같은 취지), 또한 261쪽에서 그래서 우리나라 '태극'기에 괘가 둘러져 있다고 언급하는 한편, 중국의 태극문양이 우리나라에 유입되기 전에 우리 선조들이 사용한 태극문양과 유사한 문양을 '태극' 문양이라고 말할 수 없다고 주장하고 있다.

한편, 이선경, 앞의 책, 74쪽에서, 이선경은 "'복희 8괘'의 원리를 형상화한 것이 태극문양이고 보니"라고 언급하고 있듯이, 중국의 고태극도가 역리易理에 부합하지 않는다는 취지는 아니다.

신원봉, 앞의 논문, 276~278쪽에서, 신원봉은 "조중전의 '고태극도'는 역리(易理)에 입각한 것으로, 역리(易理)는 자연의 원리를 묘사한 것이다. 예를 들어 규표로 사계절의 그림자 길이를 재어 그 변화를 도시하면 '고태극도'의 모양과 같아진다." 라고 하면서, 그 근거를 중국의 고대 수학책 『주비산경周髀算經』에 기재된 일년 중 규표圭表의 그림자 길이로 태극도를 그리고 이를 조중전의 고태극도(그림 48의 가운데)와 비교하고 있다.

239) 같은 취지로는, 이선경, 「태극기의 원리와 易의 철학정신 - K철학을 전망하며」(범한철학논문집 『범한철학』 제100집 2021년 봄), 141~142쪽. 이선경은 가장 안쪽의 원 전체를 태극으로 보고(원 안에는 곡선으로 된 음양의 문양이 있음), 이 원의 바깥으로 동심원 3개를 동일한 간격으로 그린 후 순차적으로 음양을 표시한 양의, 사상 및 팔괘로 하고, 가장 바깥쪽의 동심원 주위에 상당하는 팔괘를 배치하여 「복희팔괘방위도」를 완성시킨 후, "「복희팔괘방위도」는 태극이 지니는 음양의 리듬을 고스란히 반영하고 있는 것이다."라고 언급하고 있다.

중국의 고태극도에 관한 기술이기는 하지만, 조휘겸이 천지자연지도에 대해 "태극이 음양을 품고, 음양이 팔괘를 품고 있는 묘가 있다."라고 언급한 것도 같은 취지이다(뒤의 (3)(가) 항 참조).

消息 관계에 있는 '음양'으로 이루어진 태극문양을 기준으로 하고, 여기에 태극문양의 하위개념인 팔괘를 배치하는 관계에 있으므로, **한민족의 태극문양은 그 음양에 괘의 모양을 고려할 필요가 없게 된다**. 한민족의 태극문양과 중국의 태극문양에 있어서, 음양의 문양 안에 흰 점과 검은 점의 존재 여부에 대한 위와 같은 차이는 음양의 변화에 관한 접근방식과 인식의 차이를 나타내는 것으로 보인다. [240]

앞에서 살펴본 바와 같이 한민족의 태극문양은 그 음양에 괘의 모양을 고려할 필요가 없어 태극문양 자체가 독자적으로 오랜 세월 한민족에 의해 사용되었고, 오경석은 강화도 유수영 삼문 정문에 그려져 있

---

240) 신원봉, 「태극기 중국 유래설에 대한 반박」(2011b), 『東洋文化硏究』 第8輯), 166 쪽. 신원봉은 "중국의 태극문양은 처음서부터 『주역』의 64괘 또는 8괘와 연계되어 있었다. 하지만 우리의 태극문양은 원래 『주역』의 8괘와 무관했다."라고 언급하고 있다.
동아일보의 '[강원]멕시코 아즈텍 유적에서 발견된 태극무늬 정체는...'(2014.11. 10.)에서 다음과 같은 취지의 기사 내용(지명훈 기자)이 있다. 멕시코 동쪽 베라크루스주에 기원후 1세기에 세워진 석상의 태극문양 사진을 게재하고, 위 석상에 새겨진 태극문양은 우리 조상이 멕시코로 이동해 정착한 뒤 전한 것이라고 배재대의 손성태 교수가 주장했다고 언급하고, 석상의 태극문양에는 중국의 태극문양에 있는 음양 문양 속의 점이 보이지 않는다. 같은 취지로 2014.11.08.자 아주경제 모석봉 기자, 2014.11.07.자 뉴스1 박찬수 기자, 2014.11.09.자 뉴시스 유순상 기자의 '우리 민족의 태극의 기원 잘못 알려졌다'와, 2014.11.09.자 금강일보 정일웅 기자의 '태극문양, 中 기원 아니다', 2014.11.10.자 대전일보 전희진 기자의 '태극문양은 고리족 선조들의 상징' 등이 있다.
그런데 손성태는 뒤에 입장을 변경한 것으로 보인다. 손성태, 『고대 아메리카에 나타난 우리민족의 태극』(2017, 코리)에서, 손성태는 중국의 태극문양(그림 39의 왼쪽)을 '도교의 태극'이라 칭하고(35쪽, 214쪽, 245쪽에 그림 게재), 이 도교의 태극은 미추왕릉지구에서 출토되었다는 두 개의 곡옥으로 형성된 태극으로, 첫눈에 중국 도교의 태극과 그 모양이 흡사하다는 것을 알 수 있고, 우리의 곡옥은 기원 전에 시작된 것이므로, 중국 도교의 태극은 이렇게 형성된 우리의 태극을 원형 그대로 모방한 것일 수 있다는 취지로 언급하고 있다(245쪽).

던 태극문양을 출발점으로 하여 김경수와 논의 끝에 태극문양에서 나오는 팔괘(복희팔괘방위도)를 태극문양 주위에 배치해서 국기를 만들기로 했으며, 팔괘 중 4괘를 생략함으로써 이응준 감정본의 1단계 완성본을 도출하였다는 점에 대해서는 앞에서 살펴본 바와 같다(그림 27 참조). 태극문양을 출발점으로 하는 이응준 감정본의 1단계 완성본의 도출 과정은 아래 그림(그림 41)과 같은데, 창안자인 오경석과 김경수는 건·곤·감·리로 이루어진 4괘만으로도 64괘를 포함한다는 사실을 알고 있었던 관계로 팔괘 중 태·간·진·손의 4괘를 생략할 수 있었다(그림 41의 '3단계'에서 '4단계').

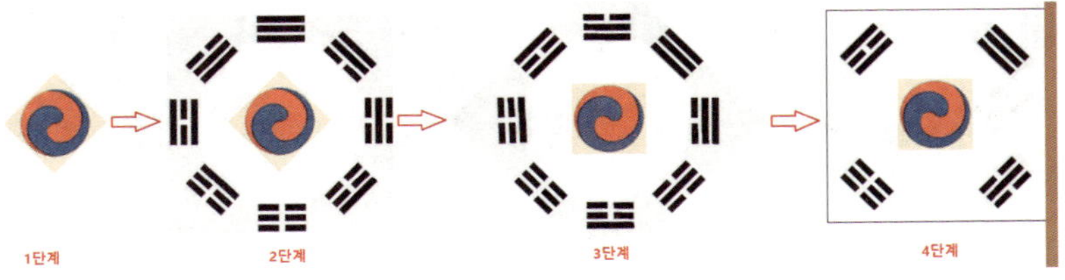

그림 41 : 이응준 감정본 1단계 완성본의 도출 과정도

그런데 중국의 고태극도 계열은 다음 그림(그림 42)과 같은 도출 과정을 고려할 수 있다. 즉, 복희팔괘방위도(1단계)와 그 괘효卦爻를 밖에서 안쪽을 향하는 육경도六經圖(2단계)를 출발점으로 하여, 그림 40의 圖 16과 18을 거쳐 중국의 고태극도(그림 42의 오른쪽 3단계[241])

---

241) 김상섭, 앞의 책, 81쪽. '그림 11 | 마건충이 제안한 국기도식'을 컬러로 표현한 4쪽에 게재된 사진을 인용하고, 음양 문양의 각각에 붉은 점과 검은 점을 추가했다. 『청국문답』에서 마건충이 김홍집에 제안한 국기 도식은 음문양이 파란색이 아닌 검은색이다.

가 도출된다. 1단계에서 2단계로 전환되는 단계에서 태·간·진·손의 4괘는 안에서 밖을 향하다가 반대인 밖에서 안을 향하는 방향으로의 변화를 통해 음양이 변화하는 모양을 형상화하고, 또 태극문양에서 음양의 형상과 음양 부분에 형성된 점은 팔괘의 형상을 반영한 것이므로, 중국의 고태극도에서 이 태·간·진·손의 4괘는 생략할 수 없다. 따라서 이응준 감정본은 중국의 고태극도로부터 도출될 수 없다고 보는 것이 타당하다.

그림 42: 복희팔괘방위도(1단계), 육경도(2단계), 중국의 고태극도(3단계)

이처럼 태극문양에 있어서 음양의 문양 안의 흰 점과 검은 점의 존재 여부가 한민족의 태극문양과 중국의 태극문양을 구분하는 중요한 지표가 됨에도 이것이 무시된 사례가 있다. 영조의 책봉례(1725년 3월)에 참석했던 청국 사신단의 부사副使 아극돈阿克敦이 그린 '봉사도奉使圖'가 1998년 중국에서 발견되어 그해 7월 10일 우리나라에서 공개되었다.[242] 봉사도에는 청국 사신의 숙소(행관) 부근에 태극문양

---

242) 조선일보의 1998년 7월 13일 「[학술]'봉사도' 그림속 깃발, 태극기 원형일까」라는 제목의 기사(정한식, 신형준 기자)에서, "10일 공개된 청 사신 아극돈의 '봉사도' 중 중국 사신이 여행 중 묵었던 숙소(행관) 부근에 걸린 태극문양의 깃발에 학계가 큰

과 이괘二卦가 그려진 깃발(이하 관사 밖의 태극이괘기)(그림 43의 왼쪽[243])과 청국 사신을 영접하는 장소에 그려져 있는 태극문양 깃발(이하 태극칠성기)(그림 43의 오른쪽)이 있다. 중국의 바이두 백과의 '大韓民国国旗(대한민국 국기)'에 소개된 봉사도의 '관사 밖의 태극이괘기'와 '(조선 의장대 사용) 태극칠성기'는 당시 조선에서 사용되었다는 취지로 언급되어 있는데,[244] 이는 김원모의 논문(각주 244의 각주 6[245]) 내용을 반영한 것으로 보인다.

관심을 보이고 있다. 길 중간에 두 개의 대를 세워 건 이 깃발은 태극기와 전체적인 분위기가 너무도 흡사하다. 사괘 중 광명과 정열을 뜻하는 '이'와 지혜와 활력을 의미하는 '감'이 위아래에 있으며, 가운데 음양의 위치가 바뀌어 적색이 아래로, 청색이 위에 위치했다."라는 기재가 있다.

243) 중국 '바이두 백과(Baidu百科)'의 '大韓民国国旗(대한민국 국기)'에서 '馆舍外的太极二卦旗(관사 밖의 태극이괘기)'를 인용하였고, '그림 43'의 오른쪽은 '朝鮮仪仗队所用的太极七星旗(조선 의장대 사용 태극칠성기)'를 인용하였다.

244) "朝鲜半岛古时并无国旗, 但红、蓝两色(或红、黑两色)组成的太极图形一直是朝鲜半岛广泛使用的传统吉祥图案, 所以在朝鲜王朝时期, 一些旗帜上就出现了太极图形, 例如1725年 清朝使臣阿克敦出使朝鲜册封朝鲜国王李昑(英祖)及王妃、世子, 归国后绘成的描绘朝鲜风物的《奉使图》中, 就出现了太极二卦旗和太极七星旗.[5-6](조선반도는 예전에 국기가 없었다. 다만, 빨간색과 남색(혹은 빨간색, 검은색)으로 조성된 태극 도형은 줄곧 조선반도에서 전통적으로 광범위하게 사용된 길한 도안이다. 그래서 조선 왕조 시기, 깃발로서 태극 도형이 출현했다. 예를 들면 1725년 청국 사신 아극돈이 조선 국왕 영조, 왕비, 세자 책봉례에 참석하고, 귀국한 후 조선 풍물을 그린 봉사도 중의 태극이괘기와 태극칠성기이다.)" 각주 6은 김원모의 논문인 「봉사도의 태극도형기(1725)에 대하여」(2000년 2월, 『亞細亞文化研究』 第4輯, 15~32쪽)이다.

245) 김원모는 '태극칠성기'(삼각형 「태극도형기」)가 1882년 조미수호통상조약 체결 당시 조선의 상징물로 사용됐던 '태극도형기'로 이어졌다고 언급하고 있는바(김원모, 앞의 논문(2000), 20쪽), '바이두 백과의 '大韓民国国旗(대한민국 국기)'에서 조미수호통상조약 체결 시 게양된 조선 국기를 '괘가 없는 태극기'라고 묘사하고 있는 것(앞의 가. 항 참조)도 김원모의 이 논문에 영향받았을 가능성이 큰 것으로 보인다.

그림 43: 관사 밖의 태극이괘기(좌), (조선 의장대 사용) 태극칠성기(우)

　　김상섭은 '관사 밖의 태극이괘기'와 '(조선 의장대 사용) 태극칠성기'가 조선에서 사용한 것이 아니고 청국에서 사용한 것이라고 하면서,[246] 그 근거를 4가지 들고 있는데, 그중에서 한민족의 태극문양 및 중국의 태극문양과 관련 있는 두 번째(둘째) 근거에 대해 살펴본다. 김상섭은 두 번째 근거의 결론으로 '태극칠성기'[247]는 청국 사신들이 조선에 올 때 호위했던 병사들이 사용하던 '군기軍旗'이고, '관사 밖의 태극이괘기'는 청국의 사신이 조선에 와서 청국의 조선에 대한 우월함을 나타내기 위해 그린 그림이라고 하면서, 두 깃발의 형태의 차이에 대해 다음과 같이 언급하고 있다.

❶ '기재 생략' ❷ '태극칠성기'의 태극문양에는 음양의 그림 안쪽에 〈고태극도〉와 같이 각각 점이 찍혀 있으나, '관사 밖의 태극이괘기'의 음양의 그림에는 점이 없다. ❸ '기재 생략' ❹ '기재 생략' ❺ 음양의 색깔에서도 두 그림은 확연히 다르다. '관사 밖의 태극이괘기'에는 푸른색과 붉은색이 칠해져 있으나, '태극칠성기'에는 검은색과 붉은색이 칠해져 있다. ❻ '기

---

246)　김상섭, 앞의 책, 241~257쪽.
247)　김상섭은 '청 사신 영접'의 태극 깃발로 표현하고 있고, '관사 밖의 태극이괘기'를 '청 사신 숙소 풍경'의 깃발로 표현하고 있다.

필자는 '관사 밖의 태극이괘기'와 '태극칠성기'가 청국에서 사용한 것이라는 김상섭의 견해에 동의하지만, 그 이유는 다르다. '관사 밖의 태극이괘기'와 '태극칠성기'에 사용된 태극문양과 태극문양의 음양의 색깔이 한민족의 태극문양과 달라서 이들 깃발은 청국에서 사용한 것으로 보인다. '관사 밖의 태극이괘기'와 '태극칠성기'의 태극문양에는 음양의 안쪽에 중국의 고태극도와 같이 각각 점이 찍혀 있고, 태극문양 중 음(−)이 검은색[248]인데(그림 44[249] 참조), 이는 한민족의 태극문양이 아니기 때문이다.[250] 봉사도 중 '관사 밖의 태극이괘기'의 태극문양(그림 44의 왼쪽)에도 '태극칠성기'의 태극문양(그림 44의 오른쪽)과 마찬가지로 음양의 안쪽에 점이 찍혀 있는 것이 확인된다. 또한, '관사 밖의 태극이괘기'의 태극문양의 음(−)이 검은색으로 그려진 괘의 색깔과 같지만, 관사 속의 파란색 관복의 청국 관리와 '태극칠성기'의 파란색 화염각과 파란색 병사 모자와 다르다는 것이 확인된다. 또한, '태극칠성기'는 삼각기이다. 삼각기는 조선의 의장기가 아니다. 조선의 의장기는 사각형의 깃발이고, 삼각기는 대한제국과 청국의 의장기다(Ⅰ.1.나. 항 참조). 봉사도는 영조의 책봉례와 관련된 조선과 청국 사이의 외교 행사에 관한 그림이므로 조선 정부가 사용한 깃발은 의장기여야 해서, '태극칠성기'는 청국에서 제작하고 사용한 군기軍旗

---

248) 그런데 김상섭과 조선일보 기사(각주 242 참조)는 푸른색(파란색)이라 표현하고 있다.
249) 태극문양 음양의 그림 안쪽에 점이 있는지와 태극문양의 음의 색깔을 확인하기 위해 깃발의 일부를 나타내었다.
250) 한민족의 태극문양과 중국의 태극문양의 색깔의 차이에 대해서는 뒤의 '셋째'를 참조.

일 가능성이 크다고 보는 것이 타당하다.[251]

그림 44: '관사 밖의 태극이괘기'의 일부(좌, 중앙), '태극칠성기'의 일부(우)

독립문에 새겨져 있는 태극기이다. 독립문 태극기의 태극문양은 음
양의 문양 안에 점이 새겨져 있는 것으로 보아 중국의 태극문양(그림

---

251) 김상섭, 앞의 책, 256쪽에서, 김상섭은 "정조가 수많은 문무백관을 거느리고 화
성으로 행차하는 장엄한 풍경을 그린 「반차도班次圖」라는 그림에도 백택기, 삼각
기, 각단기, 주작기, 벽봉기가 차례로 그려져 있고,"라고 하면서 태극 깃발이 없다
고 언급하고 있다. 그런데 여기에 언급된 '삼각기三角旗'는 깃발의 모양이 '삼각형三
角形'임을 의미하는 것이 아니다. 고궁박물관, 앞의 책, 132쪽에, "삼각기는 전설
속의 상서로운 동물인 삼각수三角獸를 그린 깃발"이라는 설명이 있고, 삼각수三角獸
(뿔이 3개인 동물)가 그려진 '사각형 깃발'이 도시되어 있다.
한편, 신원봉, 앞의 논문(2011b), 155~156쪽(신희정, 앞의 논문, 94쪽)에, 병인
양요(1866) 때 프랑스가 탈취해 간 태극기(프랑스 성루이성당 천정에 걸린 태극문
양)라는 삼각형의 깃발 사진이 있다(그림 63 참조). 이 깃발은 군기軍旗인 것으로
보인다.
그런데, 신원봉, 앞의 논문(2011b), 154~155쪽에, 신원봉은 '태극칠성기'를 '삼각
형의 태극기'로 표현하는 한편, 태극문양의 오른쪽에 '톱날 같은 무늬'가 있고, 이 무
늬는 신라 감은사 기단석에서 태극문양과 함께 발견된 무늬라고 언급하고 있다. 이
무늬는 신원봉의 언급과 달리 중국측 용어인 '태극칠성기'에서 '칠성七星'을 의미하는
것으로 보인다. '칠성七星'은 군기軍旗인 좌독기(그림 26의 가운데)의 낙서洛書에서
서방(금金)에 속한 칠七(화火이지만 금화교역으로 낙서에서 서방에 위치하게 됨)을
의미하므로, 이 '태극칠성기'는 청국의 군기軍旗일 가능성이 큰 것으로 보인다.

45[252])이다. 독립문은 청국과의 관계 청산을 기념하기 위해 1896년부터 1898년 사이에 중국 사신을 영접하던 영은문 부근에 서재필과 독립협회의 주도로 세워졌기 때문에(청국과의 관계 청산 경위는 다음과 같다), '독립문' 글씨의 좌우에 새겨진 태극기의 태극문양이 한민족의 태극문양이 아닌 중국의 태극문양이라는 점이 의아하다. 현재 확인되는 사실은 독립문을 건축할 당시 공사 총괄은 심의석이 맡았고,[253] 육체적 노동과 관련된 일은 중국인 노동자들이 맡았지만, 석재의 가공과 관련해서는 중국인이 전적으로 맡아서 했는지 명확하지 않다.[254] 독립문의 성격을 고려할 때 조선인이 그 국기인 태극기에 의

---

252) 동아일보의 2020년 1월 31일 "독립문에 중국식 태극문양이 말이 됩니까"라는 제목의 기사(황태훈 기자)에서 인용.

253) 한국민족대백과사전의 '서울 독립문(서울 獨立門)'에 의하면, 서재필은 그 자서전에서 독립문의 시공은 '조선인 목수'라고 하고 있고, 『경성부사(京城府史)』에는 조선인 심의석(沈宜錫, 1854~1924)이 공사를 하였다고 기록되어 있다고 한다.

254) 한겨레의 2017년 11월 20일 "[역사 속 오늘] 독립문, 일제 아닌 중국한테서 독립 상징"이라는 제목의 기사(강민진 기자)에서 "당시 공사 총괄은 유명한 건축기사였던 한국인 심의석이 맡았습니다. 석재의 가공은 한국의 고급 기술자들이 담당했습니다. 육체적 노동과 관련한 일은 주로 중국인 노동자들을 고용했는데, 독립협회 회장이었던 윤치호는 이를 두고 자신의 일기에 '역사의 영고성쇠(개인이나 사회의 성하고 쇠함이 서로 뒤바뀌는 현상)'라고 술회하기도 했습니다. 중국을 사대하던 상징인 영은문을 철거한 자리에 중국인 노동자들이 독립문을 세우는 노동을 하고 있는 것을 보고 감회가 새로웠던 것입니다."라고 언급하고 있다.

또한, 네이버 블로그 https://blog.naver.com/historync33/223622520241 (2024.10.17. 13:44)의 '독립문 완공식이 열리지 않은 까닭은?'에서 중국인 노동자를 고용한 이유에 대하여, "독립문을 지을 때 참여한 노동자들은 누구였을까? 당연히 조선인이었다고 생각하기 쉽다. 그러나 중국인 노동자들이었다. 중국으로부터 독립을 하자며 세우는 독립문에 중국인 노동자들을 고용하다니! 이건 또 무슨 상황인가? 중국인 노동자가 일하는 걸 두고 1898년 독립협회 회장이었던 윤치호는 '역사의 영고성쇠'라고 기록했다. 독립문의 의미를 부각시키려고 중국인 노동자들을 동원했을까? 토론 중에 김종엽샘이 흥미로운 의견을 전했다. 당시 중국에는 서양식 건물을 많이 지었는데, 건설 과정에서 중국인들이 서양식 건축 기술을 익혔을 거라고. 그렇다면 독립문을 만들 때 이런 기술을 지닌 중국인 노동자를 고용한 게 아닐까 싶다. 우리나라 평안도에 천일염 염전을 만들 때 중국인 염전 전문가

도적으로 중국의 태극문양을 새겨넣지 않았을 가능성이 큰 것으로 보이나, 이 부분에 대해서는 좀 더 고증이 필요한 것으로 생각된다. 다만, 확실한 것은 태극문양의 음양에 점이 찍혀 있는 중국의 태극문양은 모두 중국인이 관여되어 있다는 것이다. 앞에서 살펴본 봉사도와 독립문 태극기 외에 청국에서 1886년에 편찬된 『통상장정성안휘편』에 게재된 '대청속국 고려국기'(그림 65의 가운데)와 『통상약장류찬』에 게재된 '대청속 고려국기'(그림 65의 오른쪽)는 태극문양에 흰색 동그라미가 새겨진 중국의 태극문양이지만, 청국이 고종으로부터 받은 '조선 국기'의 바탕색을 흰색에서 황색으로 변경하고 태극문양에 흰색 동그라미(점)를 삽입함으로써 태극문양을 중국의 태극문양 형식으로 변경했을 가능성이 크다고 태극기 연구자들에 의해 의문이 제기된 사항은 뒤에서 살펴보는 바와 같은바{3.다.(4) 항 참조}, 태극기에 있어서는 한민족의 태극문양을 중국인이 그들에게 익숙한 중국의 태극문양으로 변경했거나 의도적으로 왜곡했을 가능성이 있는 것으로 보인다.

가 참여했다는 이야기도 떠올랐다. 중국인 노동자를 의도적으로 고용했는지는 알 수 없지만 윤치호의 일기에서 알 수 있듯 시대가 바뀌었다는 걸 사람들이 느꼈을 거다."라고 언급하고 있다.

한편, 뉴스1의 2023년 8월 15일 「"독립문 태극기는 우리 국기 아니다" 소설가 이재운 작가의 주장」이라는 제목의 기사(김평석 기자)에서, 독립문에 어째서 도교 태극이 들어갔을까 하는 의문에 대하여, 이재운은 독립문 건립에 참여했던 중국 석공들의 착각으로 빚어진 결과로 추정하고 있다.

석재 가공과 관련해서, 한겨레 등의 기사는 윤치호의 일기를 근거로 조선의 고급 기술자들이 담당했다는 것이고, 뉴스1에서 소설가 이재운 작가는 조선인 건축기사 심의석이 (석공을 포함한) 중국인 노무자들을 데리고 공사를 했고, 이들이 태극기 문양을 새겼다고 언급했다.

1894년 청일전쟁 발발로 한성에 주둔하던 일본군은 한성상무공서를 공격했고, 일본은 조선 정부에 압력을 넣어 조선을 청국의 속국으로 명문화한 '조청상민수륙무역장정'을 폐기시켰으며(각주 122 참조), 1895년 청일전쟁 후 시모노세키조약에 따라 조선은 청국과의 조공·책봉 관계에서 벗어난 완전한 자주독립국이 되었다.

그림 45: 독립문에 새겨진 태극기

둘째, 한민족의 태극문양은 중국의 태극문양에 비해 시기적으로 빠르다. 중국의 태극문양을 주렴계의 태극도로 보아 이를 한민족의 태극문양과 비교해서 한민족의 태극문양이 시기적으로 빠르다고 하기도 하고,[255] 중국의 태극문양이 중국 오대송초五代宋初 진단陳摶(871~989)의 선천태극도(그림 46)로부터 시작되었다는 설도 있지만,[256] 어느 설에 의하더라도 중국의 태극문양은 복암리와 감은사지

---

255) 류승국, 앞의 논문(「태극기의 원리와 민족의 이상」), 516쪽; 최창동, 「大韓民國國旗上의 太極圖 小考」(1990, 『法學研究』第2輯), 32쪽.

256) 한훈, 「태극도의 도상학적 세계관과 그 매체성」(2013년 2월, 공주대학교 대학원 동양학과 동양학전공 박사학위논문), 89쪽.
중국의 '바이두 백과(Baidu百科)'의 '太极(태극)'의 '太极起源'에 「太极图到底源自何图？最早的太极图为何时何人所作？让我们先来看看前人的论述。在宋人的著作中，基本上是认为"先天图"(应当包括"阴阳鱼图"或就是"阴阳鱼图")是从五代宋初陈抟那里传下来的。最有名的是朱震的论述："陈抟以先天图传种放，放传穆修，穆修传李之才，之才传邵雍。"(《汉上易传·进易说表》)」라고 하여, 가장 빠른 태극도는 언제 누가 만들었는지에 대해 송나라 사람의 저작 중에서, 선천도는 진단

태극문양보다 시기적으로 최소한 200년 이상 늦다.

그림 46: 진단의 선천태극도(한훈, 박사학위논문 89쪽)

셋째, 한민족의 태극문양과 중국의 태극문양은 색상이 서로 다르다. 이응준 감정본의 태극문양에서 양(+)은 빨간색이고, 음(-)은 파란색이지만,[257] 『청국문답』의 1882년 5월 27일(음력 4월 11일) 김홍집과 마건충의 문답에서 마건충이 태극문양의 반은 빨간색(紅色)을

(陳抟)이 충방(种放)에게 전하였고, 충방은 목수(穆修)에게 전하였으며, 목수는 이지재(李之才)에게 전하였고. 이지재는 소옹(邵雍)에게 전하였다고 언급하고 있다. 뢰기삼, 「한국 '태극기'와 송대 유학자 소옹의 선천역학의 비교연구」(2012, 『규장각』 40, 서울대학교 규장각한국학연구원), 206~207쪽. 뢰기삼은 위의 중국 '바이두 백과'에서 소개한 진단에서 소옹까지의 계통(충방은 제외)을 주희의 『주역본의周易本義』「복희육십사괘방위도」 아래에서 말했다고 언급하고 있다.
김상섭, 앞의 책, 44쪽. 김상섭은 '선천도'의 전수와 관련해서 '바이두 백과'의 기재와 동일하게 언급하는 한편, 41쪽에서 '태극도'의 전수와 관련해서 진단이 충방에게 전하고, 충방은 다시 목수에게, 목수는 주돈이에게 전수하였다고 한다.
257) 이응준 감정본보다 시기적으로 빠른 헌종무신년진찬도병(1848년)의 무고舞鼓에 그려진 태극문양도 빨간색과 파란색이다(무고는 https://blog.naver.com/soripercussion/222156352339, 2020. 11. 27.에서 참조).

사용하고 반은 검은색을 사용하기를 권고하고 있는데(각주 110 참
조), 마건충의 이와 같은 권고에는 중국의 태극문양에서 음(-)을 검
은색으로 표시하고 있음을 반영하고 있다.[258]

(3) 4괘를 채택한 창의적인 이응준 감정본

이응준 감정본의 출발점인 유수영 태극문양이 중국의 태극문양과
다르다는 것에 대해서는 앞에서 살펴본 바와 같다. 이응준 감정본
은 유수영 태극문양의 주위에 배치된 4괘로 이루어져 있어 태극문양
의 주위에 팔괘로 이루어진 중국의 고태극도와 비교할 때 창의적이지
만,[259] 오경석, 김경수와 이상재가 주역과 중국 송대宋代 유학자 소옹
의 '복희팔괘방위도'의 역학적 원리를 적용하여 이응준 감정본을 창안
하였다는 사실도 부정하기 어려울 것이다.[260] 한편, 마건충 창안설이
사실이 아니라는 것에 대해서는 앞에서 밝힌 바와 같으므로, 이응준

---

258) 1893년 시카고 만국박람회의 조선관 지붕 위에 게양된 이응준 감정본의 태극문양
      으로부터 창안안 북태평양 철도회사의 로고의 태극문양도 중국의 태극문양을 참고
      해서 빨간색과 검은색으로 이루어져 있다(각주 409의 오른쪽 사진).
259) 뢰기삼, 앞의 논문, 216쪽. 뢰기삼은 "한국의 태극기는 『주역』과 소옹의 「선천팔괘
      도」의 역학적 방위 논리를 창의적으로 구현한 상징물로 한국인들에게 무한한 자부
      심을 심어 줄 뿐만 아니라 존경의 대상이 되었다."라고 언급하고 있다.
260) 최정준, 앞의 논문, 356쪽에서, "국기를 고안(考案)하자고 하였더니 김(金)은 태
      극의 사주(四周)에 팔괘(八卦) 중 사괘(四卦)를 배치하자 하였다."라는 기재(각주
      158 참조)에서 '팔괘(八卦)'는 소옹의 복희팔괘방위도를 의미한다.
      또한, 홍승표, 앞의 뉴스앤조이(NEWS&JOY) 기고에서, "월남 선생은 후일에 우
      리와 접촉할 때에도 유학 체계에 밝고 〈주역〉과 〈태극도설〉에 깊은 이해가 있는 자
      신이 그때 태극기를 손수 고안하고 박정양씨와 의견을 모아 직접 내걸었다는 말을
      비친 적이 있다."라는 기재(각주 160 관련 본문 참조)로부터 월남 선생(이상재)이
      주역 이론에 의거 태극기를 고안했다는 사실을 알 수 있다.

감정본은 마건충과 무관하게 창안되었을 뿐 아니라(가. 항의 마건충 창안설 부정 관련 기재 참조), 중국의 고태극도로부터 도출될 수도 없다(그림 42 관련 본문 참조). 그렇지만 오경석과 김경수가 중국의 고태극도를 참고해서 이응준 감정본의 1단계 완성본을 제작했는지, 아니면 중국의 고태극도와 연관된 조선의 당시 역易에 대한 이해를 바탕으로 창안하고 완성했는지를 살펴보는 것도 필요하다. 이하에서는 중국의 고태극도 중에서 진단의 선천태극도 계열, 고태극도 계열, 황공망의 복희선천시획지도, 래지덕來知德의 원도 계열 및 심역발미복희태극지도(선천획괘도 포함)와 이와 대응되는 조선의 태극도를 비교하고 중국 고태극도의 참고 없이도 이응준 감정본을 독자적으로 창안할 수 있었던 조선의 역易에 대한 이해의 정도와 수준을 가늠해 본다.

(가) 조휘겸의 천지자연지도와 이응준 감정본

한훈은 진단의 선천태극도(그림 46)가 선천도 또는 천지자연지도라 불린다고 하면서, 이 명칭은 중국의 명대明代 초기에 조휘겸趙撝謙(1351~1395)이 이 도식을 천지자연지도라 부른 데서 유래한다고 한다.[261] 김상섭은 호위의 『역도명변易圖明辨』 3권에 주희의 친구 채원정이 사천四川에 가서 송초宋初의 도사 진단의 그림 세 가지를 얻었는데, 호위는 채원정이 얻은 세 가지 그림 가운데 하나가 '선천태극도'라는 설명을 언급하고, 이 선천태극도는 조휘겸의 『육서본의六書本義』에 실려 있다고 한다고 하면서 조휘겸이 "세상에 전해 오기를 이 그림

___

261)　한훈, 앞의 논문, 89쪽.

은 채원정이 촉蜀의 은자隱者에게 얻었다고 한다. 채원정이 비밀로 하
고 전하지 않았기 때문에 주희朱熹조차 보지 못하였다. 지금 진백부陳
伯敷에게 그림을 얻어 완성하였는데, 태극이 음양을 품고, 음양이 팔
괘를 품고 있는 묘가 있다."라고 하였다고 하며, 선천태극도는 호위
의『역도명변』3권에 '천지자연지도天地自然之圖'라는 이름으로 실려 있
다고 언급했다.[262] 김상섭에 의하면『태극기의 정체』의 58쪽 그림 8
이 선천태극도이자 천지자연지도이고, 이것이 호위의『역도명변』3권
[263]에 게재된 천지자연지도와 일치해야 한다. 그러나 이들은 서로 일
치하지 않는다. 왜냐하면,『태극기의 정체』의 58쪽 그림 8의 천지자
연지도(그림 47의 왼쪽)는 호위의『역도명변』3권에 게재된 천지자연
지도(그림 47의 오른쪽)와 일치하지 않고,[264] 앞의 두 그림과 조휘겸
의『육서본의』에 실려 있는 선천태극도(그림 47 가운데의 천지자연지

---

262) 김상섭, 앞의 책, 56~61쪽. 천지자연지도는 58쪽에서 그림 8로 도시되어 있다.

263) 호위胡渭의『역도명변易圖明辨』은 서울대 규장각에 소장되어 있는데(奎中3379-
      v.1-4),『역도명변』의 '상세서지'에 의하면 인기印記가 제실도서지장帝室圖書之章,
      조선총독부도서지인朝鮮總督府圖書之印, 경성제국대학도서장京城帝國大學圖書章, 경성
      제국대학도서京城帝國大學圖書의 순으로 되어 있어, 대한제국 시대인 1897년 이후
      에 규장각에 입고된 것으로 추정된다.
      김상섭이『태극기의 정체』에서 언급한 호위의『역도명변』이 서울대 규장각에 소장되
      어 있는 것과 동일한지 알 수 없지만,『태극기의 정체』의 그림 8로 미루어 보아 양
      자가 서로 동일한 판본이 아닐 가능성이 크다. 양자가 동일 판본이 아니고, 천지자
      연지도의 내용이 서로 다르다고 하여도,『태극기의 정체』그림 8의 천지자연지도는
      이응준 감정본의 1단계 완성본의 착상 당시 조선에서 출판되었거나 알려졌다는 기
      록이 확인되지 않는 것은 변하지 않는다.
      이하 호위의『역도명변』은 서울대 규장각에 소장본(奎中3379-v.1-4)을 기준으
      로 한다.

264) '그림 47의 왼쪽'은 태극문양 중 양(+, 흰색) 내에 흰 점이 있지만, '그림 47의 오른쪽'
      은 태극문양 중 양(+, 흰색) 내에 검은 점이 있는 점에서 차이가 있다. 또한, 양자는
      태극문양을 둘러싸고 있는 팔괘 관련 글 중의 간艮에 대한 설명에 있어 차이가 있다.

도[265]) 사이에 간艮의 설명이 일치하지 않기[266] 때문이다.

그림 47: 선천태극도(좌), 천지자연하(지)도(중앙), 호위의 천지자연지도(우)

따라서『태극기의 정체』의 58쪽 그림 8의 천지자연지도(그림 47의 왼쪽)와 조휘겸의『육서본의』에 게재된 선천태극도(그림 47 가운데의 천지자연지도)가 조휘겸과 관련 있는 진단의 선천태극도(그림 46)와 함께 이응준 감정본의 1단계 완성본의 착상 당시 조선에서 출판되었 거나 알려졌다는 기록이 확인되지 않는다.[267]

---

265) 명칭이 '천지자연하도天地自然河圖'라고 기재되어 있지만, 아래의 설명 부분에는 이
    를 '천지자연지도天地自然之圖'라고도 한다는 기재가 있다. 아래의 설명 부분에 김상
    섭이 "" 내에서 인용한 부분 등이 기재되어 있다. '천지자연하도'는 조인수, 「태극
    문양의 역사와 태극도의 형성에 대하여」(2004,『동아시아 문화와 예술』제1집),
    37쪽의 (도 2)와 동일하다. 조인수는 이 그림이 조휘겸의『육서본의』1520년 판
    본에 수록되어 있다고 한다.{조인수는 이를 미국 Harvard Journal of Asiatic
    Studies, vol 63. no. 1(June 2003)에 게재된 François Louis, "The
    Genesis of an Icon: The Taiji Diagram's Early History"에 게재된 내용
    을 재인용하고 있다.}
266) '그림 47의 왼쪽'은 '거음일분양이분居陰一分陽二分'이고 '그림 47의 오른쪽'은 '거음
    일분양일분居陰一分陽一分'이지만, '그림 47의 가운데'는 '거음이분양일분居陰二分陽
    一分'으로 차이가 있다. '그림 47 가운데'의 '거음이분양일분居陰二分陽一分'이 정확한
    표현이다.
267) 조휘겸의『육서본의』자체도 조선에서 출판되었거나 알려졌다는 기록이 확인되지
    않는다.

(나) 조중전의 고태극도와 이응준 감정본

호위의 『역도명변』(각주 263의 서울대 규장각 소장본) 권제卷第3에
는 (가) 항에서 언급한 조휘겸의 천지자연지도와 중국의 명대明代 말
[268] 조중전趙仲全의 『도학정종道學正宗』에 실려 있다고 하는 고태극도
古太極圖(그림 48의 왼쪽)가 있다. 이 고태극도는 최정준 언급의 청국
『흠정사고전서欽定四庫全書』에 소장된 호위의 『역도명변』 권卷3에 실린
고태극도[269](그림 48의 가운데)와 한동석 언급의 조중전의 『도학정
종』에 실린 고태극도[270](그림 48의 오른쪽)와 서로 다르다. [271]

그런데 인현정, 「태극기의 철학적 의미」(2023년 3월, 『인문과학연구』 제48집),
167쪽의 각주 6에서, "조휘겸의 『육서본의』는 소학(小學) 내 설문(說文)연구로 익
히 접했던 책이니, 그 안에 실려 있는 〈천지자연하도〉의 태극문양은 조선인들에게
낯설지 않았을 것이다."라고 언급하고 있어, 조희겸의 『육서본의』가 조선에서 널리
읽힌 저서라는 취지로 읽힌다. 문자학으로서의 소학小學에서 한자漢字의 제작 원리
로 널리 알려진 방식인 '육서六書'에 정통한 조휘겸이 조선 초기에 알려졌을 가능성
은 클 수 있다. 조휘겸은 중국 명대明代의 홍무(洪武) 12년(1372년)에 『홍무정운
洪武正韻』(각주 348 참조)을 편수하는 데 참여했고, 『홍무정운』은 조선 초기 음운학
자들에게 중요한 서적이었지만, 조휘겸의 '육서六書'에 관한 저서인 『육서본의』가 앞
에서 살펴본 바와 같이 조선에 유입되었거나 조선에서 출판되었다는 기록이 확인
되지 않는다. 양원석, 「규장각 도서 '經部-小學類-字書'의 서지사항에 대한 고찰」
(2016년, 『한국문화』 74)에 의하면, '〈표 1〉『규장각도서 한국본 종합목록』 小學
類 字書'의 일련번호 1~22, '〈표 2〉『규장각도서 중국본 종합목록』 小學類 字書'
의 일련번호 1~51, '〈표 3〉『규장각도서 중국본 종합목록』 小學類 說文書'의 일련
번호 1~36에 조휘겸의 『육서본의』는 확인되지 않는다.

268) 중국 '바이두 백과(Baidu百科)'의 '太极(태극)'의 '太极起源(태극기원)'에서 인용.
한편, 장커삔(張克賓), 앞의 논문, 66쪽에서, 장커삔(張克賓)은 『도학정종』은 실
전되었지만, 명대明代의 가정嘉靖연간(1521-1566)에 만들어졌을 가능성이 있다
고 언급하고 있다.

269) 최정준, 앞의 논문, 368쪽.

270) 한동석, 『宇宙 變化의 原理(우주 변화의 원리)』(2008년 개정판, 대원출판), 373쪽.

271) 가운데와 오른쪽 고태극도는 괘의 이름과 괘의 그림이 복희팔괘방위도의 팔괘 배열
에 부합한다. 그렇지만 왼쪽의 고태극도는 괘의 이름은 바르게 되어 있지만, 괘의
그림이 잘못되어 있다. 즉, 정동의 리괘離卦(☲) 자리에 간괘艮卦(☶)가 그어져 있

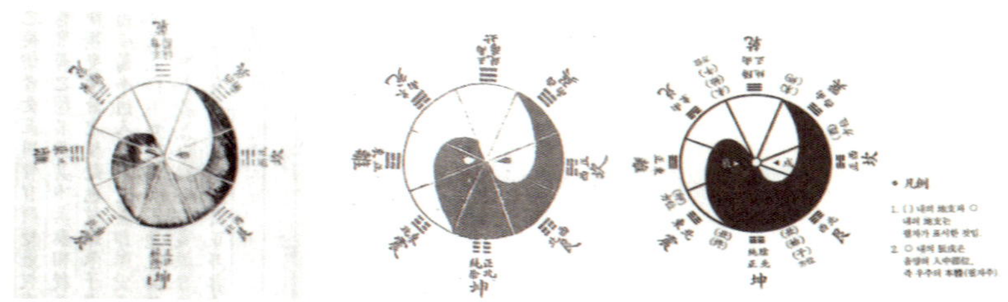

그림 48: 서울대 규장각(좌), 최정준 인용 고태극도(중), 한동석 인용 고태극도(우)

앞에서 살펴본 바와 같이(각주 263 참조), 동일한 판본이 아닐 경우 동일한 호위의 『역도명변』 권卷3에서 언급된 고태극도는 서로 다르지만, 판본이 다른 것이 조선에 들어왔는지는 확인되지 않고, 서울대 규장각 소장본은 대한제국 시대인 1897년 이후 규장각에 입고된 것으로 추정된다.

한편, 추사 김정희(1786~1856)는 청대의 대역학자인 호위의 저서 『역도명변』을 구하기 위해 그의 나이 29세 때인 1814년에 옹방강翁方綱의 아들이자 동갑 친구인 옹수곤翁樹崑(1786~1815)에게 보낸 편지에서 『역도명변』을 구해 주기를 간절하게 부탁했지만,[272] 옹수곤

고, 정북의 곤괘坤卦(☷) 자리에 진괘震卦(☳)가 그어져 있으며, 서북의 간괘艮卦(☶) 자리에 손괘巽卦(☴)가 그어져 있다.

한편, 김상섭, 앞의 책, 61~64쪽에서 언급한 호위의 『역도명변』 제3권에 조중전의 『도학정종』에 실려 있다는 고태극도(그림 9)는 서울대 규장각에 소장되어 있는 것(최정준이 언급한 흠정사고전서의 고태극도를 포함)과 다른 것으로 보아(김상섭, 『태극기의 정체』의 그림 9는 태극문양 중 양(+)인 흰색 부분 내에 흰 점이 있고, 동북의 진괘震卦(☳) 자리에 리괘離卦(☲)가 그어져 있으며, 서북의 간괘艮卦(☶) 자리에 손괘巽卦(☴)가 그어져 있다), 이들은 서로 동일한 판본이 아닐 가능성이 큰 것으로 보인다.

272) 호비명(胡胐明, 호위)의 『역도명변』도 해마다 구하고자 했지만 구하지 못하고 있습니다(…胡胐明 『易圖明辨』, 年年求之不得.…). {출처: 한국미술정보개발원의 한국미술이 숨쉬는 감성공간 SMART K, EDUCATION의 서예이야기, 추사편지

은 1815년 나이 30세에 갑자기 세상을 떠났기 때문에,[273] 김정희가
옹수곤으로부터 『역도명변』을 구했을 가능성은 낮은 것으로 보인다.
추사 김정희와 같이 당대 청국의 저명한 학자들과 방대한 인맥을 형성
하고 깊이 있는 교류를 가졌던 사람도 구하기 힘들었던 『역도명변』임
을 고려할 때, 당시 조선 사람이 『역도명변』을 구하기는 힘들었을 것
으로 보인다.

따라서 호위의 『역도명변』 권卷3에 조중전의 『도학정종』에 실려 있
다고 하는 고태극도가 이응준 감정본의 1단계 완성본의 착상 당시 조
선에서 출판되었거나 알려졌다는 기록이 확인되지 않는다.[274]

(다) 황공망의 복희선천시획지도와 이응준 감정본

김상섭은 원대元代 도교 대사大師 황공망黃公望[275](1269~1354)의
『포일함삼비결抱一函三秘訣』에 실려 있다는 복희선천시획지도伏羲先天
始畫之圖[276](그림 49의 왼쪽)라는 도식을 소개하고, 이 도식에서 팔괘

---

40 - 옹수곤에게 보낸 추사의 편지 1/3, 2/3. 글/김규선(선문대학교) 업데이트
   2024.09.20. 11:12〕
273) 유홍준, 앞의 책, 114쪽.
274) 조중전과 그의 저서인 『도학정종』도 이응준 감정본의 1단계 완성본의 착상 당시 조
   선에서 출판되었거나 알려졌다는 기록이 확인되지 않는다.
275) 경사구류(經史九流)에 통달하였으며, 남종화(南宗畫)의 묘사형식을 완성하여 명
   대明代 이후의 산수화가에게 절대적인 영향을 준 저명한 화가이기도 하다. (위키백
   과의 '황공망'에서 인용)
276) '伏羲先天始畫之圖'를 김상섭과 조인수는 '복희선천시화지도'라고 칭하고 있고, 이
   선경은 '복희선천시획지도'라고 칭하고 있다. 이 용어는 『주역』 「계사하전」 2장의
   '於是 始作八卦'와 관련 있고, 이에 대한 김석진의 "이 대목은 복희씨의 '始劃八
   卦', 즉 처음 팔괘를 그린 것에 대한 설명이지요."라는 해설〔김석진, 앞의 책(③ 계

의 배열은 소옹의 복희팔괘방위도를 배열해 두고, 음양의 그림은 양괘와 음괘의 구별 없이 각 괘가 가지고 있는 음효와 양효의 수를 보고 음양의 그림을 그린 것이어서 어떤 원리를 가지고 그린 도식이라고 말할 수 없다고 하면서, 이 도식이 과연 황공망이 그린 것인가에 대해 의문을 가지고 있고, 후인後人이 그려 그의 저서 속에 삽입한 것이 아닌가 하는 생각이 오히려 지배적이나 고증할 방도가 없다고 언급하고 있다.[277] 이선경도 원대 황공망의 「복희선천시획지도」(그림 49의 왼쪽)를 언급하고 있다.[278] 김상섭은 복희선천시획지도(그림 49의 왼쪽)는 황공망이 그린 것이 아닌, 후인이 삽입한 것으로 의심하고 있다. 김상섭이 인용한 황공망의 『포일함삼비결』이 수록되었다는 '『도장道藏』, 「洞玄部·衆術類」'[279]와 관련하여, 구글에서 검색한 '『정통도장正統道藏』(volume 321), 「洞玄部衆術類」 一卷'의 '중화민국13년(1924년)2월상해함분루영인中華民國十三年二月上海涵芬樓影印 金月岩編 抱一函三秘決'과 중국의 바이두 백과에서 검색한 '단경선독/포일함삼비결(丹经选读/抱一函三秘訣)'에 복희선천시획지도伏羲先天始畫之圖(그림 49의 오른쪽)가 게재되어 있다.

사), 232쪽)과 관계된다. '畫'의 음은 '그리다'라는 의미로는 '화'이고, '긋다'라는 의미로는 '획'인데, 획劃은 '긋다'의 의미를 가지므로, 이 책에서는 '복희선천시획지도'라고 칭한다.

277) 김상섭, 앞의 책, 52~54쪽. 복희선천시획지도는 53쪽에 그림 6으로 도시되어 있다.
278) 이선경, 앞의 논문, 138쪽. 이선경은 명대 조휘겸의 「천지자연지도」(그림 47의 왼쪽 선천태극도와 동일)도 복희선천시획도와 함께 소개하고 있다.
279) 김상섭, 앞의 책, 52쪽의 각주 35.

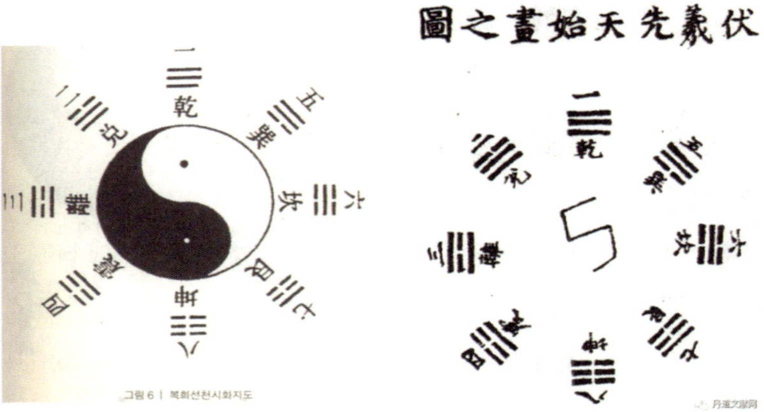

圖之畫始天先羲伏

乾　巽　坎　艮　坤　震　離　兌

月道之玄同

그림 49: 복희선천시획지도(좌), 伏羲先天始畫之圖(우)

    김상섭의 의문대로 복희선천시획지도(그림 49의 왼쪽)가 후대에 그려져 삽입된 것이고, '伏羲先天始畫之圖'(그림 49의 오른쪽)가 처음에 그려졌던 도식인지 확인할 수 없지만, 조인수의 논문「태극문양의 역사와 태극도의 형성에 대하여」에서 언급하고 있는 사항(각주 265 참조)과, 『포일함삼비결』의 '복희선천시획지도'에 관한 설명을 고려할 때 '伏羲先天始畫之圖'(그림 49의 오른쪽)가 황공망에 의해 처음 그려졌던 도식일 가능성이 크다. 조인수의 위 논문에서의 언급은 다음과 같다.

    비록 전형적인 태극문양은 아니지만 음양도상을 회화적으로 표현한 사례가 있다. 원대 전진교(全眞敎)의 도사였던 금월암(金月嵒 1276~1336)과 그의 제자 황공망(黃公望 1269~1354)이 편찬한『포일함삼비결(抱一函三秘訣)』에는 〈복희선천시화지도(伏羲先天始畫之圖)〉가 실려 있다. 선천팔괘를 둥글게 배열하고 여기에 1부터 8까지 숫자를 더하였으며 가운

데 공간에 알파벳 에스자(S) 형태를 각이 진 모습으로 그려 넣었다.[280]

　조인수의 앞의 언급 중 "선천팔괘를 둥글게 배열하고 여기에 1부터 8까지 숫자를 더하였으며 가운데 공간에 알파벳 에스자(S) 형태를 각이 진 모습으로 그려 넣었다."에서, '가운데 공간에 알파벳 에스자(S) 형태를 각이 진 모습'은 1(一)부터 8(八)까지의 숫자 순서대로 직선적으로 배열된 복희팔괘차서도(그림 12의 왼쪽)를 원형으로 배열한 복희팔괘방위도[281](그림 12의 오른쪽)에서 1(一)부터 8(八)까지 순서대로 읽는 모양을 표시한 것에 불과하여, 이것이 팔괘의 모태가 되는 태극문양을 나타낸다고 할 수 없다. 또한, 『포일함삼비결』의 복희선천시획지도에 관한 설명의 첫 문장도 "오른쪽 법(복희선천시획지도)은 건괘乾卦에서 진괘震卦까지 왼쪽으로 돌고, 곤괘坤卦에서 손괘巽卦까지 오른쪽으로 도는데(정확하게는 손괘에서 곤괘까지 오른쪽으로 돈다), 선천이 빙빙 감도는 상과 같다."[282]인데, 이는 복희선천시획지도(그림 49의 오른쪽)에서 1(一)부터 8(八)까지 순서대로 읽는 모양인 '가운데 공간에 알파벳 에스자(S) 형태를 각이 진 모습'에 부합한다.[283]

---

280)　조인수, 앞의 논문, 35쪽.

281)　복희팔괘방위도와 복희선천시획지도의 차이점은, 복희팔괘방위도의 팔괘를 나타내는 글자의 위치가 변경된 것에 불과하다. 즉, 복희팔괘방위도에서 글자, 숫자, 괘의 차례로 배열된 것을 숫자, 괘, 글자의 차례로 변경하였다.

282)　右法乾至震左旋, 坤至巽右轉, 象先天盤屈之状。

283)　김석진, 앞의 책(① 상경), 22쪽에서 "선천팔괘방위도先天八卦方位圖는 천도의 운행을 그대로 본받은 것으로, 팔괘가 생성 순서대로 태극의 방향(∞)으로 방위에 배열된 것이다."라고 표현하고 있다.

앞에서 살펴본 바와 같이 '가운데 공간에 알파벳 에스자(S) 형태를 각이 진 모습'이 1(一)부터 8(八)까지 순서대로 읽는 모양을 표시한 것에 불과하다면, 이 각이 진 에스자(S) 형태에서 각을 없앤 에스자(S)를 원으로 둘러싸는 경우 복희선천시획지도(그림 49의 왼쪽)가 되는데, 이는 김상섭이 언급한 대로 어떤 원리를 가지고 그린 그림이라고 말할 수 없게 된다.[284] 그러므로 복희선천시획지도(그림 49의 왼쪽과 오른쪽)는 태극문양의 주위에 팔괘가 둘러싸고 있는 그림이라 할 수 없다.

한편, 황공망의『포일함삼비결』은 도교 관련으로 유교를 국시로 하는 조선에서 출판되었거나 알려졌다는 기록이 확인되지 않을 뿐 아니라, 복희선천시획지도 자체가 태극문양의 주위에 팔괘가 둘러싸고 있는 그림이라 할 수 없으므로, 이응준 감정본의 모본이 될 수도 없다.[285]

(라) 래지덕의 원도 계열 등과 이응준 감정본

래지덕來知德(1525~1604)은 중국 명대明代의 역학자이다. 래지

---

284) 조인수, 앞의 논문, 35쪽. 각주 280과 관련한 기재에 연속하여 조인수는 "이것을 태극을 표현한 것으로 간주한다면 주돈이의 좌우 대칭적인 태극문양과 달리 음양의 교섭을 회화적으로 표현한 흥미로운 사례가 된다."라고 언급하고 있다. 한편, 복희 선천시획지도(그림 49 왼쪽)의 태극문양은 중국의 태극문양(그림 39 왼쪽)과 좌우 반전의 관계에 있는데, 중국의 태극문양이 1637년에 발간된『說易설역』에 〈古太極 圖(고태극도)〉라는 이름으로 게재되어 있으므로(각주 236 참조), 후인後人이 황공 망의 저서 속에 삽입했을 가능성이 있다는 김상섭의 지적이 타당한 것으로 보인다.
285) 이응준 감정본의 출발점이 되는 태극문양(그림 34의 왼쪽)은 복희선천시획지도(그 림 49 왼쪽)의 태극문양과 달라서, 이로써는 이응준 감정본의 도출 자체가 불가능 하다.

덕이 저술한『주역집주周易集註』는 주역에 주석을 단 책으로, 현재도
많은 사람에게 영향을 주고 있다.『주역집주』는 권수卷首, 일권一卷부
터 십오권十五卷 및 권말卷末로 이루어진 방대한 분량을 가진 저작이
다.[286] 이『주역집주』에는 권수에 복수의 원도圓圖 계열이 실려 있고,
권말에 고태극도 계열의 심역발미복희태극지도心易發微伏羲太極之圖와
선천획괘도先天畫卦圖가 실려 있다. 복수의 원도 계열은 래구당선생원
도來瞿唐先生圓圖(그림 50의 왼쪽), 태극도太極圖(그림 50의 가운데),
복희팔괘방위도伏羲八卦方位圖(그림 50의 오른쪽과 그림 51의 왼쪽),
일년기상도一年氣象圖(그림 51의 가운데), 일일기상도一日氣象圖(그림
51의 오른쪽) 등인데, 이들 모두는 래지덕의 저작으로 기본적으로 동

---

286) 이 책에서는 서울대 규장각에 소장되어 있는 신각래구당선생역주新刻來瞿唐先生易註
(奎中4739)를 일컫는다. 이 간본은 명대明代의 고앵영高巉映이 감수하고, 청국의
능대순凌大淳이 원점原點한 것으로, 1729년에 청국의 주대장周大璋이 1677년의 조
상당간朝爽堂刊을 중간한 것이다(奎中4739 新刻來瞿唐先生易註의 '상세서지'를
정리한 것이다). 이 간본은 국내에는 유일하게 서울대 규장각한국학연구원에 소장
되어 있다고 한다.{김동진, 「내지덕(來知德) 주역집주(周易集注)의 판본 연구 -장
유임(張惟任)본과 고앵영(高巉映)본의 비교를 중심으로-」(2019, 『민족문화연구
제83호』), 382쪽}
또한, 서울대 규장각에 소장되어 있는 신각래구당선생역주新刻來瞿唐先生易註(奎中
2842)는 육의헌六宜軒에서 1677년의 조상당간본朝爽堂刊本을 1677년 이후에 중
간한 것으로(奎中2842 新刻來瞿唐先生易註의 '상세서지'를 정리한 것이다), 그
내용은 신각래구당선생역주新刻來瞿唐先生易註(奎中4739)와 동일하다. 따라서 新
刻來瞿唐先生易註(奎中4739)는 新刻來瞿唐先生易註(奎中2842)의 복각본임을
알 수 있다(김동진, 앞의 논문, 383쪽).
한편, 서울대 규장각에 소장되어 있는 양산래지덕선생역경집주梁山來知德先生易經集
註(奎中4695)는 권수卷首, 16권卷으로 이루어져 있는데, 1746년에 회덕당懷德堂
에서 1688년의 보겸당寶廉堂 간본刊本을 중간한 것으로(奎中4695 梁山來知德先
生易經集註의 '상세서지'를 정리한 것이다), 권수卷首에 19개의 그림이 실려 있고,
처음 나오는 그림이 양산래지덕원도梁山來知德圓圖이다. 이 간본에 있어서 19개의
그림 중 원도圓圖는 양산래지덕원도 하나만 있다.

일한 문양에 기초한다.[287]

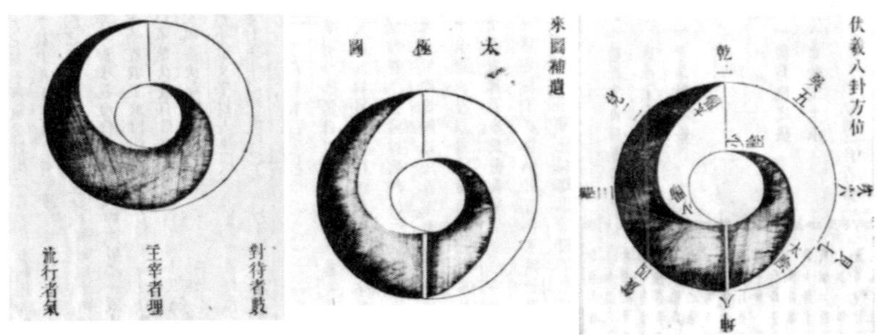

그림 50: 래구당선생원도(좌), 태극도(중), 복희팔괘방위도(우)

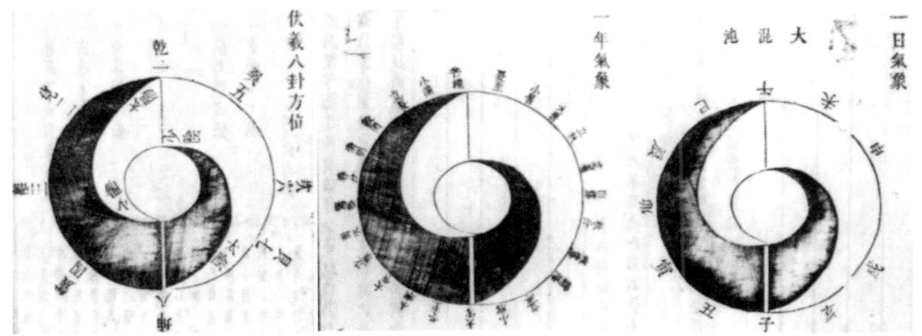

그림 51: 복희팔괘방위도(좌), 1년 기상도(중), 일일 기상도(우)

래구당선생원도에는 그림 아래에 '만물을 주재하는 것은 리理다', '반대로 대응하면서 의지하는 것은 수數다'와 '유행하는 것은 기氣다'라는 글이 있고,[288] 태극도에 대해서는 "흰색은 양이다. 검은색은 음이

---

287) 김동진, 앞의 논문, 394쪽. 김동진은 394쪽에서 고앵영본에만 있는 권수「보유」의 19개 도설은 래지덕의 일록에서 유래하는 것으로 래지덕의 저작이라고 언급하고 있다. 신각래구당선생역주新刻來瞿唐先生易註(奎中4739)도 이와 동일하다.

288) '主宰者理', '對待者數'와 '流行者氣'이다. 이에 대해 래지덕은 "복희의 그림은 역이 대대對待하는 것이고, 문왕文王의 그림은 역이 유행하는 것이다. 나의 그림은 문자로써 전하는 것이 아니니, 천지사이에 리기상수가 이러한 데에 불과하다. ….(蓋伏羲之圖, 易之對待, 文王之圖, 易之流行. 而德之圖, 不立文字, 以天地間理氣

다. 검은색, 흰색의 두 길이다. 양이 지극하면 음을 생한다. 음이 지극하면 양을 생한다. 그 기미는 항상 자라기만 하는 것이 아니다. 즉, 태극이다. 중간의 한 원만 태극의 본체가 아니다."[289]라고 설명하고 있다. 그런데『주역집주』에서의 앞의 언급과 달리 래지덕은 그의 다른 저서에서 양산래지덕원도(그림 50의 래구당선생원도와 동일)에 대해 "흰색은 양이고, 검은색은 음이다. 검은색, 흰색의 두 길에서 양이 지극하면 음을 생하고, 음이 지극하면 양을 생하는데, 그 기미는 항상 자라기만 하지 않는데, 즉, 태극이다. 그 중간의 한 원은 태극의 본체다."라고 언급해서,[290] 원도의 중간에 그려진 원이 '태극의 본체'인지에 대한 기술이『주역집주』와 다르지만, 후자로 해석되는 것이 타당하다.[291] 태극도에서의 도식에 대한 설명은, 이와 동일한 도식으로, 이 도식 주위에 복희팔괘(그림 51의 왼쪽), 1년을 나타내는 24절기(그림 51의 가운데), 1년 또는 하루를 나타내는 12지지[292](그림 51의 오른쪽)가 배치되든지 관계없이 모두 동일하게 적용된다는 의미이다.

象數, 不過如此, 比則兼對待流行主宰之理而圖之也.).”라고 설명하고 있다.

289)   白者陽儀也。黑者陰儀也。黑白二路者。陽極生陰。陰極生陽。其氣機未常息也。卽太極也。非中間一圈乃太極之本體也。

290)   장커삔(張克賓), 앞의 논문, 69쪽에서 래지덕의『重刻來瞿塘先生日錄·弄圓篇』, 內篇卷1의 4쪽을 인용하고 있는데 그 원문은 “白者陽儀也, 黑者陰儀也。黑白二路者陽極生陰, 陰極生陽, 其氣機未嘗息也, 卽太極也。其中間一圈, 乃太極之本體也。”이다.

291)   김상섭, 앞의 책, 56쪽; 장커삔(張克賓), 앞의 논문, 61쪽(圖 12~圖14의 변화 과정에서 도시).

292)   시時를 나타내는 12지지(자子·축丑·인寅·묘卯·진辰·사巳·오午·미未·신申·유酉·술戌·해亥)는 동시에 1년의 월月을 나타내기도 하므로, 1년을 나타내는 24절기는 12지지로도 표현된다. 또한, 64괘 중 12괘(자월부터 해월까지 순서대로 복復·임臨·태泰·대장大壯·쾌夬·건乾·구姤·돈遯·비否·관觀·박剝·곤坤괘卦로서, 그림 54의 오른쪽 참조)로 1년을 나타내는 것도 역학자에게는 널리 알려진 사실이다.

『주역집주』의 권말에는 고태극도 계열의 심역발미복희태극지도(그림 52의 왼쪽)와 선천획괘도先天畫卦圖(그림 52의 오른쪽)가 실려 있는데, 이들은 원도 계열과 달리 『주역집주』의 저자인 래지덕이 저작한 것이 아니고 명대明代의 다른 학자가 저작한 도식일 가능성이 크다.[293]

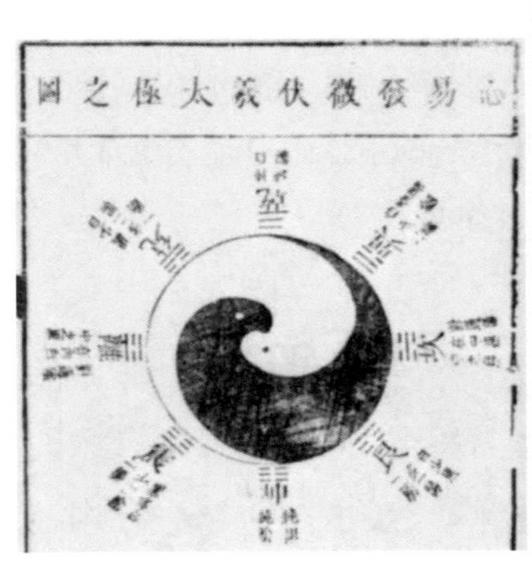
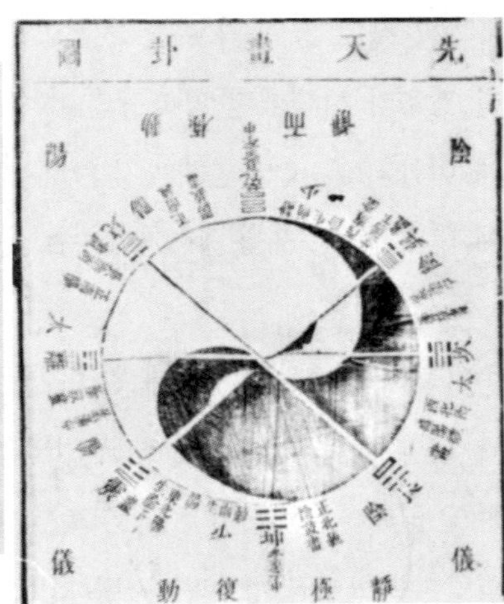

그림 52: 심역발미복희태극지도(좌), 선천획괘도(우)

『주역집주』는 래지덕에 의해 1599년에 완성되었고, 그의 친구 곽자장郭子章에 의해 1601년 처음 판각되었으며, 서울대 규장각에 소장된 것 중에서 시기적으로 가장 빠른 『신각래구당선생역주新刻來瞿唐先生易註』(奎中

___

293) 김동진, 앞의 논문, 393~398쪽. 김동진은 '래도보유來圖補遺'란 명칭의 권수卷首에 수록되어 있는 태극도(그림 50의 가운데) 등 「보유」의 19개 도설들은 모두 래지덕의 『일록』의 권1 「농원편弄圓篇」에 실린 것을 옮긴 것이고, 권말卷末에 수록되어 있는 100여 개의 도설들의 대다수가 명대 학자인 호거인胡居仁의 역상초易像抄와 장황章潢의 도서편圖書編에서 유래했으며, 그 이외의 도설들 중 일부가 구구사瞿九思와 고앵영의 저작도 있다고 언급하고 있다.

2842)는 1677년 이후에 청국淸國에서 간행된 것이다(각주 286 참조). 『주역집주』는 조선 후기에 있어서 이익李瀷(1681~1763), 안정복安鼎福 (1721~1791), 윤동규尹東奎(1695~1773), 심육沈錥(1685~1753), 홍양호洪良浩(1724~1802), 계덕해桂德海(1708~1775), 임성주 任聖周(1711~1788), 이민보李敏輔(1720~1799)와 오재순吳載純 (1727~1792) 등의 유학자들에 의해 언급되었고, 1783년과 1784 년 정조가 진행했던 경사강의經史講義에서도 래지덕의 역학이 여러 차 례 언급되었지만, 현재까지는 『주역집주』가 정확히 언제 어떻게 조선 에 전래되었는지 분명하게 알 수 없다.[294]

이응준 감정본의 1단계 완성자인 오경석과 김경수가 경사經史에 밝 아 『주역집주』의 존재를 알고 있었을 가능성이 크고 이를 읽었을 가능 성도 있다. 그렇지만 읽었다고 하더라도 권말에 고태극도 계열의 심 역발미복희태극지도와 선천획괘도가 실려 있는 서울대 규장각에 소장 된 『신각래구당선생역주新刻來瞿唐先生易註』(奎中2842, 奎中4739)와 같은 간행본을 읽었는지는 현재 확인할 수 없다.[295]

---

294) 김영우, 「조선 후기 래지덕(來知德) 역학의 수용과 비판」(2015, 『인문논총』 제72
     권 제1호), 399~402쪽.
295) 서울대 규장각에 소장된 세 간본 중에서 가장 늦은 시기인 1746년에 중간된 양산
     래지덕선생역경집주(奎中4695)는 최화崔華본으로 권말卷末이 없고(각주 286 참
     조), 1781년(건륭 46년)에 완성되어 청국의 사고전서四庫全書에 실린 사고전서본
     의 『주역집주』에도 권말이 없이 권수와 16권으로 이루어져 있다. 이들은 모두 장유
     임본 계통에 속하고, 최화본은 국내의 경우 국립중앙도서관, 서울대 규장각한국학
     연구원, 고려대 도서관 등에 소장되어 있다(김동진, 앞의 논문, 379쪽).

(마) 조선의 도식

  태극기가 중국의 고태극도를 모본으로 해서 창안되었다는 주장이 있고, 이 주장은 마건충 창안설을 전제로 한 것인데, 가건충 창안설이 사실이 아니라는 것에 대해서는 앞에서 살펴본 바와 같다(가. 항의 마건충 창안설 부정 관련 기재 참조). 그렇지만 태극문양의 주위에 팔괘가 배치되는 구도가 중국 송대宋代 소옹邵雍의 복희팔괘방위도伏羲八卦方位圖와 관련 있다는 것도 복희팔괘방위도가 소옹에서 유래한다는 사실을 고려할 때 부정할 수 없을 것이다. 그리고 중국 송대 주돈이周敦頤(염계濂溪)의 태극도설이 고려와 조선의 유학자에게 많은 영향을 미친 것도 부정할 수 없을 것이다. 유학을 발전사적으로 볼 때 선진先秦의 본원本源유학, 한당漢唐의 훈고訓詁유학, 송명宋明의 성리학性理學과 청국의 고증학考證學 등으로 분류할 수 있는데, '성명·의리의 학(性命義理之學)'의 준말인 성리학은 공자와 맹자의 유교사상을 '성리性理·의리義理·이기理氣' 등의 형이상학 체계로 해석하고, 중국 송대의 주희朱熹(1130~1200)는 주돈이, 장재張載, 정호程顥와 정이程頤를 계승하여 성리학을 집대성하였다. 성리학이 우리나라에 전래되기 시작한 것은 대체로 송(北宋)에서 성리학이 발흥할 무렵인 고려 인종(재위 1122~1146)기 전후이다. 당시 고려에서는 송宋의 서적을 적극적으로 수집해 들여왔고 고려의 사신이 송에 가는 한편, 송의 사신들이 고려에 빈번히 왔고 중국에 유학 가는 고려의 학생들도 적지 않았다. 13세기 후반에 안향安珦(1243~1306)이 주자학을 도입한 것으로 추정되고, 백이정白頤正(1247~1323)과 권부權溥(1262~1346) 등에 의해 성리학이 활발하게 도입되었으며, 이

제현李齊賢(1288~1367)·이색李穡[296](1328~1396)·정몽주鄭夢周
(1337~1392) 등은 피상적인 차원을 넘어 성리학이 정치적·사상적 토
대가 될 수 있는 계기를 마련하였다.[297]

　　권근權近(1352~1409)은 이색의 제자로, 초학자들을 위해 성리
학의 기본원리를 쉽게 해설한 성리학 입문서인『입학도설入學圖說』을
1390년에 편찬하였는데,[298] 1397년에 간행된 전집前集 단간본에
는 '천인심성합일지도天人心性合一之圖'와 '선천방위원도先天方位圓圖' 등
26종의 도설이 실려 있고, 1425년에 간행된 후집後集에 '십이월괘지
도十二月卦之圖' 등 14종의 도설이 실려 있으며, 특히 천인심성합일지
도는 후대 이황李滉(1501~1570)과 정지운鄭之雲(1509~1561)의
'천명도天命圖'에 결정적인 영향을 주었고, 후대 성리학 발전에 크게
기여했다.[299] 이하에서는 중국의 고태극도 계열 및 명대 래지덕의 원
도 계열과 관련된 조선의 관련 도설인 권근의 선천방위원도와 십이월
괘지도, 이황과 정지운의 천명도와 정제두鄭齊斗(1649~1736)의 '태
극음양상괘방위절기지도太極陰陽象卦方位節氣之圖'를 살펴보고, 이들과
태극, 음양오행 및 천지인天地人 사상을 독창적으로 형상화한 한글(훈
민정음)을 창제한 조선 전기의 역에 대한 이해 및 활용 능력 등으로부
터, 조선말에 태극문양 주위에 4괘를 배치한 이응준 감정본은 중국의

---

296)　각주 181에서 언급한 이상재의 선조인 '목은 선생'이다.

297)　유학의 분류 이후는 한국민족문화대백과사전의 '성리학(性理學)'(집필자 윤사순)에
　　　서 인용.

298)　목판본으로 전집 단간본과 전·후집 합간본의 두 가지가 있다. 전집 단간본은
　　　1397년에, 합간본은 1425년에 간행되었다.

299)　한국민족문화대백과사전의 '입학도설(入學圖說)'(집필자 한기언)에서 인용.

고태극도 계열의 영향을 받지 않고 조선의 독자적인 역에 대한 역량으로 창안되었을 가능성이 크다는 것에 대해 살펴본다.

첫째, 권근의『입학도설』의 전집에 실려 있는 선천방위원도(그림 53의 왼쪽)와 그 설명은 태극, 양의(음양), (사상), 팔괘와 복희 64괘의 생성 원리를 나타냄과 동시에 음양의 소식消息 관계를 밝히고 있어(『입학도설』의 선천방위원도에 대한 설명은 다음과 같다),[300] 이로부터 태극문양의 주위에 팔괘와 64괘가 배치된 '일정팔회도一貞八悔圖'(그림 53의 오른쪽)가 완벽하게 재현되는 것을 알 수 있다. 한편, 선천방위원도의 설명에 "원圓은 동動하여 천天이다(圓者動而天也)."라고 언급하고 있는데,『입학도설』에서 처음 소개되는 천인심성합일지도의 설명란에 "주자朱子가 천天이 음양오행으로 만물을 화생化生함에 있어서 기氣를 가지고 형태를 이루게 하고 또 이理를 부여했다(朱子曰天以陰陽五行化生萬物氣以成形而理亦賦)."라고 언급하여, 권근은 우주만물의 근원을 천天에 두고 있어, 이 천天이 곧 태극을 의도한 것임을 알 수 있다.[301]

오른쪽은 선천원방先天圓方2도[302]이다. 원圓은 동動하여 천天이다. 방方은

---

300) 『입학도설』(한국학중앙연구원의 장서각 청구기호 PC2-113. 장서각 소장 『입학도설』은 전집과 후집을 포함한 합간본이다)의 전집에서 '선천방위원도'의 바로 앞에 '태극생양의사상팔괘지도太極生兩儀四象八卦之圖'('그림 12의 왼쪽'을 괘로써 설명)가 실려 있고, 선천방위원도의 바로 뒤에 '선천방위방도先天方位方圖', '복희선천팔괘伏羲先天八卦'('그림 12의 오른쪽'을 방위를 부가하여 설명)와 '문왕후천팔괘文王後天八卦'('그림 19의 오른쪽'을 방위를 부가하여 설명)가 실려 있다.

301) 홍원식, 「권근의 성리설과 그 철학사적 위치」(2007년,『韓國思想史學』제28집), 232쪽. 홍원식은 천인심성합일지도의 설명 부분을 언급하면서 "만물은 천, 곧 태극으로부터 생겨나며"라고 해석하고 있다.

302) '선천방위원도'와 '선천방위방도先天方位方圖'를 일컫는다. 여기서는 선천방위원도에

정靜하여 지地다. 원圓은 자子의 반半인 복復에서 양陽이 생생生하고,[303] 오
午의 건乾에서 극極이 된다.[304] 음陰은 오午의 반半인 구姤에서 나타나서[305]
자子의 곤坤에서 최고에 달한다(盡).[306] 리離는 묘중卯中에서 최고에 달한
다(盡).[307] 감坎은 유중酉中에서 최고에 달한다(盡).[308] 양陽은 동남東南에
있다.[309] 음陰은 서북西北에 있다[310].[311]

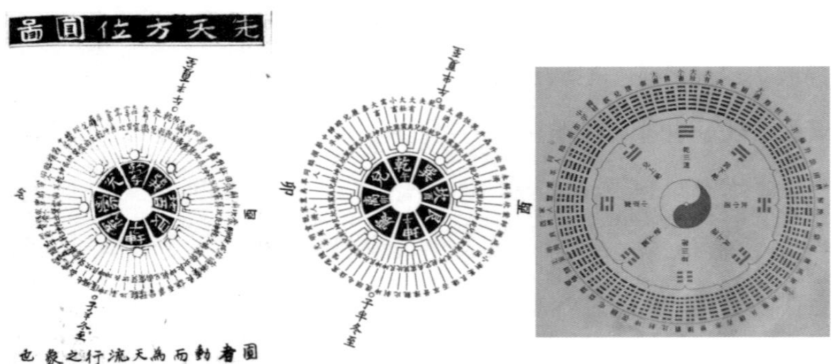

그림 53: 선천방위원도(좌), 선천방위원도(중[312]), 일정팔회도(우[313])

대해서만 설명한다.

303) 일정팔회도(그림 53의 오른쪽)의 태극문양에서 곤坤에서 양이 생기는 것에 상당한다.
304) 일정팔회도의 태극문양에서 건乾에서 양이 최대로 되는 것에 상당한다.
305) 일정팔회도의 태극문양에서 건乾에서 음이 생기는 것에 상당한다.
306) 일정팔회도의 태극문양에서 곤坤에서 음이 최대로 되는 것에 상당한다.
307) 팔괘의 리離는 12지지의 정동正東에 있는 묘卯에 위치함을 의미한다.
308) 팔괘의 감坎은 12지지의 정서正西에 있는 유酉에 위치함을 의미한다.
309) 일정팔회도의 태극문양 중 양(陽, +, 흰색 부분)이 동남쪽(진괘震卦부터 건괘乾卦
      에 걸친 부분)에 위치하는 것을 의미한다.
310) 일정팔회도의 태극문양 중 음(陰, -, 짙은색 부분)이 서북쪽(손괘巽卦부터 곤괘坤
      卦에 걸친 부분)에 위치하는 것을 의미한다.
311) 右先天圓方二圖 圓者動而天也 方者靜而地也 圓者陽生扵子半之復而極午之乾
      陰萌扵午半之姤而盡扵子之坤 離盡卯中 坎盡酉中 陽在東南 陰在西北
312) 네이버 블로그 https://blog.naver.com/hanhyi/223108657564(2023.5.22.
      16:49)에서 인용.
313) 대산 김석진, 앞의 책(③ 계사), 561쪽. '11 일정팔회도一貞八悔圖'를 인용.

한훈은 권근의 『입학도설』에 있는 도식 중 십이월괘지도(그림 54의 오른쪽)에 대해 "중앙에 태극을 위치해 놓고 주위에 12괘상을 그리고 괘명을 붙여 놓았다. 그리고 그 외곽으로 음양의 영허·소식의 모양을 흑백으로 표현하고 있다. 그 음양의 외곽으로 12절기를 표현하고 있는 것이 특징적이다. 그의 도식에서 외곽에 12절기를 주석하여 한난·조습의 기후를 표현하고 있는 비록 도식의 명칭이 태극도로 표현되어 있지 않고 있을 뿐, 형태에 있어서는 태극도와 다르지 않다."라고 언급하고 있다.[314] 이 십이월괘지도[315]에서 음양의 영허·소식의 모양을 흑백으로 표현한 부분은 선천방위원도(그림 53의 왼쪽)에 대한 설명 부분(각주 311 관련)과 일치한다. 한편, 십이월괘지도에서 12절기를 64괘 중 12괘로 표시하고 있는데, 12절기를 12지지나 24절기로 바꾸어 표시하는 것은 역학자에게는 일반적인 사항이고, 또한 이들이 팔괘와 동일 개념으로 파악된다는 것에 대해서는 앞에서 살펴본 바와 같을 뿐 아니라(그림 51 관련 설명 참조), 선천방위원도의 설명 부분에서 팔괘의 리離 및 감坎은 각각 12지지의 묘卯 및 유酉에 대응시키고 있고(각주 307, 308 참조), 선천방위원도의 설명 부분에서 음양의 영허·소식에 관한 언급은 십이월괘지도와 완전히 동일하므로, 십이월괘지도의 64괘 중 12괘를 팔괘로 치환하는 것 또한 역학자에게는 일반적인 사항에 해당한다.

---

314) 한훈, 앞의 논문, 113쪽.
315) 이성준, 앞의 논문, 83쪽의 삽도 32.; 신희정, 앞의 논문, 73쪽.

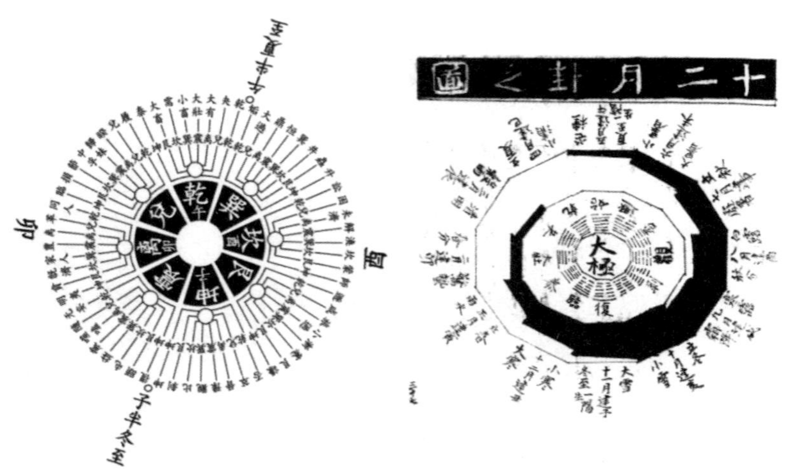

그림 54: 선천방위원도(좌), 십이월괘지도(우)

따라서 권근의 『입학도설』에 있는 도식 중 선천방위원도, 그 설명 부분과 십이월괘지도로부터 태극문양의 주위에 팔괘가 배치되는 내용은 역학자에게 일반적인 사항에 해당하는 것으로 보인다. 더욱이 권근의 『입학도설』은 성리학을 처음 접하는 학자들에게 성리학 학습에 필수적인 기초 내용을 가르치기 위한 입문서로서 모든 사람에게 회자膾炙될 정도로 유학자에게 필수적인 기본서의 성격을 가졌으므로,[316] 유교, 특히 성리학의 세계관이 지배했던 조선시대에서 유학자라면 태극문양의 주위에 팔괘를 배치하는 사항은 상식의 범주에 속했을 가능성이 크다.

---

316) 변계량(1369~1430)은 "입학도설과 오경천견록은 유교의 경서 연구에 이바지함이 컸으며 후학에게 잘 이용되어 모든 사람에게 회자되고 있다."라고 말했다. [경기일보 '[경기정명, 1000년, 경기문화유산서 찾다] 30. 양촌 권근의 입학도설'(2018. 09.13.)에서 인용]

둘째, 훈민정음(한글)은 주역의 원리를 이용하여 창제된 문자로서 조선 전기의 역易에 대한 이해 및 활용 능력을 보여주는 대표적인 창작물이다.[317] 훈민정음을 해설하기 위해 한문으로 편찬된 책인『훈민정음 해례본』[318]에서 '해례解例'는 자음과 모음의 창제 원리와 용법을 설명한 부분으로 훈민정음 창제 후 반포까지 3년에 걸쳐 집현전 학사들이 지었는데, 집현전 학사는 예조판서 겸 집현전 대제학 정인지鄭麟趾, 집현전 응교 최항崔恒, 부교리 박팽년朴彭年·신숙주申叔舟, 수찬 성삼문成三問, 돈녕부 주부 강희안姜希顏, 행行 집현전 부수찬 이개李塏·이선로李善老 등이다(정인지의 서문에서 언급). 이선경은 "훈민정음은 태극, 음양오행, 「하도」, 천지인 삼재사상이라는 역학의 틀을 자유롭게 활용하여 독창적으로 형상화된 작품이다."라고 언급하고 있다.[319] 이하에서『훈민정음 해례본』의 '해례解例'와 정인지의 '서문'에 의거, 역易의 원리에 기초한 훈민정음의 창제 원리에 대해 간단하게 살펴본다.

『훈민정음 해례본』'해례'의 '제자해制字解' 첫머리에 "천지의 도는 오

---

317) 훈민정음은 1443년 세종대왕이 친히 28자를 창제한 것으로『세종실록』102권, 1443년 12월 30일 경술(庚戌) 2번째 기사], 1446년에 반포되었다『세종실록』113권, 1446년 9월 29일 갑오(甲午) 4번째 기사]. 훈민정음에 관한 책은 해례본解例本과 국역본國譯本이 있는데, 해례본은 훈민정음을 해설하기 위해 편찬된 책이다.

318) 훈민정음 해례본은 전체 33장을 3부로 나누어, 제1부에 훈민정음 본문('어제서御製序'와 '예의例義'로 구성)을, 제2부에는 훈민정음 해례를, 제3부는 정인지의 서문을 실었다. 훈민정음은 '예의例義'와 '해례解例'로 나뉜다. 창제 이유와 사용법을 간략하게 설명한 '예의'는 세종대왕이 직접 지었다. (장서각 한글특별전 내용에서 인용) 훈민정음 해례본에 있는 제1부의 훈민정음 본문과 제3부의 정인지의 서문은 「세종실록」113권, 1446년 9월 29일 갑오(甲午) 4번째 기사에 실려 있다.

319) 이선경, 앞의 논문, 137쪽.

직 음양과 오행뿐이다. 곤坤과 복復 사이가 태극이 되고, (이 태극이) 움직이고 멈춘 후에 음양이 생겨났다. 무릇 하늘과 땅 사이에 있는 어떤 생물이든 음양을 버리고 어디로 가겠는가? 그러므로 사람의 소리(聲音)도 모두 음양의 이치가 있는 것인데, 다만 사람이 (음양의 이치를) 살피지 못하였을 뿐이다. 이제 정음을 만든 것도 애초부터 지혜로써 마련하고 애씀으로써 찾은 것이 아니라, 다만 그 소리의 원리에 따라서 이치를 다했을 뿐이다."[320]라고 언급되어 있다. 즉, 집현전 학사들은 태극에서 음양이 생기고 사람을 포함한 천지 사이에 있는 어떤 생물이든 음양의 결과물이어서, 사람의 소리도 음양의 이치에 따르고 그 소리를 표현하는 훈민정음도 음양의 이치에 따를 수밖에 없다고 파악하고 있다. 집현전 학사들은 곤坤과 복復 사이가 태극이 된다고 표현함으로써,[321] 만물을 포함하는 64괘로 이루어진 복희64괘는 물론 이에 포함되는 하늘과 땅 사이의 모든 것이 음양의 이치에 따르는 것임을 강조하고 있다. 또한 '제자해制字解' 첫머리에 언급된 "천지의 도(이치)는 오직 음양과 오행뿐이다."에서 오행은 『주역』에 근거

---

320) 天地之道, 一陰陽五行而已. 坤復之間爲太極, 而動靜之後爲陰陽. 凡有生類在天地之間者, 捨陰陽而何之. 故人之聲音, 皆有陰陽之理, 顧人不察耳. 今正音之作, 初非智營而力索, 但因其聲音而極其理而已.

321) 태극으로부터 양의(음양)·사상·팔괘로 세 번 변하여 이루어진 복희팔괘를, 일정 팔회법一貞八悔法에 의해 거듭하여 천지 만물을 포함하는 복희64괘로 전개하고, 이 복희64괘를 원도圓圖로 나타낸 후[선천방위원도(그림 54 왼쪽)의 가장 바깥쪽의 64괘를 원으로 배열한 것임], 건乾(선천방위원도에서 오반하지午半夏至의 바로 왼쪽)·곤坤(선천방위원도에서 자반동지子半冬至의 바로 오른쪽)을 놓아 체體를 세우고, 복復(선천방위원도에서 자반동지子半冬至의 바로 왼쪽)으로부터 건乾까지의 왼쪽 32괘는 양(+)이 자라는 것을, 구구姤(선천방위원도에서 오반하지午半夏至의 바로 오른쪽)로부터 곤坤까지의 오른쪽 32괘는 음(-)이 자라는 것을 나타내어[김석진, 앞의 책(③ 계사), 560쪽에서 인용], 복희64괘로 이루어진 원圓(태극)도 음(오른쪽 반원)양(왼쪽 반원)으로 표현된다고 의도한 것으로 보인다.

한다. 즉, 『주역』의 「계사상전」 9장에 "하늘 하나, 땅 둘, 하늘 셋, 땅 넷, 하늘 다섯, 땅 여섯, 하늘 일곱, 땅 여덟, 하늘 아홉, 땅 열이니, 하늘의 수가 다섯이고 땅의 수가 다섯이다. 다섯 자리가 서로 얻으며 각각 합함이 있으니"[322]라고 했는데, 이는 복희씨가 용마龍馬가 하수河水에서 나올 때 등에 지고 나왔다는 그림인 '하도河圖'(그림 55의 가운데)를 보고 알아낸 이치를 공자가 언급한 것으로 하늘의 수(천수天數)는 양수, 즉 홀수이고 땅의 수(지수地數)는 음수, 즉 짝수인데, 1에서 10까지의 수를 음양으로 볼 때 1, 3, 5, 7, 9는 양이 되고 2, 4, 6, 8, 10은 음이 된다. 천수와 지수가 각각 다섯인데, 이 다섯 개의 수가 음양으로 서로 짝이 되어 각각 합하면 1·6수, 2·7화, 3·8목, 4·9금, 5·10토가 되어 수水·화火·목木·금金·토土의 오행五行을 이룬다는 것이다.[323]

훈민정음 28자는 자음 17자와 모음 11자로 이루어져 있다. 자음은 초성初聲과 종성終聲이고, 모음은 중성中聲인데, 초중(필요한 경우 종성 포함)성初中聲이 합하여 완전한 하나의 글자를 이룬다. 이하에서

---

322) 天一 地二 天三 地四 天五 地六 天七 地八 天九 地十 天數 五 地數 五 五位相得 而各有合

323) 김석진, 앞의 책(③ 계사), 135~138쪽을 요약. 김석진은 우주가 10수 안에 있다는 것을 나타내기 위해 '양1, 음2'라 하지 않고, '천1, 지2'라고 했다고 언급하고 있다. 한동석, 앞의 책, 57쪽에서, 한동석은 우주의 본질을 탐색하는 기본 법칙을 설정함에 있어서, "'양+음=태극', '목+화+토+금+수=음양'이라는 공식으로 귀납(歸納)되는 것이며 또는 '태극=음+양', '음양=목+화+토+금+수'로서 다시 연역(演繹)하기도 하는 것이니 이것이야말로 만물의 척도이며 따라서 그의 분합운동(分合運動)과 그 본질을 측정할 수 있는 법칙이기도 한 것이다. 이와 같이 만물의 과정적 변화에서 그 원리를 연구할 수 있는 계기가 마련되었고 그 계기에 의해 수립된 법칙이 바로 음양오행의 운동법칙이며 동시에 만물과 우주의 본원도 여기에서 찾아낼 수 있게 되는 것이다."라고 언급하고 있다.

초성과 중성의 제자 원리에 대해 살펴본다. 자음(초성)의 기본자(체자
體字)인 'ㄱ, ㄴ, ㅁ, ㅅ, ㅇ'과 이체자異體字인 'ㆁ, ㄹ, ㅿ' 중 'ㄹ, ㅿ'
는 각각 '그 발음기관의 모양'324)이나 '그 발음기관과 다른 기관과의 관
계를 나타내는 모양'325)을 본떠서 만들었고, 나머지는 가획자加劃字로
서 소리가 조금 더 세게 나는 정도에 따라 획을 더하여 만들었다.326)
자음 17자는 아(어금닛소리)·설(혓소리)·순(입술소리)·치(잇소
리)·후(목구멍소리)의 순서인데, 이는 목·화·토·금·수의 순으로
서 오행이 서로 생生하는 관계(그림 55의 왼쪽)로 배치되어 있다. 모
음(중성)은 기본자基本字가 3개이다. 'ㆍ'는 그 모양이 둥근 것은 하늘
을 본떴고(形之圓 象乎天也), 'ㅡ'는 그 모양이 평평함은 땅을 본떴으
며(形之平 象乎地也), 'ㅣ'는 그 모양이 서 있는 꼴은 사람을 본뜬 것
이어서(形之立 象乎人也), 천·지·인에서 모습을 취해서 삼재三才의
이치가 갖추어져 있다.327) 그러나 삼재가 만물의 우선이 되되, 하늘
(天)이 또 삼재의 시초가 되는 것과 같이, 'ㆍ,ㅡ,ㅣ'의 석 자가 팔성八

---

324) 입술소리(순음脣音) ㅁ은 입 모양을 본떴다(脣音ㅁ, 象口形。). 잇소리(치음齒音)
      ㅅ은 이 모양을 본떴다(齒音ㅅ, 象齒形。). 목구멍소리(후음喉音) ㅇ은 목구멍 모양
      을 본떴다(喉音ㅇ, 象喉形。).
      반혓소리 ㄹ과 반잇소리 ㅿ는 또한 혀와 이의 모양을 본뜨긴 했으나, 그 체(혓소리
      의 ㄴ과 잇소리의 ㅅ)를 달리하여 획을 더한 뜻이 없다(半舌音ㄹ, 半齒音ㅿ, 亦象
      舌齒之形而異其體, 無加畫之義焉。).
325) 어금닛소리(아음牙音) ㄱ은 혀뿌리가 목젖에 닿는 모양을 본떴다(牙音ㄱ, 象舌根
      閉喉之形。). 혓소리(설음舌音) ㄴ은 혀끝이 윗잇몸에 닿는 모양을 본떴다(舌音ㄴ,
      象舌附上齶之形。).
326) ㅋ은 ㄱ보다 소리 나는 것이 조금 센 까닭으로 획을 더하였다(ㅋ比ㄱ, 聲出稍厲,
      故加劃。). ㄴ에서 ㄷ, ㄷ에서 ㅌ, ㅁ에서 ㅂ, ㅂ에서 ㅍ, ㅅ에서 ㅈ, ㅈ에서 ㅊ,
      ㅇ에서 ㆆ, ㆆ에서 ㅎ도 그 소리로 인하여 획을 더하는 것이 다 같으나, 오직 ㆁ만은
      다르다(ㄴ而ㄷ, ㄷ而ㅌ, ㅁ而ㅂ, ㅂ而ㅍ, ㅅ而ㅈ, ㅈ而ㅊ, ㅇ而ㆆ, ㆆ而ㅎ, 其因
      聲加重之義皆同, 而唯ㆁ爲異。).
327) 取象於天地人而三才之道備矣。

聲(ㅗ, ㅏ, ㅜ, ㅓ, ㅛ, ㅑ, ㅠ, ㅕ)의 우두머리가 되되, 'ㆍ'가 다시 석 자 (삼재)의 으뜸이 됨과 같다.[328] 삼재를 음양으로 구분하면, 'ㆍ'는 하늘(천)이라서 양(+)이고, 'ㅡ'는 땅(지)이라서 음(-)이며, 'ㅣ'는 사람이니 만물의 영장으로 음양을 겸비하고 있다.[329] 팔성을 음양으로 구분하면, 'ㅗ, ㅏ, ㅛ, ㅑ'는 양이고,[330] 'ㅜ, ㅓ, ㅠ, ㅕ'는 음이다.[331] 모음 (중성) 11개를 '해례解例'의 기재[332]에 따라 도시하면 하도河圖에 부합하는 그림(그림 55[333]의 오른쪽)이 된다. '하도'는 우주가 10수 안에 있다는 것을 나타내기 위한 그림인데(각주 323 참조), '모음의 하도 관계도'(그림 55의 오른쪽)에는 'ㅣ'이 10수 중 어디에도 배당되어 있

---

328) 然三才爲萬物之先, 而天又爲三才之始, 猶ㆍㅡㅣ三字爲八聲之首, 而ㆍ又爲三字之冠也。

329) ㅛㅑㅠㅕ가 모두 사람(ㅣ)을 겸함은, 사람이 만물의 영장으로 능히 음양(兩儀)에 참여할 수 있기 때문이므로(ㅛㅑㅠㅕ之皆兼乎人者, 以人爲萬物之靈而能參兩儀也。), 사람은 음양을 겸비하고 있다.

330) ㅗㅏㅛㅑ에서 원圓(즉ㆍ)이 (ㅡ의) 위와 (ㅣ의) 밖에 놓이는 것은, 그것이 하늘(즉ㆍ)에서 생겨나서 양이 되기 때문이다(ㅗㅏㅛㅑ之圓居上與外者, 以其出於天而爲陽也。).

331) ㅜㅓㅠㅕ에서 원(즉ㆍ)이 (ㅡ의) 아래와 (ㅣ의) 안쪽에 놓이는 것은, 그것이 땅(즉 ㅡ)에서 생겨나서 음이 되기 때문이다(ㅜㅓㅠㅕ之圓居下與內者, 以其出於地而爲陰也。).

332) ㅗ는 처음 하늘에서 났는데, 천수 1이 물(水)을 낳는 자리이다(ㅗ初生於天, 天一生水之位也。). ㅏ는 다음으로 생겨났는데, 천수 3이 나무(木)를 낳는 자리이다(ㅏ次之, 天三生木之位). ㅜ는 맨 먼저 땅에서 났는데, 지수 2가 불(火)을 낳는 자리이다(ㅜ初生於地, 地二生火之位也。). ㅓ는 다음이니, 지수 4가 쇠(金)를 낳는 자리이다(ㅓ次之, 地四生金之位也。). ㅛ는 두 번째로 하늘에서 났는데, 천수 7이 불(火)을 이루는 수數이다(ㅛ再生於天, 天七成火之數也。). ㅑ는 다음에 났는데, 천수 9가 쇠(金)를 이루는 수이다(ㅑ次之, 天九成金之數也。). ㅠ는 두 번째로 땅에서 났는데, 지수 6이 물(水)을 이루는 수이다(ㅠ再生於地, 地六成水之數也。). ㅕ는 다음에 났는데, 지수 8이 나무(木)를 이루는 수이다(ㅕ次之, 地八成木之數也。).
ㆍ는 천수 5가 흙(土)을 낳는 자리이다(ㆍ天五生土之位也。),) ㅡ는 지수 10이 흙을 이루는 수이다(ㅡ地十成土之數也).

333) 김만태, 「훈민정음의 제자원리와 역학사상 -음양오행론과 삼재론을 중심으로-」 (2012년, 『시대와 철학』 제45권), 68쪽(그림 55의 왼쪽), 76쪽(그림 55의 가운데와 오른쪽) 그림에서 인용.

지 않다. 이는 모음(중성) 11자 중에서 'ㅣ'가 나타내는 사람이 음양을 겸비하고 있을 뿐 아니라(각주 329 참조), 오행을 두루 갖추고 있어 오행에서 자리를 정하고 수數를 이루는 문제를 논할 수 없기 때문이다.[334]

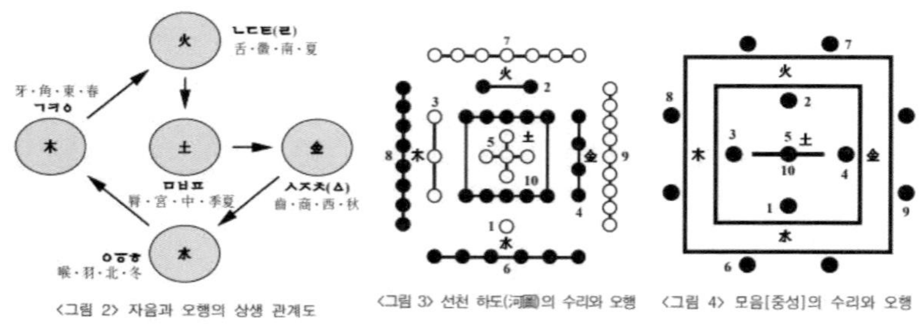

〈그림 2〉 자음과 오행의 상생 관계도 　　〈그림 3〉 선천 하도(河圖)의 수리와 오행 　　〈그림 4〉 모음[중성]의 수리와 오행

그림 55: 자음의 오행 상생 관계도(좌), 하도(중), 모음(중성)의 하도 관계도(우)

앞에서 살펴본 바와 같이 훈민정음의 자음과 모음은 우주가 10수 안에 있다는 '하도'의 오행 상생 원리에 완벽하게 부합하도록 창제되었다는 것을 확인할 수 있다. 그래서 정인지는 서문에서 "이 28글자를 가지고도 전환이 무궁하여 간단하고도 통괄하며 정교하고 막힘이 없

　　또한, 이선경, 앞의 책, 128쪽에서 '그림 55의 왼쪽'에 상당하는 도식을 〈오행상생 초성방위도〉, 『학산이정호전집』으로 소개하고 있고, 136쪽에서 '그림 55의 오른쪽'에 상당하는 도식을 〈훈민정음 중성도〉, 『학산이정호전집』으로 소개하고 있다.

334)　따라서 'ㅣ'는 모음 11자 중에서 ㅣ를 제외한 음양의 각 5자로 이루어진 나머지 10자와 합하여 'ㅓ, ㅗ, ㅚ, ㅐ, ㅟ, ㅔ, ㅛ, ㅑ, ㅠ, ㅖ'를 만든다. 또한, ㅣ는 같은 양(·, · 및 ㅣ)에서 나온 두 중성과, 같은 음(ㅡ, ㅡ 및 ㅣ)에서 나온 두 중성이 합하여 만들어진 이자중성二字中聲(ㅘ, ㆇ, ㅝ, ㆊ)과 합하여 'ㅙ, ㅞ, ㅙ, ㅞ'를 만든다. (二字合用字, ㅗ與ㅏ同出於·, 故合而爲ㅘ。ㅛ與ㅑ又同出於ㅣ, 故合而爲ㆇ。ㅜ與ㅓ同出於ㅡ, 故合而爲ㅝ。ㅠ與ㅕ又同出於ㅣ, 故合而爲ㆊ。以同出而爲類, 故相合而不悖也。一字中聲之與ㅣ相合者十, ㅓㅗㅚㅐㅟㅔㅛㅑ ㅠ ㅖ 是也。二字中聲之與ㅣ相合者四, ㅙ, ㅞ, ㅙ, ㅞ 是也。)

다. … 쓰는데 갖추어지지 않은 바가 없고, 이르러 통달하지 않는 곳이 없다. 바람 소리, 학의 울음소리, 닭 우는 소리, 개 짖는 소리일지라도 모두 이 글자를 가지고 적을 수가 있다.(以二十八字而轉換無窮, 簡而要, 精而通。… 無所用而不備, 無所往而不達。雖風聲鶴唳, 鷄鳴狗吠, 皆可得而書矣。)"라고, 언급했을 정도이다. 이처럼 역의 이치에 부합하도록 설계된 훈민정음을 현재 우리가 완벽하게 활용하지 못하고 있거나 잘못 사용하고 있을 수 있다는 관점 몇 가지에 대해 간단하게 언급함으로써, 우리 선대가 후대에 물려준 위대한 창조물인 한글과 태극기를 선대의 원래 뜻에 부합하게 사용할 뿐 아니라 더 발전시켜서 나아가고자 하는 바람에서 언어학의 비전문가이지만 몇 자 덧붙인다.

우선 음양의 부조화이다. 훈민정음은 창제 시 모음(중성)의 경우 양이 5개(• ,ㅗ,ㅏ,ㅛ,ㅑ)이고 음이 5개(ㅡ,ㅜ,ㅓ,ㅠ,ㅕ)이며, 음양겸비가 하나(ㅣ)여서 음양의 조화가 완벽하다. 시오다 교오코(塩田 今日子)는 "태극문양 이외에도, 한국에는 옛날부터 음양의 조화를 상징하는 것이 많다. 15세기에 한글이 창제된 때에 작성된『훈민정음해례』의 '제자해'에도 음양에 대한 언급이 있다. … 즉, 천지의 이치에 음양이 있듯이 당연히 언어의 소리에도 음양이 있지만, 보통 사람은 그것을 느끼지 못한다. 한글은 그 이치를 깊이 연구하여 밝혀서 만들어졌다는 것이다. 그 때문에 한글의 모음자는 점 •과 선 ㅡ, 오른쪽 ㅏ와 왼쪽 ㅓ, 위의 ㅗ와 아래의 ㅜ와 같이, 실로 명쾌한 대칭형으로 음양을 표현하고 있다. 그 후 점으로 표현된 모음 •의 소멸로 음양의 조화가 깨어져, 현재는 음모음이 우세하게 되었지만, 원래 한글은 음

양의 완벽한 조화를 표시한 것이었다."라고 언급하고 있다.[335] '•'는
양(+)으로서 삼재의 으뜸이면서 모음의 하도 관계도(그림 55의 오른
쪽)의 가운데에 있는 가장 중요한 모음임에도 현대 한글에서 없어졌
다는 것은 한글의 음양 조화 관점에서 전문가의 연구가 필요한 것으로
보인다.[336]

다음으로 표현 능력의 저하이다. 훈민정음 창제 시 자음(초성)은
17자이고 순경음脣輕音이 있었으나, 현대 한글은 3자 준 14자이며
순경음은 생략되었다. 정인지는 서문에서 훈민정음 28자로 어떤 소
리라도 적을 수 있다고 했으나, 순경음의 생략으로 현대 한글로는 영
어의 'f'를 표현할 수 없게 되었다.

마지막으로 자음의 오행·오음(또는 오성) 분류에서 순음(입술소리)
과 후음(목구멍소리)의 잘못 사용 가능성 문제이다. 『훈민정음 해례

---

335) 시오다 교오코(塩田 今日子), 「太極旗の文様の意味に関する一考察(태극기 문양
      의 의미에 관한 일고찰)」(2011년 3월 『大学論集』 31-44쪽), 36쪽.
      시오다 교오코의 언급 중 "오른쪽 ㅏ와 왼쪽 ㅓ"를 『훈민정음 해례본』의 제자 원리
      (각주 330 및 331 참조)에 따라 '바깥쪽의 ㅏ와 안쪽의 ㅓ'로 표현하는 것이 바람
      직한 것으로 보인다.
336) 유튜브 '오분역사'에서 일제 강점기 언어학자인 이극로가 1928년 프랑스 소르본 대
      학에서 녹음하였다고 소개한 녹음 내용에 의하면, "이 글씨는 홀소리 11자와 닿소
      리 17자로 모다 28자 올시다. 그 뒤에 엄청 변하야 닿소리 석자가 줄었고 홀소리
      는 그대로 있으되 한 자는 아주 그르게 읽어서 아래아 자라 합니다. 이 자는 이제
      말소리에 쓰일 필요가 없으므로 점점 없어져 갑니다."라고 언급하고 있어, 이극로
      는 1928년 당시 '•'가 사용되고 있었지만, 없어져 가는 과정에 있다고 인식하고
      있었던 것으로 보인다.
      그러나 국한문으로 작성된 조선 말의 고종실록(각주 521 참조)에는 '•'가 주로 사
      용되었음이 확인된다.

본』의 '해례'에는 순음 'ㅁ, ㅂ, ㅍ'이 토土에, 후음 'ㅇ, ㅎ'이 수水에 배
속되어 있지만, 작명作名 분야에서 현재 거의 모든 작명가가 순음을
수에, 후음을 토에 배속하여 작명하고 있다. 그 이유로 김만태는 많
은 작명가가 후대에 발간된 신경준申景濬(1712~1781)의 『훈민정음
운해訓民正音韻解』에 영향받았기 때문이라고 하지만,[337] 작명 분야에서
현재 거의 모든 작명가가 순음을 수로, 후음을 토로 배속하고 있는 것
은 오히려 일제 식민지 치하 창씨개명創氏改名의 강행을 전후한 일본
식 작명법의 도입과 관련 깊은 것으로 보인다.[338] 김만태는 "한국인의
이름은 시조(始祖)의 출신 지명에 따라 본관(本貫)을 쓰고, 부계의 혈
통에 따라 성(姓)을 쓰고, 남자의 경우 같은 혈족의 직계에서 갈라져
나간 계통 사이의 대수(代數) 관계를 나타내기 위한 항렬자로 명(名)
을 써왔다. 그러므로 사람의 이름자에 담긴 음양오행 등이 그 사람의
운명을 좌우한다는 인식 또한 그리 없었다. 따라서 창씨개명이 강행
되기 전인 1930년대까지만 하더라도 우리나라에서는 운명론을 구실
로 하는 일본식 수리 작명법이 전혀 통용되지 않았다."라고 언급하고
있다.[339] 일본식 수리 작명법은 일본의 작명가 구마사키 겐오(熊﨑健
翁)가 일본 여성잡지에 발표한 후 1929년에 발간한 『姓名の神秘(성
명의 신비)』란 단행본에 소개된 '81 영동수靈動數'를 요체로 하는 작명
법을 일컫는다. 또한, 중국 성명학의 창시자라고 얘기되는 양곤명楊坤
明은 1931년 중국 푸젠성(福建省) 샤먼(厦門)에서 『中國姓名學(중국

---

337) 김만태, 『한국 성명학 신해新解』(2018년, 좋은땅), 172쪽.
338) 같은 취지로, 김기승, 이종훈, 「훈민정음 한글발음의 성명학 적용 논점 고찰」(2019
년, 『한국산학기술학회논문지』 제20권 제2호), 162쪽. 일본식 작명법 전파를 위한
사례가 소개되어 있다.
339) 김만태, 앞의 책, 69쪽.

성명학)』을 출판하였는데, 여기에 '81 수리길흉표數理吉凶表'가 소개되어 있고,[340] 현재 우리나라의 거의 모든 작명가도 작명 시 '81 수리數理', '81 영동수리靈動數理', '81 영동수' 또는 '성명학의 획수'라는 이름으로 적용하고 있다. 한편, 우리나라의 작명에서 오행에 배속되는 자음을 '음령오행音靈五行' 또는 '음오행音五行'이라고 하는데, '음령音靈'과 '음령오행'이라는 용어는 일본에서 처음 사용되어 우리나라, 중국, 대만으로 전파된 것으로 보인다.[341] 오카다 마코토(岡田 誠)는 "구마사키(熊﨑)식 성명 판단에는, 일본의 고신도古神道의 언령言靈·음령音靈과 수령數靈의 카타르시스 기법을 인용하여 그 성명 판단의 근거로 하고 있다. … 근세에 행하여진 '음령'과 이름의 관계에 대해서는 이하의 언급(구마사키의 저서에서의 언급 사항)으로 보아 그리 중시하지 않았음을 알 수 있다. 그러나 실제로는 阿辻(아츠지)·黑川(구로가와)(2008)(의 작명 관련 저서:필자주)에서도 채택하고 있는 것과 같이, 획수를 고려하기 전에 이름이 불리고 그 이름의 소리가 갖는 영

---

340) 중국의 '바이두 백과(Baidu百科)'에서, 周神松(IP屬地: 江苏)의 「杨坤明、熊崎健翁二人之间抄袭者为谁的考证(양곤명, 구마사키 겐오 두 사람 사이의 표절자가 누군지에 대한 고증)」(2022년 5월 29일 13:14)에서 인용. 작성자는 관련 서적의 출판 시기 등을 고려할 때 양곤명楊坤明이 표절자라는 취지로 언급하고 있다.

341) 대만 '鑽石人生 King's secret'의 「姓名淵源(성명연원)」(2016년 12월 18일)에서 법술法術·풍수·명리 미래 예측가라고 하는 林老師(임선생)와 陳老師(진선생)는 "1933년 대륙 유학생 白玉光(백옥광)이 일본으로 가서 구마사키 겐오(熊﨑健翁)를 스승으로 모시고 '熊﨑氏姓名學(구마사키씨 성명학)'을 공부한 후 1936년에 대륙으로 가서 '구마사키식 성명학'과 '姓名學之奧秘(성명학의 깊은 신비)'를 지속적으로 제창하고, 그 후 대만에서 '구마사키식 성명학'을 지속적으로 유행시켰으며, 정계와 경제계의 유명인사들이 연구하게 하여 성명학설을 유행시켰다(民國二十二年大陸留學生「白玉光」向「熊﨑健翁」拜師研習《熊﨑氏姓名學》, 於民國二十五年回大陸後陸續提倡《熊﨑氏姓名學》及《姓名學之奧秘》, 後於台灣亦陸續流行《熊﨑氏姓名學》, 促使一些政商名流鑽研、風行姓名學說。)."라고 언급하고 있다.

향을 고려하는 것이 적절하지 않을까?"라고 언급하고 있듯이,[342] 구마사키가 '음령'을 구마사키식 성명학에 넣음으로써 '음령' 개념은 급속하게 확산되었지만, '음령'을 처음으로 성명 판단에 도입한 것은 1914년에 출판된 와다 카호와(和田哿邦)와 우에노 가쯔히로(上野勝啓) 공저의 『哲學的姓名學之基礎(철학적 성명학의 기초)』(東京堂)라고 한다.[343] 일본어의 '음령오행' 또는 '음오행'(그림 56의 왼쪽[344])과 중국어의 '음령(성명학)'(그림 56의 오른쪽[345])은 모두 한글의 후음 'ㅇ' 및 순음에 각각 상당하는 〈'あ行, や行, わ行(아행, 야행, 와행)'과 'a,e,i,o,u'〉 및 〈'ま行(마행)'과 'b,f,m,p'〉를 〈토〉 및 〈수〉로 배속하고 있어, 우리나라의 거의 모든 작명가가 후음을 토로, 순음을 수로 배속하여 작명하는 것과 동일하다. 다만, 일본어의 경우 'は行(하행)'이 『훈민정음 해례본』의 '해례'와 동일하게 오행의 수에 배속되어 있는데, 이는 'は行(하행)'의 탁음濁音인 'ば行(바행)'과 반탁음半濁音인 'ぱ행(파행)'이 순음임을 고려한 배속이 아닌가 생각된다{그런데 일본 작명법의 '음령오행'과 달리, 일본의 오행 분류에 대한 일반 인식은 『훈민정음 해례본』과 같다. 특히 아·설·순·치·후음의 예시 문자는 일

---

342) 오카다 마코토(岡田 誠), 「熊崎式姓名判斷の源流(구마사키식 성명판단의 원류)」 (2023년 『人體科學』 32-(1) : 34~42쪽), 37~38쪽. 오카다 마코토는 작명에서 획수('81 영동수' 관련으로 이름을 구성하는 한자의 획수)보다 더 중요한 요소로 '음령音靈'(이름이 불리고 그 이름의 소리가 갖는 영향)을 들고 있다.

343) 야후재팬에서, 'tengkozo'의 「技法の信憑性 (5) : 音靈 (기법의 신빙성 (5) : 음령)」 (2023년 12월 17일 17:37)에서 인용.

344) 야후재팬에서, 「姓名判斷でも五行バランスが重要◆画数だけで判斷しない名づけや姓名判斷(성명판단에도 오행의 균형이 중요◆획수만으로 판단하지 않는 작명이나 성명판단)」에서 인용.

345) 중국어판 위키백과(維基百科)의 "五行(오행)"에서 인용.

본어가 아닌 한글 자음으로 표시되어 있다(그림 57[346] 참조)}.

音の五行（音霊導）

五行	木	火	土	金	水
五十音の行	か行	た行 な行 ら行	あ行 や行 わ行	さ行	は行 ま行

其他中国传统文化

五行	木	火	土	金	水
五音	角	徵	宫	商	羽
音灵（姓名学)	ch,g,h,k,r,sh,zh	c(无h),d,l,n,s(无h),t,z(无h)	a,e,i,o,u	j,q,x,y(无u)	b,f,m,p,w,yu

그림 56: 일본어의 음령(좌), 중국어의 음령(성명학)(우)

五行

五行	木	火	土	金	水
五音/五声	牙音(ㄱ、ㅋ、ㄲ)、角/呼	舌音(ㄴ、ㄷ、ㅌ、ㄸ)、徵/言	唇音(ㅁ、ㅂ、ㅍ、ㅃ)、宮/歌	歯音(ㅅ、ㅆ、ㅈ、ㅊ、ㅉ)、商/哭	喉音(ㅇ、ㅎ)、羽/呻

그림 57: 일본 위키피디아{ウィキペディア(Wikipedia)}의 오음, 오성의 오행 배속

일본 성명학에서 순음과 후음을 오행의 수와 토로 배속한 것은 중국의 송대宋代 요중廖中이 저술한 추명서推命書인 『오행정기五行精記』의 영향이 아닌가 생각된다. 김만태가 “『오행정기(五行精記)』에서는 사람의 성(姓)을 오음으로 분류하면서 『신백경(神白經)』의 구절을 인용하여 ‘후음-궁, 순음-우’로 배속하였고,”라고 언급하고 있는 것과 같이,[347] 『오행정기』가 추명서推命書이고, 작명가는 사주팔자로 사람의 길흉화복을 판단하는 학문인 명리命理 공부를 병행하는 것이 일반적이므로, 일본 작명가가 『오행정기』를 참고했을 가능성이 크다.[348] 한편, 우리

346) 일본 위키피디아{ウィキペディア(Wikipedia)}의 “五行(오행)”에서 인용.

347) 김만태, 앞의 논문, 85쪽.

348) 중국의 명대明代 초인 1375년에 편찬된 『洪武正韻(홍무정운)』에 영향을 받았을 가능성도 배제할 수 없다. 『홍무정운』에는 ‘우-순음-水, 궁-후음-土’로 배속되어 있다(김만태, 앞의 책, 110쪽에서 인용).
작명은 사주팔자四柱八字(명命)에서 필요한 오행 기운을 이름에 반영하여 사주팔자에서 부족한 기운을 보완하기 위한 것이다. 그런데 사주팔자에서 부족한 수水(물)

나라 작명가는 일제 식민지 치하 창씨개명創氏改名의 강행을 전후한 일본식 작명법의 도입 당시 일본 성명학의 음오행音五行과 부합하는 신경준의『훈민정음운해』의 존재로 인해 일본 성명학을 그대로 수용했을 가능성이 크다.[349] 중국 성명학에서 '음靈(音靈)음령'으로 소개하고 있는, 순음과 후음을 오행의 수水와 토土에의 배속(그림 56의 오른쪽 참조)은 현재 중국과 대만의 작명법에 적용되고 있는데,[350] 이것이 일본 성명학의 영향을 받았을 가능성이 크다는 것에 대해서는 앞에서 살펴본 바와 같다.

그런데 중국과 대만 작명법의 '음령(성명학)'과 달리, 중국 운서韻書는 오음의 오행 배속에서『훈민정음 해례본』과 동일한 것이 더 많다. 중국에서 가장 오래된 운서韻書인『절운지장도切韻指掌圖』와 그 밖의『고금운회거요古今韻會擧要』,『사성등자四聲等子』,『성운고聲韻考』는

기운을 보완하기 위해 현재 대부분의 작명가가 적용하고 있는 'ㅁ' 또는 'ㅂ'을 사용하여 이름을 짓는 경우, 이 'ㅁ' 또는 'ㅂ'은『훈민정음 해례본』의 관점에서는 토土(흙) 기운이 되고('그림 55의 왼쪽' 참조), 이 토土(흙) 기운은 이름에서 필요한 수水(물) 기운을 오히려 억제(극剋)하는 부정적인 기능을 하게 된다.

349) 『훈민정음 해례본』은 당시 세상에 알려지지 않았다가, 1940년 간송澗松 전형필全鎣弼에 의해 입수되어 해방 후 세상에 공개되었다. 또한 최석정崔錫鼎(1646~1715)이 편찬한『經世正韻(경세정운, 또는 경세훈민정음)』은『훈민정음 해례본』의 초성 체계와 동일하지만, 이 또한 당시 세상에 알려지지 않았다.『경세정운』은 일본 교토대학(京都大学) 가와이문고(河合文庫)에 소장되어 있었는데, 1960년대에 처음으로 국내 학자들이 발견했고, 연세대에서 영인·간행하였다{한국민족문화대백과사전의 '경세정운(經世正韻)'(집필자 유창균)에서 인용}.
한편, 신경준은『훈민정음 해례본』을 보지 못한 상태에서『훈민정음운해』를 저술했다고 한다(김만태, 앞의 책, 172쪽에서 인용. 김만태는 국어학자 최현배가 그의 저서『고친 한글갈』에서 한 언급을 인용하고 있음).

350) 중국과 대만의 경우 작명 관련해서 '음령(音靈, 音靈)'과 '성명(姓名)'을 검색어로 검색하면, 牙아·舌설·喉후·齒(齒)치·脣순이 차례로 목·화·토·금·수에 배속되면서 음령(성명학)(그림 56의 오른쪽)과 같은 발음 설명이 있는 자료가 다수 검색된다.

『훈민정음 해례본』과 동일하지만, 중국 명대明代 초인 1375년 명明의
국가사업으로 편찬된『홍무정운』은『훈민정음 해례본』과 달리 '우-순
음-水, 궁-후음-土'로 배속하고 있다(각주 348 참조).『홍무정운역
훈洪武正韻譯訓』은 세종대왕의 명에 의해『훈민정음 해례본』의 '해례' 작
성에 참여한 신숙주와 성삼문 등이 참여하여『홍무정운』에 훈민정음으
로 표음表音하고 주석을 붙인 책으로 1455년에 완성되었는데, 이로
미루어 보아 훈민정음 창제와『훈민정음 해례본』의 '해례' 작성 시 세
종대왕과 집현전 학사들이『홍무정운』을 분석했음이 확실하다.[351] 그
렇다면 집현전 학사들은『훈민정음 해례본』의 '해례' 작성 시『홍무정
운』이 '우-순음-水, 궁-후음-土'로 배속하고 있음을 인식하고 있었
음에도 '궁-순음-土, 우-후음-水'로 배속하였는데, 이는 집현전 학
사들이 중국어가 성모聲母와 운모韻母로 이루어져 있고, 중국어의 운
모에서 훈민정음의 종성終聲에 해당하는 발음에는 훈민정음의 자음
중 'ㅇ'과 'ㄴ'만 있다는 사실을 인식하고 있었을 가능성이 컸기 때문
으로 보인다.[352] 이현준이 언급한 바와 같이(각주 352 참조), 집현전

---

351)　한국학중앙연구원, 한국민족대백과의 '동국정운'편에, "세종조의 중요한 운서편찬
　　　사업으로는『사성통고(四聲通考)』·『홍무정운역훈(洪武正韻譯訓)』·『동국정운』의
　　　세 가지를 들 수 있는데, 이들은 1444년 2월부터 동시에 착수된 것으로 보인다."
　　　라는 기재가 있다.
　　　량야오중, 「조선시대『홍무정운』의 지식전파 형식」(2019, 『지식인문학』 2019-
　　　08-제1권 1호), 69쪽에, "세종 25년(1443)『훈민정음(訓民正音)』이 창제된 후,
　　　이듬해 세종은 신숙주(申叔舟)와 성삼문(成三問) 등에게『훈민정음』을 사용하여
　　　『홍무정운』을 번역하도록 명령하고,"라는 기재가 있다.
352)　예를 들어 중국어 '江山'의 발음을 현대의 한어병음漢語拼音으로 표시하면 [jiāngshān]
　　　인데, 'jiāng'의 'ng'와 'shān'의 'n'은 각각 한글의 'ㅇ'과 'ㄴ'에 대응된다.
　　　2021.10.09.자 시니어가이드 박준영 기자의 '〈한글날〉 음양오행의 원리 담은 한
　　　글과 중국어의 소름 돋는 연결고리'에서, "중국어 받침은 ㄴ, ㅇ밖에 없다. 마이풀
　　　이현준 대표는 "중국어 받침은 니은과 이응뿐이다. 받침은 마지막 체를 그른 소리

　　태극기, 처음으로 돌아가자

학사들은『훈민정음 해례본』의 '해례'에서 "그러나 수水는 만물을 낳는
(生) 근원이고, 화火는 만물을 이루는(成) 작용이기 때문에, 오행 중에
서 수화가 중요하다. 목구멍(喉)은 소리를 내는 문이고 혀(舌)는 소리
를 판별하는 관管이기 때문에, 오음五音 중에서 후설喉舌이 주장이 된
다."[353]라고 설명하고 있는바, ㅇ과 ㄴ은 각각 후음喉音과 설음舌音의
기본 자음이므로,『훈민정음 해례본』에 따르면 훈민정음의 종성에 대
응되는 ㅇ과 ㄴ만을 가진 중국어는 오음五音 중에서 주장이 되는 후음
과 설음에서도 기본 문자만을 받침(운모의 종성)으로 가지게 되는 셈
이다. 정인지가 서문에서 훈민정음으로 적을 수 없는 글자가 없다고
했듯이, 훈민정음의 반포를 찬성하든 반대하든 무관하게 당시 조선의
선비들은 조선의 예악禮樂과 문장 등 문물제도가 중국에 견줄만하다고
자부하고 있었고, 중국에서도 이를 인정하고 있었을 정도여서,[354]『훈
민정음 해례본』에서 집현전 학사들은 순음과 후음을『홍무정운』과 다
르게 배속할 수 있었을 것이다.

셋째, 정지운의 '추만정선생천명도秋巒鄭先生天命圖'(그림 58의 왼

인데 … 중국어의 종성음은 이 두 가지로만 이루어진다"라고 설명했다. 그래서 훈
민정음에서도 니은과 이응을 가장 중요한 소리로 간주하고 물과 불에 대치했다는
것이다."라는 언급이 있다.

353) 然水乃生物之源, 火乃成物之用, 故五行之中, 水火爲大。喉乃出聲之門, 舌乃辨
聲之管, 故五音之中, 喉舌爲主也。

354) 정인지는 서문에서 "우리 동방의 예악 문물이 중국(華夏)에 견주되었고(吾東方禮
樂文物, 侔擬華夏,)"라고 언급하고 있고, 최만리崔萬理는 훈민정음 제작의 부당함
을 아뢰는 상소문[『세종실록』 103권 1444년 2월 20일 경자(庚子) 1번째 기사]에
서 "역대로 중국에서 모두 우리나라는 기자箕子의 남긴 풍속이 있다 하고, 문물과
예약을 중화에 견주어 말하기도 한다(歷代中國皆以我國有箕子遺風, 文物禮樂,
比擬中華。)."라고 언급하고 있다. 또한, 권홍權弘이 1419년에 올린 상소문에도 같
은 취지의 언급이 있다(각주 375 참조).

쪽), 정지운과 이황의 '천명구도天命舊圖'(그림 58의 가운데)와 이황의 '천명신도天命新圖'(그림 58의 오른쪽)에 있어서,[355] 천명구도와 천명신도의 12지지가 배치된 '천원天圓' 부분은 이를 180도 돌려서 자방子方이 하단에 가도록 하면[356] 래지덕의 원도 계열 중 일일 기상도(그림 51의 오른쪽)와 완전히 동일하게 된다(그림 59 참조). 특히 '천명구도'에는 자방子方의 왼쪽 흰색(양陽) 부분에 '양진소陽盡消'[357]와 오른쪽 흰색(양陽) 부분에 '양시장陽始長'[358]이, 오방午方의 왼쪽 검은색(음陰) 부분에 '음시장陰始長'과 오른쪽 검은색(음陰) 부분에 '음진소陰盡消'라는 음양의 영허盈虛·소식消息 관계가 명기되어 있다. 정지운은 "하늘(天)은 즉 이理다(天卽理也). … 이理는 본래 하나이다. 그 덕은 4개에 이르는데 무엇인가. 말하되 이理는 태극이다(理本一也其德至扵四者

---

355) 그림 58은 방현주, 「『천명도天命圖』의 판본문제 고찰 -사칠논변의 발단이 된 천명도에 대하여-」{『한국철학논집』 제40집(2014)}, 66쪽 이하 〈부록〉에서 인용. '추만정선생천명도'는 『천명도해天命圖解』의 판본에서, '천명구도'와 '천명신도'는 『퇴계집退溪集』의 판본에 실려 있는 것이다. 추만정선생천명도는 1543년 2월에 작성되었고(37쪽의 〈도표 1〉), '천명구도'는 1553년 겨울에 추만(정지운)과 퇴계(이황)에 의해 완성되었으며(37쪽의 〈도표 1〉, 40쪽의 월천月川 조목趙穆 언급 사항, 61~62쪽), '천명신도'는 '천명구도'를 이황이 1555년 이후에 완성했다(40쪽의 월천 조목 언급 사항, 61쪽)라고 방현주가 추정하고 있다. 이하 '천명구도'는 1553년에 작성된 것으로 해서 논의를 진행한다.
한편, 이성준, 앞의 논문, 83쪽의 삽도 33과 34에서 정지운의 '천명구도'와 이황의 '천명신도'를 소개하고 있다.

356) '추만정선생천명도'는 래지덕의 원도 계열과 같은데, 방현주, 앞의 논문, 38쪽 각주 9에 의하면, '천명구도' 및 '천명신도'와 같이 변경한 것은 주렴계의 태극도를 따라 배치하자는 퇴계 이황의 의도가 반영되었다고 한다.

357) '양진소陽盡消'는 '양陽(+)이 다하여(盡) 사라진다(消)'인데, '다한다'는 의미로 해석되는 '진盡'은 권근의 '선천방위원도'의 설명 부분에서 '최고에 달한다'는 의미로 해석되는 '진盡'과는 반대 개념이다(각주 306 관련 본문 참조). '음陰(-)이 다하여(盡) 사라진다(消)'는 '음진소陰盡消'도 동일하다.

358) '양시장陽始長'은 '양陽(+)이 자라기(長) 시작한다(始)'는 의미이다.

何也曰理太極也)."라고 해서,[359] '천天'과 '태극'을 동일 개념으로 파악하고 있는데, 이로부터 『천명도설』에 영향을 준 권근의 『입학도설』에서의 '천天'이 곧 '태극'이라는 개념을 그대로 따르고 있음을 알 수 있다. 또한, 천명구도와 천명신도에서 '천원天圓' 부분의 주위에 배치된 12지지를 '24절기', '64괘 중의 12괘'나 '팔괘'로 바꾸어 표시하는 것이 역학자에게 일반적인 사항이라는 것에 대해서는 앞에서 살펴본 바와 같다(그림 51 관련 설명 참조).

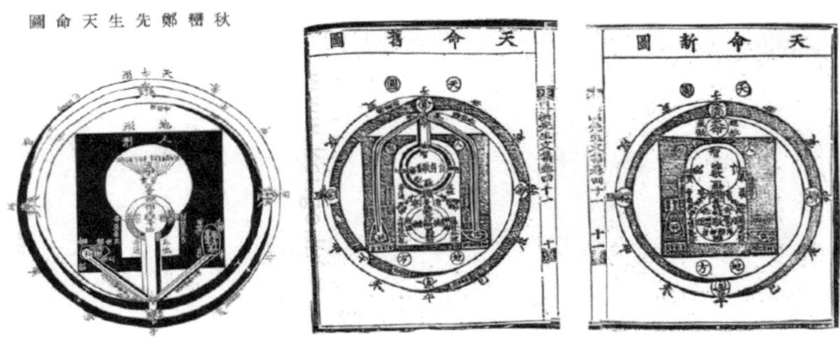

그림 58: 추만정선생천명도(좌), 천명구도(중), 천명신도(우)

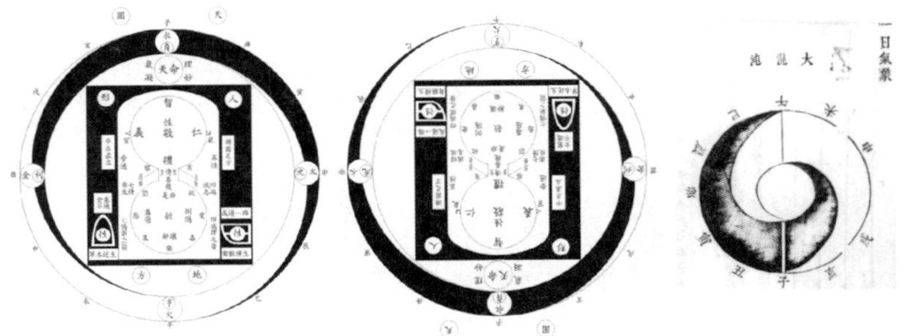

그림 59: 천명신도[360](좌), 천명신도의 180도 회전(중), 래지덕의 일일 기상도(우)

---

359)   정지운, 『천명도설天命圖說』(서울대 규장각 도서번호 7020)의 천명도설天命圖說 부분 설명.

360)   네이버 블로그{https://blog.naver.com//bjgim21/130168652196, (2013.

　‘천명구도’와 ‘천명신도’로 이루어진 ‘천명도’는 이황과 기대승奇大升 사이에 1558년부터 1567년까지 총 12통의 편지를 주고받으며 사단四端과 칠정七情 그리고 이기심성론理氣心性論에 대하여 논의하였던 조선의 대표적인 철학 논쟁 중 하나인 사단칠정논변四端七情論辨의 단초를 제공하였던 도설로서,[361] 논변 이후 조선의 유학자라면 누구나 인지하고 있었다. 1553년에 완성된 ‘천명구도’는 1599년에 완성된 래지덕의 ‘원도’ 계열에 비해 46년을 앞선 결과가 된다.[362] 더욱이 1543년에 완성된 ‘추만정선생천명도’는 래지덕의 ‘원도’ 계열보다 56년이나 앞서 있어서, 사단칠정논변 당시 고태극도와 관련한 조선 역학자의 지식과 이해 수준은 중국의 관련 서적에 기대지 않아도 될 수준에 이미 도달해 있었다고 할 수 있다.[363]

5.22. 11:38)}에 게재된 이황의 천명신도를 인용한 것이다.

361)　사단칠정논변은 ‘천명도’ 내에 기재된 “사단발어리四端發於理, 칠정발어기七情發於氣”(천명구도)를 “사단리지발四端理之發, 칠정기지발七情氣之發”(천명신도)로 변경하는 과정의 논의(방현주, 앞의 논문, 62~63쪽)로 음양의 영허·소식 관계와 무관하다. 사단칠정논변의 전개에 대한 방현주의 논의와 같은 취지로는 김형찬, 『율곡이 묻고 퇴계가 답하다』(2018년 3월, 바다출판사), 85~87쪽. 김형찬은 유정동, 「천명도설에 관한 연구」(2014년, 『유교의 근본정신과 한국 유학』), 559~608쪽과 김용헌, 「고봉 기대승의 사칠논변과 천명도」(1996년, 『전통과 현실』 8)에 근거하고 있다.

362)　김영우, 앞의 논문, 399쪽 기재에 의하면, 래지덕은 1571년 만현(萬縣) 구계산(求溪山)에 은둔하면서 주역 연구에 몰두하여 1599년에 『주역집주』를 완성하였다고 하므로, 1571년부터 1599년 사이에 ‘원도’를 만들었다고 하여도 ‘천명구도’의 완성 시기인 1553년보다 늦다.

363)　김상섭, 앞의 책, 184쪽. 김상섭은 “이황은 주자학을 충실히 계승하여 발전시켰다. 오늘날 중국 학자들은 이황을 “주자 이후 오늘에 이르기까지 주자학에 가장 정통한 학자”로, 일본 학자들은 “주자학을 다시 한 번 집대성한 학자”로 높이 평가하고 있다.”라고 언급하고 있다.

넷째, 정제두의 '태극음양상괘방위절기지도太極陰陽象卦方位節氣之
圖'(그림 60의 왼쪽)는, 한훈이 우주의 운행방식 즉 만물의 생성과 변
화의 이치를 구현하고자 했다고 언급하고 있듯이,[364] '태극'에서 바깥
을 향하여 순차적으로, '천명구도'와 '천명신도'의 12지지가 배치된
'천원天圓' 부분을 180도 돌려서 자방子方이 하단에 가도록 한 '음양의
영허·소식 관계 원도', 사상四象, 복희팔괘방위도, 64괘 중 1년을 나
타내는 12괘, 24절기(각 절기를 12지지의 초初와 반半에 배당), 64
괘와 12지지(12지지 중 자子·오午·묘卯·유酉에는 각각 문왕팔괘의
감坎·리離·진震·태兌를 ○ 내에 부가적으로 기재하였음)가 배열되어
있는데, 이들은 권근의 '선천방위원도', '십이월괘지도'와 정지운과 이
황의 '천명구도'에 모두 나와 있다.[365] 그러므로 태극음양상괘방위절
기지도에 의하면, 복희팔괘방위도, 64괘에서 1년을 나타내는 12괘,
24절기, 64괘 및 12지지 사이의 상관관계가 일목요연하게 묘사되어
있으므로, 이를 통해 이들 사이의 전환은 즉시 가능한 것이어서, 태
극음양상괘방위절기지도는 음양의 소식관계를 포함하는 태극 주위에
복희팔괘방위도가 개시된 조선식 고태극도라고 할 수 있다.

---

364) 한훈, 앞의 논문, 118쪽. '태극음양상괘방위절기지도'(그림 60의 왼쪽)는 119쪽
      의 그림 20을 인용.
365) 다만, '태극음양상괘방위절기지도'에 표시되어 있는 '사상四象'과 '12지지 중 자
      子·오午·묘卯·유酉에 각각 표기된 문왕팔괘의 감坎·리離·진震·태兌'는 3개의 도
      설에 직접 표시되어 있지 않지만, 이들은 『입학도설』의 '태극양의사상팔괘지도'와
      '문왕후천팔괘도'에 게재되어 있다.

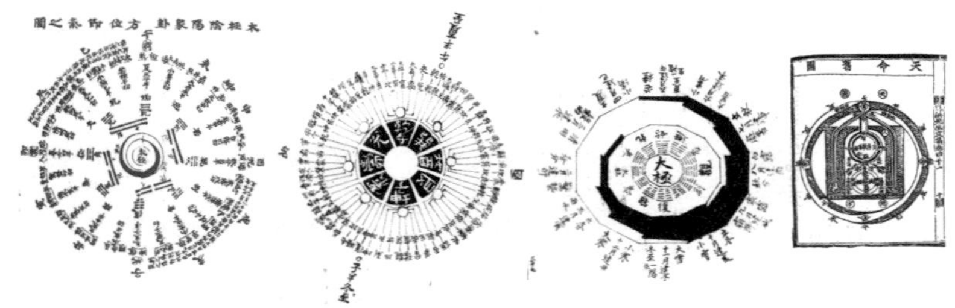

그림 60: 태극음양상괘방위절기지도, 선천방위원도, 십이월괘지도, 천명구도

정제두는 1672년 이후 학문 연구에만 전념하였는데, 처음에는 주자학을 공부하다가 양명학陽明學에 심취하였고, 이황과 이이의 성리설도 비판하였으며, 1709년 강화도 하곡으로 옮겨 살면서 양명학의 이해를 체계화시키고 양명학파를 확립한 학자로서,[366] 유학자에게 필수적인 기본서의 성격을 가지고 있는 권근의『입학도설』과 '천명도'가 실려 있는 이황의『퇴계집退溪集』을 읽었을 가능성이 크다. 한편, 한훈은 "정제두의 태극도에는 태양, 태음, 소양, 소음이 표시되어 있으므로 이는 래지덕의 복희 팔괘방위원도에 태양, 태음, 소양, 소음이 표현되어 있는 것과 같다. … 따라서 정제두의 태극도는 … 래지덕의 원도를 종합적으로 하나의 도식으로 그려낸 도식으로 볼 수 있다."라고 언급하고 있다.[367] '태극음양상괘방위절기지도'에서 태양(☰), 태음(☷), 소양(☳), 소음(☲)으로 표시된 사상四象에 대해 살펴보면, 사상四象 중 '소음少陰의 괘'는 팔괘의 진괘震卦와 리괘離卦의 안쪽에 위치하고, '소양少陽의 괘'는 팔괘의 손괘巽卦와 감괘坎卦의 안쪽에 위치하여 괘의 배치에는 문제가 없으나, '소음少陰의 괘' 아래에 '소양少陽'이라

366) 한국민족문화대백과사전의 '정제두(鄭齊斗)'(집필자 금장태)에서 인용.
367) 한훈, 앞의 논문, 119쪽.

기재되어 있고 '소양少陽의 괘' 아래에 '소음少陰'이라 기재되어 있어, 사상의 '괘'와 '괘의 이름'이 잘못되어 있다. 이같이 잘못된 '괘의 이름'인 '少陽'과 '少陰'은 각각 한훈이 '복희 팔괘방위원도'라고 언급한 래지덕의 '복희팔괘방위도'(그림 50의 오른쪽)의 '少陽'과 '少陰'이 표시된 위치와 부합하는바, 이로 보아 정제두가 래지덕의『주역집주』를 읽었을 가능성도 있다.[368] 결국, 정제두가 래지덕의『주역집주』에 실려 있는 래지덕의 원도 계열을 참고하여 '태극음양상괘방위절기지도'를 작성했는지에 무관하게, 당시 조선의 도설에 관한 이해와 수준은 래지덕의 원도 계열을 참고하지 않더라도 충분히 '태극음양상괘방위절기지도'를 작성할 수 있었다는 데 있다.

(바) 창의적인 이응준 감정본

태극문양의 주위에 배치된 4괘로 이루어진 이응준 감정본이 창의적이라는 것은(각주 259 참조), 태극문양의 주위에 배치된 4괘가 복희팔괘방위도의 팔괘이고, 이 팔괘를 4괘로 줄인 것은 이응준 감정본이

---

368) 래지덕의 '복희팔괘방위도'에서 '소양少陽'은 양(+)이 생기기 시작해서 아직 성숙하지 않았다는 성장의 관점에서 본 것이고(천명구도의 '양시장陽始長'에 대응), '소음少陰'은 음(-)이 생기기 시작해서 아직 성숙하지 않았다는 성장의 관점에서 본 것(천명구도의 '음시장陰始長'에 대응)으로 해석될 수 있지만, 정제두의 '태극음양상괘방위절기지도'에서 잘못된 '괘의 이름'인 '少陽'과 '少陰'의 표시 위치가 래지덕의 복희팔괘방위도의 '少陽'과 '少陰'의 표시 위치와 부합하므로, 두 도설 사이의 관련성이 있을 가능성이 크다. 그렇지만 주자학이 지배하고 있던 당시 조선의 사회적 분위기에서 이단으로 배척되었던 양명학을 확립한 저명한 학자인 정제두가 무심코 양(+)의 영역에 있는 '소음의 괘'를 '少陽'으로 표기하고, 음(-)의 영역에 있는 '소양의 괘'를 '少陰'으로 표기했을 가능성이 더 큰 것으로 보인다.

최초이기 때문이다.[369] 이응준 감정본의 창안 이전에도 태극기가 깃발로 사용된 사례가 다수 있지만, 이 깃발들은 다음(이하의 ①부터 ⑤까지)과 같은 이유로 이응준 감정본과 같이 태극문양 주위에 복희팔괘방위도의 팔괘가 그려져 있거나, 이 팔괘가 생략된 것이 아니다.

① 조선 시대 군영의 대장기이자 주장기인 군기軍旗로서의 좌독기이다(그림 26의 가운데 참조). 좌독기를 태극기로 볼 수 있느냐에 대해서는 이론이 있을 수 있지만, 속병장도설에서 좌독기 도식 아래에 '검은색 바탕(黑質)에 가장자리는 백색(邊白)이고 (중앙에서 밖으로) 태극太極, 팔괘八卦와 낙서洛書가 그려져 있고 화염火焰이 있다'라는 기재가 있으므로, 태극기의 일종이라 할 수 있다{앞의 2.나.(1) 항 참조}. 그런데 이 좌독기는 태극문양과 그 주위의 팔괘가 이응준 감정본과 다르다. 좌독기의 팔괘는 문왕팔괘방위이고, 이 문왕팔괘방위가 아무런 형태적인 변화 없이 문왕팔괘방위도로 그려져 있다.

② 임진정왜도壬辰征倭圖(그림 61[370]의 왼쪽)이다. "임진정왜도(이하 이

---

369) 그런데 국기선양회에서 1995년 광복 50주년 기념사업으로 세종문화회관에서 '대한민국 태극기 변천사' 전시회 출품목록에 고려 공양왕 때인 1392년에 제작된 것으로 감정됐다는 범종(지름 30cm·높이 35cm)에 태극기가 선명하게 음각돼 있다는 것이나{1995년 8월 2일 서울신문의 '중국보다 3백88년 앞서 사용/"태극도형은 우리 고유문양"' 기사(조명환 기자)에서 인용}, 이 범종의 신뢰성에 대한 의문이 적지 않고{김상섭, 앞의 책, 262~267쪽; 송춘영, 『태극기의 변천과 국기교육』(2006년, 형설출판사), 107~108쪽}, 범종에 음각된 태극기는 태극문양과 4괘의 관계가 역리에 맞지 않을 뿐 아니라, 4괘 사이의 관계에서 '건괘(☰)와 곤괘(☷)' 및 '리괘(☲)와 감괘(☵)'가 각각 대대對待 관계에 있지 않아{범종에 음각된 태극기의 사진에 의하면 '리괘(☲)와 곤괘(☷)' 및 '감괘(☵)와 건괘(☰)'가 각각 대칭 관계에 있다}, 태극문양의 주위에 배치된 4괘가 복희팔괘방위도의 4괘라고 보기 어려워, 이 책에서는 이응준 감정본과의 관계에서 범종에 음각된 태극기를 비교 대상에서 제외했다.

370) '신원봉, 앞의 논문(2011b), 152~153쪽; 신희정, 앞의 논문, 90~91쪽. 91쪽의 〈그림-60〉을 재인용했다. 본문의 ""는 신희정의 앞의 논문, 90~91쪽의 기재를

항에서 '임진 태극기')는 1882년 처음으로 태극기가 고안되었다고 받아들여져 왔던 시기보다 거의 3백 년 전에 그려진 태극기의 선구적 원형이다. '임진 태극기'는 중국의 선박이나 일본의 선박으로부터 한국의 선박을 구분하기 위해 사용된 국가의 상징이었음을 분명히 증명한다. 깃발 중 '천병天兵'이라는 깃발을 달고 있는 전함은 중국의 군함을 나타내는 것이다. '임진 태극기'로 보아 한국인들은 오래전부터 태극을 국가적 상징으로 생각하고 있었던 것이 명백해 보인다. '임진 태극기'의 네 귀퉁이에 그려진 꽃무늬나 새 무늬 같기도 한 무늬와 형이 약간 좁아진 태극은 오늘날의 태극기보다 훨씬 강한 토착 정신을 보여 주며, 중국과의 유사성을 훨씬 약화시키고 있음을 보여 준다." '임진 태극기'는 군기軍旗로 보인다. 전선戰船에 게양되어 있고, '임진 태극기'에서 깃발, 장대와 깃대의 관계는 좌독기와 완전히 동일하기 때문이다(그림 61 참조). '임진 태극기'의 태극문양은 김홍도의 무동에서 좌고座鼓에 그려진 태극문양(그림 38의 오른쪽)과 같이 좌선左旋하는 형상이다. '임진 태극기'의 태극문양은 좌독기의 태극과 다른 점이 특징인데, 이 태극문양이 조선군과 명군明軍을 구분하기 위해 사용되었다는 점은 특히 중요하다. 이는 임진왜란 당시 태극문양이 조선을 상징하면서 중국과 구분하기 위해 사용되었다는 것에 대해 중국인도 인정한 증거이다. 또한, 이와 같은 태극문양이 깃발에 사용되었다는 점은 '임진 태극기'와 이응준 감정본과의 연결고리가 엿보이기도 한다. 그렇지만 '임진 태극기'의 태극문양 주위에는 4괘가 없고, 대신 꽃무늬나 새의 무늬

요약한 것인데, 신원봉(각주 5)과 신희정(각주 181)은 개리 레드야드, 「임진정왜도의 역사적 의의」(『신동아』 1978년 12월호, 동아일보사), 307~308쪽을 인용하고 있다. 임진정왜도는 순천왜성과 광양만 일대에서 벌어진 임진왜란 최후 60일의 격전을 담고 있는데, 미국 컬럼비아대학교(Columbia University)의 한국학 교수인 개리 레드야드가 우연히 입수하게 된 것으로, 임진왜란 마지막 해의 노량해전과 그와 관련된 육전陸戰을 묘사한 그림으로, 당시 조선에 원군으로 온 명국明國 진린 제독의 참모부에 속한 한 화가가 그렸을 것으로 추정되고 있다.

같기도 한 무늬가 있을 뿐이다.

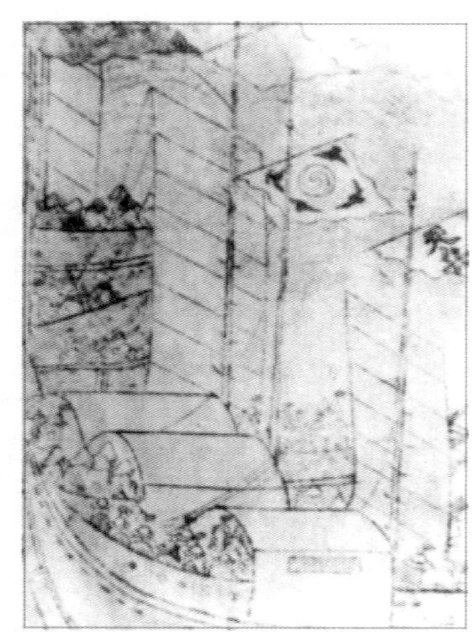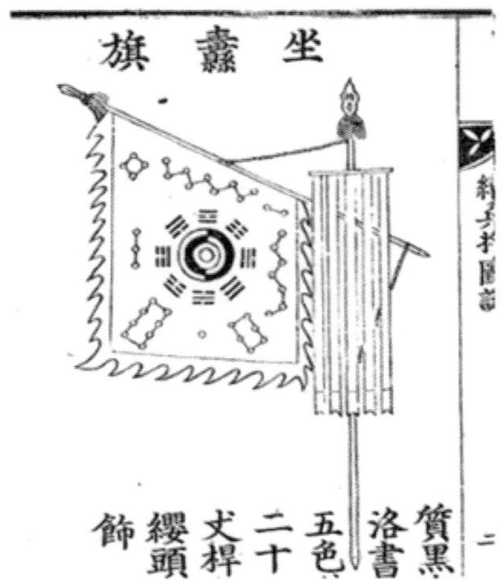

그림 61 : 임진정왜도(좌), 좌독기(우)

③ 봉사도의 '관사 밖의 태극이괘기'(그림 43의 왼쪽)는 조선 정부가 아닌,
청국에서 만든 것이라는 점에 대해서는 앞에서 살펴본 바와 같다{앞
의 (2)(다) 항 '첫째' 참조}. 태극문양의 위아래에는 각각 리離(☲)·감坎
(☵)괘가 위치하는데, 태극문양과 리離·감坎괘의 관계로 보아 이 '이괘
二卦'는 복희팔괘방위도의 괘 배치가 아니다. 이는 중국 고태극도(그림
42의 오른쪽)를 시계 방향으로 90도 회전하여 리離(☲)·감坎(☵)괘를
'관사 밖의 태극이괘기'와 일치시킨 도식(그림 62의 가운데)과 '관사 밖
의 태극이괘기'(그림 62의 오른쪽)를 비교할 때, 태극문양의 음양이 반
대로 되는 것에 의해 확인된다. '관사 밖의 태극이괘기'의 괘卦는 문왕
팔괘방위도에서 팔괘 중 리離·감坎괘를 남기고 다른 괘는 생략한 것과
같다.[371]

---

371) 한편, 김상섭, 앞의 책, 241~250쪽에서, 김상섭은 이하와 같이 언급하고 있다.

그림 62: 중국의 고태극도(좌), 왼쪽 도식의 90도 오른쪽 회전(중), 태극이괘기(우)

④ 봉사도의 '태극칠성기'(그림 43의 오른쪽)는 조선 정부가 아닌, 청국
에서 만든 것이라는 점에 대해서는 앞에서 살펴본 바와 같다{앞의 (2)
(다) 항 '첫째' 참조}. '태극칠성기'는 군기軍旗이고, '칠성'은 군기인 좌
독기(그림 26의 가운데)의 낙서洛書에서 서방(금金)에 속한 칠七(화火
이지만 금화金火교역으로 낙서에서 서방에 위치하게 됨)을 의미하므로
(각주 251 참조), 복희팔괘방위도와 무관하다.

⑤ 병인양요(1866) 때 프랑스가 탈취해 간 프랑스 성루이성당 천정에 걸
린 태극기(그림 63[372])이다(각주 251 참조). 태극문양은 임진정왜도
의 태극문양과 동일하나, 회전 방향은 우선右旋하고 있어 좌선左旋하는
임진정왜도의 태극문양과 반대이다. 이 태극기도 군기軍旗로 보인다.

'관사 밖의 태극이괘기'의 두 괘는 문왕팔괘방위도에서 취한 것이라고 하면서, 문왕
팔괘차서도(그림 19의 왼쪽)에서 건乾·진震·감坎·간艮은 남자이므로 양(+)에 속
하는 괘이고, 곤坤·손巽·리離·태兌는 여자이므로 음(−)에 속하는 괘이다. 복희팔
괘방위도는 동남쪽을 양방陽方으로 서북쪽을 음방陰方으로 하지만, 문왕팔괘방위
도(그림 19의 오른쪽)는 동북쪽을 양방陽方으로 하고, 서남쪽을 음방陰方으로 한
다. 그러나 문왕팔괘방위도는 양방과 음방에 배열되어 있는 괘의 양효와 음효의 수
는 건곤을 제외하고 모두 양괘는 양효가 하나, 음괘는 음효가 하나이므로 이에 따
라 음양의 그림을 그릴 수 없으므로(그림 20의 오른쪽 참조), 이를 근거로 한 음양
의 그림은 근본적으로 나올 수 없다. '관사 밖의 태극이괘기'는 청국을 상징하는 양
(+)을 아래에, 조선을 상징하는 음(−)을 위에 위치하게 함으로써(水火旣濟), 청국
과 조선의 군신 관계가 형통하여 책봉례를 통해 완숙하였음을 의미한다.

372) 신희정, 앞의 논문, 94쪽. 〈그림−64〉를 인용했다.

'삼각형의 깃발' 가운데에 태극문양만 있고, 괘는 없다.

그림 63: 프랑스 성루이성당 천정에 걸린 태극기

(4) 한민족韓民族의 정체성을 나타내는 바탕색 흰색

1882년 5월 22일 조미수호통상조약이 체결된 후 마건충이 김홍집과 한 필담에서 "… 나는 귀국의 국기는 흰색 바탕에 푸른 구름과 붉은 용을 사용하는 것이 좋다고 생각합니다. … 군신은 백성을 근본으로 하므로 바탕은 흰색을 사용하는 것입니다."[373]라고 언급하고 있는 바와 같이(각주 115 참조), 마건충은 조선 국기의 바탕색으로 '흰색'을 권유하고 있다. 마건충은 직전까지 조선의 국기로 삼각형 '청색 바탕'에 용을 그려 쓰도록 요구했는데, 왜 갑자기 조선 국기의 바탕색으로 '흰색'을 권유했을까? 조미수호통상조약 체결 전의 어느 시점에 이응준이 소매에서 꺼내 보여준 이응준 감정본의 바탕색이 흰색이고, 조미수호통상조약 체결 시 성조기와 함께 게양된 이응준 태극기의 바

---

373)　吾想貴國國旗, 可用白底靑雲紅龍 … 君臣以民爲本, 故質用白色.

탕색이 흰색인 것을 본 마건충이 조선이 흰색을 숭상한다는 사실을 생각해 내고 김홍집에게 그런 취지로 질문했더니, 조선의 서민庶民은 흰색을 좋아하는데 이는 곧 은태사殷太師[374)]의 유풍遺風이라는 김홍집의 답변을 듣고 백성이 나라의 근본이니 근본인 백성이 좋아하는 색인 흰색을 바탕색으로 하는 것이 이치에 맞는다고 생각해서일까? 마건충이 위에서 한 언급 바로 앞 김홍집과 마건충 사이의 『청국문답』의 1882년 5월 22일(음력 4월 6일) 문답 내용은 다음과 같다.

> 마건충: 국기는 각국에 뚜렷이 내보이는 것이어서 도식을 정하기가 매우 어려우니 제가 당연히 돌아가서 (이홍장과) 의논해야 합니다. 재차 묻습니다만, 귀국 왕의 복식은 홍색 곤룡포입니까? (國旗以昭示各國, 甚難定式, 僕當歸府乃可. 仍問貴國王服用紅色蟒袍否)
>
> 김홍집: 구름무늬의 홍포이고, 양쪽 어깨와 가슴과 등은 금실로 용의 무늬를 수놓았습니다. (雲文紅袍, 兩肩及胸背金繡外降龍)
>
> 마건충: 귀국은 흰색을 숭상하지 않습니까? (貴國色尙白否)
>
> 김홍집: 조야는 옷을 입을 때 파란색을 숭상하고, 서민은 흰색 옷을 좋아합니다. 흰색을 좋아하는 것은 곧 은태사의 유풍이라고 합니다. (朝野服着多尙靑, 然庶民喜白衣. 此乃殷太師遺風云)

1882년 5월 22일의 『청국문답』에서 김홍집과 마건충 사이에 있었던 조선의 흰색 숭상 풍습이 은태사의 유풍이라는 대화 전에 이미 이응준 감정본과 이응준 태극기의 바탕색이 흰색으로 만들어져 있었다.

---

374) 은사殷師라고도 하며, 기자箕子를 존칭하여 부르는 말이다. 은殷왕조 말에 자작에 봉해지고 기箕에 나라를 세웠으므로 보통 기자라 일컫는다. 주왕이 그를 태사太師에 임명하였기 때문에 은사라고 한다. (세종대왕기념사업회의 한국고전용어사전에서 인용)

그렇다면 김홍집과 연결되어 있었던 이응준 감정본의 창안자들도 조선에서 흰색을 숭상하는 풍습을 당연히 인식하고 있었고, 그래서 이응준 감정본의 바탕색을 흰색으로 했을 가능성이 크다. 기자箕子는 조선시대의 전 기간에 걸쳐 조선왕조실록에 468회나 언급되었고,[375] 고종실록에도 50회가 언급되었을 정도로 조선시대에는 지금보다 더 일반적이었던 인물이다. 흰색 숭상이 은태사(箕子)의 유풍이라는 김홍집의 언급은 이기훈의 "태양을 상징하는 '밝은 색', 즉 '흰색'은 동이 사람들이 공통적으로 숭상하던 색으로서, 고대 중원을 지배하며 사실상 중국 최초의 왕조를 열었던 상나라(BC 1600~BC 1046) 사람들에게도 이 흰색을 숭상하는 풍습이 있었으며, 상나라와 유사한 풍습을 1,000년 이상 유지하던 만주 지역 부여에도 흰옷을 입는 풍속이 있었다. … 태양을 상징하는 흰색을 사모하던 풍속은 부여의 영향을 깊게 받은 한반도 고대 국가에서도 일반적인 현상이었으며, 조선시대에까지 이어져 한민족은 중국을 포함한 여러 나라에서 '백의민족(흰옷을 입는 민족)'으로 인식되어 왔다."[376] 및 "중국의 서중서(徐中舒) 선생은 상나라 왕자 무경을 도왔다가 패해 쫓겨 간 동이족의 일파인 박

---

375) 단군檀君은 조선왕조실록에 225회 언급되었는데, 기자箕子와 함께 언급되는 경우가 많다. 조선시대에 기자箕子가 단군보다 많이 언급된 것은 유교儒敎를 국교로 했던 조선의 사회적 분위기 때문이었던 것으로 보인다. 예를 들어, 권홍權弘이 기자의 비석을 세울 것을 요청하는 상소문에서 "기자(箕子)는 현인으로 천하 만세가 다 같이 공경하고 사모하는 바이며, 우리 부자(공자:필자주)도 은(殷)나라에 세 어진 이가 있었다고 하셨거니와, 우리 동방의 예악문물(禮樂文物)이 중국과 견줄 수 있는 것은, 기자가 이 땅에 봉(封)을 받아 8조의 교훈을 베푼 때문이니, 동방에 끼친 공이 너무도 대단합니다(箕子之賢, 天下萬世所共敬慕. 吾夫子嘗言: "殷有三仁焉." 我東方禮樂文物, 侔擬中華者, 以箕子受封於此, 而施八條之教也, 其有功於東方甚大.)."라고 언급하고 있다(『세종실록』 3권 1419년 2월 25일 경자(庚子) 6번째 기사).

376) 이기훈, 『동이 한국사』(2021.7.30., 책미래), 191쪽.

고족(박족)을 BC 3세기 이전부터 요동에 있었던 부여족의 선조로 추정하고 있기도 한다."[377]라는 언급과, "중국과 한국의 여러 역사서에 상나라의 왕손이자 상나라의 마지막 왕 주왕(紂王)의 숙부인 기자(箕子)가 유민을 이끌고 조선으로 이주했다는 역사 기록과 상나라 멸망 시기인 BC 11세기경 제작된 상나라 계열의 유물이 고조선이 있던 요서 지방에서 대거 발굴되는 것으로 알 수 있다. "(상나라를 물리친) 무왕(? ~ BC 1043?)은 기자를 조선에 봉했으나 (기자를) 신하로 대하지는 않았다."《사기》〈송미자세가(宋微子世家)〉"[378]라는 언급과 관련되는 것으로 보인다.

김홍집은 서민이 흰색 옷을 좋아한다고 했지만, 이는 부분만을 언급한 것이다. 조선시대에는 평민들의 일상복은 물론, 양반들의 평상복과 학자복, 종교 의례에서 사제나 참여자가 착용하는 종교복, 제례복, 상복喪服 등으로 매우 다양하게 흰옷을 입었고, 고려시대에는 1123년 고려를 방문했던 송宋의 서긍徐兢이 『고려도경高麗圖經』에서 "고려왕은 평상시에는 검정 두건에 흰 모시 도포(道袍)를 입으므로 백성과 다를 바 없다 한다."라고 기록하고 있을 정도로,[379] 한민족은 시대와 계층을 불문하고 흰옷을 입었다. 특히 조선 후기 현종 때에는 "조정의 관리와 선비(士人)로 하여금 검은 옷을 입게 하고 흰옷을 입지 못하게 금하였다. 동방 사람은 예로부터 흰 것을 숭상하였으므로 국법에 흰색을 금하는 법이 있기는 하나 그대로 습속이 이루어져서 바

---

377)　이기훈, 앞의 책, 48쪽.
378)　이기훈, 앞의 책, 47~48쪽.
379)　한국학중앙연구원, 한국민족문화대백과의 '백의민족[白衣民族]'에서 인용.

꾸지 못했는데, 임금이 바꾸고자 하여 이에 제도를 정한 것이다."[380] 라고 하였고, 그 후대의 국왕인 영조가 "국가가 생긴 이래로 각각 숭상하는 복색服色이 있었다. 우리나라는 동쪽에 있는 나라이니 마땅히 파란색(靑色)을 숭상해야 할 것인데 사람들이 모두 흰옷을 입으니, 어찌 아름다운 징조이겠는가? 하물며 선왕조의 법령(令甲)이 있으니 공경公卿에서 선비와 서민(士庶)에 이르기까지 길복吉服은 일체로 파란색을 숭상하라."[381]라고 하였음에도 백성들의 풍습을 바꾸지 못했다.

1924년에 조선민족미술관을 설립한 일본인 미술평론가 야나기 무네요시(柳宗悅)[382]는 "중국, 특히 일본에서는 드레스에 다양한 색상을 사용하고 있는데, 이웃 나라인 조선에는 그런 경향이 없다. 그들은 색깔은 입지 않고 흰색만 입는다. 색깔을 써도 거의 무색에 가까운 옥(玉色)이다. 남녀노소를 불문하고 모두가 흰색 옷을 입는 이유는 무엇일까? 세상에는 많은 나라와 민족이 있지만, 조선과 같은 것은 없

---

380) 令朝官士人, 着黑色衣, 禁白色衣。東方之人, 自古尙白, 國典雖有白色之禁, 而因仍成習, 莫之變, 上思以易之, 遂定是制。『현종실록』 19권 1671년 1월 1일 계축(癸丑) 1번째 기사}

381) 有國以來, 服色各有所尙。我國, 東國也, 宜尙靑, 而人皆衣白, 豈佳兆乎? 況有先朝令甲, 自公卿至士庶, 吉服一體尙靑。『영조실록』 10권 1726년 10월 8일 병인(丙寅) 2번째 기사}

382) 월간도예(2013년 7월 3일. http://www.cerazine.co.kr/news/view.php?idx=24771)에 의하면, 1916년부터 1940년까지 21차례에 걸쳐 조선을 여행했고, 조선시대 도자기를 시작으로 가구, 각종 기구, 회화, 자수, 금속공예, 목공예, 석공예 등 전방위에 걸친 조선 공예품을 수집했으며, 이러한 조선의 고유한 전통문화가 일본군의 탄압으로 소실될 수 있음을 우려해서 1924년 조선민족미술관을 설립했다고 한다.
한국민족문화대백과사전, '조선민족미술관(朝鮮民族美術館)'(집필자 박경희)에 의하면, 조선민족미술관은 6.25 직후에 국립중앙박물관 남산 분관에 흡수되었다고 한다.

다."라고 하였고,[383] 1933년 1월 29일 동아일보는 '數字(숫자)로 나타난 白衣(흰옷)와 色衣(색옷) 착용 이해득실대조'를 제목으로 한 기사에서 "백의 폐지와 색의 장려는 이전부터 일반 식자가 부르짖었던 바도 (있었는데) 최근에는 총독부에서는 농촌진흥 자력갱생의 한 방도로 색의를 장려하여 심지어 지방에서는 흰옷 입은 사람은 면사무소에도 들어오지 못하는 곳이 있고 또 어떤 곳에서는 흰옷에 먹물을 뿌리기까지 하여 이전 광무光武 연간의 단발령을 내렸을 때와 같은 추세에 있다. 총독부 학무국 사회과에서는 색의를 장려함에 그 이해득실을 민중에게 철저히 알리기 위하여 흰옷의 손실과 색의의 이익을 숫자로 설명하였는데 그 내용은 다음과 같다. …"라고 하여,[384] 일제의 흰옷 착용 금지 정책을 1895년의 단발령에 비유하고 있고, 그 후인 1933년 11월 3일 동아일보는 사설에서 아직도 동포 대다수가 사철(四時) 입고 있는 흰옷(白衣) 대신 색옷(色衣)으로의 대체와 단발斷髮은 가장 우선으로 속행하여야 한다고 하였음에도,[385] 조선인들은 나라를 잃어버린 일제 강점기에도 흰옷을 고수하였는바, 우리 민족의 흰색 숭상은 누구라도 어떻게 할 수 없었을 정도로, 흰색은 한민족의 얼이자 정체성으로 인식되었다.

<hr>

383)   위키백과의 '백의민족'에서 인용.
384)   나무위키의 '백의민족' 중 '백의와 색의 착용의 이해득실대조'에 링크된 동아일보 기사 인용.
385)   나무위키의 '백의민족' 중 '백의와 단발'에 링크된 동아일보 기사 인용.

    따라서 이응준 감정본의 창안자들은 한민족의 정체성을 나타내는 흰색을 자연스럽게 조선 국기의 바탕색으로 선택했을 것이다.[386] 색깔이 특정 민족의 정체성을 상징하는 의미로 국기에 표현된 예로서 오색기五色旗(그림 64)가 있다. 5개 민족이 전통적으로 좋아하는 5종류의 색으로 이루어진 오색기는 중화민국中華民國의 국기로 1912년부터 1928년까지 사용되었는데, 오색을 이루는 홍紅, 황黃, 남藍, 백白 및 흑黑은 각각 한족漢族, 만주족滿洲族, 몽골족(蒙古族), 회족回族 및 장족藏族을 의미한다.[387]

그림 64: 중화민국의 오색기

    이처럼 흰색 바탕색에 태극문양 주위에 4괘를 배치한 이응준 감정본은 조선의 국기로 만들어졌다. 그런데 태극문양 주위에 4괘를 배치하고도 바탕색을 흰색으로 하지 않을 때, 태극기는 조선의 국기가 아닌 전혀 다른 성격의 깃발이 된다.

---

386) 류승국, 앞의 논문(「태극기의 원리와 민족의 이상」), 513쪽; 휘트니 스미스(Whitney Smith), 앞의 책, 248쪽; 최창동, 「태극기의 제정배경과 법철학적 의의 및 남북한 통일국기 제정안 소고」(1989년, 『釜山 外大 法學研究』 創刊号), 85~86쪽; 김원모, 앞의 책, 64쪽.
    그런데 행정안전부, 앞의 책, 14쪽에서 "태극기의 흰색 바탕은 밝음과 순수, 그리고 전통적으로 평화를 사랑하는 우리의 민족성을 나타내고 있다."라고 하여, 태극기의 흰색 바탕을 추상적으로 표현하고 있다.
387) 중국 '바이두 백과(Baidu百科)'의 '五色旗[wǔ sè qí] 中华民国建国之初使用国旗(오색기, 중화민국 건국 초 사용 국기)'에서 인용.

바탕색을 조선의 국왕을 상징하는 빨간색이나 대한제국의 황제를
상징하는 황색으로 하면 태극기는 국기에서 형명形名[388]으로 그 성격
이 바뀐다. '고종임인진연도병풍高宗壬寅進宴圖屛風의 태극기'(그림 74
의 왼쪽)는 바탕이 황색으로, 황제가 가진 군 지휘권을 통해 황제의
절대적인 권위를 나타내는 형명으로서의 성격을 가지게 된다. '대한
황뎨폐하몸긔(대한황제폐하 몸기)'[389](그림 98의 왼쪽)는 박영효 태
극기 계열인데 깃발의 이름대로 바탕을 황제를 상징하는 황색으로 하
고 있다. 한편, 대한제국 성립 전에 거행된 '동가반차도'에 나오는 태
극기는 그 바탕색이 빨간색이다.[390] 빨간색은 조선에서 왕을 상징하

---

388) 형명의 사전적 의미는 군영에서 깃발과 북으로 군사의 교련을 지휘하던 법을 일컫
    는다(국립국어원 표준국어대사전). 형명은 왕(황제)이 가지는 군 지휘권을 통해 절
    대적인 권위를 나타내는 의장물로서, 둑纛과 교룡기交龍旗는 조선 후기부터 의장에
    포함되었는데 왕의 의장(대가, 법가, 소가)에서 가장 선두에 배치되었다(고궁박물
    관, 앞의 책, 208쪽). 대한제국 성립 후의 1901년 '신축진찬도병풍', '신축진연도
    병풍', 1902년 임인진연도병풍에는 교룡기가 모두 태극기로 대체되었고, '명성황
    후국장도감의궤'에는 대대기大隊旗에 태극기가 교룡기를 대체하고 있다는 점에서,
    '고종임인진연도병풍'과 '명성황후국장도감의궤'의 태극기는 형명의 성격에서 유래
    한 의장물로 볼 수 있다(고궁박물관, 앞의 책, 403쪽).
    그런데 '명성황후국장도감의궤'의 대대기로서 태극기는 바탕색이 흰색인 점{최성
    미, 「명성황후 가례와 국장도감의궤 반차도의 기법 연구」(이화여대 대학원 2011
    학년도 석사학위 논문), 69쪽. 왼쪽 그림}에서 차이가 있다. '명성황후국장도감의
    궤'는 1895년 을미사변으로 살해된 고종의 비를 1897년 명성황후로 추봉하고,
    1897년 10월 28일 반우返虞(장례 지낸 뒤에 신주를 집으로 모셔오는 일)하기까지
    국장을 준비하고 거행한 내용을 기록한 책으로 1897년 10월 28일부터 편찬하기
    시작하여 1898년 5월 20일에 완료되었다(최성미, 앞의 논문, 45쪽; 서울대학교
    규장각, 2009/01/14 문화저널21의 명성황후국장도감의궤).
389) 국립민속박물관, 『1906~1907 한국·만주·사할린 독일인 헤르만 산더의 여행』(2006
    년 6월, 시월), 303쪽. 주일본 독일대사관 무관으로 근무한 독일인 헤르만 산더가
    1906년 3월 대한제국을 방문하여 '하은'이라는 호를 가진 조선 화가에게 부탁해서
    그렸다고 한다. 깃대가 깃발의 왼쪽에 위치하는 서양식이고, 4괘와 태극문양의 관
    계는 박영효 태극기와 동일하다. 4괘도 빨간색이다.
390) 최성미, 앞의 논문, 69쪽. 69쪽의 기재 및 【표21】〈동가반차도〉와의 태극기 비교
    부분.

는 색이므로,[391] 빨간색 바탕의 태극기도 형명으로서의 성격을 가지는 것으로 보인다.

청국에서 1886년에 편찬된 『통상장정성안휘편通商章程成案彙編』에 게재된 '대청속국 고려국기'(그림 65의 가운데)와 『통상약장류찬通商約章類纂』에 게재된 '대청속 고려국기'(그림 65의 오른쪽)는 바탕이 황색인데, 황색은 청국의 황제와 중국을 의미하므로 조선이 청국의 속국임을 나타내려고 의도적으로 고려국기(조선 국기)의 바탕색이 흰색에서 황색으로 변경되고 태극문양에 중국식으로 흰색 동그라미가 삽입된 것으로 보인다. '대청속국 고려국기'는 조선 정부가 1883년 3월 6일(음력 1월 17일) 국기를 반포한 직후 불과 12일 뒤인 1883년 3월 18일에 청국이 고종으로부터 받은 것으로,[392] 바탕색의 색깔과 태극문양에 흰색 동그라미를 삽입한 것을 제외하면 1882년 9월에 제작된 '박영효 태극기'(그림 65의 왼쪽)와 거의 동일한데, 고종이 청국에 조선 국기를 보낼 때 황제국이 아닌 조선으로서는 국기의 바탕색을 황색으로 할 수 없었을 것이다. 다만, 청국이 다음 그림과 같이 조선 국기의 명칭을 '대청속고려국기' 또는 '대청국속 고려국기'라고 기재하고 조선 국기의 바탕색을 흰색에서 황색으로 변경하였다고 하면, '고

---

391) 바탕을 빨간색으로 해서 조선 국왕을 상징하는 것으로서 어기御旗(그림 94 참조)가 있다. 또한, 제송희, 김영선, 「조선 후기 무위(武威)의 상징 대기치(大旗幟) 고증」(2021년, 『MUNHWAJAE Korean Journal of Cultural Heritage Studies』 Vol 54 No 4), 155쪽에서, 군중(軍中)을 순시하거나 명령을 내릴 때 사용하던 깃발인 순시기와 영기의 경우 국왕의 것은 홍색이라는 기재가 있다(근거 『續大典』).
392) 한철호, 앞의 논문, 142~143쪽. 한철호는 김원모가 서울대 규장각이 소장하고 있는 『통상장정안휘편』의 앞부분에 있는 「조선국왕자문」에서 청국이 '고려국기'를 수령한 날짜를 확인하였다고 언급하고 있다.

려국기'는 바탕색과 명칭에서 청국의 속국인 조선의 국기로 해석되므로, 깃발에 있어서 바탕색이 가지는 의미와 상징성은 매우 중요하다.

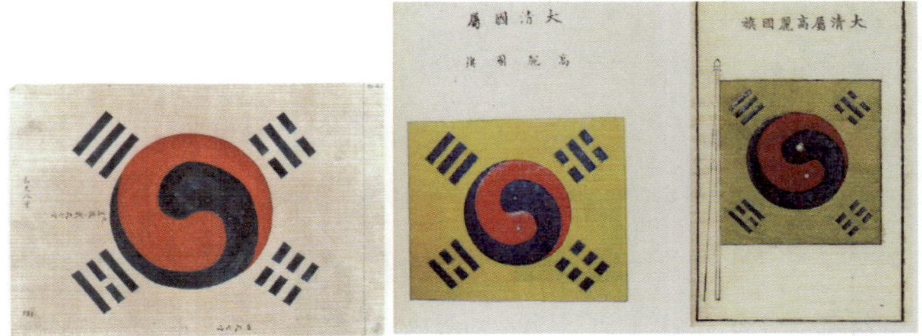

그림 65: 박영효 태극기(좌), 대청속국 고려국기(중), 대청속 고려국기(우)

(5) 소결

이응준 감정본은 조일수호조규(병자수호조약)의 체결 후인 1876년 2월부터 조사시찰단(신사유람단)이 일본으로 출발하기 전인 1881년 5월까지 짧지 않은 기간에 걸쳐서 여러 사람이 관여하여 시작되고 완성되었다. 이응준 감정본은 한민족이 장구한 세월에 걸쳐서 숭상해 온 태양을 상징하는 흰색을 바탕색으로 하고, 4백 년 이상 동안 한결같이 사용해 온 태극문양을 채택하였으며, 이 태극문양의 주위에 독창적으로 4괘를 배치함으로써 국가 상징인 조선의 국기로 만들어졌다.

이응준 감정본은 태극문양 주위에 4괘를 배치하여 이루어진 것이어서 『주역』에 입각해 만들어졌다는 것도 사실이다. 더욱이 창안자인 오경석과 이상재의 언급[393]은 위의 사실을 방증한다. 또한, 이응준 감정본에서 태극문양 주위에 배치된 4괘는 복희팔괘방위도에서 4괘를 생략한 것이다. 여기서 특기할 사항은 오경석의 경우 '태극'과 '팔괘'가 언급되어 있고, 이상재의 경우 『주역』과 '태극도설'이 언급되어 있을 뿐이어서, 이응준 감정본은 중국의 고태극도와 무관하게 만들어졌다는 것임을 확인할 수 있다. 혹자는 『주역』은 중국의 『주역』이고, 복희씨가 중국의 성인이라고 현재 중국에서 얘기하고 있으니, 태극기가 중국적이라고 할 수 있을지 모르겠다. 『주역』은 2,500년의 세월에 걸쳐 4명의 성인에 의해 완성되었다고 한다. 4명의 성인은 괘卦를 그린 복희씨, 괘사卦辭를 붙인 주周의 문왕文王, 효사爻辭를 붙인 문왕의 아들 주공周公과 십익十翼을 붙인 공자公子인데(각주 36 참조), '복희씨'와 '공자'는 중국인의 주류인 한족漢族이 아닌 한국인과 같은 갈래 또는 조상인 동이족東夷族이라는 것에 대해서는 중국인도 인정하고 있다. 중국의 회양淮陽현에서는 복희씨가 '동이 부족의 수령'이라고 다음과 같이 소개하고 있다고 하고,[394] 『예기禮記』와 사마천의 『사기史記』에서 공자의 조상이 동이족인 은인殷人이었다는 것을 밝히고 있다.[395]

---

393) 최정준, 앞의 논문, 356쪽에서 "태극(太極)의 사주(四周)에 팔괘(八卦) 중 사괘(四卦)를 배치하자"라고 김경수가 오경석에게 제안한 부분; 홍승표, 앞의 뉴스앤조이(NEWS&JOY) 기고, "월남 선생은 후일에 우리와 접촉할 때에도 유학 체계에 밝고 〈주역〉과 〈태극도설〉에 깊은 이해가 있는 자신이 그때 태극기를 손수 고안하고 박정양씨와 의견을 모아 직접 내걸었다"라는 이상재의 언급 부분.

394) 이기훈, 앞의 책, 40쪽.
중국인이 아닌 한국인이기는 하지만, 언론인·사학자·정치인·독립운동가이자 국기시정위원(특별심사위원 겸임)인 안재홍安在鴻(1891~1965)은 「太極旗태극기私說사설」에서 복희씨를 지칭하는 많은 한자(각주 36 참조) 중의 '包犧'는 '보히'로 읽히고, 이는 단군의 고국인 '부여夫餘'와 같다고 했다(이선경, 앞의 논문, 136쪽의 '각주 16'에서 재인용).

395) 『예기禮記』「단궁檀弓」에서 "구는 은나라 사람이다(丘也殷人也)"라고 했고, 『사기史

그러므로 주역은 중국의 전유물이 아니고 동북아시아의 공통성을 지닌 보편적인 철학이라는 사실을 부정할 수 없을 것이다.

> "전하는 바에 따르면 동이 부족의 수령이었던 태호 복희씨가 완구(宛丘, 중국 하남성 회양의 옛 이름)에 도읍을 정했고, 염제 신농씨가 이를 이어 도읍으로 정하면서 '진(陳)'이라 불렀는데, 진이라는 이름은 이로부터 시작된다."(중국 회양현 정부 공식 홈페이지. 2008년)

따라서 이응준 감정본이 만들어질 당시 관위, 사택, 서원이나 성황당 등의 문에 그려진 태극문양 외에도 궁궐이나 관청, 그리고 서원이나 향교 같은 신성하고 엄숙한 장소 앞에 세워진 홍살문의 중앙에 태극문양이 그려져 있었고, 부채, 연적, 떡살문양, 열쇠와 기와에도 그려져 있는 등 한민족에 있어 생활 문화가 된 태극문양에, 유교를 국교로 하고 있었던 조선에서 태극문양의 주위에 4괘를 배치하고, 한민족이 숭상하는 흰색을 바탕색으로 한 태극기가 한국적이지 않다고 할 수 없을 것이다. 태극기가 한국적이라고 해서 태극기의 철학적인 근거가 되는 주역이 한국적이라고 주장한다는 의미가 아니라는 것 또한 명백하다.

記」「공자세가孔子世家」에서 "하나라 사람들은 장례를 치를 때 동쪽계단에 모셨고, 주나라 사람들은 서쪽계단에 모시고, 은나라 사람들은 두 기둥 사이에 모셨다. 어젯밤에 나는 두 기둥 사이에 놓여 사람들의 제사를 받는 꿈을 꾸었다. 내 조상은 원래 은나라 사람이었다. (夏人殯於東階 周人於西階 殷人兩柱閒 昨暮予夢坐奠兩柱之閒 予始殷人也)"라고 했다. {네이버 블로그 https://etoland.co.kr/link.php?n=8541256(2023.6.20. 10:11)의 '공자의 혈통과 천명의 뿌리는 어디인가?'에서 인용}

4

계속 사용된 이응준 감정본
(이응준 태극기)

가. 시카고만국박람회의 조선관 태극기와 이응준 태극기

(1) 1893년 시카고만국박람회의 조선관 게양 태극기

조선은 세계 박람회위원회의 초청으로 1893년 시카고만국박람회 [396]에 참가하여 '제조와 교양관'(Manufactures and Liberal Arts Building)에 전시관을 마련하여 물품을 출품하였는데, 전시관인 조선관을 촬영한 사진(그림 66. 나무위키에서 인용)에는 전통 기와를 덮은 지붕 위에 건괘(☰, 오른쪽)와 리괘(☲, 왼쪽)가 보이는 태극기의 일부가 확인된다.

태극기는 '깃면을 늘어뜨려서 다는 방법'으로 게양되어 있는데, [397]

---

396) 정식 명칭은 세계 콜롬비안 박람회(the World's Columbian Exposition)이다.

397) 행정안전부, 앞의 책, 30쪽. '깃면을 늘여서 벽면에 다는 방법'은 국기를 시계 방향으로 90도 회전한 것이다. '깃면을 늘여서'와 '깃면을 늘어뜨려서'는 그 의미가 서로 다르지만, 깃발을 세로로 게양한다는 면에서는 동일하다.

이에는 태극문양과 나머지 2괘가 확인되지 않아 태극기의 전체적인
모습을 알 수 없다.

그림 66: 시카고만국박람회의 조선관

(2) KBS의 발굴추적에 소개된 여러 종류의 태극기

KBS는 2014년 12월 7일 '발굴추적 120년 전 시카고에 나타난 대조
선'을 방영했는데(이하 KBS 파노라마),[398] KBS 파노라마에서 1893
년 시카고만국박람회의 조선과 관련해서 최소한 5차례에 걸쳐 태극
기가 소개되었다. 첫째는 앞에서 소개한 조선관[399]의 전통 기와를 덮

---

398) 이하에서 설명하는 내용은 KBS 아카이브가 운영하는 유튜브 채널인 'KBS 실험실'
      에서 2022년에 공개한 '발굴추적 120년전 시카고에 나타난 대조선/1893년 시카
      고박람회, 조선의 보물리스트는'에 의한다.
399) 방송에서 "당시 만국박람회의 자료를 모아 놓은 책을 찾아보았다."라고 하면서 책에

은 지붕 위에 게양된 태극기이고(33분 5초부터 33분 18초까지), 둘째는 조선관의 전통 기와를 덮은 지붕 위에 KBS 파노라마 제작진이 늘어뜨려서 게양된 현행 태극기의 감괘(☵, 오른쪽)와 곤괘(☷, 왼쪽)가 보이는 태극기의 일부가 흑백으로 처리된 현행 태극기이며(34분 12초부터 34분 22초까지), 셋째는 시카고만국박람회에 참가한 46개 참가국의 국기 포스터에 소개된 태극기이고(18분 50초부터 19분 14초까지),[400] 넷째는 1893년 '고종 42세 탄생일' 축하 만찬의 메뉴판에 게재된 태극기이며(19분 38초부터 20분 12초까지), 다섯째는 북태평양철도회사의 임원(Chief Engineer E. H. McHenry)이 1893년 시카고만국박람회의 조선관을 방문해서 목격한 태극기이다(3분 28분부터 5분 12초까지).

그런데 5차례에 걸친 태극기 소개에서, 소개된 태극기는 한 종류가 아닌 최소한 4종류인 것으로 보인다. 조선관의 전통 기와 위에 건괘(☰, 오른쪽)와 리괘(☲, 왼쪽)가 보이는 태극기의 일부(앞의 첫째)가 나머지 4차례에 걸쳐 소개된 태극기 중 어느 것과 동일한지에 대해 아래에서 구체적으로 살펴본다. 태극기 연구의 권위자인 한철호가 "상당히 고종 자체로는 만족을 했던 것 같아요. 중국의 반대에도 불구하고 파견을 했었고, 실질적으로 우리 전시관에 국기를 달았었고 조

___

게재된 사진을 보여 주는데, 이 사진은 그림 66의 조선관과 동일하다. 그런데 방송에서는 이 책에 대한 구체적인 정보를 언급하고 있지 않지만, 이 책은 'The Book of the Fair · 1893'으로 보인다(문화일보 2022.05.02.자 문화재청 국제협력과 김병연 사무관 작성 시카고만국박람회 출품 유물 관련 기사 참조).

400) 해당 포스터는 시카고 만국박람회 한국 전시관 복원사업회의 김성규 회장이 소장하고 있다고 한다.

선이 자주국임을 대내외에 알린 것은 일차적인 성공이다.”(46분 4초
부터 46분 20초까지)라고 언급하고 있는 바와 같이, 조선관에 게양
된 태극기는 조선의 국기로서 조선이 자주국임을 대내외에 알린 중요
한 의미가 있기 때문이다.

(가) 현행 태극기와 다른 조선관 게양 태극기

조선관에 게양된 태극기는 현행 태극기와 동일하지 않다. KBS 파
노라마에서, 조선관의 전통 기와를 덮은 지붕 위에 게양된 태극기 사
진에는 건괘(☰, 오른쪽)와 리괘(☲, 왼쪽)가 보이고(그림 67의 왼
쪽), 조선관의 전통 기와를 덮은 지붕 위에 KBS 파노라마 제작진이
늘어뜨려 놓은 현행 태극기[401]에는 감괘(☵, 오른쪽)와 곤괘(☷, 왼
쪽)가 보이는데(그림 67의 오른쪽), 보이는 4괘의 일부로 보아 조선
관에 게양된 태극기는 현행 태극기와 동일하지 않음을 알 수 있다.

그림 67: 조선관 지붕 위의 태극기 일부 사진(좌), KBS 파노라마 캡처(우)

---

401) ‘그림 67의 오른쪽’이 현행 태극기임을 알 수 있는 것은, 현행 태극기를 늘어뜨리는
    방식으로 게양하는 경우 아래쪽에 감괘(오른쪽)와 곤괘(왼쪽)가 나타나고, 연속해서
    KBS 파노라마의 34분 13초에 음영 처리된 현행 태극기가 방영되고 있기 때문이다.

현행 태극기는 4괘와 태극문양의 관계가 박영효 태극기와 동일한 박영효 태극기 계열이므로,[402] 조선관에 게양된 태극기는 최초의 조선 국기라고 하는 박영효 태극기가 아님은 확실한 것으로 보인다.[403]

(나) 시카고만국박람회 참가국의 포스터 태극기와 조선관 게양 태극기

조선관에 게양된 태극기는 1893년 시카고만국박람회 46개 참가국의 국기 포스터에 소개된 태극기와 동일하지 않다. KBS 파노라마에서, 조선관의 전통 기와를 덮은 지붕 위에 게양된 태극기 사진(첫째 관련)에는 건괘(☰, 오른쪽)와 리괘(☲, 왼쪽)가 보이지만(그림 68의 왼쪽), 46개 참가국의 국기 포스터에 소개된 태극기는 4괘의 색이 태극문양의 음을 나타내는 파란색과 동일하고, 깃대에 인접한 곳과 조선관에 게양된 태극기 사진의 건괘(☰, 오른쪽)에 대응되는 곳을 포함한 최소한 2곳이 모두 건괘(☰)로 보이므로[404](그림 68의 오른쪽[405]), 조선관에 게양된 태극기는 46개 참가국의 국기 포스터에 소개된 태극기와 동일하지 않음을 알 수 있다.

---

402)　Ⅲ.2.다.(1) 항 참조.
403)　한철호, 앞의 논문, 152쪽. 한철호는 박영효 태극기가 조선의 최초 국기라고 언급하고 있다. 한편, 한철호는 KBS 파노라마에서 우리 전시관(조선관)에 국기를 달아 조선이 자주국임을 대내외에 알렸다고 언급한 바와 같이, 조선관에 게양된 태극기가 조선의 국기임을 밝히고 있다.
404)　태극기의 4괘 중에서 보이는 2괘가 건괘라고 하면, 태극기를 정확하게 표현했다고 할 수 없다. 각국의 국기가 정확하게 표현되지 않았다는 것은 영국 국기(유니언잭)와 영연방국가의 국기에 표시된 유니언잭에서 아일랜드를 상징하는 부분이 틀리게 그려진 것에서도 확인된다.
405)　KBS 파노라마의 19분 5초 방영 부분으로 46개 참가국 국기 중에서 태극기를 클로즈업하여 확대한 것을 캡처한 것이다.

그림 68: 조선관 지붕 위의 태극기 일부 사진(좌), KBS 파노라마 캡처(우)

(다) '고종 탄생일' 만찬의 메뉴판 게재 태극기와 조선관 게양 태극기

　조선관에 게양된 태극기는 1893년 시카고에서 거행된 '고종 42세 탄생일' 축하 만찬의 메뉴판에 게재된 태극기와 동일하지 않다. KBS 파노라마에서, 조선관의 전통 기와를 덮은 지붕 위에 게양된 태극기 사진에는 건괘(☰, 오른쪽)와 리괘(☲, 왼쪽)가 보인다(그림 69의 왼쪽). 한편 '고종 42세 탄생일' 축하 만찬의 메뉴판에 게재된 태극기는 이를 늘어뜨려서 게양하는 경우 아래쪽에 리괘(☲, 오른쪽)와 건괘(☰, 왼쪽)가 보인다(그림 69의 오른쪽). 그러므로 보이는 4괘 중 일부로 보아 조선관에 게양된 태극기는 '고종 42세 탄생일' 축하 만찬의 메뉴판에 게재된 태극기와 동일하지 않음을 알 수 있다.

그림 69: 조선관 지붕 위의 태극기 일부 사진(좌), KBS 파노라마 캡처(우)

(라) 북태평양철도회사 로고 소개 책자 태극기와 조선관 게양 태극기

조선관에 게양된 태극기의 건괘(☰, 오른쪽)와 리괘(☲, 왼쪽)는 북태평양철도회사(Northern Pacific Railway)의 로고를 설명한 책자인 'The Story of the Monad(태극 이야기)'에 게재된 태극기(KBS 파노라마의 5분 7초. 그림 70의 오른쪽)를 '깃면을 늘어뜨려서 게양하는 방법'으로 전환한 것과 동일하다. 'The Story of the Monad'에 게재된 태극기를 늘어뜨려서 게양하는 경우 아래쪽에 건괘(☰, 오른쪽)와 리괘(☲, 왼쪽)가 보이므로(그림 70의 가운데), 보이는 4괘 중 아래쪽 부분을 보아 양자는 서로 동일하다는 것을 알 수 있다.

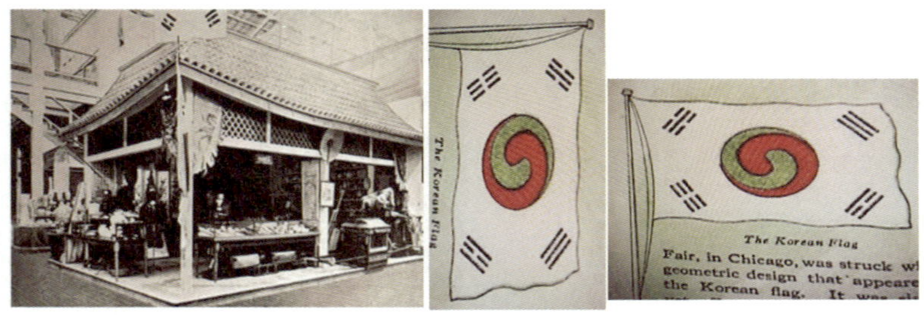

그림 70: 조선관 지붕 위의 태극기(좌), KBS 파노라마 캡처(우), 90도 회전(중)

(마) 북태평양철도회사의 임원의 시카고만국박람회 조선관 방문

북태평양철도회사(Northern Pacific Railway)의 로고를 설명한 책자인 'The Story of the Monad(태극 이야기)'에 게재된 사항과 앞에서 살펴본 바에 의하면, 북태평양철도회사의 임원인 맥헨리(Chief Engineer E. H. McHenry)가 1893년 시카고만국박람회의 조선관을 방문해서 목격한 태극기는 조선관의 전통 기와 위에 게양된 태극기로 보인다. 다만, KBS 파노라마에 소개된 'The Story of the Monad'에 기재된 사항[406]에 의하면, 그 회사 임원인 맥헨리(McHenry)가 방문한 조선관(the Korean exhibit)에서 본 태극기(The Korean Flag)는 깃대에 게양된 형태로 묘사되어 있는데(그림 70의 오른쪽 참조), 이는 조선관의 전통 기와 위에 '깃면을 늘어뜨려서 게양하는 방법'으로 게양되어 있던 태극기를 일반적인 게양 방식으로 재구성한 것으로 보인다.

한편, 앞의 KBS 파노라마에 소개된 북태평양철도회사의 로고를 설명한 책자인 'The Story of the Monad(태극 이야기)'에 소개된 태극기는 그 태극문양이 녹색과 빨간색으로 묘사되어 있지만(그림

---

406) The design was discovered and adapted to its present use in 1893. Mr. E. H. McHenry and Mr. Chas. S. Fee, then the Chief Engineer and General Passenger and Ticket Agent of the Company, respectively, are principally to be credited with its discovery and adoption.
The Northern Pacific was in search of a trademark. Many designs had been considered and rejected. Mr. McHenry, while visiting the Korean exhibit at the World's Fair, in Chicago, was struck with a geometric design that appeared on the Korean Flag.

70의 오른쪽 참조), 녹색으로 보이는 태극문양은 1955년에 발간된 'The Story of the Monad'[407]에 의하면 파란색(blue)임을 확인할 수 있다(그림 71 참조).

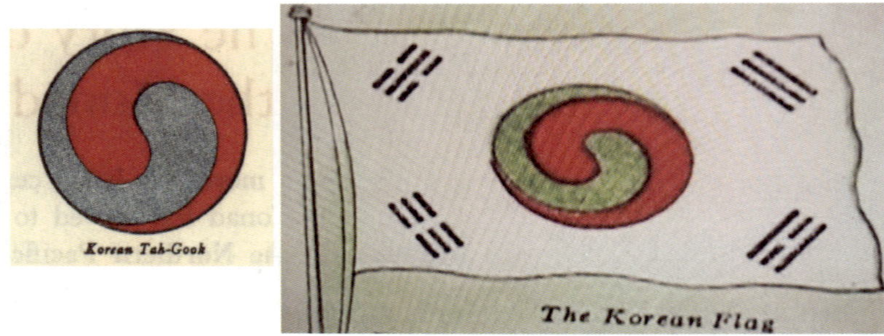

그림 71 : 1955년 발간 'The Story of the Monad'(좌), KBS 파노라마(우)

즉, 1955년 발간 'The Story of the Monad(태극 이야기)'의 3쪽에는 1893년 시카고만국박람회의 조선관을 방문한 맥헨리(Mr. E. H. McHenry)가 본 태극기에 관한 기재와 태극문양(Korean Tah-Gook)이 도시되어 있고,[408] 7쪽에는 현행 태극기(Flag of

____

407) http://hdLhandle.net/20.500.11867/15436에 관련 정보 및 내용이 수록되어 있다.
한편, KBS 파노라마에서 녹색과 빨간색의 태극문양으로 이루어진 태극기가 게재된 'The Story of the Monad'는 그 표지(KBS 파노라마의 5분 57초경에 방영)로 보아 1930년대에 발간된 것으로 보인다(이현표, 앞의 책, 88쪽에, 동일한 로고(1897~1952년 사용되었고, 각주 409의 오른쪽 로고는 1894~1896년 사용되었다고 표기된 자료가 KBS 파노라마의 4분경에 방영됨) 게재 표지와 태극기를 게재한 'The Story of the Monad'가 1930년대에 발간되었다는 언급이 있음).

408) 3쪽의 제목은 'How America discovered the Monad'이고 내용은 이하와 같다. At the Chicago World's Fair of 1893, E. H. McHenry, then Chief Engineer of the Northern Pacific, chanced to visit the Korean exhibit. Seeing the Korean flag, he was impressed by the

the Korean Republic)를 그려 놓고 태극문양의 색상은 중국과 달리 빨간색(red)과 파란색(blue)[409]이라는 취지로 설명하고 있다. [410]

더욱이 태극문양의 색상이 빨간색과 파란색인 것은, 미국 북태평양철도회사에서 1901년에 발간한 홍보 잡지 『이상한 나라(Wonderland)』의 '상표의 역사(The History of a Trademark)'에 소개된 이응준 태극기(그림 72. 이현표 소장)에 의해서도 확인된다. [411] 이 이응준

---

simple but striking design it carried. Because at that time NP was searching for a suitable trademark, Mr. McHenry realized almost immediately that this symbol could be adapted quite readily for that purpose. When he returned to St. Paul, he submitted his idea to Charles Fee, then General Passenger Agent, and together they worked out the emblem which today has become familiar to millions of Americans.

409) 북태평양철도회사의 로고는 그 태극문양이 빨간색(red)과 검은색(black)으로 이루어져 있다. 또한, 북태평양철도회사의 최초 로고(아래 그림의 오른쪽)와 태극문양(아래 그림의 왼쪽)은 좌우 반전의 관계에 있고, 태극문양의 모양이 다른데, 이는 맥헨리(McHenry)가 태극기의 태극문양의 기원에 대해 호기심을 갖고 중국(청국)에 파견된 선교사, 동양에서 온 학생들 및 동양철학 서적들을 통하여 태극(Monad)에 관한 내용을 파악한 후에 북태평양철도회사의 로고를 도출하게 된 것에 기인한다(1955년 발간 'The Story of the Monad'의 4쪽).

태극문양
좌우반전

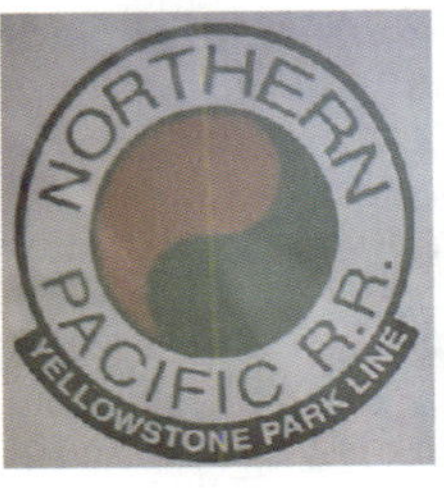

410) In Korea, the Monad is quite similar to the original Chinese version, and has much of the same philosophical meaning. Its colors, however, are red and blue, and it is called the "Tah-Gook".

411) 이현표, 앞의 책, 86~111쪽. 1901년 공개된 '그림 72'는 92쪽에 게재되어 있는데, 1930년대에 공개된 '그림 71'보다 빠르다.

태극기에는 태극문양의 색상이 빨간색과 파란색으로 명확하게 도시되어 있다.

그림 72: '상표의 역사'(1901)의 태극기

(3) 이응준 태극기와 동일한 시카고만국박람회의 조선관에 게양된 태극기

(가) 조선관 게양 태극기와 이응준 태극기의 비교

1893년 시카고만국박람회의 조선관 전통 기와 위에 게양된 태극기와 1882년 조미수호통상조약 때 게양된 태극기는 서로 4괘의 위치와 태극문양의 모양과 색이 완전히 동일하므로, 같은 종류의 태극기이다

____

한편, 이선근, 앞의 논문, 204~205쪽에 관련 내용이 소개되어 있지만, 태극기의 구체적인 형상에 관한 게시나 언급은 없다. 김원모, 앞의 책, 52쪽에도 이선근의 앞의 논문을 인용하고 있으나, 태극기의 구체적인 형상에 대한 언급이 없다.

(그림 73 참조).[412)]

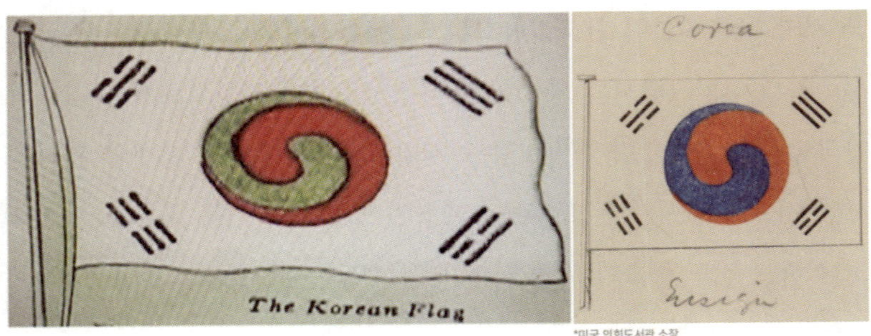

그림 73: 조선관 게양 태극기(좌), 이응준 태극기(우)

(나) 조선관에 게양된 태극기의 역사적 의의

KBS 파노라마에서 한철호가 우리 전시관(조선관)에 국기를 게양함으로써 조선이 자주국임을 대내외에 알린 중요한 의미를 가진다고 언급한 바와 같이, 태극기는 국기로서 당시 조선의 자주성을 알리는 중요한 수단이었음을 알 수 있다.

---

412) KBS 파노라마에 소개된 조선관 게양 태극기의 태극문양에서 녹색으로 보이는 부분과 이응준 태극기의 태극문양에서 파란색으로 보이는 부분이 차이가 있는 것으로 보이나, 조선관 게양 태극기의 녹색으로 보이는 부분이 파란색이라는 것은 앞에서 언급한 바와 같다.
또한, 조선관 게양 태극기와 이응준 태극기는 그 태극문양에서 파란색이 시작되는 위치와 빨간색이 시작되는 위치가 서로 미소한 차이가 있는 것으로 보이지만, 이러한 차이는 태극기를 그린 사람이 4괘와 태극문양과의 관계를 명확하게 파악하지 못한 상태에서 작성한 것으로 보이므로, 두 태극기 사이에 차이를 초래하지 않는 것으로 보아야 한다.

1893년 시카고만국박람회는 콜럼버스에 의한 아메리카 대륙 발견 400주년을 기념하기 위해 1893년 5월 1일부터 10월 30일까지 미국 시카고에서 열린 만국박람회로서, 동아시아와 동남아시에서는 조선, 일본, 태국(당시의 Siam)이 참가했고,[413] 조선으로서는 최초의 만국박람회 참가였다.[414] 고종도 시카고만국박람회에 지대한 관심을 보인 것으로 보아,[415] 조선관에 게양될 조선의 국기를 무엇으로 정하느냐 하는 것도 중요한 결정 사안의 하나였을 것으로 보인다.

이응준 태극기는 1882년 5월 22일 조미수호통상조약 체결 시 성조기와 함께 게양되었는데, 국기로 인정받지 못하였다고 지적받고 있지만,[416] 그 후 1883년 조선의 국기 공포 후 12일 만에 청국에 보낸

---

413) 중국(청국)은 1882년 '중국인 이민금지법(Chinese Exclusion Act)'보다 더 엄격한 '기어리법(Geary Act)'이 1892년 미국에서 통과되자, 항의 표시로 1893년 시카고만국박람회에 불참했다[육영수, 「은자의 나라 조선 사대부의 미국문명 견문록」(2015년, 『역사민속학』 제48호), 307~308쪽]. 한편 KBS 파노라마에 의하면, 중국(청국)의 시카고만국박람회 불참은 샌프란시스코의 금문교 건설 노동자로 참여하고 있던 중국(청국)인들에게 미국이 불이익을 주자 중국(청국)이 항의 표시라는 언급이 있다.
414) 육영수, 앞의 논문, 307~308쪽.
415) 1892년에 시카고만국박람회 위원 거빌이 조선을 방문했을 때는 고종 부부가 직접 만나보는 등 국왕 고종부터 박람회에 지대한 관심을 보였다고 한다[한보람, 「고종 정부의 만국박람회 인식과 파견 인물의 성격 −1893년 콜럼비아 박람회를 중심으로−」(『숭실사학』 2022년 48권 48호)].
416) 한철호는 이응준 태극기를 '최초의 국기'라고 평가하기는 힘들고 공식적인 국기가 제정되지 않은 상황에서 임시로 '국기대용'으로 사용된 것으로 보는 것이 옳다고 하면서, 그 이유로 미국 해군부 항해국 간행의 『해상 국가들의 깃발들(FLAGS of MARITIME NATIONS)』에서 이응준 태극기를 'National Flag'가 아니라 'Ensign'으로 표기한 것을 들고 있고, 이를 뒷받침하는 근거로 미국 해군부 설비국(Bureau of Equipment)에서 1899년도 간행한 『해상 국가들의 깃발들』에는 'National Flag'라고 적혀 있다고 언급하고 있다(한철호, 앞의 논문, 152쪽). 한철호와 같은 취지로는, 최정준, 앞의 논문, 359쪽 각주 14; 이선경, 앞의 책, 94쪽.

박영효 태극기[417]와, 조선의 외교, 통상을 담당하던 통리교섭통상사무아문에서 제작하여 각국 공사, 영사에게 제공한 태극기[418]가 존재했음에도, 조미수호통상조약 후 10년이 더 지난 시점인 1893년 시카고만국박람회의 조선관에 국기로서 게양되었다는 점에서 그 역사적 의의가 크다. 즉, 이응준 감정본(태극기)은 '국기대용'으로 1회용으로 사용되고 폐기된 것이 아니라, 외부적 요인으로 인해 대외적인 사용이 자제되다가,[419] 조선이 자주국임을 대내외에 알리는 중요 장소에서 무려 5개월 동안 조선 국기로서 게양되었으므로, 최초 사용 때와 마찬가지로 조선의 자주성을 대내외에 알리는 상징성을 나타냈다는

그렇지만 미국 해군부 항해국에서 이응준 태극기를 'National Flag'가 아닌 'Ensign'으로 표기한 것은, 이응준 태극기의 원본인 슈펠트 관련 미국 의회도서관 소장본에 수기로 작성된 'Ensign'을 그대로 옮긴 것에 불과하고, 당시 조선 국기를 보고 이응준 태극기를 그린 미국 관리(각주 74 관련 본문 참조)는 스와타라호의 승무원이어서 조선 국기를 'Ensign'으로 표기했을 가능성이 큰 것으로 보인다(정작 슈펠트 제독 본인은 이응준 태극기를 '조선 국기'(a Korean national flag)로 부르고 있다(각주 54 참조)}.

이응준 태극기가 조선 국기로 사용되었다는 것은 고종이 이응준 감정본으로 해석되는 태극기를 조선의 국기로 결정하였다는 신문 기사 내용 관련(각주 113 관련)에 의해 뒷받침된다. 반면, 미국 해군부 설비국에서 1899년도 간행한 『해상 국가들의 깃발들』에 게재된 태극기에 'National Flag'라고 적혀 있다고 했지만, 이 태극기는 당시 주미대한제국공사관 건물 옥상에 게양되어 있던 이응준 감정본을 미국 기준으로 전환한 것으로(그림 33 관련 참조), 당시 미국 관리는 주미대한제국공사관 건물의 옥상에 게양된 태극기를 조선의 국기로 여기고 'National Flag'라고 표기했을 가능성이 크다.

결국 동일한 이응준 감정본에서 깃대의 변경(이응준 태극기)은 'Ensign'으로, 깃발의 90도 전환(1899년 미국 해군부 태극기)은 'National Flag'로 표기되어 있는바, 태극기에 표기된 'National Flag'(국기) 또는 'Ensign'(선적기船籍旗)만으로 태극기의 성격을 단정할 수 없는 것으로 보인다.

417) 한철호, 앞의 논문, 142~143쪽.

418) 한철호, 앞의 논문, 163~165쪽.

419) 『청국문답』에서 마건충은 이응준 감정본이 일장기와 혼동되므로, 용기나 태극 8괘도를 조선의 국기로 사용하라고 압박하는 등 이응준 감정본이 조선의 국기로 채택되는 것을 반대했다(앞의 3. 나. (3) 항 참조}.

점에서 중요한 역사적인 의의가 있다.

또한, 이응준 감정본은 조선이 대한제국이 된 후인 1902년 고종임인진연에 등장함으로써 살아 있는 태극기의 대표적인 사례가 된다.

나. 고종임인진연 태극기와 이응준 감정본

(1) 고종임인진연도병풍의 대가의장에 편성된 태극기

고종임인진연도병풍高宗壬寅進宴圖屛風은 고종 즉위 40주년, 그리고 51세가 되는 망육순望六旬을 축하하기 위해 1902년 음력 11월에 개최된 진연進宴[420]을 기록한 8폭의 병풍인데, 1폭과 2폭은 덕수궁 중화전에서 거행된 외진연外進宴[421]으로 2폭의 중앙에 태극기가 보인다. [422] 태극기는 2폭에, 둑纛은 1폭에서 서로 대칭되는 위치에 갖추어져 있는데, 태극기와 둑의 모습은 아래의 그림(그림 74[423]. 아모레퍼시픽 미술관 소장)과 같다.

---

420) 나라에 경사가 있을 때 궁중에서 베풀던 잔치를 일컫는다.

421) 외빈外賓(나라에서 벌이는 잔치에 참석하는 조정의 신하들)만을 위하여 베풀던 궁중잔치를 말한다. 한편, 고종임인진연도병풍의 3·4폭은 내진연內進宴으로, 내진연은 조선 시대에 내빈內賓(대궐 잔치에 참예參詣하는 봉작을 받은 부인들)을 모아서 베풀던 궁중 잔치를 일컫는다.

422) APMA 아모레퍼시픽미술관의 2021년 게재 유튜브 '[APMA, CHAPTER TWO] 고미술 소장품 특별전 큐레이터 토크: 고종임인진연도 8폭 병풍'에서 설명한 내용을 요약했다.

423) 고궁박물관, 앞의 책, 78~79쪽.

그림 74: 태극기(좌), 둑(우)

태극기와 둑의 동일한 배치는 함녕전외진연도咸寧殿外進宴圖에서도 확인된다.[424] 함녕전외진연도는 흑백인 관계로 태극기의 구체적인 형상을 파악할 수 없지만, 신축진연도병辛丑進宴圖屛[425]에 갖추어진 태극기는 고종임인진연도병풍과 동일한 것으로 보인다(두 태극기의 구체적인 대비는 그림 76 관련 참조). 대한제국 성립 후 1901년 고종의

---

424) 고궁박물관, 앞의 책, 76쪽.

425) 문화재위원회, 앞의 책, 431쪽. 신축진연도병은 이를 설명한 기재(429쪽의 각주 67)에 의하면, 현재 국립고궁박물관과 국악박물관에 소장되어 있다고 한다. 신축진연도병은 서울특별시 유형문화제 제306호로 2010년 6월 17일에 지정되었다(출처 한국민족문화대백과사전의 '신축진연도병(辛丑進宴圖屛)'(집필자 '박정애')에서 인용).

탄생 50주년 기념 진연에 갖추어졌던 대가의장大駕儀仗[426]은 1902년 7월의 고종 기로소 입소 경축 진연과 1902년 음력 11월 진연에서도 동일하게 사용되었으므로,[427] 1901년과 1902년의 2년 동안 3회 갖추어졌던 진연에서 동일한 태극기가 사용되었을 가능성이 크다.

(2) 고종임인진연도병풍의 태극기 및 1885년 고종 어가행렬의 태극기와 이응준 감정본

고종임인진연도병풍에 갖추어진 태극기는 깃대가 깃발의 오른쪽에 위치하는 전통적인 조선식 기준을 따르고 있고, 태극문양에서 음양의 배치와 태극문양과 4괘와의 관계가 이응준 감정본과 서로 동일하다 (그림 75의 왼쪽 위와 오른쪽 참조).

고종임인진연도병풍에 갖추어진 태극기는 이응준 감정본과 태극문양이 거의 동일할 뿐 아니라, 태극문양의 파란색(음, −)이 빨간색(양, +)의 상부에 위치하는 관계도 동일하다. 또한, 태극문양과 괘와의 관계에서, 태극문양의 파란색이 건괘(☰) 부분에서 시작되는 점도 이응준 감정본과 비슷하다.[428] 고종임인진연도병풍 태극기는 태극문양의 빨간색이 시작되는 위치가 곤괘(☷)인지 명확하지 않지만, 4괘의 배치

---

426) 대한제국 성립 후 처음으로 갖추어졌던 진연이다(고궁박물관, 앞의 책, 76쪽).
427) 고궁박물관, 앞의 책, 76쪽.
428) 고종임인진연도병풍 태극기와 이응준 감정본은 태극문양에서 파란색과 빨간색이 시작되는 위치가 서로 미소한 차이가 있는 것으로 보이지만, 이러한 차이는 태극기를 그린 사람이 4괘와 태극문양과의 관계를 명확하게 이해하지 못한 상태에서 작성한 것으로 보이므로, 두 태극기 사이에 차이를 초래하지 않는 것으로 보아야 한다(각주 412 참조).

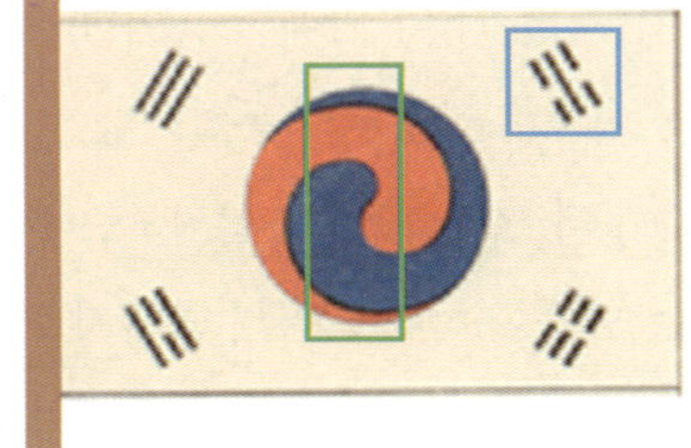

태극기 부분

그림 75: 이응준 감정본(좌상)과 좌우 반전(좌하), 고종임인진연도병풍 태극기
(우. 아모레퍼시픽미술관 소장), 고종 어가행렬(하)

관계로 보아 건괘의 대각선 맞은편에 배치되는 것이 곤괘(☷)임을 고려
할 때 곤괘일 가능성이 큰데,[429] 이 경우 이응준 감정본과 동일하다.
한편, 깃대의 아래쪽의 괘는 태극문양으로부터 양(━)과 음(--)이 연
속되는 것이 확인되어 4괘 중 리괘(☲)일 가능성이 크므로, 이 경우
이응준 감정본과 동일하다. 4괘의 배치 관계로 보아 리괘(☲)의 대각
선 맞은편에 배치되는 것이 감괘(☵)임을 고려할 때 감괘일 가능성이
큰데, 감괘는 고종 어가행렬의 태극기(그림 75의 아래[430]. 이하 이
항에서 어가 태극기)에서 확인되므로, 이응준 감정본과 동일하다. 그
런데 이응준 감정본은 다음(이하의 ①부터 ⑦까지)에서 살펴보는 바
와 같이 어가 태극기와 동일한데, 이는 다음(이하의 ㉮부터 ㉣까지)과
같은 중요한 의미가 있다.

① 이응준 감정본(그림 75의 왼쪽 위)과 고종임인진연도병풍 태극기(그
   림 75의 오른쪽)는 서로 동일하다.
② 태극기와 그 주변 사람 사이의 관계를 고려할 때, 고종임인진연도병풍

---

429) 이응준 태극기, 박영효 태극기, 통리교섭통상사무아문 제작 태극기, 쥬이 태극기,
      데니 태극기와 1899년 미국 해군부에서 발간한 해양국가의 깃발에 실린 태극기 등
      조선 후기와 대한제국 시대의 태극기 모두가 4괘는 건괘의 대각선 맞은편에 곤괘
      가 위치하고, 리괘의 대각선 맞은편에 감괘가 위치하고 있다. 이는 대한민국임시
      정부, 해방 후 및 현행 태극기도 동일하게 적용된다. 또한, 태극문양에 인접한 효
      는 음효로 명확하게 인식되나, 연속하는 두 효는 태극기의 깃면이 서로 접혀져 있
      는 상태로 묘사되어 있어 양(━)인지 또는 음(--)인지가 명확하지 않다. 한편, 신
      축진연도병(그림 76의 오른쪽)에는 이 부분이 곤괘(☷)의 반쪽임이 명확하게 확인
      된다.
430) 2018년 8월 16일자 뉴데일리(NewDaily)의 '[추적]태극기 누가 만들었나?…
      뜻밖의 인물이 있었다'(이상흔 기자)에서 2016년 3월 광복회 광주·전남 지부는
      3.1절을 맞아 '태극기 특별기획전'을 열고 미공개 사진을 공개했는데, 1885년 프
      랑스 파리 외방전교회 소속 신부가 촬영한 사진으로 1885년 고종의 어가행렬 앞에
      서 둑과 함께 행렬을 이끄는 대형 태극기이다.

태극기와 어가 태극기(그림 75의 아래)는 그 크기가 비슷하다.

③ 고종임인진연도병풍 태극기는 깃대가 깃발의 오른쪽에 위치하는 조선식 기준을 따르고 있으므로, 이보다 7년 빠른 어가 태극기도 조선식 기준을 따랐다고 보아야 한다.

④ 고종임인진연도병풍 태극기는 보이는 면이 '앞면'이지만, 어가 태극기는 감괘(☵)가 새겨진 면의 접힌 방향으로 보아 보이는 면이 태극기의 '뒷면'으로 보인다. 조선식 기준을 따르는 어가 태극기의 뒷면은 이응준 감정본의 좌우 반전 도식(그림 75의 왼쪽 아래)과 동일한 면이다.

⑤ 어가 태극기의 태극문양이 새겨진 면과 감괘(☵)가 새겨진 면은 동일한 면이지만, 이들 사이는 접혀 있고, 어가 태극기에서 보이는 태극문양은 이응준 감정본의 좌우 반전 도식에 표시된 '녹색 사각형 테두리 내'의 모양과 동일하다{어가 태극기는 태극문양의 파란색 부분이 짙게 보이고, 빨간색 부분이 밝게 보이는데, 위에서부터 아래로 짙은 색(오른쪽으로 갈수록 폭이 넓어짐), 밝은색(전체적으로 'ㄱ'자 형상임), 짙은 색(전체적으로 'ㄴ'자 형상임) 및 밝은색(가느다란 원호의 일부분 형상임)으로 이루어져 있다}.

⑥ 어가 태극기에서 감괘(☵)와 태극문양 사이의 관계는 이응준 감정본의 좌우 반전 도식에서 감괘(하늘색 사각형 테두리 내의 부분)와 태극문양 사이의 관계와 동일하다.

⑦ 1885년 어가행렬 전에 제작된 박영효 태극기(그림 84의 왼쪽) 및 통리교섭통상사무아문 제작 태극기(그림 84의 오른쪽)는 어가 태극기와 같은 감괘(☵)와 태극문양 사이의 관계가 도출되지 않는다.

㉮ 이응준 감정본은 국기로서도 기능했지만, 어가 태극기와 같이 형명形名으로서도 기능한 것으로 보인다. 1885년 고종 어가행렬에서의 어

가 태극기는 둑纛과 함께 배치되어 있는데, 이는 고종임인진연도병풍
에서의 태극기 및 둑纛의 배치와 동일하다(그림 74 참조. 어좌御座를
기준으로 태극기는 오른쪽에 위치하고 둑은 왼쪽에 위치함). 형명은
왕(황제)이 가지는 군 지휘권을 통해 절대적인 권위를 나타내는 의장
물로서, 둑纛과 교룡기交龍旗는 조선 후기부터 의장에 포함되었는데 왕
의 의장(대가, 법가, 소가)에서 가장 선두에 배치되었다(고궁박물관,
앞의 책, 208쪽). 의장물로서의 태극기에 대한 기록은 확인되지 않지
만, 대한제국 성립 후의 1901년 '신축진찬도병풍', '신축진연도병풍',
1902년 임인진연도병풍에는 교룡기가 모두 태극기로 대체되었다(고
궁박물관, 앞의 책, 403쪽). 그런데 1885년 고종 어가행렬의 사진으
로 보아 대한제국 성립 전에도 왕의 의장물에서 태극기가 교룡기를 대
체하여 가는 과정이었음{목수현, 앞의 논문(2008), 51쪽에 의하면,
1887년 정해진찬도병丁亥進饌圖屏에 교룡기를 채택하고 있음}을 확인
할 수 있다.

㉰ 태극기의 오경석 창안설이 사실에 부합하는 것임을 알 수 있다. 오경
석이 김경수와 함께 고안한 태극기가 차차 국기로 되어, 1882년 고
종이 '경내'에 거동할 때는 벌써 태극기를 게양하였다는 오경석의 아
들 오세창의 언급(각주 201 참조)은 1885년 고종의 어가행렬이 종로
('경내')를 지나고 있는 사진(그림 75의 아래)과 부합한다. 오세창이
언급한 1882년과 1885년 고종의 어가행렬 사진 사이에는 3년의 시
차가 있지만, 이응준 감정본이 1882년에 이미 완성되어 있었다는 것
은『청국문답』의 1882년 5월 27일 김홍집과 마건충의 필담에서 확인
된다. 오세창의 언급처럼 1882년 고종이 경내를 행차할 때 이응준 감
정본을 의장물로 사용하고 있었기 때문에, 박영효 태극기가 조선의 공
식적인 국기로 제정된 1883년 이후에도 고종의 의장물로 사용되지
않았을 것이다. 이로 보아 고종은 이응준 감정본을 진정한 조선의 국

기로 여기고 있었을 가능성이 큰 것으로 보인다.

㉲ 이응준 감정본이 조사시찰단의 일본 출발 전인 1881년에 완성되었다
는 이상재 창안설{앞의 다.(1)(나) 항 참조}이 사실에 부합하는 것임을
알 수 있다. 이응준 감정본이 1882년에 이미 완성되어 있었다는 것
은『청국문답』의 1882년 5월 27일 김홍집과 마건충의 필담에서 확인
된다. 1882년 10월 2일 일본 시사신보의 기사(각주 113 참조)에서,
박영효가 수신사로 출발하기 전 고종이 삼각형 용기를 조선의 국기로
하라는 청국 마건충의 요청을 거절하고 '태극문양 주위에 4괘로 이루
어진 태극기'를 언급하고 있는바, 그 전에 고종이 개화파 신하들과 태
극기를 조선의 국기로 하는 국기 제정의 논의 과정을 거쳤고, 태극기
가 이미 제작되어 있었음을 알 수 있다.

㉳ 박영효 태극기가 제작되기 전에 고종은 이미 '태극문양 주위에 4괘로
이루어진 태극기'를 조선의 국기로 결정한 사실이 있다(각주 113 참
조). 이 '태극문양 주위에 4괘로 이루어진 태극기'는 이응준 감정본일
수밖에 없다. 따라서 이응준 감정본은 조선의 국기로 만들어진 것이다.

고종임인진연도병풍과 신축진연도병에 갖추어진 태극기는 아래의
그림(그림 76)과 같다. 이들 태극기는 구체적인 형상에서 약간의 차
이가 있지만,[431] 이와 같은 차이는 각 태극기를 그린 화공에 기인한

---

431) 첫째, 고종임인진연도병풍은 건괘의 대각선 맞은편에 배치된 괘가 곤괘인지 명확
하지 않지만, 신축진연도병은 건괘의 대각선 맞은편에 배치된 괘가 곤괘로 명확하
게 도시되어 있다. 둘째, 고종임인진연도병풍은 깃대의 아래쪽 괘는 태극문양으로
부터 양(━)과 음(━━)이 연속되는 것으로 확인되지만, 신축진연도병은 깃대의 아래
쪽 괘의 경우 태극문양으로부터 양(━)이 있고 양에 인접한 것이 양(━)인지 음(━━)
인지 확인할 수 없도록 도시되어 있다. 셋째, 고종임인진연도병풍은 태극문양에서
파란색(-)이 건괘의 중앙부분에서 오른쪽에 치우쳐서 시작되지만, 신축진연도병은
파란색(-)이 건괘의 중앙부분에서 시작된다. 넷째, 고종임인진연도병풍은 태극문
양에서 빨간색(+)이 괘의 중앙보다 왼쪽에서 시작되지만, 신축진연도병은 빨간색
(+)이 곤괘의 오른쪽 끝부분을 지나쳐서 시작된다.

것으로 보인다.

그림 76: 고종임인진연도병풍의 태극기(좌. 아모레퍼시픽미술관 소장),
신축진연도병의 태극기(우)

(3) 형명으로서의 고종임인진연도병풍 태극기

앞에서 살펴본 바와 같이 고종임인진연도병풍 태극기는 이응준 감
정본과 동일하지만, 그 바탕색이 서로 다르다. 즉, 이응준 감정본은
조선의 국기로서 기능하므로 그 바탕색은 흰색이지만, 고종임인진연
도병풍 태극기는 황제가 가지는 군 지휘권을 통해 황제의 절대적인 권
위를 나타내는 형명形名(각주 388 참조)으로서의 성격을 가지므로 바

탕색을 황제를 상징하는 황색으로 하였다.

　(4) 고종임인진연도병풍 태극기와 이응준 태극기

　고종임인진연도병풍 태극기는 깃대가 태극기의 오른쪽에 위치하는 전통적인 조선식 기준을 따르고 있고, 이응준 태극기는 깃대가 태극기의 왼쪽에 위치하는 서양식 기준을 따르고 있어, 깃대의 위치에서 서로 차이가 있지만, 이응준 태극기도 제작 당시에는 고종임인진연도병풍 태극기와 마찬가지로 깃대가 태극기의 오른쪽에 위치하는 전통적인 조선식 기준에 따라 제작되었다는 것에 대해서는 앞에서 살펴본 바와 같다(2. 항 참조).

　당시 조선은 깃대가 깃발의 오른쪽에 위치하는 전통적인 조선식 기준을 채택하고 있었고,[432] 깃대는 깃발을 지지해 주는 중심축이기 때문에,[433] 4괘에서 하늘을 나타내는 건괘(☰)가 깃대 바로 옆의 위쪽에 위치하도록 배치하게 했을 것이다{앞의 2.나.(2) 항 참조}.[434]

　그런데 왜 이응준 태극기는 제작자의 의도와 달리 깃대가 왼쪽에

---

432) 고궁박물관, 앞의 책, 110~147쪽, 222~297쪽. 조선과 대한제국의 의장기는 깃대가 깃발의 오른쪽에 위치하고 있다.
433) 고궁박물관, 앞의 책, 109쪽.
434) 이응준 태극기에서 깃대를 깃발의 오른쪽에 위치하게 한 태극기가 고종임인진연도병풍 태극기인데, 고종임인진연도병풍 태극기는 김구 서명문 태극기(그림 78의 왼쪽)와 임시의정원 태극기 1(그림 80의 왼쪽)과 동일하다. 김구 서명문 태극기와 임시의정원 태극기 1을 좌우 반전하여 깃대가 왼쪽에 위치하도록 한 태극기(그림 25 참조)는 역리에 이상적으로 부합한다.

위치하게 되었을까? 그 이유는 아마도 제작 장소와 이응준 태극기의 게양 환경에 있었을 가능성이 크다고 생각된다(각주 11 참조). 우선 제작 장소로, 이응준 태극기는 미국 군함 스와타라호에서 만들어졌다.[435] 당시 스와타라호에서 이응준과 직접적인 의사소통이 가능한 사람은 슈펠트 제독이 청국에서 고용한 중국인 통역자 2명과 슈펠트 제독의 중국인 종복뿐이어서,[436] 이응준은 태극기 제작 과정에서 미국인과 의사소통이 원활하지 않았을 가능성이 크고, 태극기가 완성된 후 미국 관계자에게 이응준 태극기의 앞면을 중국인 통역자를 통해 알려 주었으며, 미국 관계자는 이응준 태극기의 게양을 위한 고정끈 부착 위치를 미국 기준대로 서양식 기준으로 했을 가능성이 크다. 다음으로 이응준 태극기의 게양 환경은 당시 국가 간 조약 경험이 없었던 조선보다는 경험이 많았던 미국이 주도했을 가능성이 크다. 게양 장소는 조미수호통상조약이 체결되었던 조선의 제물포였지만, 이응준 태극기는 미국 국기인 성조기와 나란히 게양되었기 때문에,[437] 이응준 태극기와 성조기는 서양식 기준에 따라 깃대가 깃발의 왼쪽에 위치하도록 게양되었을 것이다.

---

435)　김원모, 앞의 논문(1992), 59쪽.
436)　각주 75 참조.
437)　김원모, 앞의 논문(1992), 59쪽.

다. 상해 임시정부의 태극기와 이응준 감정본

(1) 김구 서명문 태극기와 이응준 감정본

김구 서명문 태극기(그림 77[438]. 독립기념관 제공)는 대한민국임시정부의 주석 김구가 1941년 3월 중국에서 미국으로 가는 매우사(梅雨絲)[439] 신부에게 주었고, 미국에서 약 1년간 활동하던 매우사 신부가 중국으로 돌아갈 때 도산 안창호의 부인 이혜련 여사에게 전달하였는데, 유족이 1985년 3월에 독립기념관에 기증한 태극기이다.

그림 77: 김구 서명문 태극기

김구 서명문 태극기는 깃대 옆에 광복군에 대한 동포들의 지원을 당부하는 다음과 같은 묵서墨書와 서명이 적혀 있는데, 이를 통해 일제

---

438)　국가유산청(문화재청), 앞의 책(2008), 130쪽.
439)　벨기에인, 본명은 '샤를 메우스(Charles Meeus)'이다(문화재위원회, 앞의 책, 468쪽).

강점기에 미국과 중국 등 해외에서 조국의 광복을 위해 헌신하였던 애국지사들의 활동을 위한 매체로 활용되었던 태극기의 역사성과 상징성을 확인할 수 있다. 김구 서명문 태극기는 이와 연관된 역사적 사실이 명백한 태극기임이 인정되어,[440] 2008년 8월 12일에 등록문화재 제388호로 지정되었고(관보 제16812호), 2021년 10월 25일에 보물로 지정되었다.[441] 김구 서명문 태극기는 노영재 여사가 제작한 것으로 보이는데, 그 이유는 다음(이하의 ①부터 ③까지)과 같다.

「梅雨絲 神父의게 付託하오 당신은 우리의 光復운동을 誠心으로 돕는 터이니 이번 行次에 어느 곧에서나 우리 韓人을 맛나는 대로 以下 幾句의 말을 傳하여 주시요 亡國의 설음을 免하려거든 自由와 幸福을 누리려거든 靜力 人力 物力을 光復軍에 밧아서 强弩末世인 원수 日本을 打倒하고 祖國의 獨立을 完成하자 一九四一年 三月 十六日 重慶에서 金九 謹贈(印章 押)」[442]

---

440) 대한민국상해임시정부 주석 김구가 1941년 3월 16일 중경에서 미국으로 가는 벨기에인 매우사 신부에게 주면서 미국 체재 중에 한인에게 서명문에 적힌 말을 전해 달라고 부탁했고(김구 서명문 태극기의 서명문 내용 참조), 매우사 신부는 미국에서 1년간 지낸 뒤 중국으로 돌아가는 길에 로스앤젤레스에서 도산 안창호의 부인 이혜련 여사에게 전달했으며(문화재위원회, 앞의 책, 467~469쪽. 당시 미주 한인 신문이었던 신한민보의 1942년 3월 19일자(3면)의 기사 내용), 도산 안창호의 장녀 안수산 여사가 어머니로부터 물려받아 간직하고 있다가 1985년 3월 국립중앙박물관을 통해 독립기념관에 기증한 것이다(문화재위원회, 앞의 책, 468쪽).

441) 보물로 지정된 태극기는 '김구 서명문 태극기' 외에, '데니 태극기'와 '서울 진관사 태극기'의 3점이 있다. 3점 모두 2021년 10월 25일에 보물로 지정되었다.

442) 국가유산청 홈페이지의 '보물' 김구 서명문 태극기(金九 署名文 太極旗)에 대한 해설에서 인용. 이하는 국한문 혼용의 원문을 현대문으로 수정한 것이다. "매우사 신부에게 부탁하오. 당신은 우리의 광복 운동을 성심으로 돕는 터이니 이번 행차의 어느 곳에서나 우리 한인을 만나는 대로 이하의 몇 글자의 말을 전하여 주시오. 망국의 설움을 면하려거든, 자유와 행복을 누리려거든, 정력·인력·물력을 광복군에게 바쳐 강노말세(强弩末世, 힘을 가진 세상의 나쁜 무리)인 원수 일본을 타도하고

① 김구 서명문 태극기의 제작자가 누군지에 대해, 관련 문헌인 국가
유산청(문화재청), 앞의 책(2008)(130~135쪽)과 문화재위원회,
『2021년도 문화재위원회 동산문화재 분과위원회 제4차 회의자료』
(463~483쪽)에는 구체적인 기재가 없다.

② 다만, 국가유산청(문화재청), 앞의 책(2008), 132쪽에 "김구는 광복
운동에 적극 협조한 외국인 매우사 신부에게 광복운동의 정신을 담은
친필 태극기를 만들어 전한 것 같다."라는 기재가 있어, 김구가 태극
기를 제작한 것으로 해석되지만 태극기 제작보다는 친필을 직접 작성
했다는 의미로 이해하는 편이 정확한 것 같다. 왜냐하면, 131쪽의 등
록사유 두 번째 단락에 "이 태극기는 옷감을 덧대 홍색의 양방과 청색
의 음방, 흑색의 4괘를 재봉틀로 박음질했고, 태극문양은 세로 방향
으로 감싸 안는 형태이며,"라는 기재로 보아 재봉틀 박음질에 능숙한
기술을 가진 여성이 이 태극기를 제작했을 가능성이 큰 것으로 여겨지
기 때문이다.

③ 한편, ⓐ 대한민국 임시의정원 태극기(등록문화재 제395-2호)의 관
련 자료인 국가유산청(문화재청), 『2013년 등록문화재 보고서』(8쪽
~12쪽)에, 태극기 전문가인 조사위원 4가 3점 중 태극기 1에 대해
"전체 분위기는 등록문화재 제388호로 등록된 김구 서명문 태극기와
비슷하다."라고 서술하고 있는 점, ⓑ 대한민국 임시의정원 태극기 3
점은 대한민국임시정부 국무위원과 임시의정원 원장 등을 역임한 김
붕준의 부인 노영재 여사가 제작한 것인데{국가유산청(문화재청), 앞
의 책(2013), 9쪽}, 노영재 여사는 당시 바느질 솜씨가 매우 좋아 와
이셔츠와 넥타이를 직접 손수 제작·판매하여 군자금으로 활용하였고
손수 제작한 소형 태극기는 임정 요인들의 행사에 주로 사용되었으며
{국가유산청(문화재청), 앞의 책(2008), 168쪽. 차녀 김정숙 진술},

조국의 독립을 완성하자. 1941년 3월 16일 충칭에서 김구 드림"

ⓒ 대한민국임시정부 의정원 태극기 3점 모두 재봉틀로 여러 색의 천을
박음질하여 제작한 방식이나 형태 등은 중경 임시정부 시절 제작한 김구
서명문 태극기와 유사하다는 점{NAVER 지식백과, 두산백과의 '대한민
국 임시의정원 태극기(2013)'}과, ⓓ 이들 태극기의 제작 시점이 비슷한
점 등으로부터, 김구 서명문 태극기는 노영재 여사가 제작했을 가능성이
큰 것으로 보인다.

(가) 김구 서명문 태극기와 고종임인진연도병풍 태극기

김구 서명문 태극기와 고종임인진연도병풍 태극기(그림 78)는 모두
깃대가 깃발의 오른쪽에 위치하는 전통적인 조선식 기준을 따르고 있
고,[443] 4괘의 배치가 동일하며,[444] 태극문양과 4괘와의 관계가 동일
하고,[445] 태극문양도 동일한 계열이어서,[446] 이들 태극기는 서로 동
일한 계통의 것으로 보인다.

---

443) 김구 서명문 태극기는 '오른쪽에 깃대끈이 달려 있다.'라는 기재{국가유산청(문화재
청), 앞의 책(2008), 131쪽 마지막 행}와 그림 77로부터 깃대가 태극기의 오른쪽
에 위치하고 있음을 확인할 수 있다. 고종임인진연도병풍 태극기도 깃대가 깃발의
오른쪽에 위치하고 있다는 것은 앞에서 살펴본 바와 같다.

444) 김구 서명문 태극기는 오른쪽의 위쪽이 건괘(☰)이고, 왼쪽의 위쪽이 감괘(☵)이
며, 오른쪽의 아래쪽이 리괘(☲)이고, 왼쪽의 아래쪽이 곤괘(☷)이다. 고종임인진
연도병풍 태극기도 4괘의 배치가 김구 서명문 태극기와 동일한데, 이는 고종임인
진연도병풍 태극기의 4괘 배치가 이응준 태극기와 동일한 것(그림 75 관련 설명 참
조)에 의해 간접적으로 확인된다.

445) 태극문양의 파란색(−)이 건괘(☰) 부분에서 시작되는 점, 태극문양의 빨간색(+)이
곤괘(☷) 부분에서 시작되는 점에서 서로 동일하다.

446) 태극문양의 파란색(음, −)이 빨간색(양, +)의 위쪽에 위치하고 있어 양 태극기는
서로 동일하다. 다만, 태극문양의 구체적인 형상은 김구 서명문 태극기는 현행 태
극기의 태극문양과 비슷하지만, 고종임인진연도병풍 태극기는 이응준 태극기의 태
극문양과 동일한 점에서 서로 차이가 있다. 그러나 이러한 차이는 양 태극기의 차
이를 유발하지 않는다.

그림 78: 김구 서명문 태극기(좌. 독립기념관 제공),
고종임인진연도병풍 태극기(우. 아모레퍼시픽미술관 소장)

(나) 이응준 감정본 계열인 김구 서명문 태극기

김구 서명문 태극기(그림 79의 왼쪽)와 이응준 감정본은 모두 깃대가
태극기의 오른쪽에 위치하는 전통적인 조선식 기준을 따르고 있고,[447] 4
괘의 배치가 동일하며,[448] 태극문양과 4괘와의 관계가 동일하고,[449]

---

447) 김구 서명문 태극기는 앞에서 살펴본 바와 같다. 이응준 태극기는 태극기의 왼쪽에
    깃대가 있는 것으로 도시되어 있지만, 이응준 태극기의 제작자가 태극기의 오른쪽
    에 깃대가 위치하는 이응준 감정본을 의도했다는 것에 대해서는 앞에서 살펴본 바
    와 같다.
448) 김구 서명문 태극기는 오른쪽 상단이 건괘이고, 왼쪽 상단이 감괘이며, 오른쪽 하
    단이 리괘이고, 왼쪽 하단이 곤괘이다. 이응준 감정본의 4괘 배치가 김구 서명문
    태극기와 동일한 것임이 확인된다(그림 79 참조).
449) 태극문양의 파란색(−)이 건괘(☰) 부분에서 시작되는 점, 태극문양의 빨간색(+)이

태극문양도 동일한 계열이어서,[450] 이들 태극기는 서로 동일한 계통
의 것으로 보인다.

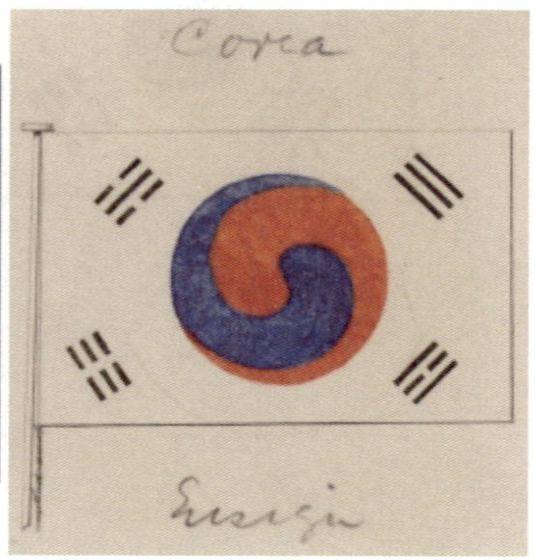

그림 79: 김구 서명문 태극기(좌. 독립기념관 제공),
이응준 태극기(우. 미국 의회도서관 소장)

(2) 대한민국 임시의정원 태극기 1과 이응준 감정본

대한민국 임시의정원 태극기는 1923년 상해 대한민국 임시의정원
에 걸렸던 것으로 전해지는 태극기(등록문화재 제395호[451]) 1점과
1940년을 전후하여 제작되어 임정에서 사용된 3종의 태극기(등록문

곤괘(☷) 부분에서 시작되는 점에서 서로 동일하다.

450) 태극문양의 파란색(음, -)이 빨간색(양, +)의 위쪽에 위치하는 관계에 있어 양 태
극기는 서로 동일하다. 다만, 태극문양의 구체적인 형상은 김구 서명문 태극기의
경우 현행 태극기의 태극문양과 비슷하지만, 이응준 태극기의 경우 태극기에 적용
한 최초의 태극문양인 점에서 서로 차이가 있다. 그러나 이러한 차이는 양 태극기
의 차이를 유발하는 정도라 할 수 없다.

451) 국가유산청(문화재청), 앞의 책(2008), 166~169쪽.

화재 제395-2호[452]) 3점으로 3·1운동에 참여한 후 상해로 망명하여 대한민국임시정부 수립에 참여한 후 군무부원, 임시의정원 의원, 비서실장과 임시의정원 원장을 역임하는 등 평생을 독립운동에 투신한 김붕준[453]의 부인 노영재 여사가 제작한 것이다.

대한민국 임시의정원 태극기 4점은 태극문양과 4괘의 배치 등이 각각 다른데, 그중 아래에서 살펴보는 바와 같이 등록문화재 제395-2호의 태극기 1(이하 '임시의정원 태극기 1'이라 한다. 대한민국역사박물관 소장)이 김구 서명문 태극기와 동일하다.

(가) 임시의정원 태극기 1과 김구 서명문 태극기

임시의정원 태극기 1과 김구 서명문 태극기는 모두 깃대가 태극기의 오른쪽에 위치하는 전통적인 조선식 기준을 따르고 있고,[454] 4괘

---

452)　국가유산청(문화재청), 앞의 책(2013), 8~12쪽.

453)　김붕준金朋濬(1888~1950 납북) 일가는 부인 노영재盧英載(1895~1991), 장남 김덕목金德穆(1913~1977), 장녀 김효숙金孝淑(1915~2003), 큰 사위 송면수宋冕秀(1910~1950), 둘째 딸 김정숙金貞淑(1916~2012)과 둘째 사위 고시복高時福(1911~1958)까지 총 7명이 독립운동에 헌신했던 대표적인 독립운동 가문이다(네이버 지식백과, 두산백과의 김붕준 일가 유물에서 인용). 이들이 남긴 생활 유물 18점이 등록문화재 제550호로 지정되었고[국가유산청(문화재청), 앞의 책(2013), 142~150쪽], 임시정부 법규 3종 4점은 등록문화재 제549호로 지정되었다[국가유산청(문화재청), 앞의 책(2013), 138~141쪽].

454)　임시의정원 태극기 1은 "우측 깃대면은 별도의 명주 천을 감싸듯이 박음질하여 그 속으로 1m 95cm 길이의 홍색 끈을 끼웠는데, 바탕면 밖으로 약 60cm가 나와 있다."라는 기재[국가유산청(문화재청), 앞의 책(2013), 11쪽]와 사진(그림 80의 왼쪽)으로부터 고정끈이 태극기의 오른쪽에 위치하는 깃대에 고정할 수 있도록 배치되어 있음을 확인할 수 있다. 김구 서명문 태극기는 앞에서 살펴본 바와 같다.

의 배치가 동일하며,[455] 태극문양과 4괘의 관계가 동일하고,[456] 태극문양도 동일해서,[457] 이들 태극기는 서로 동일하다(그림 80).

그림 80: 임시의정원 태극기 1(좌. 대한민국역사박물관 소장),
김구 서명문 태극기(우. 독립기념관 제공)

(나) 이응준 감정본 계열인 임시의정원 태극기 1

김구 서명문 태극기와 이응준 감정본이 서로 동일한 계통이라는 것에 대해서는 앞에서 살펴본 바와 같다. 임시의정원 태극기 1과 김구 서명문 태극기가 서로 동일하다는 것에 대해서는 앞에서 살펴본 바와 같으므로, 결국 임시의정원 태극기 1은 이응준 감정본과 동일한 계통의 것이다(그림 81).

---

455) 양 태극기는 4괘가 서로 동일하게 대응하는 것을 확인할 수 있다(그림 80 참조).
456) 양 태극기는 태극문양과 4괘의 관계가 서로 동일함을 확인할 수 있다(그림 80 참조).
457) 양 태극기는 태극문양이 서로 동일함을 확인할 수 있다(그림 80 참조).

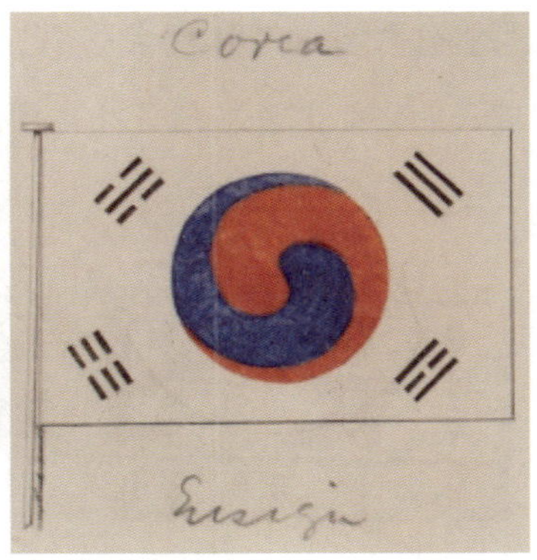

*미국 의회도서관 소장
(사진 이태진 교수 제공) | 6.1×3.8cm

그림 81 : 임시의정원 태극기 1(좌), 이응준 태극기(우)

라. 다양한 형태로 전환된 이응준 감정본

(1) 1896년의 독립신문에 실린 태극기

이응준 감정본은 태극기가 처음 삽화(그림 82[458] 참조)로 사용된 독립신문 제12호(1896년 5월 2일)에도 적용되었다. 독립신문에 실린 태극기(독립신문 태극기)는 이응준 감정본을 180도 회전함으로써 깃대가 깃발의 오른쪽에 위치하는 조선식 기준에서 깃대가 왼쪽에 위치하는 서양식 기준으로 변경된 독특한 사례이다(그림 83 참조).[459]

---

458) 1896년 5월 2일 독립신문 제1권, 독립신문영인간행위원회, 1981.

459) 독립신문 태극기의 태극문양은 흑백(양이 백, 흑이 음)이지만, 음양의 배치는 180도 회전된 이응준 감정본과 동일하고, 4괘의 배치도 동일하다. 다만, 태극문양의 형태에 차이가 있지만, 각 태극문양은 태극기에 나타나는 대표적인 문양으로 이것이 태극기의 차이를 유발하지 않는다.

독립신문 태극기의 태극문양은 강화도 유수영 삼문의 정문에 그려진 태극문양에서 현행 태극기의 태극문양으로 변경되었음을 알 수 있다.

그림 82: 독립신문 태극기

그림 83: 독립신문 태극기(좌), 180도 회전된 이응준 감정본(중), 이응준 감정본(우)

(2) 1899년 미국 해군부 태극기

1899년 미국 해군부 태극기(그림 33의 오른쪽)는 이응준 감정본을 시계 반대 방향으로 90도 회전한 것으로, 이응준 감정본을 미국 기준(서양식)으로 깃대가 깃발의 왼쪽에 위치하도록 변경하였다는 것에 대해서는 앞에서 살펴본 바와 같다(그림 33과 관련 기재 참조).

(3) 불원복 태극기, 대한독립만세 태극기 및 대한민국임시정부 국기양식

‘불원복’ 태극기(등록문화재 제394호)는 조선 말 전남 구례 일대에서 활약한 의병장 고광순(1848~1907)이 1905년 을사늑약이 체결되자 일제와 싸우면서 ‘머지않아 국권을 회복한다’라는 의미의 ‘不遠復 불원복’ 글씨를 빨간색으로 수놓은 태극기(그림 112의 왼쪽)이다. 불원복 태극기는 깃대가 깃발의 오른쪽에 위치하는 조선식 기준을 따르는 이응준 감정본에서 두 번의 변환(그림 110 참조)을 거쳐 조선식 기준으로 다시 돌아왔는데(그림 110 오른쪽의 대한독립만세 태극기는 불원복 태극기와 그 형태가 동일하다), 이와 같은 변환으로 태극문양에서 군주를 의미하는 양(+, 빨간색)이 위에 위치하도록 함으로써 근왕勤王을 의도한 것으로 보인다. 불원복 태극기에서 특이 사항은 태극문양의 음(−)이 검은색이라는 점이다(각주 542 참조).

불원복 태극기는 태극문양과 4괘 사이의 관계가 대한독립만세 태극기 및 대한민국임시정부 국기양식(그림 1 위의 왼쪽)과 동일하다.

(4) 군정 문교부 공포 태극기

군정 문교부 공포 태극기(그림 116의 가운데)는 대한민국임시정부 국기양식(그림 116의 왼쪽 구왕실 소장 태극기와 동일)이 좌우 반전된 도식으로 해방 후 처음으로 중앙청 국기 게양대에 게양되었

고(각주 568 참조), 1948년 8월 15일 중앙청에서 거행된 대한민국 정부 수립 기념식에서 유엔기와 어깨를 나란히 하여 게양되었다{Ⅲ.2.다.(4)(나) 항 참조}.

5

소결

이응준 감정본은 국기 대용이 아니었고, 조선의 국기로 창안되었다. 이응준 태극기는 조선이 최초로 서구열강인 미국과 외교 관계를 맺는 조미수호통상조약 체결 당시 미국 성조기와 함께 게양되었다. 이응준 감정본은 1885년 고종의 어가행렬에서 형명形名으로 기능했고, 주미조선공사관 건물 옥상에서 조선과 대한제국의 국기로 오랜 기간 게양되었다. 이응준 태극기는 1894년경 조선 국내에서 사용된 흔적이 발견된다(각주 581 참조. 이응준 태극기는 조선에서 사용되던 이응준 감정본을 서양식 기준으로 해서 그려졌을 가능성을 배제할 수 없음). 이응준 감정본은 고종임인진연도병풍과 신축진연도병에서 황제의 권위를 상징하는 형명으로서도 사용되었다.

이응준 감정본은 일제 강점기에 대한민국임시정부에서 사용되었다. 또한, 이응준 감정본의 변환 도식은 대한민국임시정부의 국기양식으로 채택되었고, 그 좌우 반전은 해방 이후 1949년 10월 15일 현행 태극기가 대한민국의 국기로 공포되기 전까지 군정 태극기로 사용되었으며, 대한민국 정부 수립 후에도 공식적으로 사용되었을 정도로, 그 생명을 끈질기게 유지해 왔다.

III

박영효 태극기

1

조선의 국기 반포와 국기 관련
『사화기략』 기록

조선 정부(통리교섭통상사무아문)는 고종의 윤허를 얻어 1883년 3월 6일(음력 1월 27일) '지금 이미 만들어진 국기'를 팔도八道와 사도四都에 반포했다.[460] 국기의 제정·반포와 관련한 고종실록(각주 460 참조)에 의하면 국기 제정을 반포한 날은 1883년 3월 6일이고, 국기 반포일을 기준으로 볼 때 국기는 이미 만들어져 있는 상태라는 의미로 읽히지만, 국기의 제작 주체, 제작 시기와 구체적인 모양 등에 대해서는 아무런 정보가 없다. 그런데 1882년 5월 22일 이응준 태극기가 미국 국기 성조기와 함께 게양되었던 조미수호통상조약 체결 이후,[461] 조선 정부는 외

---

460) 통리교섭통상사무아문에서 아뢰기를, "국기를 지금 이미 제조하였으니 팔도와 사도에 행회하여 다 알고 사용하도록 하는 것이 어떻겠습니까?"하니, 윤허하였다 (二十七日. 統理交涉通商事務衙門啓: "國旗今旣製造, 行會八道四都, 使之認驗擧行何如?" 允之.). 『고종실록』20권 1883년 1월 27일 기유(己酉) 1번째 기사. 여기서 사도四都는 유수留守를 두었던 개성·광주廣州·수원·강화를 일컫는다.

461) 이선근, 앞의 논문, 201쪽. 이선근은 고종실록의 국기 반포의 내용과 관련해서 "따라서 [이미 제정된 국기]라 한 것은 전년도에 박 수신사 일행이 4괘 태극으로 신제하여 사용한 것을 기정사실로 확인한 것임에 틀림없고 이 사실을 공식으로 절차 밟아 전국에 반포한 것이 이 계미년 정월이었다고 단정할 수밖에 없다."라고 언급하고 있다. 이선근의 이와 같은 언급은 논문 발표 당시 '이응준 태극기'의 존재를 알

교 사절로는 처음으로 임오군란[462]에 대한 책임 문제로 일본과 체결한 제물포조약[463] 제5조에 의거 박영효를 특명전권대사 겸 수신사로 임명하여 일본에 파견하였다. 『사화기략使和記略』은 박영효가 수신사로서 활동한 4개월간{1882.9.12.(음력 1882.8.1.)~1883.1.6.(음력 1882.11.28.)}의 사행을 기록한 일기책인데, 이『사화기략』에 국기國旗에 관한 언급이 여러 곳 있다. 1882년 9월 25일(음력 8월 14일)에 처음으로 국기에 대한 기록이 있고, 특히 1882년 10월 3일(음력 8월 22일)에는 새로 만든 본국(조선) 국기 대·중·소 3본 중 소기小旗를 올려 보낸다는 고종에게 올리는 장계狀啓와 기무처機務處[464]에 송부

지 못한 상태에서, 박영효의『사화기략』의 내용만을 고려할 때에는 박영효 태극기가 '이미 제정된 국기'와 동일한 것이라고 생각했을 것이다.

462) 신식군대가 구식군대보다 급료와 보급에서 좋은 대우를 받는 데 비해 구식군대의 군졸들은 13개월 동안 봉급미를 받지 못해 불만이 높았던 차에, 겨우 한 달 치의 급료를 받게 되었으나 그것마저 선혜청 담당자의 농간으로 양도 부족한 데다 모래가 반 넘어 섞여 있었다. 이에 격분한 구식군대의 군인들이 폭동을 일으켰고, 공격 대상은 민씨 일파와 일본 세력의 배척 운동으로 확대되었다. 군민들은 신식군대인 별기군 병영으로 몰려가 일본인 교련관 호리모토(掘本禮造) 공병소위를 죽이고, 민중과 합세하여 일본 공사관을 포위, 불을 지르고 일본 순사 등 13명의 일본인을 살해했다. 사태가 악화되자 왕비는 충주 장호원의 충주목사 민응식의 집으로 피신했고, 고종은 전권을 대원군에게 맡겼다. 민씨 일파의 청원으로 청국은 군대를 파견하였고, 군대와 함께 조선에 온 마건충 등은 대원군을 텐진(天津)으로 납치해 갔으며, 일본은 조선 정부를 압박하여 주모자 처벌과 손해 배상 지급을 내용으로 하는 제물포조약을 맺게 했다. (마건충 관련을 제외하고는 '한국근현대사전'의 임오군란[壬午軍亂]에서 인용)

463) 1882년 8월 30일(음력 7월 17일) 임오군란으로 빚어진 양국 간의 문제를 처리하기 위해 조선과 일본 사이에 맺어진 조약이다. 임오군란으로 일시 패퇴했던 일본은 다수의 군사력을 동원하여 제물포를 거쳐 한성에 들어와 임오군란 관련자 처벌, 피해보상, 사죄 등을 요구하여 관철시켰다. 동시에 일본의 상권을 확고히 다지는 수호조규속약도 체결하였다. 공사관 수비를 위해 1개 대대를 한성에 주둔한다는 내용이 포함되어, 임오군란으로 3천 명의 청국 군대가 주둔하는 가운데 일본군까지 주둔하게 되면서 양국 간 무력충돌의 위험이 증대되었다. {한국민족문화대백과사전의 '제물포조약(濟物浦條約)'(집필자 이원순)의 '내용 요약'을 인용}

464) 기무처는 박영효가 특명전권대사 겸 수신사로 국서를 가지고 일본에 가도록 왕명을 받은 1882년 7월 25일(음력)에 설치된 기구이다. 『고종실록』19권 1882년 7

하는 국기 제작에 관한 보고서가 기재되어 있다.『사화기략』에서 언급하고 있는 국기에 관한 중요한 언급은 다음과 같은데, 국기(박영효 태극기)가 1883년 3월 6일 고종실록에서 조선 정부가 반포한 국기와 동일한 것인지에 대해 살펴본다.

1882년 9월 25일: 새로 만든 국기를 객사 깃대에 달았는데, 흰색 바탕에 세로로 사각형이고 (세로의) 길이는 너비의 2/5에 못 미친다. 중심에 태극을 그리고 청·홍색으로 메웠고, 네 모퉁이에는 건·곤·감·리의 4괘를 그렸는데, 이미 상上(고종:필자주)으로부터 명을 받은 것이다. [465]

1882년 10월 3일 고종에게 올리는 장계: 본국 국기를 새로 만드는 일은 이미 지시(처분)가 있었으므로, 지금 (지시대로) 이미 만들어진 대·중·소기의 3본 중 소기小旗 1본을 올려보내는 연유를 치계馳啓합니다. [466]

월 25일 기유 1번째 기사에서 기무처 설치와 관련한 내용은 이하와 같다. "전교하기를, "국가에 일이 많은 이런 때에는 문제를 의논하는 장소가 없어서는 안 된다. 기무처(機務處)를 합문(閤門) 안에 두되, 응당 갖추어야 할 절목(節目)은 와서 모이는 신하들이 마련하여 올리도록 하라."라고 하였다. 또 전교하기를, "병조 판서(兵曹判書) 조영하(趙寧夏), 호조 판서(戶曹判書) 김병시(金炳始), 행 호군(行護軍) 김홍집(金弘集)·김윤식(金允植), 부호군(副護軍) 홍영식(洪英植), 부사과(副司果) 어윤중(魚允中), 교리(校理) 신기선(申箕善)을 며칠 안으로 기무처에 모이게 해서 일마다 영의정(領議政)에게 가서 의논하게 함으로써 품지(稟旨)하여 재결(裁決)하는데 대비하게 하라."라고 하였다." (二十五日. 敎曰: "當此國家多事之時, 不可無議事之地. 機務處所, 閤門內爲之, 應備節目, 令來會諸臣磨鍊以進." 又敎曰: "兵曹判書趙寧夏, 戶曹判書金炳始, 行護軍金弘集·金允植, 副護軍洪英植, 副司果魚允中, 校理申箕善, 使之不日來會于機務處, 隨事往議于領議政, 以備稟決.")

465) 新製國旗, 懸寓樓旗竿, 白質以縱方, 長不及廣五分之二, 中心畵太極, 塡以靑紅, 四隅畵乾坤坎离四卦, 曾有受命於上也. 乾坤坎离에서 离는 離와 동자이다. 이 책에서『사화기략』의 원문은 1958년 부산대학교 사학회에서 편찬한『사화기략』에 근거했고, 각주 468의 원문은 김상섭, 앞의 책, 99쪽의 각주 80을 참고했다.

466) 本國國旗新製事, 旣有處分, 故今已造就大中小三本, 而其小旗一本, 上送緣由, 馳啓. '處分'의 사전적인 의미는 '처리하여 치움'과 '일정한 대상을 어떻게 처리할 것인가에 대하여 지시하거나 정함. 또는 그런 지시나 결정.'인데, 여기서는 후자로

1882년 10월 3일 '送機務處書'(기무처에 보내는 보고서): 국기의 표식標式은 메이지마루(明治丸)의 배 안에서 영국 영사 애스턴(阿須敦)과 상의하였습니다. 그의 말에 의하면, 이 배의 선장인 영국인(제임스, James[467])이 사해를 두루 돌아다녀 각국의 국기를 잘 알고 있고, 또 각종 색깔의 분별과 원근이동遠近異同도 훤히 알고 있다고 하므로 제임스와 함께 상의하였습니다. 제임스는 태극·팔괘의 도식은 특별히 훌륭한 것이지만 팔괘의 분포가 자못 조잡하고 불분명해 보일 뿐 아니라, 또 다른 나라들이 이를 보고 제작하는 데도 불편할 것이니, 4괘만을 사용하되 네 모퉁이에 그려 넣으면 더욱 아름다울 것이라 하였습니다. 또 말하기를 외국에는 국기 외에 반드시 군주의 기표도 있으니 국기와 비슷한 모양으로 본떠 채색과 무늬를 찬란하고 선명하게 만드는 것이 가장 좋다고 하였습니다. 제임스로 하여금 국기의 대·중·소 각 1본을 만들게 하여 그중 소 1본을 올려보냅니다. 주상기主上旗는 태극을 가운데 두고 팔괘는 기의 주변에 분포한 것이 좋은 것 같으며 바탕은 홍색을 전용하여 선명하게 보이는 것 같습니다. 이미 각국과 수교를 맺은 후에는, 무릇 사신으로 가는 사람은 예의상 국기가 없으면 안 될 것인데, 각 항구에서 육문六門 이상의 함포를 적재한 각국 군함을 만나게 되면 반드시 축포를 쏘아 예로써 대하므로, 이때 당연히 그 나라 사신의 국기를 게양하여 구별해야 하기 때문입니다. 또 서로 조약을 맺은 각국이 각각 경축절을 맞이할 때에도 국기를 달아 서로 축하하는 예절이 있으며, 각국 공사가 서로 회합할 때에도 국기로 좌석의 차례를 나타냅니다. 이러한 모든 일은 국기를 만들어 가지지 않으면 할 수 없습니다. 이제 영국, 미국, 독일, 일본의 여러 나라가 모두 우리 국기를

해석해야 전후 문맥이 분명하게 된다.

467) 『사화기략』에는 메이지마루 선장의 이름이 없으나, 이선근, 앞의 논문, 195쪽 각주 12에서 8.15 이후에 간행된 "日本外交文書" 第15卷 210面 이하를 살펴보면 "明治丸 船長 ゼームス"라고 기록한 것이 나타나니 James임에 틀림없다고 생각된다는 기재가 있으므로, 이를 반영하여 원문에서 제임스를 지칭하는 용어를 '제임스'로 번역하였다.

그려 갔으니, 이것은 천하에 알려 밝히는 데 관련되는 것입니다. 상세히
상달하기 바랍니다. [468]

가. 2008년 영국에서 발견된 박영효 태극기

한철호는 당시 고려대에서 박사과정을 밟고 있던 한승훈으로부터
영국 국립문서보관소(The National Archives)에 한국 관련 문서
들 가운데 두 개의 국기가 보관되어 있다는 제보를 받았고, 2008년
1월 27일부터 2월 1일까지 독립기념관 한국독립운동연구소의 김도
형과 함께 영국 국립문서보관소를 직접 방문하여 그 원형과 관련 문서
를 실물 크기로 복사해 왔다. 문서번호 FO 228/871에 동봉된 태극
기와 관련 문서에 따르면, 태극기는 1882년 11월 1일[469]에 당시 일
본 외무성의 외무대보 요시다 기요나리(吉田淸成)가 주일영국공사 해
리 파크스(Harry S. Parkes)에게 보낸 박영효 태극기(그림 84의

---

468) 國旗標式, 在明治丸中, 與英領事阿須敦議到, 則伊言該船船長英人, 周行四海,
慣識各國旗號, 又各色分別遠近異同, 均能洞知云, 故與之商議, 則太極八卦之
式, 特別出色, 然八卦分布, 頗覺稠雜不明, 且於各國之仿製甚不便易, 只用四
卦, 劃之四角, 則更佳云, 又言外國國旗外, 必有君主之旗標, 蓋仿樣於國旗, 而
設采設紋, 繁鮮最好云, 國旗大中小各一本, 使該船長裁製, 小一本, 今修啓上
送. 主上旗號, 太極中居, 八卦拱布于旗之邊幅恐好, 質則專用紅色, 似屬鮮明
也. 旣與各國通好之後, 凡出使者, 禮不得無國旗, 爲遇有各港口各國兵艦, 載礮
六門以上者, 則必有祝礮以禮待之, 伊時當揭該國使臣國旗而別之, 又遇有約各國
各等慶節, 有懸旗相賀之禮, 各國公使相會, 以國旗表坐次, 均此各件, 關不得製
帶國旗, 而英美德日各國, 均請仿畵而去, 此係布明於天下者也, 詳細上達爲仰.
469) 박영효가 수신사로 일본에 체류하고 있던 시기였고, 1882년 10월 3일의 『사화기
략』에서 박영효가 기무처에 보내는 보고서에 의하면 '일본이 우리 국기를 그려 갔
다'라는 기재가 있다.

왼쪽. 영국 국립문서보관소 소장)이고, 문서번호 FO 228/749에 동봉된 태극기와 관련 문서에 따르면, 태극기는 1884년 6월 10일에 조선주재 영국 총영사 애스턴(W. G. Aston)이 주청국 영국 공사 파크스에게 보낸 통리교섭통상사무아문 제작의 '조선국기(Corean National Flag)'(그림 84의 오른쪽. 영국 국립문서보관소 소장)였다는 사실이 한철호에 의해 확인되었다.[470][471]

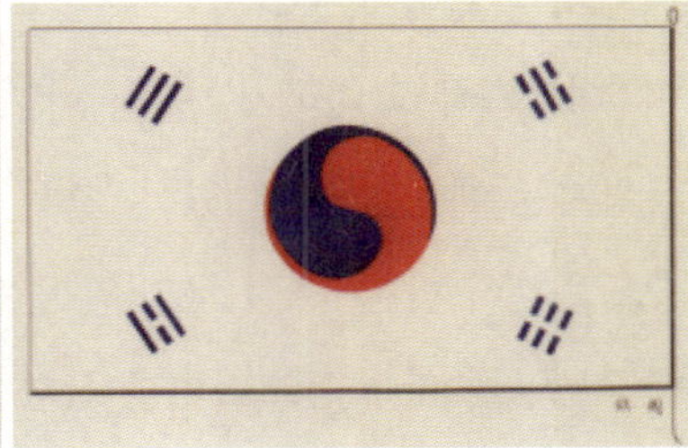

그림 84: 박영효 태극기(좌), 통리교섭통상사무아문 제작 태극기(우)

---

470) 한철호, 앞의 논문, 125쪽~136쪽. 한철호는 FO 228/871에 동봉된 태극기와 『사화기략』의 기재 내용을 비교한 후 이 태극기가 박영효 태극기라고 판단했다.
'통리교섭통상사무아문 제작 조선국기'는 1894년 애스턴에 의해 소개되어 있다(이현표, 앞의 책, 117쪽. 각주 581 참조).
1882년 11월 1일 당시의 주일영국공사 해리 파크스와 1884년 6월 10일 당시의 주청국영국공사 파크스는 동일 인물이다(김현수, 「영국 직업 외교관, 써 해리 파크스(Sir Harry Parkes)의 동아시아 외교 활동, 1842-1885」(2003년 6월, 《영국 연구》 제9호), 127~128쪽에 의하면, 주일영국공사 파크스는 1879년 10월 11일에 일본을 출발하여 미국을 거쳐 영국으로 돌아갔고, 2여 년을 본국에 머문 후 1881년 12월 7일에 기사 작위를 수여 받고, 이튿날 출발하여 이듬해인 1882년 1월 말에 요코하마에 돌아왔으며(각주 58), (조영수호통상조약의) 수정 조약이 체결(1883년 11월)된 이듬해(1884년), 일본을 떠나 중국 공사로 부임했다).
471) 박영효 태극기와 통리교섭통상사무아문 제작 태극기(그림 84)는 대한민국역사박물관의 '한미수교 140주년 기념 조미수교와 태극기' 리플릿에서 인용했다.

나. 1883년 3월 6일 조선의 국기로 반포된 박영효 태극기

'대청속국 고려국기'(그림 65의 가운데)가 게재된『통상장정성안휘편』과 '대청속 고려국기'(그림 65의 오른쪽)가 게재된『통상약장류찬』은 청국에서 1886년에 발간된 것으로,[472] '대청속국 고려국기'는 조선 정부가 1883년 3월 6일(음력 1월 17일) 국기를 제정한 직후 불과 12일 뒤인 1883년 3월 18일에 청국이 고종으로부터 받은 것임에 대해서는 앞에서 살펴본 바와 같다(각주 392 관련 본문 참조). 또한, 이 '대청속국 고려국기'가『통상장정성안휘편』의 앞부분에 있는「조선국왕자문」에 기재되어 있는 '조선 국기'와 동일하지 않고, 청국이 고종으로부터 받은 '조선 국기'의 바탕색을 흰색에서 황색으로 변경하고 태극문양에 흰색 동그라미를 삽입함으로써 태극문양을 중국의 태극문양 형식으로 변경했을 가능성이 크다는 것에 대해서도 앞에서 살펴본 바와 같다{Ⅱ.3.다.(4) 항 참조}. 더욱이 조선 정부가 국기를 반포할 당시는 조선을 청국의 속국으로 명문화한 '조청상민수륙무역장정'이 체결된 후이므로(각주 122 참조), 청국은 고종이 보낸 '조선 국기'를 변경해서 조선이 청국의 속국임을 대내외에 나타내고자 의도했을 것이다.

---

472)『통상장정성안휘편』은 청국이 외국과 맺은 조약, 외국 사신의 서신 등 중요한 내용을 모아 놓은 책이다.
김원모는 서울대 소장의『통상장정성안휘편』을 바탕으로 이 책이 1886년에 간행되었다는 것을 확인하였다(각주 392 참조). 한철호는『통상장정성안휘편』의 자매격인『통상약장류찬』도 1886년에 처음 출간되었다고 언급하고 있다(한철호, 앞의 논문, 143쪽의 각주 27).

　'대청속국 고려국기'에서 바탕색을 흰색으로 하고 태극문양에 삽입되어 있는 흰색 동그라미를 없애면, 박영효 태극기와 '대청속국 고려국기'는 서로 동일하다{다만, 양자는 태극문양에서 파란색(−)이 시작되는 위치가 서로 다른데, 이는 '대청속국 고려국기'의 제작자가 파란색(−)의 시작점에 대한 정확한 이해가 없는 것에 기인하거나, 조선 정부에서 의도적으로 제작('그림 86의 가운데'의 태극문양 시작점 관련한 '그림 86' 아래의 '② 항' 기재 참조)한 것에 기인하는 차이로 보인다}(그림 85 참조). 그렇다면 박영효 태극기는 조선 정부가 1883년 3월 6일에 반포한 조선 국기인 것이 확실한 것으로 보인다.[473]

그림 85: 박영효 태극기(좌), '대청속국 고려국기'의 태극기 부분(우)

---

[473]　한철호, 앞의 논문, 146쪽. 한철호는 '고려국기'는 청국이 의도적으로 바탕을 황색으로 색칠하고 태극 양의에 흰색 동그라미를 삽입했으며 깃대의 위치를 바꾼 점을 제외할 경우 '박영효 태극기'와 거의 일치하고, 특히 조선 정부에서 1883년 3월 6일에 최초의 국기를 반포한 직후 고종이 청국에 '고려국기'를 보냈다는 점을 감안하면, 1882년 9월 박영효가 새로 제작한 국기를 고종이 바꾸지 않은 채 그대로 우리나라 최초의 국기로 공식적으로 인정·공포한 사실을 알 수 있다고 언급하고 있다.

(1) 1883년 9월 보빙사의 미국 체재 시 게양된 태극기는?

　박영효 태극기가 조선의 국기로 반포되었다면 당연히 박영효 태극기는 조선을 대외에 알리는 중요한 장소에서 게양되어야 한다. 조선(대조선국) 정부는 국기 제정 반포 후 구미 열강 중에서 가장 먼저 수교한 미국에 보빙사報聘使를 파견했다. 보빙사는 1882년 조미수호통상조약이 체결된 이듬해인 1883년 4월 미국이 푸트(Foote, L.H.) 공사를 조선에 파견한 것에 대한 조선 정부의 답례와 양국 간 친선을 도모하기 위해 전권대신 민영익閔泳翊과 부대신 홍영식洪英植 등 모두 10인으로 구성되어, 7월 16일(음력 6월 13일) 인천을 출발하여 1883년 9월 2일(음력 8월 2일) 샌프란시스코에 도착한 후 40여 일 동안 미국에 체류했다. 보빙사는 조선이 자주독립 국가임을 알리기 위해 국기(태극기)를 준비해 가서 미국에서 게양했다. 보빙사 일행이 1883년 9월 19일부터 24일까지 6일 동안 보스턴에 체류했는데 이들이 머물던 방돔(Vendome) 호텔에 태극기가 게양되었고, 9월 24일 뉴욕 브루클린 해군 조선소를 방문하자 해군 군악대의 연주에 이어 12년 전 강화도에 포격을 가했던 군함 콜로라도호에서 예포가 발사되고 태극기가 앞 돛대의 망루에 올라갔으며(뉴욕 일간지 The Sun, 1883년 9월 25일 보도), 9월 26일 카탈파호를 타고 미 육군 요새지인 거버너스 아일랜드를 방문했을 때 부두에는 태극기가 휘날리고 있었고, 일행이 체스터 아서호(미국 대통령의 요트)로 갈아탔을 때 돛대에 태극기가 게양되어 있었다.[474] 미국에서 게양된 태극기

---

474)　이현표, 앞의 책, 34~35쪽.

가 어떤 종류인지에 대해서 살펴보면, 보빙사 파견은 푸트 공사가 부임한 4월 이후에 논의되었을 것이므로, 보빙사 일행이 미국으로 출발하기 전에 미국에서 사용할 태극기는 미리 준비되었을 것이다. 이러한 사정을 고려하면 태극기는 국기 반포 당시인 1883년 3월 6일 전

김원모, 앞의 책, 50쪽에는 뉴욕타임즈의 1883년 9월 27일 기사에서 태극기에 대한 보도를 소개하고 있다. 기사 내용은 "(체스터 아서호의) 마스트 위에 나부끼고 있는 대조선 국기에는 나침판 같은 모양의 방위(方位)를 가리키는 부호(4괘)가 네 귀퉁이에 그려져 있고, 중앙에는 히에로글리프(이집트의 상형문자)같이 생긴 도안(태극 양의)이 청홍 색깔로 그려져 있었는데, 이는 대조선의 행복을 상징하는 문장(紋章)이다(Their flag which was flying on the Chester A. Arthur had the points of the compass on the corners and hieroglyphic in the center representing the Corean emblem of happiness.)."이다.
국사편찬위원회, 『신편한국사(한국사 총설DB)』, 「개화와 수구의 갈등, Ⅱ. 개화정책의 추진, 2. 신문명의 도입, 3) 미국시찰단의 파견, (3) 조선보빙사의 미국파견 및 일정」에, 태극기의 종류에 대해서 "견미사절은 미국사행 때 새로 제정한 태극기(1883년 3월 6일 국기제정 반포)를 휴대하고 도미, 이를 호텔 옥상에 게양함으로써 견미사절단의 위엄을 과시했을 뿐만 아니라 조선의 국위를 선양했다."라고 서술하고 있다. 이와 동일하게 2012년 3월 10일과 17일에 각 방영된 KBS의 [역사실험] '고종의 미국 사절단 보빙사(報聘使) 1부 그들은 스파이였다.'와 '구한말 미국 사절단 보빙사(報聘使) 2부 조선 운명의 개척자'에 보스턴 벤덤(이현표는 '방돔'으로 표현) 호텔에 게양된 태극기가 1883년 3월 6일에 국기로 제정된 태극기임을 언급하고 박영효 태극기(그림 86의 왼쪽)의 사진을 방영하는 한편, 호텔에 게양된 태극기를 현행 태극기로 처리하였다.
이현표, 앞의 책, 58~65쪽에서, 이현표는 미국 담배회사인 알렌과 진터(Allen & Ginter: 이하 'A&G사')가 1887년에 각국의 국기를 주제로 담배카드를 제작했는데, 이 중의 태극기(이하 A&G 카드 태극기. 그림 86의 가운데)를 도안으로 활용한 담배카드가 수집가들이 가장 선호하는 아이템 중의 하나라고 소개하고 있다. 또한, 이현표, 앞의 책에는, 1882년 조선에 관한 최고의 베스트셀러인 『조선, 은둔의 나라(Corea, the Hermit Nation)』{저자: 그리피스(William Griffis, 1843~1928)}가 미국에서 출판되었고, 1894년 발간된 네 번째 개정판에는 태극기에 관해 소개하고 있는데, 태극기 소개 내용 중 "조선의 새로운 국기는 1887년 미국에서 담배를 홍보하는 카드로 대량 인쇄되어 서양에 널리 알려지게 되었다."라는 기재가 있고(60쪽), 그리피스가 태극기를 처음 본 것은 보빙사가 미국을 방문했던 1883년이며, 1883년 11월 27일 민영익 대표 등 3명이 그리피스를 뉴욕 빅토리아 호텔로 초대해서 만찬을 베풀며 조선이 당면한 과제와 양국 관계에 대해서 의견을 교환했고, 민영익은 그리피스에게 값비싼 산삼을 선물했다는 기재가 있다(61쪽).

에 이미 제조되어 있었던 태극기여야 함이 이론적으로나 논리적으로나 당연하다(각주 474의 『신편한국사(한국사 총설DB)』도 같은 취지로 보인다). 그런데 미국에서 소개된 자료에 의하면 보빙사 방문 당시 미국에서 게양된 태극기는 '박영효 태극기'가 아닌 'A&G 카드 태극기'(그림 86의 가운데. 이현표 소장)로 읽힌다(각주 474. 이현표, 앞의 책, 60~61쪽 부분 참조). 'A&G 카드 태극기'가 게재된 담배카드는 1887년에 판매되었지만, 그리피스가 태극기를 처음 본 것은 보빙사가 미국을 방문했던 1883년이라 하고, 1894년에 발간된 그리피스의 네 번째 개정판의 태극기에 관한 설명에서 "조선의 새로운 국기는 1887년 미국에서 담배를 홍보하는 카드로 대량 인쇄"되었다고 소개되어 있으며, 보빙사의 미국 방문 시 미국 신문에서 태극기를 소개한 기사가 많았던 점을 고려할 때, 1875년부터 담배카드를 개발해서 활용한 A&G사가 1883년 보빙사의 미국 체재 시에 게양되거나 소개된 태극기를 인식하고 있었을 가능성이 크다. 더욱이 1887년 당시 미국에서 소개된 태극기는 미국 해군부가 1882년 7월 발간한 『해양국가들의 깃발(Flags of Maritime Nations)』에 게재된 미국 해군부 태극기(그림 22) 뿐인데, 이는 '박영효 태극기' 및 'A&G 카드 태극기'와 다르다. 이와 같은 사정을 고려할 때 보빙사의 미국 체재 시 게양된 태극기는 'A&G 카드 태극기'이고, 'A&G 카드 태극기'는 조선 정부에 의해 '통리교섭통상사무아문 제작 태극기'(그림 86의 오른쪽)로 변경된 것으로 보이는데, 그 이유는 다음(이하의 ①부터 ⑦까지)과 같다.

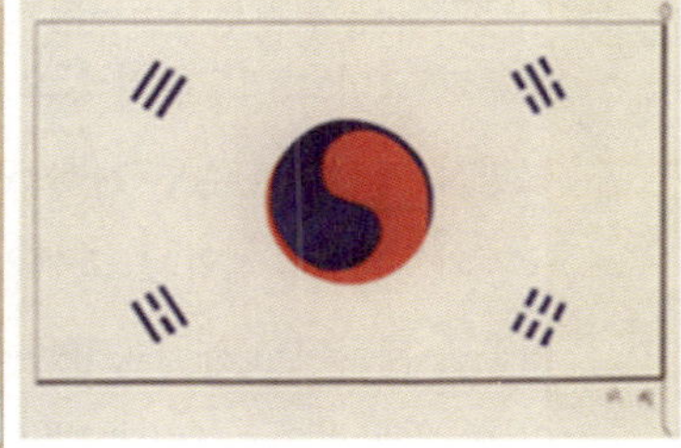

그림 86: 박영효 태극기(좌), A&G사의 태극기 담배카드(중. 이현표 소장),
통리교섭통상사무아문 제작 태극기(우)

① 박영효 태극기와 'A&G 카드 태극기'는 4괘의 배치와 태극문양의 회전 방향은 동일하지만, 태극문양의 회전 각도가 서로 다르다. 'A&G 카드 태극기'는 박영효 태극기의 태극문양을 180도 회전한 후, 음양의 시작점을 시계방향으로 더 늘렸다.

② 'A&G 카드 태극기'의 태극문양과 동일하게 태극문양을 180도 회전한 후, 음양의 시작점을 시계방향으로 더 늘린 것으로는 '쥬이 태극기'가 있다(그림 122). 또한, 주미조선공사관의 공사관 정문 포치 태극기와 중앙홀에 부착·게양된 태극기(그림 32)도 음양의 시작점을 시계방향으로 더 늘린 것이다.

③ 'A&G 카드 태극기'와 쥬이 태극기는 괘의 색깔과 태극문양의 모양이 다른 것을 제외하고는 역리易里상 완전히 동일하고, 보빙사의 미국 방문 시기(1883년)와 쥬이 태극기의 제작 시기(1884년 경기도 지역에서 수집)가 거의 일치한다.

④ 'A&G 카드 태극기'와 '통리교섭통상사무아문 제작 태극기'는 태극문양의 모양이 다른 것을 제외하고는 역리易里상 의미가 완전히 동일하다. 이들은 박영효 태극기에서 4괘를 고정한 상태에서 태극문양을 180도 회전시킴으로써 역리易里에 더 어긋나는 방향으로 변형된 것인

데, 이러한 변형을 통한 태극기 도식은 유교가 국교인 조선에서 조선
정부가 고의로 의도하지 않으면 도출될 수 없는 것이다.

⑤ 보빙사 파견 1년 전인 1882년 5월 22일의 조미수호통상조약에서 성
   조기와 나란히 게양된 조선의 국기는 이응준 태극기(그림 23)이다.
   이응준 태극기의 태극문양은 음(−)인 파란색이 위에, 양(+)인 빨간색
   이 아래에 있다. 그런데 박영효 태극기의 태극문양은 그 음양의 배치
   가 이응준 태극기와 반대이다. 불과 1년 후 방문하는 미국에서 태극문
   양의 음양 배치가 반대로 된 태극기를 게양하는 것은 어색하다.

⑥ 통리교섭통상사무아문은 1882년 12월 외교 통상 사무를 관장할 목적
   으로 통리아문을 확충·개편하여 만든 중앙관청으로 1883년 3월 6일
   의 국기 반포(각주 460 참조), 1883년의 보빙사 미국 파견과 1884
   년 '통리교섭통상사무아문 제작 태극기'를 제작해서 각국의 공사와 영
   사에게 보내는 업무를 주관했다.

⑦ 통리교섭통상사무아문은 1884년 각국 공사와 영사에게 보낼 '통리교
   섭통상사무아문 제작 태극기'를 제작함에 있어서, 태극문양을 박영효
   태극기의 태극문양에서 현행 태극기의 태극문양으로 변경하고, 음양
   의 시작점(태극문양의 180도 회전으로 음양 자체는 반대로 됨)을 박
   영효 태극기에 일치시켰다.

2

박영효 태극기와 관련한
여러 관점에 대한 고찰

가. 조선식 기준에 따라 게양된 박영효 태극기

(1) 일본 신문 시사신보에 게재된 '조선국기'와 유길준이 그린 '국기'

박영효가 고베(神戸)에 머물고 있던 1882년 10월 2일(음력 8월 21일) 일본 신문 시사신보의 「朝鮮の維新(조선의 유신)」이라는 제목의 기사에 게재된 '朝鮮國旗(조선국기)'[475](그림 87의 왼쪽) 그림에는 깃대가 박영효 태극기의 오른쪽에 위치하는 것이 확인된다. 『사화기략』에 의하면 박영효는 1882년 9월 25일(음력 8월 14일) 고베(神戸)에 도착했고, 새로 만든 국기를 객사의 깃대에 달았다고 하였으므로(앞의 1882년 9월 25일 조선 국기 관련 기재 참조), 시사신보 기자가 객사의 깃

---

475) 1997년 8월 15일의 광복절에 당시 서울시 공무원 송명호가 처음 발굴하여 소개한 것이다. 시사신보의 「朝鮮の維新(조선의 유신)」 관련한 기사 내용은 일본의 각종 신문의 주요 기사를 발췌해 만든 『新聞集成明治編年史(신문집성명치편년사)』 등을 통해 이미 알려져 있었지만(이선근, 앞의 논문, 199~200쪽), 이에는 '조선국기' 그림은 게재되어 있지 않았다(한철호, 앞의 논문, 137쪽).

대에 게양된 박영효 태극기를 보고 그렸을 가능성이 크다. 박영효 태극기와 '조선국기'를 비교하면 4괘 중 리괘離卦(☲)만 동일할 뿐 나머지는 괘가 다르고, 태극문양의 모양과 음양의 위치 관계도 다르다. 이러한 차이의 원인에 대해 태극기 연구자 사이에 이하와 같은 관점의 차이를 보인다. ① 일본 기자가 '조선국기'를 함부로 그려서 왜곡 보도하고 있다. ② 당시 일본은 조선의 독자성을 띠는 행위나 조치를 적극적으로 홍보하는 위치여서 근거 없는 날조를 하지 않았고, 일본 기자가 『주역』의 역리를 이해하지 못해 잘못 그렸을 가능성이 크다. 이와 같은 관점의 차이에 대해 살펴보면, 몇 차례 과거시험에 응시한 경험이 있고 당시 조선을 대표하는 젊은 인재로 알려진 유길준조차 박영효 태극기를 잘못 그린 점을 고려할 때, ②에서 언급한 대로 일본 기자가 『주역』의 역리를 잘 모르는 상태에서 잘못 그렸을 것으로 보인다.[476]

유길준이 그린 '국기國旗'(그림 87의 오른쪽[477])에는 깃대가 박영효 태극기의 오른쪽에 위치하는 것이 확인된다. 유길준은 박영효와 동문 수학했고(각주 162 참조), 1881년 조사시찰단의 어윤중 수행원으

---

476) 같은 취지로는, 시오다 교오코(塩田 今日子), 앞의 논문, 33쪽; 신원봉, 앞의 논문(2011a), 273쪽.
한편, 비록 유길준이 당시 조선을 대표하는 젊은 인재라고 하여도, 유길준이 그린 '국기'(그림 87의 오른쪽)의 태극문양은 흑백의 음양을 표현하는 전통적인 방식과 다르게 그려져 있으므로(양陽인 빨간색을 검은색으로, 음陰인 파란색을 흰색으로 표현하고 있음), 유길준은 『주역』에 밝았다고 할 수 없는 것으로 보인다(또한, 4괘에 있어서 음양의 대대對待 관계가 무시되어 있음). 같은 취지로는, 신원봉, 앞의 논문(2011a), 275쪽.
477) 홍승표, 앞의 뉴스앤조이(NEWS&JOY) 기고. 홍승표는 '국기'를 『유길준 전서』 4(1996년, 일조각)에서 인용한 것으로 표시하고 있다. 한편, 한철호는 앞의 논문, 171쪽에서 『상회규칙』에서 인용하고 있고, 신원봉도 앞의 논문(2011a), 265쪽에서 『상회규칙』을 인용하고 있다.

로 일본에 가서 귀국하지 않고 도쿄(東京)에서 유학 중이었는데(각주 178 참조), '국기'는 도쿄에서 박영효가 주관하거나 참석한 장소에 게 양된 박영효 태극기를 보고 그려진 것으로 보인다. 박영효 태극기와 '국기'를 비교하면 4괘는 동일하나, 4괘의 위치에 있어 건乾괘만 같을 뿐 나머지 3괘는 다르고, 태극문양의 전체적인 모양은 비슷하나 음양 이 시작되는 위치가 다르다.

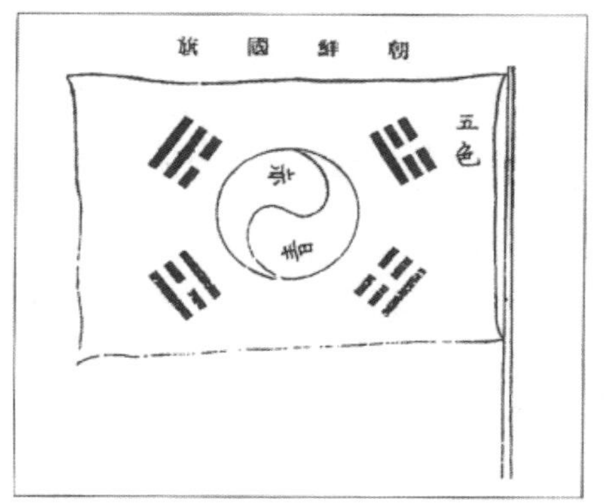

그림 87 : 시사신보의 '조선국기'(좌), 유길준이 그린 '국기'(우)

(2) 주미조선공사관 중앙홀의 벽면에 부착·게양된 박영효 태극기

박영효 태극기가 조선의 관청에서 깃대가 깃발의 오른쪽에 위치하 는 형식으로 사용된 것으로는 주미조선공사관 중앙홀의 태극기가 사 진으로 남아 있다(그림 32의 오른쪽 참조). 박영효 태극기는 늘어뜨 리는 방식으로 벽면에 부착·게양되어 있는데, 이는 깃대를 깃발(깃 면)의 오른쪽에 위치한 형식에서 '깃발을 늘어뜨려서 벽면에 다는 방

법'을 적용한 것이다.[478]

나. 서양식 기준에 따라 제작된 박영효 태극기

박영효 태극기는 깃대가 깃발의 오른쪽에 위치하도록 게양되었다는 것은 앞에서 살펴본 바와 같다. 이는 박영효 태극기의 게양 주체가 깃대를 깃발의 오른쪽에 위치시키는 오랜 관행에 있었던 조선인이라는 점에서 보면 당연하다. 그런데 청국에서 1886년에 편찬된 『통상약장류찬』에 게재된 '대청속 고려국기'(그림 65의 오른쪽)는 깃대가 깃발의 왼쪽에 위치한다. 한철호는 "깃대의 위치 역시 왜곡되어 있다는 점이다. '박영효 태극기'는 깃대의 위치가 오른쪽이었던 반면 '고려국기'는 왼쪽이다."라고 하여,[479] '대청속 고려국기'에서 깃대를 깃발의 왼쪽에 위치시킨 것이 박영효 태극기를 왜곡한 이유의 하나로 보고 있다. 한철호의 이와 같은 인식은 1880년대 당시의 조선에서 깃대를 깃발의 오른쪽에 위치시키는 관행에 근거하고 있는 것으로 보인다. 신원봉도 조선 시대의 깃발에서 깃대의 위치가 오른쪽이었다고 언급하고 있다.[480] 그렇다면 청국도 조선과 마찬가지로 동아시아에 속하는 국가이니, 청국에서 편찬한 『통상약장류찬』에 게재된 '대청속 고려국기'도 깃대가 오른쪽에 위치해야 정상이라는 것이나, 『통상약장류찬』의 권삼

---

478) 행정안전부, 앞의 책, 30쪽.

479) 한철호, 앞의 논문, 146쪽.

480) 신원봉, 앞의 논문(2011a), 266~267쪽. 신원봉은 『세종실록』에 실린 홍문대기 그림에 근거하고 있다.

십卷三十에 게재된 세계 각국의 국기 모두 깃대가 깃발의 왼쪽에 위치하도록 그려져 있으므로,[481] '대청속 고려국기'의 깃대가 깃발의 왼쪽에 위치하도록 그려져 있다고 해서 그것이 곧 조선 국기를 왜곡하였다고 할 수 없는 것으로 보인다. 청국의 의장기는 깃대가 깃발의 왼쪽에 위치하고 있고(Ⅰ.나. 항의 ③ 참조), 비록 중국이 전통적으로 깃대가 깃발의 오른쪽에 위치하는 관행을 따르고 있었다고 하여도,[482] 청국이 『통상약장류찬』에서 전통적인 중국의 관행과 다르게 한 것은 『통상장정성안휘편』과 『통상약장류찬』의 성격에 기인하는 것으로 보인다. 이들은 청국이 외국과 맺은 조약, 외국 사신의 서신 등 중요한 내용을 모아 놓은 책으로, 그 성격이 외교관계에 관한 것인데 주요 외교관계 대상국은 서구 열강이었다. 이들이 발간된 1886년은 서구 열강에 의한 팽창주의가 세계적 현상이 되어 있었고,[483] 청국은 세상의 중심이 아니었다. 1882년 7월 19일 미국 상원에서 제작·분배를 결의한 미국 해군부(Navy Department) 발간의 『해양국가들의 깃발(Flags of Maritime Nations)』에 게재된 이응준 태극기는 깃대가 깃발의 왼쪽에 위치하도록 그려져 있고(그림 11의 왼쪽 참조), 나머지 국가들의 깃발도 이응준 태극기와 마찬가지로 깃대가 깃발의 왼쪽에 위치

---

481)　서울대 규장각 소장 『통상약장류찬通商約章類纂』(奎中3795-v.1-20) 卷三十의 工三 六十三부터 工三 九十八까지.

482)　Whitney Smith, 앞의 책, 110쪽에는 '총사령기식總司令旗式'의 사진이 게재되어 있는데, 깃대와 한문의 관계가 조선식 기준(그림 4 참조)과 동일하다.

483)　두산백과의 '제국주의'에 "일반적으로는 1870년부터 20세기 초에 걸쳐 나타난 독점자본주의(獨占資本主義)에 대응하는 정치적·경제적 구조를 총칭하는 말로 쓰인다. 대개 이 용어는 침략에 의하여 영토를 확장한다는 점에서 팽창주의 또는 식민주의와 거의 동일한 의미로 사용되어 왔다."라는 기재에 의하면, 1870년부터 20세기 초 사이가 제국주의 시대라고 일컬어진다.

하도록 그려져 있는데, 이는 서양식 기준을 따른 것이다. 1886년에 발간된『통상약장류찬』에 게재된 세계 각국의 국기에서 깃대와 깃발의 위치 관계가 그보다 앞선 1882년 서구 열강의 하나인 미국의 해군부에서 발간한『해양국가들의 깃발(Flags of Maritime Nations)』과 동일한 형식을 취한 것은 어쩌면 당연하다 할 것이다.

목수현은 "태극기 제정을 둘러싼 일련의 상황을 짚어보면, 당시 조선의 국기가 제정되는 것이 조선을 둘러싼 여러 나라들과의 외교관계 수립 및 그들의 역학관계 사이에서 일어난 일임을 파악할 수 있다. 또한 이러한 상황은 다만 외적인 정치적 역학관계(力學關係)에 그치지 않고 태극기 도상의 형성에도 깊은 영향을 미치고 있음을 알 수 있다."라고 언급하고 있다.[484] 목수현은 조선의 국기 제정 과정을 함축적으로 표현하고 있다. 목수현이 언급한 조선의 국기 제정이 '조선을 둘러싼 여러 나라와의 외교관계 수립과 역학관계 사이에서 일어난 일'과 관련된다는 점에 대해서는 앞에서 살펴본 바와 같은데(Ⅱ.3.나. 항 참조), 조선 정부는 용기龍旗를 조선의 국기로 하라는 청국의 갖은 압력에도 불구하고 독자적으로 제작한 이응준 감정본을 이응준 태극기로 해서 조미수호통상조약 체결 시 미국 국기 성조기와 함께 게양하였다. 조선 정부는 서구 열강의 하나인 미국과 외교관계를 맺으면서 사용한 이응준 감정본을 조선의 국기로 제작하였음이 확실하다. 그런데 청국의 마건충은 1882년 5월 22일 조미수호통상조약이 체결된 후 김홍집과 한 필담에서 이응준 감정본이 일본 국기와 혼동된다고 언급

---

484)　목수현, 앞의 논문, 30쪽.

하고(각주 115 참조), 1882년 5월 27일 빨간색·검은색의 태극문양과 태극문양 주위에 팔괘를 배치한 조선 국기를 제안하여(각주 110 참조), 이응준 감정본을 조선의 국기로 채택하지 못하도록 압박했다. 그렇지만 조선 정부는 청국이 제안한 빨간색·검은색의 태극문양과 팔괘 도식을 조선의 국기로 할 생각이 전혀 없었고, 이응준 감정본의 대안으로 박영효 태극기를 조선의 국기로 반포하였다. 조선 정부는 박영효 태극기를 조선의 국기로 반포한 후에도 이와 별도로 이응준 감정본과 이응준 태극기를 조선의 국기로 사용하였다(Ⅱ.4. 항 참조).

앞에서 살펴본 조선의 국기와 관련한 일련의 과정과 뒤에서 살펴볼 박영효 태극기의 형상을 고려하면, 박영효 태극기는 목수현이 언급한 '외적인 정치적 역학관계에 의해 태극기 도상의 형성'에 영향받았다고 할 수 있다. 또한, '외적인 정치적 역학관계' 외에 '태극기 도상의 형성'에 영향을 주는 중요한 요소가 박영효 태극기의 제작 과정에 있는데, 바로 박영효 태극기를 직접 제작한 메이지마루의 영국인 선장 '제임스'의 존재이다(1. 항, 『사화기략』의 1882년 10월 3일 '기무처에 보내는 보고서' 기록 참조). 『사화기략』의 해당 기록에 의하면 제임스는 영국인이고 사해四海를 두루 돌아다녀 각국의 국기를 잘 알고 있었기에, 각국의 선박에 다는 국기가 서양식 기준에 따라 게양된다는 사실을 잘 알고 있었을 것이다. 따라서 박영효 태극기는 제임스에 의해 깃대가 깃발의 왼쪽에 위치하는 서양식 기준에 따라 제작되었는데, 이하에서는 박영효가 어떤 사정에 영향받아 어떤 방식으로 박영효 태극기를 제작했는지에 대해 『사화기략』의 내용 등을 근거해서 구성하여 본다.

(1) '새로 만든 국기'로 인식된 박영효 태극기

박영효는 1882년 9월 25일에 새로 만든 국기를 객사 깃대에 달았다고 하면서, 이에 관해 설명하고 있다. 새로 만든 국기는 '흰색 바탕', '중심에 청·홍색으로 메운 태극'과 '네 모퉁이에 그려진 건·곤·감·리의 4괘'로 이루어져 있다고 하는데, 이것만으로는 이응준 감정본과 구별되지 않는다. 새로 만든 국기가 이응준 감정본과 구별되기 위해서는 '중심에 청·홍색으로 메운 태극', 즉 태극문양의 모양이 이응준 감정본과 다르거나, '네 모퉁이에 그려진 건·곤·감·리의 4괘'에서 건·곤·감·리의 배치나 색깔이 달라야 할 것이다. 그런데 이응준 감정본과 구별되지 않는 새로 만든 국기가 이미 상上(고종)으로부터 명을 받은 것이라고 하였으니, 고종은 박영효에게 이응준 감정본을 모본으로 하여 새로운 국기를 제작하되, 태극문양의 모양과 건·곤·감·리의 배치나 색깔을 바꾸는 정도여야 한다고 지시했을 가능성이 크다. [485] 새로 만든 국기

---

485) 한철호는 "정부 내에서 국기에 대한 논의가 이뤄지면서 '이응준감정본'과 마건충의 '태극 8괘'를 절충한 기본도안이 만들어졌을 가능성도 배제할 수 없다."라고 한 후, "국왕이 미리 마련한 국기의 기본도안을 표본으로 삼아 새로운 국기를 제작하도록 명령했다고 보는 것이 타당할 듯하다."라고 언급하는 한편(한철호, 앞의 논문, 158~159쪽), "박영효는 '이응준 감정본'을 국기의 모본으로 삼았으며,"라고 언급하고 있다(한철호, 앞의 논문, 162쪽 및 175쪽). 필자는 이응준 감정본을 모본으로 삼았다는 한철호의 관점에 동의하지만, 이응준 감정본과 마건충의 태극 8괘를 절충한 '국기의 기본도안'의 존재에 대해서는 한철호와 의견이 다르다. 그 이유는 박영효 태극기에 마건충이 제안한 '태극 8괘'(검은색의 팔괘, 반홍반흑半紅半黑의 태극)가 전혀 반영되지 않았기 때문이다. 따라서 한철호가 언급한 '국기의 기본도안'은 이응준 감정본이어야 한다.
한편, 이선근, 앞의 논문, 198쪽. 이선근은 "수신사 일행이 본국을 출발하기 이전부터 국기의 필요성을 국왕과도 상의하고 그의 기본도안으로 태극팔괘의 양식을 준비하여 지참한 것"이라고 언급하고 있는데, 이는 '送機務處書'의 내용에 근거한 것으로 보인다. 또한, 이태진, 앞의 논문, 245쪽에서, 이태진은 "수신사 일행은 국

(박영효 태극기)는 이응준 감정본과 비교할 때(그림 88 참조), 시각적 관점에서는 이하와 같은 차이가 있을 뿐이다. ① 태극문양은 변경되지 않은 상태에서 이응준 감정본의 태극문양이 시계 반대 방향으로 90도 회전하였다. ② 표면적으로는 건·곤·감·리의 괘의 배치가 변경되었고, 괘의 색깔이 검은색에서 파란색으로 변경되었다. ③ 태극문양과 건·곤·감·리 사이의 거리가 거의 붙어 있을 정도로 짧아졌다.

그림 88: 이응준 감정본(좌), 박영효 태극기(우)

왕으로부터 사행중에 사용할 「태극팔괘기」를 수령하였던 것이 분명하다."라고 언급하고 있다. 이로부터 이선근이 언급한 '태극팔괘의 양식'은 마건충이 제안한 태극팔괘도를 의미하고, 이태진이 언급한 「태극팔괘기」는 어기(각주 605 참조)임을 알 수 있다. 그런데 김원모, 앞의 책, 85쪽에서, 김원모는 "수신사 박영효가 일본 사행시, 대군주의 명에 의해 미리 도안을 작성한 「태극팔괘도」이다."라고 하여, 박영효가 이 「태극팔괘도」를 준비하여 일본에 갔다는 취지로 기술하고 있다. 「태극팔괘도」는 정사각형에 현행 태극기가 그려져 있고, 현행 태극기의 4괘 사이에 건괘를 기준으로 시계 방향으로 진震괘, 간艮괘, 손巽괘 및 태兌괘가 밖에서 안을 향하는 형식(중국의 고태극도 참조)으로 그려져 있다.

앞에서 살펴본 바와 같이 이응준 감정본과 박영효 태극기는 '흰색 바탕', '태극문양'과 '네 모퉁이에 그려진 건·곤·감·리의 4괘'가 서로 동일한데, 4괘의 배치와 색깔 등이 바뀐 정도여서 시각적인 관점에서 차이가 거의 없다. 한편, 박영효는『사화기략』에서 박영효 태극기를 '새로 만든 국기(新製國旗)'(1882년 9월 25일)로 표현하고, 박영효 태극기의 제작을 '본국 국기를 새로 만드는 일(本國國旗新製事)'(1882년 10월 3일 장계)로 표현하고 있어, 박영효 태극기는 '새로 만든(新製)'이라는 사전적인 의미로서의 '국기가 없는 상태에서 만들어진 국기'가 아닌, '이미 있는 국기와 별개의 또는 대체물로 만든 국기'인 것으로 해석된다.[486] 즉, 조선 정부는 이응준 감정본을 국기로 제작하여 조미수호통상조약 시 성조기와 함께 이응준 태극기로 게양하였지만, 마건충의 간섭으로 이응준 감정본을 국기로 반포하지 못하고 새로운 국기를 만들어야 하는 처지에 놓여 있었다. 박영효는 일본으로 출발하기 전에 고종으로부터 마건충의 간섭을 피하고 제안을 수용하는 범위 내에서 이응준 감정본을 수정하여 국기로 하라는 명을 받은 것으로 보인다. 그래서 박영효는 고종에게 올리는 장계에서 고종의 명대로 처리했다고 보고하고(각주 466 참조), 같은 날인 1882년 10월 3일 '기무처에 보내는 보고서'(送機務處書)에는 단순히 '국기'라고 표현하면서 영국·미국·독일·일본의 여러 나라가 그려 갔다고 언급하고 있는데, 이 '국기'(박영효 태극기)가 조선 정부가 1883년 3월 6일에 반포한 국기라는 것에 대해서는 앞에서 살펴본 바와 같다.

---

486) 같은 취지로는, 신원봉, 앞의 논문(2011a), 297; 최정준, 앞의 논문, 357~358쪽.

(2) 『사화기략』에서 태극·팔괘의 도식이 언급된 이유

박영효가 일본으로 출발하기 전에 고종으로부터 마건충의 간섭을 피하고 제안을 수용하는 범위 내에서 이응준 감정본을 수정하여 국기로 하라는 명을 받았을 가능성이 크다는 것에 대해서는 앞에서 언급한 바와 같다. 이응준 감정본을 수정하려면 박영효가 이응준 감정본을 휴대했을 것임은 분명하다. 그런데 『사화기략』의 1882년 10월 3일 '기무처에 보내는 보고서'(送機務處書)에는 영국인 선장 제임스가 '태극·팔괘의 도식'으로부터 국기(박영효 태극기)를 만들었다는 언급만 있을 뿐이고, 이응준 감정본에 대한 언급은 전혀 없다. '기무처에 보내는 보고서'에서 언급된 '태극·팔괘의 도식'은 태극문양과 이 태극문양 주위에 팔괘(복희팔괘방위도)를 배치한 것으로, 이는 마건충이 1882년 5월 27일 김홍집에게 제안한 빨간색·검은색의 태극문양과 이 태극문양 주위에 팔괘를 배치한 조선 국기'안'을 의미하는 것으로 보인다. 마건충이 제안한 '태극·팔괘 도식'의 조선 국기'안'으로부터 '국기'(박영효 태극기)를 도출하기 위해서는 여러 단계의 변환 과정이 필요한데, 이러한 변환 과정의 마지막 단계는 역리易理에 반하는 변환이 수반된다{뒤의 (3) 항 참조}. 한편, 마건충의 간섭을 피하고 제안을 수용하는 범위 내에서 서양식 기준을 따르는 제임스의 관점에서 이응준 감정본을 수정하는 경우, 비록 마지막 단계에서 역리易理에 반하는 변환이 있기는 하지만 이응준 감정본에서 국기(박영효 태극기)로 간단하게 변환된다{뒤의 (4) 항 참조}. 이런 사정을 고려하면, 박영효가 제임스와 상의하여 제임스로 하여금 제작하게 한 국기(박영효 태극

기)는 마건충의 조선 국기'안'을 모본으로 했다기보다는 이응준 감정본을 모본으로 한 결과물일 가능성이 크다. 사정이 이러한데도 박영효가 마건충의 조선 국기'안'을 '기무처에 보내는 보고서'에서 언급한 이유는 청국의 마건충 형제의 존재를 의식했기 때문으로 보인다.

박영효는 '기무처에 보내는 보고서'에서 마건충의 조선 국기'안'을 언급했는데, '기무처'는 국가의 많은 일마다 대신들이 영의정과 의논하여 품지稟旨하여 재결裁決하는 중요한 기구로 박영효가 특명전권대사 겸 수신사로 국서를 가지고 일본에 가도록 왕명을 받은 날인 1882년 9월 7일(음력 7월 25일)에 설치되었다(각주 464 참조). 박영효의 '기무처에 보내는 보고서'는 조정의 대신들과 영의정이 의논하는 대상이 되므로, 박영효는 청국의 관계자도 '기무처에 보내는 보고서'를 열람할 가능성이 있다고 예상했을 것이다. 마건충은 조미수호통상조약 체결 당시 조선의 국기 제정에 적극적으로 간섭했고, 임오군란 당시 청국의 군대를 이끌고 조선으로 왔으며, 조선과 청국 사이의 불평등 조약인 '조청상민수륙무역장정'의 체결에 '2품함 후선도候選道'로 직접 관여하여 조선이 청국의 속국임을 명문화하는 등, 청국의 조선에 대한 영향력 확대에 주도적인 역할을 한 인물이다. 또한 마건충의 형인 마건상馬建常은 1882년 11월(음력) 이후 조선의 내정에 깊이 간여하게 된다. [487) 마건충은 1882년 5월 27일에 빨간색·검은색의 태극문

---

487) 이홍장(李鴻章)의 추천으로 조선에 온 중서사인(中書舍人) 마젠창(馬建常)과 독일인 묄렌도르프(Möllendorff,P.G.von)가 조선의 내정·외교 문제에 적극적으로 간섭했는데{한국민족문화대백과사전의 '임오군란(壬午軍亂)'(집필자 권석봉)에서 인용}, 마건상(馬建常, 마젠창) 등과 관련한 고종실록의 기록은 이하와 같다. 고종이 조영하에게 이번에 온 사람이 몇 명인지를 물었고, 조영하가 "당정추(唐廷樞)·진수

양과 이 태극문양 주위에 팔괘를 배치한 조선 국기를 제안하였고, 이 조선의 국기 제안을 청국에도 보고하겠다고 하였을 정도로(각주 110 참조) 조선의 국기 제정을 청국의 조선 속방화 노력의 일환으로 보고 있었으니, 박영효는 마건충이 제안한 조선 국기'안'이 아닌 박영효 태극기를 조선의 국기로 하는 '기무처에 보내는 보고서'에 이응준 감정본과 마찬가지로 4괘를 모퉁이에 배치한 국기(박영효 태극기)를 채택하게 된 이유로서 각국 국기에 정통한 영국인 선장인 제임스의 견해를 의도적으로 들었을 가능성이 크다.[488]

당(陳樹堂)·마건상(馬建常)·묄렌도르프(穆麟德 : Möllendorf, Paul George von)와 수원(隨員)과 하인을 합쳐서 10여 명입니다."라고 아뢰었다. … 【지난 10월에 조영하(趙寧夏)는 자문(咨文)을 가지고 천진(天津)에 가서 관세(關稅)와 외교에 능한 사람을 초빙할 수 있게 해달라고 청하였다. 이홍장(李鴻章)은 전 천진(天津)주재 독일 영사(領事) 묄렌도르프, 중서(中書) 마건상(馬建常)을 추천하여 조영하와 함께 오게 하였으며 일이 제기되는 즉시 타산하여 처리하게 하였다. … 】(敎日: "… 今番出來之人, 幾許耶?" 寧夏日: "唐廷樞、陳樹棠、馬建常、穆麟德、隨員跟伴, 爲十餘矣." … 【去十月, 趙寧夏齋咨住天津, 請代聘關稅外交事務練達之士. 李鴻章乃薦前駐津 德國領事穆麟德、中書馬建常, 令與趙寧夏同來, 隨事裏籌妥辦… 】)『고종실록』 19권 1882년 11월 5일 정해(丁亥) 1번째 기사】.

또한 李天纲(리티앤캉[lǐtiāngāng]), 『中国礼仪之争 : 历史、文献和意义(중국 전례 문제: 역사, 문헌 및 의의)』(2019년, 中国人民大学出版社)에 의하면, 마건상과 마건충에 대한 정보는 이하와 같다. 마상백馬相伯(명名 良, 자字 건상建常)은 마건충의 둘째 형이고, 마건상, 마건충은 각각 1851년과 1852년에 예수회에서 설립한 쉬후이공학(徐汇公学, St. Ignatius College)에 입학해서 프랑스어, 영어, 라틴어, 국학國學(중국학), 과학 및 신학을 공부한, 근대 중국에서 가장 빠른 시기에 서구 교육을 받은 학자이다. 맏형인 마건훈馬建勛의 종용을 받고 마건충, 마건상은 각각 1874년과 1976년에 예수회를 탈퇴하고 이홍장의 막부에 들어갔다.

488)　같은 취지로는, 한철호, 앞의 논문, 160쪽 및 162쪽; 신희정, 앞의 논문, 39~40쪽.

(3) '태극·팔괘 도식'에서 도출되지 않는 박영효 태극기

박영효는 이응준 감정본을 잘 알고 있는 위치에 있었다. 박영효는 공식적으로 고종으로부터 국기의 새로운 제작을 명받았고(1. 항,『사화기략』의 1882년 9월 25일 기록 참조), 개인적으로는 이응준 감정본의 1단계 완성본의 완성자인 오경석의 제자이며, 2단계 완성본이 완성에 관여한 박정양과는 박규수와 오경석의 문하에서 동문수학한 관계에 있었기 때문에(각주 162 참조), 이응준 감정본의 1단계 완성본 이후 2단계 완성본까지의 전 과정을 인지하고 있었을 가능성이 크다{Ⅱ.3.다.(1) 항 참조}. 따라서 박영효는 이응준 감정본이 깃대가 깃발의 오른쪽에 위치하는 조선식 기준에 의해 제작된 것도 잘 알고 있었을 것이다.

한편, 박영효 태극기는 메이지마루(明治丸)에서 선장인 제임스에 의해 만들어졌는데, 인천에서 메이지마루에 승선(1882년 9월 20일), 시모노세키(馬關, 지금의 下関) 도착(9월 23일)과 고베(神戸)의 니시무라여관(西村旅館) 숙박(9월 25일)이라는 수신사 일행의 일정을 고려하면, 그 제작 기간이 최대 5일에 불과하다.『사화기략』의 '기무처에 보내는 보고서'에 언급되어 있듯이 제임스는 사해四海를 두루 돌아다녀 각국의 국기를 잘 알고 있고, 또한, 제임스는 영국인이기 때문에 국기 등 깃발의 경우 깃대가 깃발의 왼쪽에 위치하는 서양식 기준을 관행으로 여기고 있었을 것이다. 이하에서는 박영효 태극기가 『사화기략』의 '기무처에 보내는 보고서'에 기록되어 있는 '태극·팔괘의 도식'만으로는 만들어질 수 없다는 것에 대하여 살펴본다.

(가) '태극·팔괘 도식'과 박영효 태극기의 태극문양과 괘의 배치 관계

『사화기략』의 '기무처에 보내는 보고서'에 언급되어 있는 '태극·팔괘 도식'(그림 89의 왼쪽)은 마건충이 1882년 5월 27일 김홍집에게 제안한 빨간색·검은색의 태극문양[489]과 이 태극문양 주위에 검은색 팔괘(복희팔괘방위도[490])를 배치한 조선 국기'안'을 의미한다.

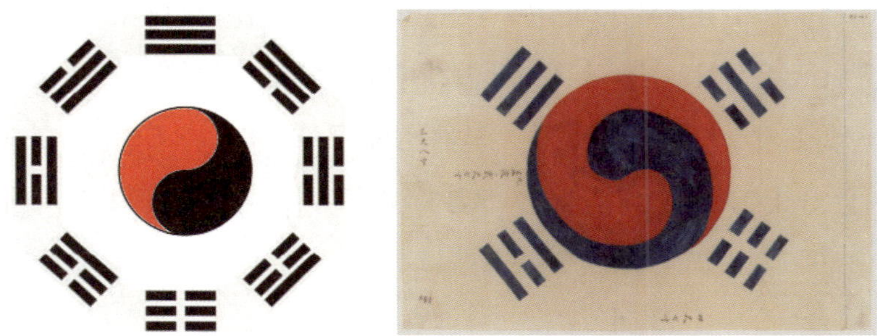

그림 89: '태극·팔괘 도식'(좌), 박영효 태극기(우)

---

489)   북태평양철도회사의 로고의 태극문양(각주 409 참조)과 동일하다. 북태평양철도회사의 로고는 1894년부터 사용된 것으로 마건충이 '태극·팔괘 도식'을 제안한 1882년보다 12년 후의 것이다. 북태평양 철도회사의 맥헨리(McHenry)가 태극기의 태극문양의 기원에 대해 호기심을 갖고 중국(청국)에 파견된 선교사, 동양에서 온 학생들 및 동양철학 서적들을 통하여 태극(Monad)에 관한 내용을 파악한 후에 북태평양철도회사의 로고를 도출하였다고 하므로(각주 409 참조), 이 태극문양은 1882년에도 청국에서 사용되었을 가능성이 크다.

490)   마건충이 의도한 '태극·팔괘 도식'은 중국의 '고태극도'(그림 42의 오른쪽)일 것이나, 박영효 태극기의 태극문양이 이응준 감정본의 태극문양을 그대로 채택하였으므로, 복희팔괘방위도는 '육경도'(그림 42의 가운데)로 변경하지 않은 것으로 했다.

'태극·팔괘 도식'(그림 89의 왼쪽)과 박영효 태극기(그림 89의 오른쪽)는 태극문양과 괘의 색깔이 서로 다르다. 태극문양의 경우 구체적인 음양의 모양이 다르고, 음양이 줄어들고 자라나는(消息) 방향이 서로 반대이다. 음양이 자라나고 줄어드는 방향이 서로 반대여서 건乾(☰)·곤坤(☷)괘 사이에 위치하는 감坎(☵)·리離(☲)괘의 음양 배분이 반대이다. 즉, '태극·팔괘 도식'에서 리離괘(☲)는 양(+)의 영역에 있고 감坎괘(☵)는 음(−)의 영역에 있지만, 박영효 태극기에서 리離괘(☲)는 음(−)의 영역에 있고 감坎괘(☵)는 양(+)의 영역에 있다. 태극문양의 색깔은 '태극·팔괘 도식'이 빨간색(+)과 검은색(−)이고 박영효 태극기가 빨간색(+)과 파란색(−)이다. 괘의 색깔은 '태극·팔괘 도식'이 검은색이고, 박영효 태극기가 파란색이다. 이처럼 '태극·팔괘 도식'과 박영효 태극기는 거의 모든 점에서 차이가 있으므로, 박영효 태극기가 '태극·팔괘 도식'을 모본模本으로 해서 도출된 것이라고 하기에 무리가 있다.

(나) '태극·팔괘 도식'에서 박영효 태극기가 도출되는지

『사화기략』의 '기무처에 보내는 보고서'에 언급되어 있는 '태극·팔괘 도식'(그림 89의 왼쪽)에서 태극문양을 이응준 감정본의 태극문양으로 변경한 '태극·팔괘 도식'(그림 90의 1단계[491])으로 해서, 제임스

---

491) 한철호, 앞의 논문, 158쪽. '그림 90의 1단계'는 한철호가 "박영효가 일본으로 출발하기 전 국왕 및 정부대신과 상의해서 제작했던 국기의 원형은 '이응준 감정본'의 태극문양과 마건충이 제안한 '태극 8괘'의 '8괘'를 합성한 형태가 되는 셈이다."라고 언급한 내용에서 이응준 감정본의 태극문양을 '8괘'의 관계와 부합하도록 변형한 것이다. 이 변형된 태극문양은 강화도 유수영 삼문의 정문에서 그려져 있던 태극문양이다.

가 서양식 기준을 적용해도 박영효 태극기는 도출되지 않는다.

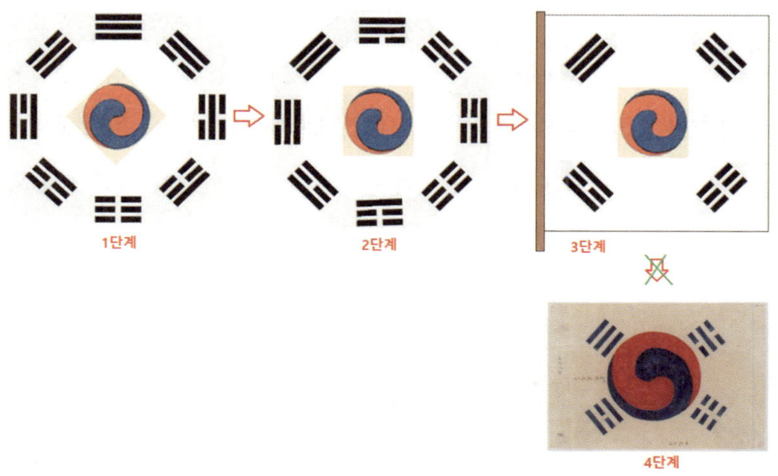

그림 90: '태극·팔괘 도식'의 1단계부터 3단계(상), 박영효 태극기(하)

　제임스는 박영효로부터 복희팔괘방위도에 대한 설명을 듣고 '태극·팔괘 도식'(그림 90의 1단계)을 깃대의 오른쪽에 위치시키되, 하늘(건괘, ☰)을 깃대의 위쪽 옆에 위치하도록 태극문양과 복희팔괘방위도의 전체를 시계 반대 방향으로 45도 회전시킨 후(그림 90의 2단계), 네 모서리에 있는 건·곤·감·리의 4괘를 남기고 나머지 4괘인 태兌·간艮·진震·손巽괘를 생략하여 건·곤·감·리의 4괘와 태극문양으로 태극기를 구성하였다(그림 90의 3단계). 이 태극기와 박영효 태극기(그림 90의 3, 4단계)는 4괘의 배치 관계는 동일하지만, 태극문양은 회전 방향과 회전 각도가 다르다. 따라서 제임스는 '태극·팔괘 도식'에서 서양식 기준을 적용해서 박영효 태극기를 제작하지 않았다.

(다) '태극·팔괘 도식'의 변형으로 박영효 태극기가 도출되는지

『사화기략』의 '기무처에 보내는 보고서'에 언급되어 있는 '태극·팔괘 도식'(그림 89의 왼쪽)에서 태극문양을 이응준 감정본의 태극문양으로 변경한 '태극·팔괘 도식'(그림 91의 1단계)으로 '이응준 감정본의 태극문양'[492]에 부합하도록 변형한 후, 제임스가 서양식 기준에서 도출한 박영효 태극기는 마지막 단계에서 역리易理에 반하는 변환이 수반된다. 이는 이하와 같이 두 가지 관점에서 고려할 수 있다.

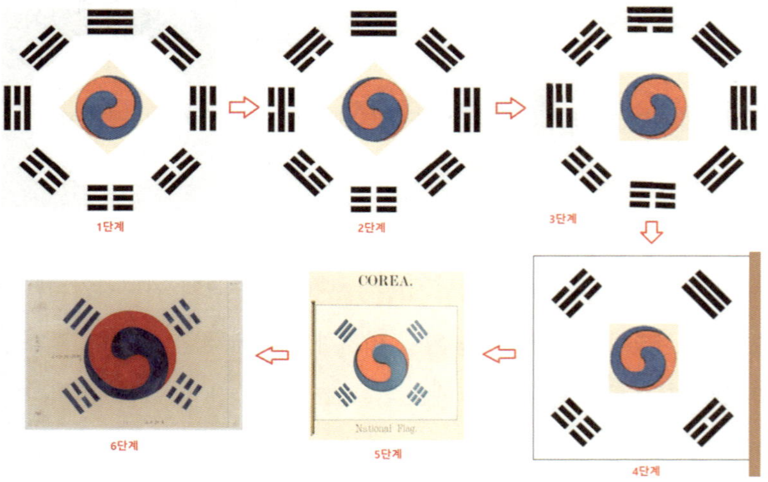

그림 91 : 태극·팔괘의 1~4단계, 미국 해군부 태극기(5단계), 박영효 태극기(6단계)

첫째 관점, '그림 91'의 1단계부터 6단계까지를 거친 박영효 태극기의 제작이다. 이는 이하에서 언급하는 사항의 전제에서 가능하다.

---

492) 이응준 태극기와 이응준 감정본의 태극문양을 의미한다.

① 박영효는 이응준 감정본의 제작 과정을 완전히 이해하고 있다(그림 91의 1단계부터 4단계까지를 숙지[493]). ② 박영효는 이응준 감정본이 깃대가 깃발의 오른쪽에 위치하는 조선식 기준에 의한다는 사실을 잘 알고 있다. ③ 박영효는 복희팔괘방위도에 대해 잘 알고 있다(그림 91의 5단계에서 6단계로의 변화는 감坎괘(☵)와 리離괘(☲)의 위치 교체인데, 이는 1단계의 복희팔괘방위도에서 팔괘의 순서와 위치 관계를 잘 알고 있는 것을 전제[494]한다). ④ 제임스는 깃발과 깃대 관련한 조선식 기준과 서양식 기준을 잘 알고 있고, 또 이들의 변환 관계를 잘 알고 있다(그림 91의 4단계에서 5단계로의 변화는 조선식 기준에서 서양식 기준으로의 변환인데, 이 변환은 깃발을 시계 반대 방향으로 90도 회전하는 것에 의해 달성[495]된다). 이 관점에 의한 박영효 태극기는 6단계의 변환 과정의 결과물인데, 1단계부터 5단계까지는 역리易理에 부합하면서 깃발과 깃대 관련한 조선식·서양식 관계가 완벽하게 적용되었지만, 마지막 5단계에서 6단계의 변환(감坎괘와 리離괘의 위치 교체)은 태극문양을 그대로 둔 상태에서 괘의 위치만 교체하는 것이어서 역리易理에 반하게 되는 문제가 있다. 한편, 박영효가 이응준 감정본(그림 91의 4단계에서 깃발을 직사각형으로 변환한 형태)을 휴대하고 있었다는 전제에서 보면, 4단계부터 6단계까지의 변환은 뒤의 (4) 항에서 살펴보는 과정과 동일하게 되므

---

493) 이응준 감정본의 2단계 완성본과 관련되는 것이다{Ⅱ.2.나.(3) 항 참조}.

494) 이와 같은 전제에서 태극문양을 그대로 둔 상태에서 감坎괘와 리離괘의 위치를 변경하는 것은 역리易理에 반하는 변환이라는 사실을 박영효는 잘 알고 있었을 것이다(박영효가 1단계부터 4단계까지의 변환을 숙지하고 있는 것을 전제).

495) 5단계는 '1899년 미국 해군부 태극기'인데, 이응준 감정본과의 관계는 앞의 Ⅱ.3.다.(1)(나) 항(그림 33 관련)에 상세하게 기재되어 있다.

로, 제임스는 이 관점을 적용해서 박영효 태극기를 제작하지 않았을
것이다.

둘째 관점, '그림 92'의 1단계부터 5단계까지를 거친 박영효 태
극기의 제작이다. 이는 앞의 '첫째 관점'에서 깃대가 깃발의 오른쪽
에 위치하는 이응준 감정본(그림 91의 4단계) 단계로의 변환을 생
략하고, 바로 서양식 기준으로의 변환을 통한 박영효 태극기의 제
작이다. 제임스는 박영효로부터 복희팔괘방위도에 관한 설명을 듣
고 '태극·팔괘 도식'(그림 92의 1단계)에서 태극문양을 이응준 감정
본의 태극문양과 일치하도록 변환한 후(그림 92의 1단계에서 2단계
로의 변환), 깃발을 깃대의 오른쪽에 위치시키되, 하늘(건괘)을 깃대
의 위쪽 옆에 위치하도록 태극문양과 복희팔괘방위도 전체를 시계 반
대 방향으로 45도 회전시킨 후(그림 92의 3단계), 네 모서리에 있는
건·곤·감·리의 4괘를 남기고 나머지 4괘인 태·간·진·손괘를 생략
하여 건·곤·감·리의 4괘와 태극문양으로 하고(그림 92의 4단계),
감坎괘와 리離괘의 위치를 변경(복희팔괘방위도에서 괘의 순서에 밝
은 박영효의 조언)하는 것에 의해 박영효 태극기를 제작했다. 첫째 관
점과 마찬가지로 제임스는 이 관점을 적용해서 박영효 태극기를 제작
하지 않았을 것이다.

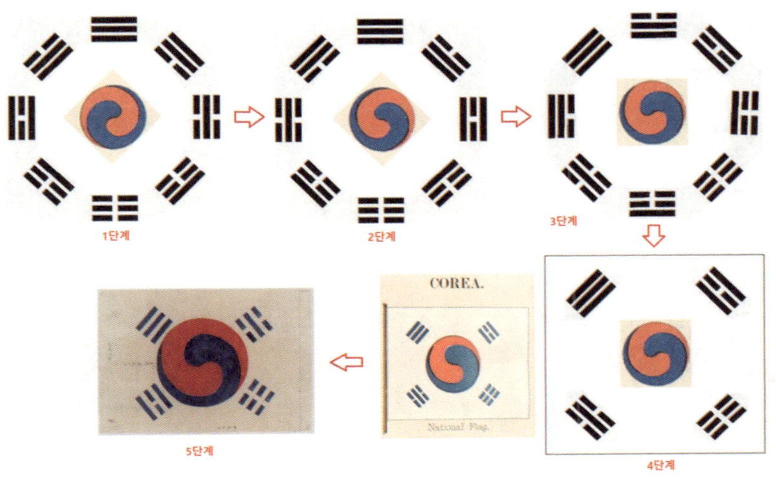

그림 92: 태극·팔괘의 1~4단계, 박영효 태극기(5단계)

(4) 이응준 감정본에서 도출된 박영효 태극기

　이응준 감정본과 박영효 태극기는 '흰색 바탕', '태극문양'과 '네 모퉁이에 그려진 건·곤·감·리의 4괘'가 서로 동일한데, 4괘의 배치와 색깔 등이 바뀐 정도여서 '시각적인 관점'에서 차이가 거의 없어, 고종이 박영효에게 이응준 감정본을 모본으로 하여 새로운 국기를 제작하되, 태극문양의 모양과 건·곤·감·리의 배치나 색깔을 바꾸는 정도여야 한다고 지시했을 가능성이 크다고 앞에서 언급한 바 있다{앞의 (1) 항}. 이하에서는 '시각적인 관점' 외에, 이응준 감정본과 박영효 태극기 사이에 '어떤 관련성'이 있는지를 살펴봄으로써, 박영효 태극기가 이응준 감정본을 모본으로 해서 도출된 것임을 밝히고자 한다. 이응준 감정본은 깃대가 깃발의 오른쪽에 위치하는 조선식 기준을 채택하고 있고, 영국인 선장인 제임스가 제작한 박영효 태극기는 깃대가 깃발의 왼쪽에 위치하는 서양식 기준을 채택하고 있다.[496]

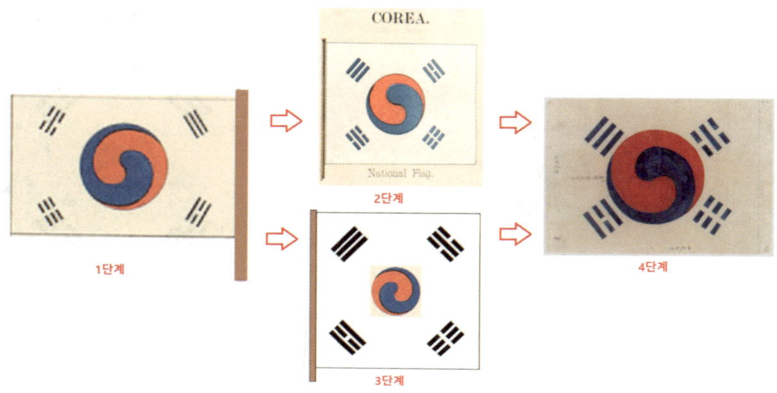

그림 93: 이응준 감정본(좌), 깃대 좌측 위치(2, 3단계), 박영효 태극기(우)

첫째, 제임스는 이응준 감정본(그림 93의 1단계)을 시계 반대 방향으로 90도 회전하여 1899년 미국 해군부 태극기(그림 93의 2단계) 형식으로 변환함으로써 조선식 기준에서 서양식 기준의 깃발로 변경했다. 첫째 변경은 깃발 전체가 일체로 시계 반대 방향으로 90도 회전했기 때문에, 태극문양과 4괘의 관계는 역리易理에 부합하도록 배치되어 있다.

---

496) 시사신보의 '조선국기'와 유길준이 그린 '국기'(그림 87 참조)는 깃대가 깃발의 오른쪽에 위치하는 조선식 기준에 따라 게양되어 있다. 이는 조선식 기준을 따르는 박영효가 게양했기 때문이다. 메이지마루에서 박영효 태극기가 제작된 후, 박영효는 조선식 기준에 따라 깃발 앞면의 오른쪽에 고정끈을 달도록 했을 것이다. 이는 박영효 태극기보다 2년 후인 1884년 6월 10일 통리교섭통상사무아문에서 제작한 태극기(그림 84의 오른쪽)도 깃대를 고정하는 고정끈이 깃발의 오른쪽에 위치하는 것에 의해 확인된다.

둘째, 제임스는 이응준 감정본(그림 93의 1단계)을 깃대 기준으로 좌우 반전함으로써(그림 93의 3단계) 조선식 기준에서 서양식 기준의 깃발로 변경했다. 둘째 변경은 깃발 전체가 일체로 좌우 반전했기 때문에, 태극문양과 4괘의 관계는 역리易理에 부합하도록 배치되어 있다.

셋째, 제임스는 첫째 변경으로 도출된 '태극문양'과 둘째 변경으로 도출된 '4괘'를 기계적으로 결합하여 박영효 태극기(그림 93의 4단계)를 도출했다. 첫째 변경과 둘째 변경의 각각은 조선식 기준에서 서양식 기준으로 변경하는 것으로, 각각은 변경으로 인한 태극문양의 회전 방향과 4괘 중 감坎괘와 리離괘의 위치 관계가 서로 반대가 되었다. 이들 관계는 다음(이하의 ① 및 ②)과 같이 설명된다.

① '태극문양의 음양 변화'를 살펴보면 이하와 같다. 첫째 변경(그림 93의 2단계)은 양(+)이 곤坤괘(☷)에서 생긴 후 리離괘(☲)를 거치면서 증가하여 건乾괘(☰)에서 최고조에 달하고, 음(-)이 건乾괘(☰)에서 생긴 후 감坎괘(☵)를 거치면서 증가하여 곤坤괘(☷)에서 최고조에 달하는 관계에 있어, 음양의 소식消息은 '시계 반대 방향'임을 확인할 수 있다. 둘째 변경(그림 93의 3단계)은 양(+)과 음(-)의 생성과 성장은 첫째 변경과 동일하지만, 음양의 소식은 '시계 방향'임을 확인할 수 있다. 따라서 첫째와 둘째 변경은 '태극문양의 음양 변화'에 있어 서로 반대 방향이다.

② '4괘의 배치 관계'를 살펴보면 이하와 같다. 이응준 감정본은 태극문양과 복희팔괘방위도에서 '출발'하였으므로, 이응준 감정본의 태극문양과 '4괘의 위치 관계'도 '출발'과 동일하다. 따라서 '4괘의 위치 관계'

도 '건乾괘(☰) → 리離괘(☲) → 감坎괘(☵) → 곤坤괘(☷)'의 순서로 배치되는데, 첫째 변경은 'ㄥ'자 형(그림 93의 2단계)이고, 둘째 변경은 'ᔓ'자 형(그림 93의 3단계)이다. 따라서 첫째와 둘째 변경은 '4괘의 배치 관계'에 있어 서로 다르다.

한편, 이응준 감정본(그림 93의 1단계)에서 '태극문양의 음양 변화'는 첫째 변경(그림 93의 2단계)과 동일하게 시계 반대 방향이지만 양(+)과 음(−)의 시작점은 첫째 변경(그림 93의 2단계)에서 시계 방향으로 90도 회전한 것으로 '4괘의 배치 관계'도 첫째 변경(그림 93의 2단계)인 'ㄥ'자 형을 시계 방향으로 90도 회전한 'Z'자 형이 된다. 이로부터 알 수 있는 것은, '태극문양의 음양 변화'가 시계 반대 방향이고 '4괘의 배치 관계'가 'Z'자 형이면 역리에 부합한다. 또한, '태극문양의 음양 변화'가 시계 방향이고 '4괘의 배치 관계'가 'ᔓ'자 형이면 역리에 부합하게 된다는 것이다. 이와 같은 관계로 볼 때 박영효 태극기는 '시계 반대 방향'의 음양 변화를 가진 '태극문양'과 'ᔓ'자 형의 배치 관계인 '4괘'가 결합된 것이어서, '태극문양'과 '4괘'는 '역리易理의 관점'에서는 역리易理에 부합하지 않는 관계가 되고 말았다.[497] 이와 같은 문제에도 불구하고, 박영효 태극기는 제임스가 조선식 기준인 이응준 감정본에 서양식 깃대 기준을 적용함으로써 도출되었다고 보는 것이 합리적이라고 생각된다.

---

497) 그림 93의 '1단계부터 3단계까지'는 각각 역리에 부합하지만, '시계 반대 방향'의 음양 변화를 가진 '태극문양'이 'ㄥ'자형의 '4괘 배치 관계'가 아니게 되거나, '시계 방향'의 음양 변화를 가진 '태극문양'이 'ᔓ'자형의 '4괘 배치 관계'가 아니게 되면 역리易理에 부합하지 않게 된다.

(5) 마건충의 간섭을 회피하기 위한 결과물인 박영효 태극기

이응준 감정본과 박영효 태극기는 '흰색 바탕', '태극문양'과 '네 모퉁이에 그려진 건·곤·감·리의 4괘'가 서로 동일하고, 시각적인 관점에서 세 가지의 차이(①부터 ③까지)가 있을 뿐이라고 하고, 이러한 차이는 박영효 태극기가 마건충의 간섭을 피하고 제안을 수용하는 범위 내에서 이응준 감정본이 변경된 것이라는 취지로 언급했는데{앞의 (1) 항 참조}, 이하에서는 이에 대해 살펴본다.

'마건충의 간섭'은 1882년 5월 22일의 『청국문답』에서, 마건충이 이응준 감정본과 일본 국기가 혼동된다고 하여, 이응준 감정본을 조선의 국기로 채택하지 못하도록 한 것이다{앞의 (1) 항 참조}. 그렇다면 '마건충의 간섭을 피하는 범위'는 이응준 감정본과 박영효 태극기의 시각적인 관점에서의 세 가지 차이 중 '③ 태극문양과 건·곤·감·리 사이의 거리가 거의 붙어 있을 정도로 짧아졌다.'에 의해 구현된 것으로 보인다. 시각적인 관점에서 보아 태극문양과 4괘 사이의 거리가 상당히 떨어져 있는 이응준 감정본에 비해 박영효 태극기는 태극문양과 4괘가 일체로 시야에 들어와서 붉은 동그라미만 있는 일본 국기와 바로 구별된다. 이에 영향받은 것으로는 1899년 미국 해군부 태극기(그림 93의 2단계)를 들 수 있다.

또한, '마건충의 제안'은 1882년 5월 22일의 『청국문답』에서, 마건충이 조선의 국기로 제안한 '백저청운홍룡白底靑雲紅龍'의 용기龍旗가 3

색(흰색, 파란색, 빨간색)으로 이루어져 있는 것이다. 그렇다면 '마건 충의 제안을 수용하는 범위'는 이응준 감정본과 박영효 태극기의 시각 적인 관점에서의 세 가지 차이 중 '② 건·곤·감·리의 배치가 변경되 었고, 색깔이 검은색에서 파란색으로 변경되었다.'의 뒷부분에 의해 구현된 것으로 보인다. 이에 영향받아 4괘의 색깔을 파란색으로 한 태극기로는 1884년 통리교섭통상사무아문이 제작한 국기(그림 84의 오른쪽), 데니 태극기(그림 123)와 1899년 미국 해군부 태극기를 들 수 있다.

(6) 『사화기략』에 언급된 '주상기'와 '어기'의 관계

『사화기략』의 '기무처에 보내는 보고서'에 '군주의 기표(君主之旗標)' 와 '주상기(主上旗號)'가 언급되어 있는데, 구체적인 언급 사항은 다음 과 같다.

> 또 말하기를 외국에는 국기 외에 반드시 군주의 기표도 있으니 국기와 비 슷한 모양으로 본떠 채색과 무늬를 찬란하고 선명하게 만드는 것이 가장 좋다고 하였습니다. … 주상기主上旗는 태극을 가운데 두고 팔괘는 기의 주변에 분포한 것이 좋은 것 같으며 바탕은 홍색을 전용하여 선명하게 보 이는 것 같습니다.

박영효가 '기무처에 보내는 보고서'를 작성한 1882년 10월 3일 당 시를 기준으로 볼 때, '군주의 기표(君主之旗標)'와 '주상기(主上旗號)' 에서 외국의 '군주君主'는 조선의 '주상主上'인 고종을 의미하므로, '주

상기(主上旗號)'는 '고종을 상징하는 기'이다. '주상기(主上旗號)'는 '어기御旗'로도 표현될 수 있는데, 서울대 규장각에 '御旗'(奎26192, 그림 94 참조)가 소장되어 있다. [498]

그림 94: 御旗(서울대 규장각 奎26192)

서울대 규장각 '御旗'의 '상세서지'는 편저자, 간행지, 간행연도의 정보 모두에 대해 '확실하거나 분명하지 않다'라는 의미의 '미상未詳'으로 처리되어 있어, 이 '어기'의 그림과 관련된 어떤 정보도 알려지지 않았음을 알 수 있다. 한편, 『고종실록』42권 1902년 8월 18일 양

---

498) 조선일보의 1998년 11월 2일 「태극기의 원천된 '태극 팔괘도' 발견」이라는 제목의 기사(이선민 기자)에서, 서울대 이태진 교수가 태극기를 만들 때 저본으로 사용했던 '태극팔괘도'인 '어기'를 발견했다는 설명과 함께 '어기'의 그림과 설명이 게재되었다. 한편, 이태진, 앞의 논문, 248쪽의 각주 21에서, 이태진은 "이 「어기」가 지금까지 알려지지 않은 것은 아니다. 태극기선양회의 한 인사의 말에 따르면, 어기의 가운데 태극이 송나라 주돈이의 「태극도설」의 태극과 유사하여 비주체적인 것이라고 하여 지금까지 의식적으로 무시했다고 한다. …"라고 언급하고 있는데, 이로부터 '어기'는 이태진의 발굴과 소개 전부터 일부 태극기 전문가에게 알려져 있었다는 사실을 알 수 있다.

력 1번째 기사[499]에 '어기御旗', '예기睿旗', '친왕기親王旗'를 조성하라는 조령이 있는데, 이 '어기'는 다음(이하의 ①부터 ③까지)과 같은 이유로 규장각 소장의 '御旗어기'가 될 수 없다{또한, 대한제국 순종 때인 1907년의 승정원 일기(3214책 1907년 10월 6일 갑자 5/5 기사)와 1909년의 승정원 일기(3233책 1909년 4월 14일 임진 2/4 기사)에 '御旗어기' 관련 기사가 있지만, 이 역시 대한제국 때의 '어기'여서 바탕색이 빨간색인 서울대 규장각 소장 '어기'가 될 수 없다.[500]}.

① 1902년은 대한제국 때이고 고종은 황제여서 '어기'의 바탕색은 황색

---

499) 十八日。詔曰: "御旗、睿旗、親王旗, 今將造成, 而事係至重, 別設處所, 令宮內府、議政府、元帥府, 董其役。爰稽國家典常, 參互各國規式, 裹定制度, 軍旗亦爲一體擧行。" 又詔曰: "命議政府議政尹容善爲旗章造成所監董大臣; 元帥府總長閔泳煥、宮內府署理大臣尹定求爲監董堂上。" 又詔曰: "今番觀兵式時, 渾成旅團編制以入。"

500) 목수현, 「망국과 國家 表象의 의미 변화 : 태극기, 오얏꽃, 무궁화를 중심으로」(2011년, 『한국문화』 53), 160~165쪽. 목수현은 "1907년 8월 순종의 황제 등극 이후 어기(御旗)를 비롯하여 황실의 휘장(徽章)이 새로 제정되었다. … 황제기는 황색 바탕에 금색 이화장(李花章)이 있는 것으로 꽃술, 꽃의 윤곽과 깃발의 테두리가 모두 금색으로 이루어져 있다."(160쪽), "황태자기와 황태자비기는 깃발의 바탕이 적색으로 되어 있어 구분된다."(161쪽), "순종의 황제기는 즉위 직후인 1907년 11월에 이미 사용되고 있었으며 『황성신문』은 그 구체적인 모습을 "황색 바탕에 금선으로 이화(李花)를 수놓고 테두리에는 산자형(山字形) 장식을 두른 것"으로 보도하였는데, … 이 어기는 깃발 자체는 현존하지 않지만, 순종이 1909년 남서 순행할 때 제작해 배포했던 기념장에 그 도안이 남아 있어 확인된다.(그림 1)"(161~162쪽)라고 언급하고 있다. 이로부터 순종의 어기는 바탕색이 황색이고, 오얏꽃(李花) 문양을 기본으로 하고 있음을 알 수 있다. 한편, 황태자기의 바탕색은 적색으로 서울대 규장각 '어기'와 바탕색이 동일하나, 황태자기는 '어기'가 될 수 없다. 다만, 162쪽 그림 1의 '1909년 순종 남서순행장 기념장'에 표현된 오얏꽃 문양 어기는 깃대가 깃발의 왼쪽에 위치하여, 서울대 규장각 '어기'와 깃대의 위치가 동일하다. 대한제국 말기인 1909년에는 깃대가 서양식으로 변경되었는지 확실하지 않으나, 1942년의 상해임시정부 공고 태극기도 전통적인 조선식 기준을 따라 깃대가 깃발의 오른쪽에 위치하므로, 깃대의 위치에 대해서는 추가적인 검토가 필요한 것으로 보인다.

이어야 하지만, 서울대 규장각 '어기'는 바탕색이 빨간색이어서 조선 국왕의 '어기'여야 한다(각주 391 참조).

② 『고종실록』의 '어기'는 그 기재로 보아 '관병식觀兵式' 때 사용될 예정이 었던 것으로 보이지만, 실제 제작(조성)되었는지 확인되지 않는다. '돈덕전惇德殿 2층 전시실 자료'에 의하면, 고종은 덕수궁 내에 돈덕전 을 새로 짓고 '칭경예식稱慶禮式'이라는 국제행사를 계획했는데, '칭경 예식'은 진연 등 황궁 내의 전통적인 의례로 구성된 국내 행사와 대한 제국이 독자적으로 추진해 온 근대화의 성과를 전 세계에 보여 주기 위한 대규모 국제행사로 나뉘어 기획되었지만, 관병식을 포함하는 국 제행사는 콜레라의 유행과 러·일 전쟁 등으로 실현되지 못하였기 때 문이다.

③ '칭경예식' 중 황궁 내의 전통적인 의례로 구성된 국내 행사인 1902년 의 고종임인진연은 실현되었다. 이때 사용된 '어기'에 해당하는 '형명' 으로서의 태극기는 바탕색이 황제를 나타내는 황색인 이응준 감정본 이었고, 이 이응준 감정본은 1901년에 거행된 신축진연의 신축진연 도병에 갖추어진 태극기와 동일한 것으로(그림 76 참조), 1902년 당 시 이미 제작(조성)되어 있었다.

　

　『사화기략』의 기록에 의하면, 태극을 가운데 두고 팔괘가 기의 주변 에 분포하는 '주상기(主上旗號)'는 박영효가 메이지마루(明治丸)에 승 선한 1882년 9월 20일(음력 8월 9일) 이전에는 조선에 존재하지 않 았다.[501] 그런데도 국내외의 인터넷상에서 서울대 규장각 '어기'(이하

---

501)　『사화기략』의 1882년 10월 3일 '기무처에 보내는 보고서'에 의하면, 제임스가 박 영효에게 외국에는 국기 외에 반드시 군주의 기표도 있으니 국기와 비슷한 모양으 로 본떠 채색과 무늬를 찬란하고 선명하게 만드는 것이 가장 좋다고 하였는바, 이 기재로 보아 조선에는 태극과 8괘를 그린 '주상기'가 없었다는 것을 알 수 있다.

이 항에서 '어기'라고 한다)가 조선의 건국 이후 국왕의 상징으로 사용되었다고 소개하고 있다.[502] 이처럼 역사적 사실과 세간의 인식이 정반대에 있는 것은 '어기'의 제작자가 누구인지에 대해 태극기 연구자들 사이에 의견이 분분하고, 그 결과 '어기'의 특징적인 부분이 고려의 대상이 되지 않았기 때문이라 생각된다. 이하에서 『사화기략』의 '주상기' 관련 기록과 '어기'의 관련성 등에 대해 태극기 연구자들의 주장을 고려해서 살펴보기로 한다.

(가) 특징이 일치하는 『사화기략』의 '주상기'와 '어기'

『사화기략』의 '기무처에 보내는 보고서'에서 '주상기'는 태극이 가운데에 있고, 팔괘가 기의 주변에 분포하고 있으며, 바탕색은 홍색이라고 언급되어 있는데, 이는 이하에서 살펴보는 바와 같이 '어기'와 일치한다. 따라서 서울대 규장각에 소장되어 있는 '어기'는 『사화기략』에 언급된 '주상기'를 구체화한 것이라고 봄이 타당하다.

---

502) 예를 들어, 위키백과는 '한국의 기 목록'에서 서울대 규장각 '어기'에 대해 사용 기간이 1392년부터 1882년까지라고 소개하고, 태극기가 만들어지기 전까지는 왕실에서 국기로서의 사용도 겸하고 있었다고 서술하고 있다. '대한민국의 국기'에서도 '한국의 기 목록'에서와 비슷하게 서술하고 있다.
　　나무위키는 '조선'에서 서울대 규장각 '어기'의 화염각을 생략한 후 좌우 반전한 부분을 '어기'로 표현하고, 조선 건국 이후에는 성리학이 국교가 되면서 군주의 어기로 사용되었다고 서술하고 있다. 또한, '태극기'에서도 '조선'에 게재된 것과 같은 모양의 '어기'에 대해 본래 조선은 다른 전근대의 동아시아 국가들처럼 왕을 상징하는 어기나 군대를 상징하는 군기가 있었다고 서술하고 있다.
　　일본 위키피디아{ウィキペディア(Wikipedia)}의 '大韓民国の国旗', 'デザインの変遷'에서, 태극기가 제정되기 전부터 조선에서는 태극과 팔괘를 문양으로 하는 기가 사용되고 있었다고 하면서, 서울대 규장각 '어기'와 '좌독기坐纛旗'를 소개하고 있다.

첫째, '주상기'는 태극이 가운데에 있는데, '어기'도 태극이 가운데
에 있다. 다만, '어기'의 태극과 '기무처에 보내는 보고서'에 언급된 박
영효 태극기의 태극은 구체적인 형상이 서로 다르다. 박영효 태극기
의 태극(태극문양)은 강화도 유수영 삼문의 정문에 그려져 있었던 태
극문양이지만, '어기'의 태극은 주돈이의 '태극도'에서 둘째 층의 '양
동음정도'(그림 95)와 비슷[503]하다. 조선

그림 95: 주돈이의 태극도 중
둘째 층의 양동음정도

시대에는 '양동음정도'를 태극으로 불렀으
므로(그림 26의 가운데 좌독기 관련 설명
참조), 박영효가 '어기'의 중앙 부분을 태
극으로 부른 것은 자연스럽다고 할 수 있
다. 따라서 '주상기'에서 태극이 가운데에
있다는 표현은 '어기'에서 태극이 가운데
에 위치하는 것과 일치한다.

둘째, '주상기'는 팔괘가 기의 주변에 분포하고 있는데, '어기'도 팔
괘가 기의 주변에 분포하고 있어, 양자는 일치한다.

셋째, '주상기'는 바탕이 홍색을 전용하는데, '어기'도 바탕이 빨간
색이어서, 양자는 일치한다.

---

503)　김상섭, 앞의 책, 83쪽~85쪽. 김상섭은 〈양동음정도〉의 그림은 후한 위백양의
　　　『참동계』에서 '감괘와 리괘가 역이다(易謂坎離)'라는 설을 바탕으로 그린 〈수화광곽
　　　도水火匡郭圖〉에서 나왔다고 하면서, 안쪽의 작은 원은 단약丹藥을 가리키고, 안쪽
　　　작은 원의 왼쪽 반에는 색을 칠할 수 없는데, '어기'는 작은 원 왼쪽 반에 색이 칠하
　　　여져 있어서 잘못되었다는 취지로 언급하고 있다.

(나) 『사화기략』에 있어서 '주상기'의 제작 장소

『사화기략』의 '장계'와 '기무처에 보내는 보고서'에 의하면, 메이지마루(明治丸)에서 제작된 박영효 태극기 중 소기小旗가 고종에게 올려보내졌다는 것이 확인되지만, '주상기'는 제작의 필요성과 구체적인 형상에 대한 설명만 있을 뿐 실제로 만들어졌는지에 대한 설명이 없고 조선 정부에 올려보내졌다는 언급도 없다. '주상기'가 제작된 시기에 대해 복수의 태극기 연구자는 '기무처에 보내는 보고서' 이후로 보고 있고,[504] 위와 같은 해석을 전제로 해서 그런지 명확하지 않지만, 복수의 태극기 연구자는 '기무처에 보내는 보고서'에서 '주상기'와 관련된 부분을 미래형으로 번역하고 있다.[505] 그런데 '기무처에 보내는 보

____

504) 이태진, 앞의 논문, 246쪽; 김상섭, 앞의 책, 93쪽; 김문식, 「1882년 박영효가 사용한 조선 국기」(2006년 가을, 『문헌과 해석』 통권 36), 130쪽(신원봉, 앞의 논문(2011a), 280쪽에서 인용).
김상섭은 '어기'가 1883년 태극기를 국기로 공포한 후인 고종 당시에 그려졌다고 추측하면서(김상섭, 앞의 책, 93쪽) 그 이유를 4가지로 들고 있다(김상섭, 앞의 책, 92~93쪽). 그 두 번째 이유로 김상섭은 "… 박영효는 〈고태극도〉를 주상의 기(어기)로 할 것을 말하였지만 당시 조정의 대신들은 박영효가 그린 태극기가 〈고태극도〉를 조금 변형한 것이어서 이와 명확한 구별을 짓기 위해 주돈이의 〈태극도〉에서 둘째 층의 그림인 〈양동음정도〉를 그리고 그 주변에 소옹의 〈문왕팔괘방위도〉의 팔괘를 배열하여 지금의 '어기'를 그렸을 것이다."라고 언급하고 있다. 그러나 김상섭 스스로가 '어기'에는 〈양동음정도〉의 가운데 원의 그림에서 원 속의 가장 작은 원이 주돈이의 그림과는 달리 왼쪽의 반이 노란색으로 칠해져 있다고 밝히고 있듯이(각주 503 참조), 조정의 대신들은 '送機務處書'(기무처에 보내는 보고서)에서 '어기'와 관련된 주상기主上旗 부분에서 표현된 '태극'만으로써는 '태극'의 가운데 원 속 왼쪽의 반이 노란색으로 칠해져 있는, 한 번 보지도 못했을 구성(그림 94 참조)을 도출할 수 없다. 즉, 누구든지 '어기'의 실물을 보지 않고서는 '어기'의 태극을 도출하는 것은 불가능하다 할 수 있다.
505) '주상기'와 관련 부분을 '태극을 가운데 두고 팔괘는 기의 주변에 분포한 것이 좋을 듯하고, 바탕은 오로지 홍색을 사용하는 것이 선명할 듯합니다.'라고 번역하고 있다(최창동, 앞의 논문(1989), 47쪽; 이태진, 앞의 논문, 244쪽; 김상섭 앞의 책, 99

고서'에서 언급하고 있는 박영효 태극기와 '주상기'는 이하에서 살펴보는 바와 같이 다른 바, '장계' 및 '기무처에 보내는 보고서'와 함께 올려보내진 박영효 태극기의 소기小旗를 모본으로 해서 '주상기'가 만들어질 수 없다. 따라서 '주상기'는 메이지마루(明治丸)에서 만들어졌을 가능성이 크다.

첫째, 박영효 태극기의 태극(태극문양)은 강화도 유수영 삼문의 정문에 그려져 있었던 태극문양이지만, '어기'의 태극은 주돈이의 '태극도'에서 둘째 층의 '양동음정도'(그림 95 참조)와 비슷하다는 것에 대해서는 앞에서 살펴본 바와 같으므로, '어기'의 태극은 박영효 태극기의 소기小旗에 그려진 태극(태극문양)에서 만들어질 수 없다.

둘째, 박영효 태극기의 4괘는 '복희팔괘방위도'의 팔괘 배열을 따르고 있지만, '어기'의 팔괘는 '문왕팔괘방위도'의 팔괘 배열을 따르고 있으므로, '어기'의 팔괘는 박영효 태극기의 4괘에서 만들어질 수 없다.

셋째, '어기'의 문왕팔괘방위도의 팔괘에 있어서, 괘의 그림은 조선시대의 좌독기坐纛旗(그림 26의 가운데 좌독기에서 괘의 그림 참조)와 같이 안에서 밖으로 향하도록 그려져 있지 않고,[506] 밖에서 안을 향하

쪽; 한철호, 앞의 논문, 155쪽; 신원봉, 앞의 논문(2011a), 286쪽; 최정준, 앞의 논문, 358쪽).
또한, 김원모, 앞의 책, 45쪽에서, 김원모는 "주상기호(主上旗號)를 보면 중앙에 태극이 있고, 태극을 중심으로 변두리에 8괘를 배치함이 좋겠다. 바탕은 홍색을 전용함으로써 아주 선명하게 한다."라고 번역하고 있다.

506) 그런데 에펨코리아(https://www.fmkorea.com/5734489793, 2023.5.3. 16:40), 「조선군 사령관 깃발, 좌독기」에 게재되어 있는 '충무공 전선도'의 좌독기

도록 그려져 있다. 밖에서 안을 향하도록 그려져 있다는 것은 관찰자
(사람)가 대상(깃발)을 바라보는 서양식 관점으로 보이므로, [507) 조선
정부에서 '어기'를 제작하지 않았을 가능성이 크다.

넷째, '어기'는 화염각이 깃발의 왼쪽을 제외한 3면에 형성되어 있
어 깃대가 깃발의 왼쪽에 위치하는 것을 의도하고 있는데, 이는 깃대
가 깃발의 오른쪽에 위치하는 조선의 전통적인 방식을 따르지 않은 것
이어서, 조선 정부에서 '어기'를 제작하지 않았을 가능성이 크다. [508)

는 팔괘가 '어기'와 동일하게 밖에서 안을 향하도록 그려져 있다. 그러나 '충무공 전
선도'의 출처 등에 대한 정보는 확인되지 않는다.

507) 중국 명대明代의 고태극도 계열은 밖에서 안을 향하는 관점에서 괘가 그려져 있거
나 괘의 명칭이 기재되어 있고{Ⅱ.3.다.(3)(가),(나) 항 참조}, 래지덕의 원도 계열
은 안에서 밖을 향하는 관점에서 괘 등이 그려져 있거나 괘 등의 명칭이 기재되어
있으나{Ⅱ.3.다.(3)(라) 항 참조}, 래지덕의 원도 계열 중 일일기상도(그림 51의
오른쪽)는 12지지의 명칭이 밖에서 안을 향하는 관점에서 기재되어 있어 일관성을
보이지 않는다.
　　조선에 있어서, 선천방위원도(그림 54의 왼쪽)는 이를 보는 관점이 혼용되어 있
고, 십이월괘지도(그림 54의 오른쪽)는 밖에서 안을 향하는 관점에서 괘가 그려져
있거나 괘 등의 명칭이 기재되어 있고, 천명도(그림 58)는 래지덕의 원도와 같은
계열이지만 밖에서 안을 향하는 관점에서 12지지의 명칭이 기재되어 있다.

508) 같은 취지로는, 신원봉, 앞의 논문(2011a), 289~291쪽. 신원봉은 "규장각 '어기'
는 세 군데나 착오를 드러낸 도안이다. 세 군데란 팔괘의 배치, 태극의 모양, 그리
고 깃대의 위치이다. 이 세 군데가 동시에 틀렸다는 것은 조작되었을 가능성이 크
다는 것을 의미한다."라고 언급한 후(289쪽), "마지막으로 깃대 위치이다. 조선
의 깃발은 깃대가 오른쪽에 가는 것이 원칙이다. 이 점에 대해서는 앞에서 살펴보
았다. '어기'의 깃대가 왼쪽에 있는 것을 보면 어기를 그린 자가 당시 조선의 관습을
이해하지 못했음을 알 수 있다. 조선의 통상적 관습을 몰랐다는 것은 '어기'를 그린
자가 조선인이 아닐 수 있음을 의미한다."라고 언급하고 있다(290~291쪽). 신원
봉의 앞 언급 중 '팔괘의 배치'와 '깃대의 위치'는 이 항의 셋째 및 넷째와 관련되는
것으로, 깃대의 위치로 보아 '어기'를 그린 자가 조선인이 아닐 수 있다는 지적은 정
확하다.

(다)『사화기략』에 있어서 '주상기'의 제작 주체

『사화기략』의 '기무처에 보내는 보고서'에서 박영효 태극기가 제임스
에 의해 제작되었다는 것에 대해 박영효가 직접 밝혔으므로, '주상기'
가 앞의 (나) 항에서 살펴본 바와 같이 메이지마루(明治丸)에서 제작
되었다면, (나) 항의 '셋째'와 '넷째' 부분을 고려할 때 '주상기'도 제임
스에 의해 제작되었을 수밖에 없다.

 '주상기'가 메이지마루에서 제임스에 의해 제작되었고 '기무처에 보
내는 보고서'에 언급되어 있음에도, 박영효는 '주상기'를 박영효 태
극기와 함께 고종에게 올려 보낸다는 언급이 없을까 하는 의문이 있
을 수 있다. 그렇지만 이하의 사정을 고려하면 위의 의문은 해소되리
라 생각된다. 박영효는『사화기략』에 기록되어 있는 1882년 10월 3
일의 '장계'에서 본국 국기를 새로 만드는 일에 대해 이미 고종의 지시
(처분)가 있었으므로, 이 지시대로 만들어진 국기 중 소기小旗를 올려
보낸다고 보고하고 있고, '기무처에 보내는 보고서'에 국기의 구체적
인 제작 경위를 설명하고 있는 한편, 제임스의 새로운 제안으로 '주상
기'를 소개하고 있어서, '주상기'는 고종에게 보고될 대상이 아니었다.
박영효는 이미 그려진 '주상기'를 '기무처에 보내는 보고서'에서 소개
만 하고, 귀국 후 고종에게 복명復命 시 지참하였으며, '주상기'인 '어
기'는 왕실 도서관인 규장각에 보내졌다. 국왕인 고종의 입장에서 볼
때 '어기'는 조선의 전 기간에 걸쳐 사용되고 있었던 '홍문대기'[509]와

---

509)   태극기가 조선의 국기로 채택된 후에는 태극기가 형명으로 사용되었다는 것에 대해
        서는 앞에서 살펴본 바와 같다〔Ⅱ.3.다.(4) 항의 형명形名으로 사용된 태극기 관련〕.

비슷한 성격이고, 또한 '어기'의 태극과 팔괘는 조선의 전 기간에 걸
쳐 사용되고 있었던 군영軍營의 대장기이자 주장기主將旗인 좌독기坐纛
旗의 그것과 비슷해서 국왕을 상징하는 기표로서 적당하지 않다고 여
겼을 가능성이 클 뿐 아니라, 깃대의 위치도 조선식 기준이 아니어서
바로 적용하기도 어려웠을 것이다. 이런 연유에서인지 서울대 규장각
소장 '어기'가 1883년 이후 고종의 어가행렬(鹵簿노부)에서 사용되었
다는 어떠한 기록도 확인되지 않는다.

그런데 '어기'가 그 목적과는 달리 어기의 '태극' 일부가 우리나라 최
초의 우표에 적용된 것이 확인된다. 목수현이 "(우표) 원도는 중앙에
사각형의 테를 치고 태극과 사괘를 그린 태극기 형태를 그대로 문양으
로 삼았으며 … 그런데 1884년에 실제로 발행된 문위우표는 이 원도
와는 다르며, 왜 우표 도안이 달라졌는지 현재로서는 알 길이 없다.
… 문위우표는 금액 단위에 따라 5문, 10문, 25문, 50문, 100문의
우표 5종이 일본 대장성(大藏省) 인쇄국(印刷局)에 발주되었는데, …
가장 중심적인 문양은 우표의 가운데에 있는 4중원의 음양태극장으
로, 한해 뒤인 1885년에 발행한 시주화(試鑄貨)에서도 이 문양이 나
타난다. … 이 우표 도안의 중심은 가장 중심에 있는 원이 반으로 나
누어져 있는 음양태극장일 것이다."라고 언급하고 있는 것처럼,[510]
조선 정부는 '최초 우표 도안'으로 태극기(그림 96의 왼쪽. 목수현 앞
의 논문(2008) 61쪽의 도 33. 최초 우표 도안에서 인용)를 원도로 하
였으나, '알 수 없는 이유'로 원도에서 5종의 우표(그림 96의 왼쪽에

---

510)　목수현, 앞의 논문(2008), 59~64쪽.

서 두 번째부터. 목수현 앞의 논문(2008) 63쪽의 도 34. 문위우표에서 인용)로 변경되었으며, 5종 우표는 '우표의 가운데에 있는 4중원의 음양태극장'을 중심적인 문양으로 하고 있다는 것이다. '알 수 없는 이유'가 무엇인지에 대해 다음(이하의 ①부터 ⑤까지)과 같은 언급이 있고, '태극기'가 어떤 종류인지에 대해 다음(이하의 ㉮부터 ㉺까지)과 같은 태극기 연구자 등의 의견이 있는데, 우표 원도(그림 96의 왼쪽)는 '통리교섭통상사무아문 제작 태극기'(그림 84의 오른쪽)와 같은 계열이고,[511] 일본 대장성 인쇄국으로부터 받은 5종의 우표에서 '우표의 가운데에 있는 4중원의 음양태극장'은 가장 바깥쪽 원을 배제하면 서울대 규장각 '어기'의 '태극'과 동일하다. 이 5종 우표와 '어기'의 가장 안쪽에 있는 원은 반으로 나누어져 있는데, 이는 주돈이의 '태극도'에서 둘째 층의 '양동음정도'(그림 95 참조)와 다를 뿐 아니라, 이와 같은 문양은 서울대 규장각 '어기' 외에는 보이지 않는다. 따라서 5종 우표는 서울대 규장각 '어기'의 '태극'을 모본으로 해서 만들어진 것으로 보이고, '어기'는 외부에 공개된 흔적이 보이지 않으므로 조선 정부에서 우표로 주문하지 않았다면 일본 대장성으로서는 그 존재를 알 수 없었던 것으로 보인다.

---

[511] 최초 우표 도안인 우표 원도(그림 96의 왼쪽)는 1883년 3월 6일 반포 국기인 박영효 태극기와 비슷하지만, 음양이 반대인 차이가 있다. 즉, 박영효 태극기는 양(+, 빨간색)이 위에, 음(−, 파란색)이 아래에 있으나, 우표 원도는 양(+, 흑백黑白의 白)이 아래에 있고 음(−, 흑백의 黑)이 위에 있다.
한편, 1884년 6월 10일 통리교섭통상사무아문이 국기로서 제작한 태극기(그림 84의 오른쪽)와 우표 원도는 태극문양에서 약간의 차이를 보이지만, 음양의 배분은 동일하다.
따라서 『인천부사(仁川府史)』에서 언급한 '조선 국기'는 '박영효 태극기'가 아닌, '통리교섭통상사무아문 제작 태극기'를 지칭한 것으로 보인다.

그림 96: 최초 우표 도안(좌), 발행된 5종 우표(좌의 두 번째부터 여섯 번째까지)

① '사단법인 대한민국 국기선양회'는 광복 50주년 기념으로 1995년 8월 4일부터 9월 20일까지 세종문화회관 전시실에서 '태극기 변천사전'이라는 전시회를 개최하였고, 이때 발행한 『태극기 변천사전』의 14~15쪽 기재를 요약하면 이하와 같다. 1884년에 우정국이 창설되고, 고종은 우정국 설립 기념으로 우리나라 최초의 우표에 태극기의 원도를 우표 도안으로 발행하고자 하였다. 당시 인쇄술이 미흡하여 일본 대장성에 의뢰하였는데 일본 인쇄국은 태극기 도안 대신 중국 북송시대 주돈이의 〈태극도〉의 둘째 층 그림인 〈양동음정도〉와 유사한 그림을 삽입하였다. 당시에 제작하고자 했던 최초의 태극기 우표 도안은 1933년 일본에서 간행된 『인천부사』라는 외교문서 기록과 일본에서 발행된 『조선근대우표사』(1884년에서 1905년 사이의 우표)에 실려 있다(김상섭, 앞의 책, 114~115쪽).

② 이와 관련한 한국 자료{『原色원색 韓國郵票圖鑑한국우표도감(우문관, 1989), 5쪽}와 일본 자료{水原明窓, 『朝鮮近代郵便史조선근대우편사(일본우취협회, 1993), 220쪽}에 의하면, 우정국 총판 홍영식은 인천 세무사 하스(J. Hass, 夏士)에게 우표 주문생산 업무를 위탁했다. 처음 홍영식은 하스를 통해 청국에서 우초(우표) 제작을 주문 생산하기로 하스에게 위임한 것인데, 하스가 청국 해관을 통해 타진해 본 결과 청국에는 우초를 대량 생산할 수 있는 인쇄시설이 없다는 것을 확인하고, 상하이(上海) 주재 일본 영사(品川)에게 홍영식으로부터 건네받은

「우초도안(雛形)」을 전달하면서 일본에서 제작 생산을 의뢰했다. 일본 영사는 본국 이노우에 외상에게 이 같은 사실을 보고하자, 조선 정부가 우표 제작을 주문한다면 인천 주재 일본 영사 고바야시(小林端一)를 경유하여 발주하라고 지시했다(김원모, 앞의 책, 48쪽).

③ 당시 조선의 공식 문서{『舊韓國外交關係付屬文書구한국외교관계부속문서』 권 3(統署日記통서일기), 192쪽(고종 22. 3. 3.)}에 의하면, 홍영식은 5푼(五文) 10푼(十文) 25푼(二十五文) 50푼(五十文) 100푼(百文) 등 5종의 우초를 주문했는데, 일본 대장성(大藏省) 인쇄국에서 생산했다. 1884년 11월 18일까지 이상 5종 중 "5푼과 10푼" 2종만이 도착하여 우편 업무 개시와 함께 유통 사용한 것이다. 나머지 3종의 우초는 1885년 4월 17일에 도착하였기 때문에, 갑신정변으로 말미암아 우편 업무가 중단되었으므로 유통 사용되지 아니하였다고 한다(김원모, 앞의 책, 48쪽).

④ 김원모는 『인천부사』의 기재 사항인 "우초추형{郵鈔雛形(추형의 사전적 의미는 '어떤 물건의 원형 그대로를 줄여 만든 본'임:필자주)}은 조선국기를 본떠 만든 것이다."라는 기재에 근거하여, "그런데 여기에 소개되어 있는 「오십푼 태극기우초」와 일본이 주문을 받아 생산 발행한 우초를 비교하면, 일본 대장성 인쇄국은 조선 정부가 주문할 때 제출한 「태극도안」대로 제작하지 아니하고 변형 제작되었음을 알 수 있다. 이를 비교검토 해 보면, 원래 대조선국 정부는 태극기를 새긴 도안을 제출했지만 갑신정변후 조선정부에 인도된 「오십푼 우초」는 태극 무늬만 있지만, 그것은 조선의 태극문양이 아니라 중국 『태극도설』에 나오는 동그라미 모양의 중국식 태극문양이라는 사실이다."라고 언급하고 있다(김원모, 앞의 책, 49쪽).

⑤ 이태진은 우초추형(그림 96의 왼쪽)이 끝내 미발행이 되고 말았는데, 1884년 당시 조선 정부는 국기로 정해진 태극사괘기와 군주기로 낙

착된 태극팔괘기를 각각 50분짜리와 5문짜리 두 가지 우표의 도형으로 삼을 계획을 세웠다고 하면서, 『인천부사』 간행 시(1933) 일본인 편찬 관련자들은 미발행으로 끝난 50푼(分)짜리 우표에 대한 기록을 남기기 위해 이의 주문 관련 자료를 남긴 듯 하나, 본래는 「어기」의 태극도를 넣은 5文짜리와 50분짜리를 함께 발행할 계획이었던 것으로 판단하는 것이 옳다고 생각한다고 언급하고 있다(이태진, 앞의 논문, 262쪽의 본문과 각주 40을 요약).

㉮ 1933년 인천부仁川府에서 발간한 『인천부사(仁川府史)』(880쪽)에 대조선국 정부가 일본에 우초의 주문생산을 발주할 때 제출했던 「태극도안」의 원본이 소개되어 있고, 「태극도안」에 "우초추형(郵鈔雛形)은 조선 국기를 본떠 만든 것이다."라고 명문화하고 있다(김원모, 앞의 책, 48쪽).

㉯ '사단법인 대한민국 국기선양회'는 광복 50주년 기념으로 1995년 8월 4일부터 9월 20일까지 세종 문화회관 전시실에서 '태극기 변천사전'이라는 전시회를 개최하였고, 이때 발행한 『태극기 변천사전』의 14~15쪽에, 1883년 왕명으로 제정된 최초의 태극기 원도를 찾아내어 현행 태극기의 정통성을 입증하게 되었다고 기술하고 있다(김상섭, 앞의 책, 114쪽).

㉰ 김원모는 "결국 태극기의 원본은 여기에 소개되어 있는 「오십푼 태극기 우초」라는 결론에 도달하게 된다. 그 이유는 첫째, 대조선국 정부가 공식적으로 일본 정부에 보낸 「태극기우초도안」이라는 것, 둘째, 일본 대장성에서 발행한 「5푼, 10푼 우초」는 조선 고유의 태극문양이 아니라 중국 고유의 동그라미식 태극문양을 사용했다는 것, 등 두 가지 사유가 이를 뒷받침해 주고 있다. 뿐만 아니라 「오십푼 태극기 우초」는 현행 태극기와 비교해 보더라도 태극양의의 배치, 4괘의 배치 등이 너무나 일

치하고 있다는 점이다."라고 언급하고 있다(김원모, 앞의 책, 49쪽).

㉣ 목수현은 "흥미로운 것은 이 도안이 태극기를 주제로 했다는 점이다. 앞서 이 장의 1절 〈표 2〉에도 이 원도{문화재위원회, 『2021년도 문화재위원회 동산문화재분과위원회 제4차 회의자료』, 428∼431쪽 '〈참고〉 표 태극기의 변천(1882∼1906)'의 '8' 항목과 동일 : 필자주}가 제시된 바 있지만, 이 원도(그림 96의 왼쪽)는 현존하는 태극기 자료 가운데에서도 매우 이른 편이며 현재의 태극기와도 매우 유사하다."라고 언급하고 있다(목수현, 앞의 논문(2008), 61쪽).

㉤ 김상섭은 "이 태극기는 중국의 〈고태극도〉의 팔괘 중 4괘를 생략하고 건, 리, 감, 곤의 4괘를 45도 각도로 왼쪽으로 눕혀놓은 것이다. 4괘는 박영효의 기록과 같이 바른 자리에 위치하고 있으나 가운데 음양의 그림은 원리에 맞지 않게 아무렇게나 그려져 있다."라고 언급하고 있다(김상섭, 앞의 책, 115쪽).

㉥ 이태진은 "1884년 당시 조선 정부는 국기로 정해진 태극사괘기와 군주기로 낙착된 태극팔괘기를 각각 50분짜리와 5문짜리 두 가지 우표의 도형으로 삼을 계획을 세웠던 것이다."라고 언급하고 있다(이태진, 앞의 논문, 262쪽).

(7) 서양식 기준을 따른 박영효 태극기

박영효 태극기가 제작된 후 일본에서 깃대가 오른쪽에 위치하도록 게양되었음에도(앞의 가. 항 참조), 제임스가 이응준 감정본을 모본으로 하여 박영효 태극기로 전환하는 과정에서 깃대가 깃발의 왼쪽에 위치하는 서양식 기준을 2회 적용한 후 각 단계에서 도출된 태극 문양과 4괘를 결합하는 것에 의해 도출되었기 때문에, 박영효 태극기는 깃대가 깃발의 왼쪽에 위치하는 서양식 기준을 의도한 것이다{앞의 (4) 항 참조}.

또한, 『사화기략』의 '기무처에 보내는 보고서'에 박영효 태극기와 함께 언급된 '주상기'는 서울대 규장각의 '어기'와 일치하고, 이 '어기'는 제임스에 의해 제작된 것으로 화염각이 깃발의 왼쪽을 제외한 3면에 형성되어 있어 깃대가 깃발의 왼쪽에 위치하도록 의도된 것이다{앞의 (6) 항 참조}.

박영효 태극기가 깃대가 깃발의 왼쪽에 위치하도록 의도되었다는 것은 「대한제국국긔만만세大韓帝國國旗萬萬歲」(그림 99와 그림 100의 왼쪽)에 의해서도 확인된다. 「대한제국국긔만만세」는 대한제국의 국기로서 당시의 관행대로 깃대가 깃발의 오른쪽에 위치하도록 의도된 것인데, 이를 '좌우 반전'하여 깃대가 깃발의 왼쪽에 위치하는 서양식 기준으로 한 것(그림 99와 그림 100의 가운데)이 박영효 태극기와 일치하므로{뒤의 다.(2)(나) 항 참조}, 박영효 태극기는 깃대가 깃발의 왼쪽에 위치하도록 의도되었다는 것을 알 수 있다.

따라서, 박영효 태극기와 '어기'가 같은 시기(1882년 9월 20일부터 9월 25일 사이), 같은 장소(메이지마루)에서 동일인(제임스)에 의해 제작되었다는 점을 고려할 때에, 영국인 선장인 제임스가 깃대가 깃발의 왼쪽에 위치하는 서양식 기준에 따라 박영효 태극기와 '어기'를 제작한 것으로 보인다.

다. 현행 태극기에 이르기까지 공식 국기인 박영효 태극기

(1) 오랜 기간 사용되고 있는 박영효 태극기

박영효 태극기는 조선 정부가 1883년 3월 6일 국기를 반포할 당시의 국기였다는 것에 대해서는 앞에서 살펴보았는데(앞의 1.나. 항), 국기로 반포 후에도 오랜 기간 사용되었다. 태극문양 등 모양이 변경되었지만, 박영효 태극기와 동일하게 볼 수 있는 태극기를 시간순으로 살펴보면 다음과 같다.

① 청국에서 1886년에 발간된 『통상장정성안휘편』에 게재된 '대청속국 고려국기'(그림 65의 가운데)와 『통상약장류찬』에 게재된 '대청속 고려 국기'(그림 65의 오른쪽)는 청국에서 왜곡한 것으로 보이는 부분을 제외하고 박영효 태극기와 동일하다.

② 주미조선공사관의 정문 입구에는 1891년 5월 29일 설치가 결정된 '포치(porch)'의 합각 금속판에 태극기가 새겨져 있고, 존스턴(Frances B. Johnston)이 1893년에 촬영한 사진 속에는 공사관 중앙홀의 벽면에 태극기가 부착·게양되어 있다(사진은 그림 32의 오른쪽). 포치의 합각 금속판에 새겨진 태극기(그림 32의 왼쪽)는 박영효 태극기와 동일하고, 조선공사관 중앙홀의 태극기는 그 태극문양이 강화도 유수영 삼문의 정문에 그려져 있었던 태극문양에서 현행 태극기의 태극문양과 비슷하게 변경되었지만, 박영효 태극기이다.

다만, 태극문양에서 음(-)과 양(+)의 시작점은 박영효 태극기의 태극문양과 현행 태극기의 태극문양보다 조금 빠른 점(곤괘와 건괘의 중간보다 시계 방향으로 조금 지나쳐서 위치)에서 차이가 있지만, 본질적인 차이를 초래하는 것은 아니다.

한편, 4괘의 색깔에 대해, 국가유산청(문화재청)은 2018년 5월 15일 "주미대한제국공사관, 113년 만에 태극기 게양 – 복원공사 마치고 개설 130주년 기념 개관식 / 미국 워싱턴 D.C. 5.22. –" 이름의 보도자료를 배포하였고, 붙임 3. "사진 자료"의 '복원공사 후 재현 모습 2018'의 사진을 공개했는데, 4괘는 현행 태극기와 동일하게 검은색으로 복원되었다(국외소재문화재재단, 앞의 책, 124쪽. 124쪽에 동일한 사진이 게재되어 있다). 복원된 태극기의 4괘가 검은색인 점에 대해서는 추가적인 고증이 필요한 것으로 보인다. 왜냐하면, 박영효 태극기의 4괘는 파란색이고, 주미조선공사관 중앙홀의 태극기 사진의 4괘의 선명도가 태극문양의 음(–)인 파란색의 색깔보다 더 옅기 때문이다. 이런 점을 고려할 때 주미조선공사관 중앙홀 태극기 사진의 4괘는 검은색이 아닌, 파란색일 가능성이 큰 것으로 보인다.

③ 미국인 스튜어트 컬린(Stewart Culin, 1858~1929)이 1895년에 출판한『Korean Games with Notes on the Corresponding Games of China and Japan』(번역본『한국의 놀이』, 열화당, 2003.)에 게재된 박영효 태극기(그림 97의 오른쪽. 이하 이 항에서 컬린 박영효 태극기)이다. 깃대가 깃발의 왼쪽에 위치하는 서양식 기준을 따르는 미국인 스튜어트 컬린은 박영효 태극기(그림 97의 왼쪽)를 시계 방향으로 90도 회전시켜 늘어뜨려서 게양하는 방식으로 전환했다. '컬린 박영효 태극기'는 ㉮ 태극문양은 존스턴(Frances B. Johnston)이 1893년에 촬영한 주미조선공사관 중앙홀의 벽면에 부착·게양되어 있는 태극기(그림 32의 오른쪽)의 태극문양과 동일하고, ㉯ 4괘의 색깔과 태극문양과의 배치 관계는 주미조선공사관의 옥상에 게양되어 있던 이응준 감정본(그림 33의 왼쪽)과 동일하며, ㉰ 앞면은 주미조선공사관의 정문 입구 '포치(porch)'의 합각 금속판에 새겨져 있는 태

극기(그림 32의 왼쪽)와 동일한 것임을 고려할 때, 1895년 당시 주미 조선공사관에서 확인할 수 있는 3개의 태극기를 종합하여 도출된 것으로 보인다. '컬린 박영효 태극기'는 현행 태극기와 동일하다.

그림 97: 회전 전의 '컬린 박영효 태극기'(좌), '컬린 박영효 태극기'(우)

④ 대한제국 초기에 제작된 『각국기도』의 첫장에 「대한제국국긔만만셰」가 게재되어 있다. 「대한제국국긔만만셰」는 깃대가 깃발의 왼쪽에 위치하는 태극기(그림 99와 그림 100의 가운데)를 깃대가 깃발의 오른쪽에 위치하는 태극기로 '좌우 반전'한 것으로, 그 태극문양이 강화도 유수영 삼문의 정문에 그려져 있었던 태극문양으로부터 현행 태극기의 태극문양으로 바뀌는 과정에서 중간 단계의 모양을 하고 있지만, 박영효 태극기이다.

⑤ 대한황뎨폐하몸긔(대한황제폐하 몸기)는 주일본 독일대사관의 무관으로 근무한 독일인 헤르만 산더가 1906년 3월 대한제국을 방문하여 '하은'이라는 호를 가진 조선 화가에게 부탁해서 그렸다고 한다(각주 389 참조). '대한황제폐하 몸기'는 태극문양과 4괘의 배치 관계가 박영효 태극기와 동일하다. 다만, 바탕색이 황색이고{바탕색 황색의 성격에 대해서는 앞의 Ⅱ.3.다.(4) 항 참조}, 4괘의 색깔도 빨간색인 점에서 박영효 태극기와 다르다. 깃대가 깃발의 왼쪽에 위치하는 서양식

기준인데, 이는 '대한황제폐하 몸기'의 의뢰자가 서양식 기준을 따르는 독일인 헤르만 산더의 의견이 반영된 것으로 보인다.

한편, '대한황제폐하 몸기'의 성격에 대해 목수현은 "이 태극기 그림에는 '대한황제폐하 몸기'라는 설명이 붙어 있어, 당시 국민들은 이 깃발을 국기(國旗)로서보다는 황제를 대신하는 상징으로 받아들였던 것이 아닌가 생각하게 하기도 한다(도 29)."라고 언급하고 있어(목수현이 언급한 도 29는 그림 98의 왼쪽),[512] '황제폐하 몸기'라는 명칭으로 태극기의 성격이 규정되는 것으로 인식하고 있는 것으로 보인다.

⑥ 1919년 당시 안동군 임동면의 3.1만세운동에 사용된 오회당五懷堂 남상룡南相龍(1887~1955) 태극기(그림 98의 가운데)이다.[513] 남상룡 태극기는 태극문양과 4괘의 배치 관계가 박영효 태극기와 동일하다. 다만, 4괘의 색깔은 검은색으로 파란색의 박영효 태극기와 다르다. 남상룡 태극기의 태극문양은 현행 태극기와 동일한데, 이는 강화도 유수영 삼문의 정문에 그려져 있었던 태극문양의 박영효 태극기에서 『각국기도』의 첫장에 게시된 「대한제국국긔만만세」의 태극문양을 거쳐 1907년에 사용된 '불원복 태극기'(그림 112의 왼쪽)의 태극문양과 동일한 모양을 채용하게 된 것으로 보인다.

남상룡 태극기는 깃대를 고정하는 고정끈이 깃발의 왼쪽에 위치하는 쪽으로 촬영되어 있는데, 이것이 3.1만세운동 당시를 반영한 것인지 의심스럽다. 왜냐하면, 「대한제국국긔만만세」는 깃대가 깃발의 오른쪽에 위치하도록 의도되어 있고, 남상룡 태극기보다 12년 앞서 사용된 '불원복 태극기'도 깃대를 고정하는 고정끈이 깃발의 오른쪽에 위치할 뿐 아니라, 1942년 6월 29일 대한민국임시정부 국무위원회에서 태극기의 제작규정을 통일할 당시에도 깃대가 깃발의 오른쪽에 위치

---

512) 목수현, 앞의 논문(2008), 51쪽.

513) 대경일보 2019년 9월 5일 「宗家의 독립운동을 다시보다... '3.1만세운동 태극기와 8.15광복 태극기를 한자리에서'」라는 제목의 기사(박동수 기자)에서 인용.

하는 조선식 기준을 따랐기 때문이다.

⑦ 일제 강점기 1930년부터 1940년 사이에 사용된 국회 헌정기념관 소장 태극기(기증자 손세일)(그림 98의 오른쪽[514])이다. 이 태극기는 남상룡 태극기와 동일하다.

⑧ 1940년대를 전후하여 제작되고 임정에서 사용된 대한민국 임시의정원 태극기 중 등록문화재 제395-2호의 태극기 3(이하 '대한민국 임시의정원 태극기 3')이다. 이에 대해서는 뒤의 (3) 항에서 구체적으로 서술한다.

⑨ 현행 태극기이다. 이에 대해서는 뒤의 (4) 항에서 구체적으로 서술한다.

그림 98: 대한황뎨폐하몸긔(좌), 남상룡 태극기(중), 국회 헌정관 소장 태극기(우)

(2) 「대한제국국긔만만셰」

서울대 규장각에 소장되어 있는 『각국기도各國旗圖』(규장각 古4635-1, 1책 9장, 채색도)에는 38개국의 63개 기가 소개되어 있는데, 첫 장에 「대한제국국긔만만셰」(그림 99의 왼쪽)가 게재되어 있다. 또한, 한국학중앙연구원 장서각에 소장되어 있는 『각국기도』(장서각 K3-544)의 첫 장에 게재된 「대한제국국긔만만셰」(그림 100의 왼쪽[515])

---

514) https://hyangto202.tistory.com/8730584에서 인용.

515) 대한민국역사박물관의 '한미수교 140주년 기념 조미수교와 태극기' 리플렛에서 인용.

는 규장각 소장본과 비교할 때 태극문양에 있어서 음(-, 파란색)과 양(+, 빨간색)의 시작점에서 조금 차이가 있을 뿐이고,[516] 그 외는 규장각 소장본과 동일하다. 규장각과 장서각 소장본 사이에 차이가 있는 것은 필사본이기 때문으로 보인다.

그림 99: 「대한제국국긔만만셰」(좌), 왼쪽의 좌우 반전(중앙), 박영효 태극기(우)

그림 100: 「대한제국국긔만만셰」(좌), 왼쪽의 좌우 반전(중앙), 박영효 태극기(우)

「대한제국국긔만만셰」는 그 이름에서 알 수 있듯이 '대한제국'의 '국긔'이다.[517]

---

516) 규장각과 장서각 소장본은 모두 필사본이어서, 필사자에 의한 미소한 차이가 보인다. 색깔의 차이는 보존에 따른 변색 정도의 차이로 보인다.

517) 이태진, 앞의 논문, 264쪽. 1883년 제정 국기가 신제국에서도 그대로 사용되었다는 것으로, 이는 「대한제국국긔만만셰」와 박영효 태극기가 박영효 태극기 계열로서 서로 동일하다는 관점에서 타당하다.

(가) 「대한제국국긔만만셰」의 제작 주체

「대한제국국긔만만셰」는 그 제작 주체와 시기가 확인되지 않는다. 「대한제국국긔만만셰」가 게재된 『각국기도』는 편저자, 간행자 및 간행 연도가 모두 미상이다.[518]

『각국기도』의 제작 주체인 간행자에 대해서, 이태진은 "단지 이 책(이태진은 장서각 K3-544에 의거 설명하고 있음:필자주)은 편찬처가 명시되어 있지 않은 것이 흠이다. 그러나 41개국의 66개기를 채색으로 정밀하게 그려 소개한 것은 당시 정부 외에서 할 수 있는 일은 아니다."라고 하여,[519] 『각국기도』가 대한제국 정부에서 간행했다는 취지로 언급하고 있고, 대한민국역사박물관은 대한제국의 외부外部가 발간하였다고 특정하고 있다.[520] 필자도 간행자를 대한제국의 외부外部로 보는 것이 타당하다고 본다. 외부外部는 대한제국의 성립 전인 1895년 4월 1일부터 시행되었는데, 외부의 관제官制에 대해 제1조는 "외부대

그런데 위키백과, 나무위키와 'CRW Flags(https://www.crwflag.com), History of the South Korean flag'의 대한제국 시기에 소개된 대한제국의 국기는 박영효 태극기도 아니고 「대한제국국긔만만셰」도 아닌, 박영효 태극기에서 리離괘와 감坎괘가 바뀐 태극기로 소개되어 있다. 이 태극기는 1899년 미국 해군부 태극기(그림 33의 오른쪽)와 동일하다. 위키백과와 나무위키 등에서 1899년 미국 해군부 태극기를 대한제국의 국기로 표기한 이유는 대한제국 시기(1899년)에 미국 해군부에서 발간한 것이고 이 태극기에 국기(National Flag)라고 표시되어 있기 때문으로 보인다.

518) 규장각과 장서각의 상세서지의 기록에 의하였다. 규장각은 상세서지에서 간행연대를 미상으로 하면서도 1900년으로 추정하고 있고, 장서각은 상세서지에서 간행연대를 대한제국기에 제작된 것으로 추정하면서도 대한제국 성립 시기인 1897년으로 추정하고 있다.

519) 이태진, 앞의 논문, 266쪽.

520) 대한민국역사박물관의 '한미수교 140주년 기념 조미수교와 태극기' 리플릿에서 언급.

신(外部大臣)은 외국에 관한 정무를 집행한다. 또 외국에 있는 본국 상사(商事)의 보호에 관한 사무를 관리하며 외교관(外交官)과 영사관(領事官)을 감독한다."라고 규정하고 있어, [521] 『각국기도』에 게재된 각국各國의 국기와 상선기商船旗 등이 외부의 관제와 직접 관련되고, 대한제국의 수립 후에도 외부의 관제에 변경이 없었기 때문이다. [522]

『각국기도』의 간행연도에 대해서, 간행연도는 『각국기도』에 게재된 「대한제국국긔만만세」의 사용 주체인 대한제국의 존속 기간 중 어느 시점일 것이다. 대한제국은 1897년 10월 12일부터 1910년 8월 29일까지 존속했지만, 1905년 11월 17일 체결한 을사늑약[523]으로 대한제국의 외교 기능이 정지당하였고 이를 계기로 외국 공관에도 태극기의 게양이 금지되었다. [524] 따라서 『각국기도』의 간행연도는 1897년 10월 12일부터 1905년 11월 17일 사이의 어느 시점일 것인데, 외국과의 외교관계를 고려할 때 대한제국의 수립 초기일 가능성이 크다.

---

521) 『고종실록』 33권 1895년 3월 25일 병신 6번째 기사. 관련 부분의 원문은 "勅令第四十二號, 外部官制, 裁可頒布。外部官制: 第一條, 外部大臣은 外國에 關ᄒ政務를 施行ᄒ며 且外國에 在ᄒ 本國商事의 保護에 關ᄒᄂ 事務를 管理ᄒ며 外交官及領事館을 監督홈。"이다.

522) 대한제국이 수립된 1897년 10월 12일을 전후해서 외부外部의 관제 변경에 대한 어떠한 칙령도 보이지 않는다.

523) 『고종실록』 46권 1905년 11월 17일 양력 1번째 기사. 고종실록에는 한일협상조약韓日協商條約으로 표현되어 있다. 을사조약이라고도 한다.

524) 천지일보의 2018년 5월 18일 "고종 꿈꾼 자주외교, '주미대한제국공사관'서 되살아난다"라는 제목의 기사(장수경 기자)에서, "오는 22일 미국 워싱턴 D.C. 주미대한제국공사관에 태극기가 게양된다. 1905년 을사늑약 체결 후 태극기가 내려진 지 113년 만이다."라는 언급이 있다. 을사늑약 체결 후의 태극기 게양 금지는 외국과의 관계에 한정된 것으로 보인다.

(나) 조선식 기준에 따른「대한제국국긔만만셰」

조선 시대에는 깃대가 깃발의 오른쪽에 위치하는 조선식 기준을 채택하고 있었다는 것에 대해서는 앞에서 살펴보았고, 대한제국 시대에도 조선 시대와 마찬가지로 깃대가 깃발의 오른쪽에 위치한다는 것에 대해서는 1901년의 신축진연도병의 태극기와 1902년의 고종임인진연도병풍의 태극기에서 확인되는데,「대한제국국긔만만셰」는 대한제국의 국기로서 당시 관행대로 깃대가 깃발의 오른쪽에 위치하도록 의도한 것으로 보인다.[525]

이러한 사실을 고려하면,「대한제국국긔만만셰」의 제작자는 박영효 태극기가 깃대의 위치가 왼쪽인 서양식 기준에 의한 것임을 인식하고 있었고, 박영효 태극기를 대한제국의 국기로 하기 위해 박영효 태극기를 '좌우 반전'하여 깃대가 깃발의 오른쪽에 위치하는 조선식 기준의「대한제국국긔만만셰」로 전환한 것으로 보인다. 조선과 대한제국 시기의 태극기에 있어서, 조선인이 주체가 되어 깃대와 깃발의 관계에서 조선식과 서양식 사이를 전환할 때 '좌우 반전' 방식을 적용한 것

---

525) 1882년의 미국 해군부 발간의『해양국가들의 깃발』과 1886년 청국에서 편찬된
    『통상장정성안휘편』과『통상약장류찬』에 게재된 깃발은 모두 깃대가 깃발의 왼쪽에
    위치하지만, 대한제국 정부에서 발간한 것으로 보이는『각국기도』에 게재된 깃발에
    는 깃대가 표시되어 있지 않고, 보이는 면이 깃발의 앞면을 나타내는 것으로 보인
    다. 예를 들어「대한제국국긔만만셰」의 대한제국 국기는 보이는 부분이 깃발의 앞
    면인데, 깃대는 오른쪽에 위치하는 것으로 해석되고, 미국 국기도 보이는 부분이
    깃발의 앞면이지만 깃대는 서양식으로 깃대가 왼쪽에 위치하는 것으로 해석된다
    (Ⅰ.1.다. 항의 깃발의 앞면과 뒷면을 판단하는 기준으로서의 깃대 참조).

은「대한제국국긔만만세」가 최초인 것으로 보인다.[526]

  (다) 「대한제국국긔만만세」와 박영효 태극기의 관계

「대한제국국긔만만세」를 '좌우 반전'한 태극기는 '그림 99의 가운데'(그림 100의 가운데)와 같은데, 이를 박영효 태극기(그림 99와 그림 100의 오른쪽)와 비교하면, 태극문양과 4괘의 배치가 서로 동일하고,[527] 괘의 색깔은 검은색으로 파란색의 박영효 태극기와 다르지만,[528] 큰 틀에서는 박영효 태극기 계열이라 할 수 있다.

  (3) 대한민국 임시의정원 태극기 3

대한민국 상해임시정부의 임시의정원 태극기 4점 중 '임시의정원

---

526)　이와 같은 좌우 반전에 의한 전환 방식과 깃발의 90도 시계 반대 방향 또는 시계 방향으로 회전하는 전환 방식은 여러 태극기 사이의 관계를 밝히는 중요한 수단이 된다.

527)　태극문양에 있어서, 강화도 유수영 삼문의 정문에 그려져 있었던 태극문양(박영효 태극기)에서 현행 태극기의 태극문양으로 바뀌는 과정에서 중간 단계의 모양을 하고 있다. 한편, 태극문양의 양(+, 빨간색)의 시작점이자 음(−, 파란색)의 최대치가 되는 부분{곤坤괘(☷)의 중간 위치}의 위치에 있어서, 「대한제국국긔만만세」를 '좌우 반전'한 태극기는 곤坤괘(☷)와 감坎괘(☵) 사이이고 박영효 태극기는 곤坤괘(☷)에 있는 점에서 차이가 있지만, 이는 필사자에 의한 제작 시 오류로 보인다.

528)　또한 「대한제국국긔만만세」는 정사각형인데, 박영효 태극기는 직사각형이어서 차이가 있지만, 박영효 태극기와 동일하다 할 수 있는 '대청속국 고려국기'와 '대청속 고려국기'는 정사각형이고, 박영효 태극기에서 파생된 독립문 태극기도 거의 정사각형이어서, 정사각형 형상은 박영효 태극기의 태극문양과 4괘 부분만을 채택하는 경우 도출되는 모양으로, 이로 인한 차이는 무시할 수 있다. 정사각형 형상의 태극기로는 1899년 미국 해군부 태극기가 있는데, 이도 박영효 태극기의 영향을 일정 부분 받은 것이다(그림 33의 오른쪽 참조).

태극기 1'이 이응준 감정본과 동일한 계통이라는 것에 대해서는 앞
에서 서술한 바와 같고{앞의 Ⅱ.4.다.(2) 항 참조}, 등록문화재 제
385-2호의 태극기 3점 중 나머지 2점은 '임시의정원 태극기 2'(그림
101의 왼쪽과 가운데)와 '임시의정원 태극기 3'(그림 101의 오른쪽.
대한민국역사박물관 소장)인데,[529] '임시의정원 태극기 3'은 깃대가
깃발의 오른쪽에 위치하는 조선식 기준에 따르는 방식으로 깃발을 깃
대에 고정하는 고정끈이 깃발의 오른쪽에 부착되어 있다.[530]

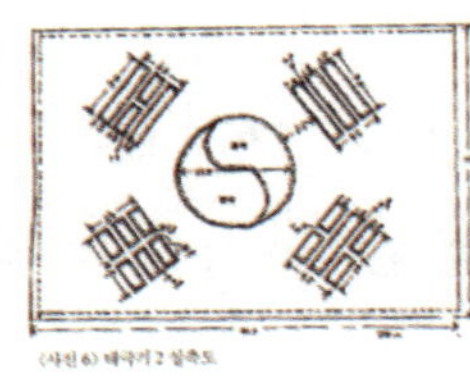

그림 101 : 임시의정원 태극기 2(좌), 왼쪽의 실측도(중앙), 임시의정원 태극기 3(우)

(가) '임시의정원 태극기 3'과 '임시의정원 태극기 1'의 관계

　'임시의정원 태극기 3'과 '임시의정원 태극기 1'은 태극문양이 서로
동일하고, 깃대에 고정하는 고정끈이 깃발의 오른쪽에 위치하는 점에
서 서로 동일하나, 4괘 중 감坎괘(☵)와 리離괘(☲)의 위치가 서로 바

---

529)　임시의정원 태극기 4점 중 나머지는 등록문화재 제395(그림 115)호의 태극기이다.
530)　'임시의정원 태극기 2'는 벽면에 부착하는 용도로 사용된 것으로, 이는 "4괘는 모양
　　　대로 오려 바탕면 앞면에만 재봉틀 박음질하였다."라는 기재에 의해 확인된다{국가
　　　유산청(문화재청), 앞의 책(2013), 12쪽}. '임시의정원 태극기 2'와 '임시의정원 태
　　　극기 3'은 4괘의 배치 관계가 동일한 것으로 보아, '임시의정원 태극기 2'도 조선식
　　　기준을 따른 것으로 보인다.

꿰어 있다(그림 102 참조).

그림 102: 임시의정원 태극기 1(좌), 임시의정원 태극기 3(우)

‘임시의정원 태극기 3’과 ‘임시의정원 태극기 1’의 관계는 박영효 태극기[531]와 이응준 감정본의 관계와 동일하다{이는 ‘그림 103’과 다음 (이하의 ①부터 ③까지)에서 살펴보는 바에 의한다}.

그림 103: 좌로부터 이응준 감정본, 임시의정원 1, 3, 박영효 태극기의 세로 게양

---

531) 박영효 태극기는 영국 국립문서보관소에 소장되어 있는 것으로, 2008년에 한철호 와 김도형이 영국 국립문서보관소를 방문하여 그 원형과 관련 문서를 실물 크기로 복사해 온 것이어서(앞의 1.가. 항 참조), 임시의정원 태극기의 제작자(노영재)가 1940년 전후에 박영효 태극기를 인식하고 있었는지 불분명하다. 또한, 노영재 여 사는 남편인 김붕준과 함께 1919년 서울에서 3.1만세운동 후 중국 상하이로 갔으 므로, 3.1만세운동 당시 안동에서 사용된 남상룡 태극기(그림 98의 가운데)의 존 재를 인식하고 있었는지 분명하지 않지만, 3.1만세운동 당시 남상룡 태극기와 같 은 종류의 태극기도 사용되었을 가능성이 컸다고 할 수 있으므로, 이 항에서 박영 효 태극기는 남상룡 태극기로 예시한다.

① 이응준 감정본(그림 103의 좌로부터 첫 번째)과 '임시의정원 태극기 1'(그림 103의 좌로부터 두 번째)은 서로 동일하다{Ⅱ.4.다.(2) 항 참조}.

② '임시의정원 태극기 3'(그림 103의 좌로부터 세 번째)과 (깃대가 깃발의 왼쪽에 위치하는) 박영효 태극기를 늘어뜨려서 게양한 방식(그림 103의 오른쪽)은 서로 동일하다. 박영효 태극기를 세로로 늘어뜨려서 게양하는 방식은 1893년 시카고 만국박람회에서 이응준 태극기(깃대가 깃발의 왼쪽에 위치)를 조선관 지붕 위에 늘어뜨려서 게양하는 방식을 따랐다{Ⅱ.4.가.(2)(라) 항 참조}.

③ 이응준 감정본과 '박영효 태극기를 늘어뜨려서 게양하는 방식'은 태극 문양이 서로 동일하나, 4괘 중 감坎괘와 리離괘의 위치 관계가 서로 바뀌어 있는 관계에 있고(그림 103의 좌로부터 첫 번째와 오른쪽을 대비), 이는 '임시의정원 태극기 1'과 '임시의정원 태극기 3'의 관계에도 동일하게 적용된다(그림 103의 좌로부터 두 번째와 세 번째를 대비).

(나) '임시의정원 태극기 3'과 박영효 태극기의 관계

박영효 태극기를 세로로 늘어뜨려서 게양하는 방식은 『2024 정부의전편람』(행정안전부)의 30쪽에 기재된 '깃면을 늘여서 벽면에 다는 방법'인 국기를 시계 방향으로 90도 회전한 방식과 동일하고, 이러한 방식이 깃대가 오른쪽에 위치하는 조선식 기준에 따른 '임시의정원 태극기 3'과 동일하다.

따라서 '임시의정원 태극기 3'은 깃대의 위치를 서양식에서 조선식으로 변경하는 기본적인 방식인 '좌우 반전' 방식을 적용한 「대한제국

국긔만만세」와 다른{앞의 (2)(다) 항 참조}, 별개의 방식을 적용한 태극기만의 독특한 방식으로 보인다(그림 104 참조). 즉, '임시의정원 태극기 3'은 깃대가 깃발의 왼쪽에 위치하는 서양식 기준을 따른 박영효 태극기를 '**시계 방향으로 90도 회전**'한 결과 세로가 길게 된 직사각형을 가로 길이가 긴 직사각형으로 변경한 후, 깃발의 오른쪽에 깃대를 고정하기 위한 고정끈을 부착한 것이다(그림 104 참조). 마찬가지로, 1899년 미국 해군부 태극기는 깃대가 깃발의 오른쪽에 위치하는 조선식 기준을 따른 이응준 감정본을 '**시계 반대 방향으로 90도 회전**'하여 깃발의 왼쪽에 깃대를 고정한 것이다{그림 105 참조. 그림 105의 역순은 Ⅱ.3.다.(1)(나) 항과 그림 33 참조}. 이러한 조선식과 서양식 방식의 변경 주체가 조선인(임시의정원 태극기 3의 제작자 노영재)과 서양의 국가기관(미국 해군부)이라는 점이 주목할 만하다.

그림 104: 박영효 태극기(좌), 왼쪽의 세로 게양(중앙), 임시의정원 태극기 3(우)

그림 105: 1899년 미국 해군부 태극기(좌), 그 수정본(중앙), 이응준 감정본(우)

(4) 1949년 10월부터 대한민국의 국기가 된 현행 태극기

(가) 대한민국 정부수립 선포식장에 게양된 2종류의 태극기

1945년 8월 15일 일제가 제2차 세계대전에서 무조건 항복한 후, 1948년 8월 15일 대한민국 정부 수립이 선포되기까지 다음[532](이하의 ①부터 ④까지)과 같은 과정이 있었다.

① 한국인들은 1945년 8월 15일 제2차 세계대전의 종전으로 광복을 맞게 되었다. 한국인들은 자신의 힘으로 광복을 쟁취한 것이 아니라 타율적인 힘에 의해 광복을 맞았다. 광복 후 1948년까지는 미소군정기 美蘇軍政期로 한반도의 38도선을 경계로 미국과 소련이 남한과 북한을 통치했다.

② 1947년 11월 14일 유엔총회는 의미 있는 결의를 했다. 한반도를 독립시키기 위해 남북한에서 총선거를 실시한다는 것이다. 남한은 이 결의를 따랐으나, 소련은 38선 이북 북한 지역에서의 선거를 거부하고 유엔감시위원단의 입국도 금지했다.

③ 남한에서는 유엔 결의에 따라 1948년 5월 10일 제헌의원 선출을 위한 총선거가 실시됐다. 유엔감시위원단의 참관하에 우리 민족 역사상 처음으로 국민이 국회의원을 직접 뽑는 민주 선거였다. 1948년 5월 31일 민의에 의해서 선출된 198명의 제헌의원들은 제1차 회의를 갖고, 이승만을 초대 국회의장으로 선출했다.

---

532) ① 항은 한국민족문화대백과사전의 '미소군정기(美蘇軍政期)'(집필자 김운태)에서 인용했다.
'②부터 ④까지'는 행정안전부 대통령기록관이 2016.09.08. 16:43:45에 등록한 「태극기를 계승한 대한민국」이라는 제목의 공감마당에서 인용했다.

④ 1948년 7월 17일에는 헌법이 제정되었고, 7월 24일에는 국회에서
이승만을 초대 대통령으로 선출했다. 8월 15일에는 현재 경복궁 자리
광화문 뒤에 있었던 중앙청에서 대한민국 정부가 수립되었음을 대내
외에 공포했다.

1948년 7월 1일 제헌국회는 대한민국 국기로 태극기를 채택하였
지만, 대한민국 국기를 태극기로 한다는 조항을 헌법에 넣지 않기로
했고, 태극기가 구체적으로 어떤 도식인지는 다루어지지 않았다.[533]
태극기의 도식이 정해지지 않아서 그런지 1948년 8월 15일 대한민
국 정부 수립 선포식장인 중앙청에 게양된 태극기(그림 106[534])는 도
식이 서로 다른 2종류(그림 106의 가운데와 오른쪽 위쪽)가 모두 늘
어뜨리는 방식으로 게양되어 있는데, 이들은 현행 태극기가 아니다.
중앙청의 대한민국 정부 수립 선포식장 중앙에는 대형 태극기가 벽에
부착된 방식으로 게양되어 있고, 대형 태극기의 오른쪽 위에는 대형
태극기와 다른 도식의 태극기가 대형 태극기를 기준으로 유엔기와 대
칭되게 게양되어 있다. 그런데 대형 태극기의 왼쪽 위의 유엔기는 깃

---

533) 국회사무처, 제1회 국회속기록 제22호{단기4281년(1948년) 7월 1일}의 10~12
    쪽. 태극기를 '헌법 제2조에 삽입하자' 또는 '제4조의 후단으로 추가하자'라는 등의
    문제로 토론이 벌어졌고, 거수표결의 결과 재석의원 188, 가(찬성) 40, 부(반대)
    102의 과반수로 부결되었다{12쪽 마지막 부분의 (거수표결) 관련}.
    한편, 김혜수, 「해방후 통일국가수립운동과 국가 상징의 제정과정 -國號·國旗·國
    歌·國慶日 제정을 중심으로-」(1997년, 『國史館論叢』 第75輯), 122쪽. 김혜수
    는 7월 1일의 국회 본회의에 대해 "국기에 대해서는 헌법초안을 심의 당시 국호가
    대한민국으로 정해진 이상 조국광복과 주권회복, 통일의 상징으로서 민족적 정서
    를 표명한 태극기가 국기로 제정되는 것은 당연하다는 주장이 제기되었다. 그러나
    국기 역시 국민에게 의견을 물어보아야 할 것이며 또한 현재 사용되고 있는 태극기
    가 통일되지 않은 채 사용되고 있으므로 태극기의 도안을 확실히 제정한 연후에 명
    문화하기로 결정하였다."라고 평가하고 있다.
534) 네이버 블로그 'https://blog.naver.com/onewings/90064257289'(2009.
    8. 12. 12:37)에서 인용.

대가 깃발의 왼쪽에 위치하는 서양식 기준을 늘어뜨리는 방식으로 게양되어 있음을 금방 알 수 있다(그림 107). 그렇다면 대형 태극기와 오른쪽 위의 태극기는 어떤 도식인지, 그리고 동일 장소에 다른 도식의 태극기를 게양한 '게양 주체'의 의도가 무엇인지에 대해 의문이 들 수밖에 없다. 이에 대해서 항을 달리해서 '게양 주체'의 의도를 추측해 본다.

그림 106: 1948년 8월 15일 대한민국 정부 수립 선포식

그림 107: 유엔기(좌), 왼쪽의 세로 게양(중앙), 정부 수립 선포식장의 유엔기(우)

(나) 대한민국이 한반도의 유일한 합법 정부임을 상징

대형 태극기 오른쪽 위의 태극기는 대형 태극기를 기준으로 유엔기
와 대칭되게 게양되어 있다. 대한민국은 유엔총회의 결의에 따라 한
반도에서 수립된 유일 합법 정부이므로, 유엔기와 대칭되게 게양된
태극기는 한민족을 대표하는 상징성 있는 국기여야 한다. 오른쪽 위
의 태극기는 그 위치로 보아 깃대가 깃발의 오른쪽에 위치하는 조선식
기준에 따른 것을 늘어뜨리는 방식으로 게양된 것이다. 오른쪽 위의
태극기(그림 106의 오른쪽)는 '대한민국임시정부공고 제75호'의 국
기양식(그림 108의 왼쪽[535])(이하 이 항에서 '임시정부 국기양식')을
구체화한 태극기(그림 108의 가운데[536])이다. [537]

그림 108: 임시정부 국기양식(좌), 왼쪽의 구체화(중앙), 오른쪽 위의 태극기(우)

---

535) 대한민국역사박물관의 '한미수교 140주년 기념 작은전시'의 조미수교와 태극기 리
플릿에 게재된 것을 인용하였다(각주 12 참조).

536) 신희정, 앞의 논문, 42쪽의 '〈표-1〉 국기시정위원회의 5가지 태극기 도안' 중 제1
도안(구왕궁 소장 태극기)을 인용하였다.

537) 김혜수, 앞의 논문, 108쪽. 김혜수는 "중경임정은 귀국 직후 '조선'을 내세워 법통
성을 부인하는 인공을 우선 견제하기 위하여 줄곧 독립의 첫 단계는 일정한 국호를
가져야 하는 것이라면서 신익희 내무부장 명의로 정부가 설 때까지 비록 결함이 있
더라도 '대한민국'을 국호로, '태극기'를 국기로, '애국가'를 국가로 사용할 것을 발
표하였다.(각주 76)"라고 언급하고 있는데, '각주 76'은 김혜수가 인용한 임정,
1941년「대한민국 건국강령」의 4쪽이다.

임시정부 국기양식은 대한민국 임시정부에서 태극기의 제작 규정을 통일한 것이지만, 임시정부에서 사용해 왔던 태극기[538]와 도식이 다른 것을 고려할 때에 태극기의 제작 규정을 통일하기 위해 기존에 사용되고 있던 모든 태극기 도식을 고려하여 대표성과 상징성이 큰 도식이 선정되었을 가능성이 큰 것으로 보인다. 임시정부 국기양식과 동일한 태극기로 미국에서 광복 전(1930~40년대)에 제작된 것으로 추정되는 '대한독립만세' 태극기(등록문화재 제387호)가 있다. '대한독립만세' 태극기(그림 109의 왼쪽. 독립기념관 제공)는 1919년 전후 미국에서 전개되었던 「대한독립운동비제1차의연금증서」의 태극기 그림(그림 109의 오른쪽)과 형태가 비슷하므로,[539] 일제 강점기에 미국에서 동포들 사이에 오랜 기간 사용된 것으로 보인다.

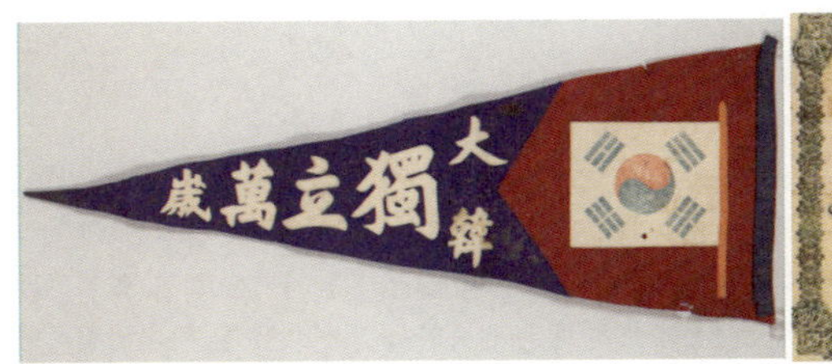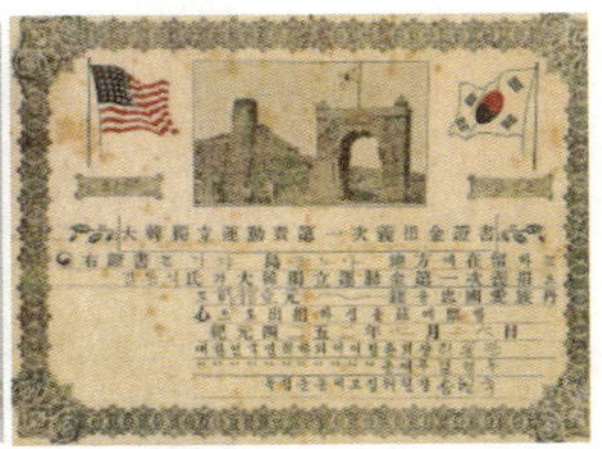

그림 109: '대한독립만세' 태극기(좌), 「대한독립운동비제1차의연금증서」 태극기(우)

1942년 6월 29일 대한민국임시정부 국무위원회는 태극기의 제작 규정을 통일하는 의결을 했고, 대한민단 24년(1942년) 8월 20일에 '대한민국임시정부정부공고 제75호'로 공표했는데, 국기양식國旗樣式에 의하면 깃대가 깃발의 오른쪽에 위치하는 조선식 기준을 따르고 있다.

538) 1923년 제작된 임시의정원 태극기(등록문화재 제395호), 1940년대에 제작된 대한민국 임시의정원 태극기 '1부터 3까지'(등록문화재 제395-2호)와 김구 서명문 태극기(2021년 10월 25일 보물로 지정) 등이다.

539) 국가유산청(문화재청), 앞의 책(2008), 128쪽. 문화재위원(이만열, 박현수, 송명호)의 현지조사 의견에서 인용.

그렇다면 '대한독립만세' 태극기와 동일한 도식이 어떻게 도출되어
1919년 전후에서 미국에서 사용되었는지를 다음(이하의 '첫째'부터
'넷째'까지)과 같이 추론해 본다.

첫째, 주미조선공사관의 두 번째 개설(1889년 2월 13일)부터
1893년 시카고만국박람회 개최 전까지 공사관 건물의 옥상 가운데에
는 이응준 감정본이 게양되어 있었다(그림 110의 1단계).

둘째, 1893년 시카고만국박람회 이후 어느 시점(각주 200 참조)
부터 을사늑약 체결(1905년 11월 17일) 전까지 주미조선공사관의
옥상 가운데에는 변형된 이응준 감정본이 게양되어 있었다(그림 110
의 2단계). 변형된 이응준 감정본은 1917년 〈독립정신〉에도 게재되
어 있다(그림 111의 왼쪽[540]).

---

540) 뉴데일리(NewDaily)의 2015년 3월 4일 "태극기를 지킨 건국 대통령, 이승만"이
라는 제목의 기사(이현표 논설위원)에서, '그림 111의 왼쪽'은 〈독립정신〉(1917
년 재판 220쪽)에 이승만이 자주와 독립의 상징인 태극기를 지켜야 함을 역설하는
글에서 게재하고 있고, '그림 111의 오른쪽'은 이승만을 정점으로 한 구미위원회의
항일운동에 대한 인식이 높아지면서 1944년 미국 우정국이 '자유수호우표' 중의 하
나로 발행한 '태극기 우표'이다.
그런데 주미조선공사관의 옥상에 서양식 기준으로 게양된 태극기('이 태극기')가
소개되어 있다. 최창동, 앞의 논문(1989), 57쪽에서, 최창동은 '이 태극기'가 게
양된 주미조선공사관의 그림을 '리승만, 독립정신, 태양출판사(서울), 1954,
P.221'에서 전재하고 있다. 최창동은 '이 태극기'에 대해 "독립문 旗와 가운데의
태극도형이 같고 4괘의 배열은 감리는 지금과 뒤바뀌었고 건곤은 지금과 같다."라
고 설명하고 있다.
태극문양(태극도형)이 독립문 태극기와 같다는 최창동의 언급은 두 태극기의 태극
문양이 최초 태극기의 태극문양(박영효 태극기 및 독립문 태극기의 태극문양과 동
일)으로 동일하다는 의미로 읽힌다. 그렇지만 정확하게는 '이 태극기'의 태극문양
(그림 25의 태극문양과 동일)은 독립문 태극기의 태극문양('그림 131의 2단계'의
태극문양과 동일)을 좌우 반전한 후 시계 방향으로 90도 회전한 것과 동일하다.

　셋째, 미국 해군부는 주미대한제국공사관의 옥상 가운데에 게양된 이응준 감정본의 변형을 보고 이를 시계 반대 방향으로 90도 회전시켜 깃대가 깃발의 왼쪽에 위치하는 서양식 기준의 '1899년 미국 해군부 태극기'를 도출했다(그림 110의 3단계). '1899년 미국 해군부 태극기'는 1944년 미국 우정국이 발행한 '태극기 우표'로 발행되었다(그림 111의 오른쪽).

　넷째, 일제 강점기의 미국 동포들은 '1899년 미국 해군부 태극기'를 '좌우 반전'하고 태극문양을 현행 태극기와 동일하게 하여 깃대가 깃발의 오른쪽에 위치하는 '대한독립만세' 태극기를 제작해서 사용했다(그림 110의 4단계).

그림 110: 좌로부터 이응준 감정본, 주미조선공사관 옥상,
미국 해군부, 대한독립만세

최창동은 '이 태극기'의 4괘에서 감리가 지금(현행 태극기)과 뒤바뀌어 있다고 언급하고 있으나, 이에 대해서는 확인이 필요한 것으로 보인다. '이 태극기'는 주미조선공사관의 옥상에 조선식 기준으로 게양된 태극기(그림 30의 가운데 및 오른쪽)와 좌우 반전의 관계에 있는 서양식 기준이므로, 이는 최초 태극기를 좌우 반전한 태극기(그림 25 참조)와 동일하다. 그리고 주미조선공사관의 옥상에 조선식 기준으로 게양된 태극기(그림 30의 오른쪽)와 최초 태극기를 좌우 반전한 태극기(그림 25 참조)는 모두 깃대 옆의 위는 건괘이고 아래는 리괘이므로, '이 태극기'의 4괘는 지금(현행 태극기)과 같아야 한다. 만약, '이 태극기'의 4괘의 배치가 최창동의 언급과 같다고 하면, '이 태극기'의 4괘는 잘못 그려진 것이 된다. 왜냐하면 상표의 역사(1901)에 게재된 태극기(그림 72)와 1899년 미국 해군부 태극기(그림 33의 오른쪽)를 고려할 때, 태극문양과 4괘의 관계에서 최창동의 언급과 같은 4괘는 나올 수 없기 때문이다.

그림 111 : 〈독립정신〉(1917년) 게재 태극기(좌), 미국 우정국 태극기 우표(우)

국내에도 '임시정부 국기양식'과 동일한 태극기로 '불원복' 태극기가 있다. '불원복' 태극기(등록문화재 제394호)는 조선 말 전남 구례 일대에서 활약한 의병장 고광순(1848~1907)이 1905년에 을사늑약이 체결되자 일제와 싸우면서 '머지않아 국권을 회복한다'라는 의미의 '不遠復541)' 글씨를 빨간색으로 수놓은 태극기(그림 112의 왼쪽. 독립기념관 제공)로,542) 태극기의 오른쪽에는 깃대에 고정하기 위한 고정끈이 3개 형성되어 깃대가 깃발의 오른쪽에 위치하는 조선식 기준을 따르고 있다.543) 한편, '남상락 자수' 태극기(등록문화재 제386호)(그

---

541) '不遠復'에서 '復'은 『주역』 64괘 중 24번째의 地雷復지뢰복(☷☳)을 의미한다. 지뢰복은 위에는 곤삼절(☷)의 땅괘이고 아래는 진하련(☳)의 우레괘로 땅속에서 양(+)이 비로소 나와 회복한다는 의미이다. 그래서 일양一陽이 처음 생기는(始生) 달을 동짓달, 복월復月 또는 자월子月이라고 한다. 자월의 가운데에 있는 동지를 지나면서 비로소 낮(+)의 길이가 점점 길어지기 시작한다.

542) 국가유산청(문화재청), 앞의 책(2008), 163쪽. '등록사유'에서 인용. '불원복' 태극기는 태극문양의 색깔이 전통적인 것과 다르다. 양(+)은 빨간색이지만, 음(–)은 검은색이다.

543) '불원복' 태극기는 비교적 초기에 제작되었음에도 깃대가 깃발의 오른쪽에 위치하는 조선식 기준을 따르는 이응준 감정본에서 두 번의 변환(그림 110 참조)을 거쳐 조선식 기준으로 다시 돌아온 것인데, 도식을 바꾸면서 조선식에서 다시 조선식으로 변경한 이유가 무엇인지 알 수 없다. 다만, 대한제국 때의 을사늑약 체결에 저항하

림 112의 오른쪽. 독립기념관 제공)는 1899년 미국 해군부 태극기와 동일한 도안의 태극기로, '임시정부 국기양식'과 '좌우 반전'의 관계에 있다. '남상락 자수' 태극기는 독립운동가 남상락(1892~1943)이 1919년 4월 4일 당시 독립만세 운동에 사용하기 위해 부인(난사蘭史 구홍원具鴻瑗)이 직접 수를 놓아 만든 것[544]으로(KBS가 2025년 3월 1일 방영한 '찢기고 밟히고 불태워진 태극기의 역사... 태극기가 1인칭 시점으로 자신의 이야기를 전달한다'라는 제목의 방송에서 남상락 자수 태극기의 제작 경위 등에 대한 후손의 설명 영상 있음. 유튜브 'KBS 다큐'에도 소개), 태극기를 깃대에 매는 고정끈이 없어 사진만으로는 태극기의 앞면과 뒷면을 알 수 없다.

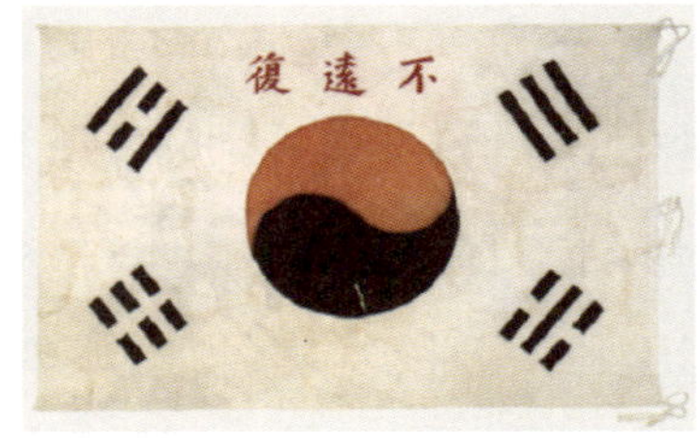 

그림 112: '불원복' 태극기(좌), '남상락 자수' 태극기(우)

는 의병장 고광순에게 의병 활동은 근왕勤王을 전제로 하는 것이고, 을사늑약을 무효화 하면 완벽한 왕권(황제권)을 회복하는 결과가 되므로, 태극문양에서 왕권을 상징하는 양(+, 빨간색)을 음(-, 파란색 또는 검은색)의 위에 위치시키기 위해 두 번의 변환을 시도하지 않았나 추측해 본다. 불원복 태극기의 두 번에 걸친 변환은 태극문양과 그 주위의 복희팔괘방위도로부터 이응준 감정본이 만들어지는 과정에서 '좌우 반전'과 '회전'을 적용한 것과 같은 개념이 적용되었음을 알 수 있다.

만약, 이와 같은 추측이 맞는다고 하면, '불원복' 태극기는 (동일한) 사람의 생각에 의한 태극기의 도식 변경이고, '대한독립만세' 태극기는 깃발을 다루는 사람(한국인 →미국인→한국인)에 의한 태극기의 도식 변경이라고 할 수 있다. 그런데 그 변경의 결과는 같다.

544) 국가유산청(문화재청), 앞의 책(2008), 123쪽. '등록사유'에서 인용.

앞에서 살펴본 바와 같이, 대형 태극기 오른쪽 위의 태극기는 조선이 처음으로 서구열강의 하나인 미국과 외교 관계를 체결한 장소에서 게양된 태극기(이응준 태극기)를 출발점으로 하고, 조선이 처음으로 서구 열강의 하나인 미국에 설치한 주미조선공사관의 옥상에 게양되었으며(이응준 감정본), 주미대한제국공사관의 옥상 게양을 거쳐, 일제 강점기에는 한민족의 주권 회복 염원을 상징하는 '임시정부 국기도식'이 되었고, 대한민국 정부 수립 선포식에 유엔기와 어깨를 나란히 하면서 게양되었다. 그러므로, 대형 태극기 오른쪽 위의 태극기는 대한민국이 국제사회의 당당한 일원이 되었고, 한민족의 유구한 역사적 정통성을 계승함을 의미함과 동시에 한반도의 유일한 합법 정부임을 상징한다.

한편, 해방 후 1945년 11월 군정 문교부에서 공포한 태극기(그림 116의 가운데. 이하 이 항에서 군정 태극기)는 깃대가 깃발의 왼쪽에 위치하는 서양식 기준에 따르고 있는데, 임시정부 국기양식과 '좌우 반전'의 관계에 있다(그림 8 참조). 깃대가 깃발의 왼쪽에 위치하는 군정 태극기를 깃대가 깃발의 오른쪽에 위치하면서 늘어뜨리는 방식으로 게양하는 방법은 앞에서 살펴본 바와 같고(그림 10 참조), 이것은 대형 태극기의 오른쪽 위에 게양된 태극기와 동일함과 동시에, 1946년 1월 14일 중앙청 국기 게양대에 공식적으로 게양된 태극기와 동일한 것이다. 따라서 대형 태극기의 오른쪽 위에 게양된 태극기가 군정 태극기라고 하여도, 임시정부 국기양식과 좌우 반전의 관계에 있으므로, 임시정부 국기양식이 게양된 것과 동일한 의미를 가진다.

(다) 외세에 굴복하지 않는 한민족 불굴의 정신을 상징

중앙의 대형 태극기는 1919년 3.1 독립만세운동 후인 1920년 당시 세계에서 손꼽는 전력을 가졌던 대일본제국군을 상대로 승리를 거둔 청산리대첩靑山里大捷[545]과 봉오동전투鳳梧洞戰鬪[546]에서 독립군이 사용한 태극기(그림 113의 왼쪽[547])(이하 이 항에서 '독립군 태극기')를 늘어뜨리는 방식으로 게양(그림 113의 오른쪽)한 것이다. 중앙의 대형 태극기와 독립군 태극기는 깃대가 깃발의 왼쪽에 위치하는 서양식 기준을 따르고 있다.

그림 113: 독립군 태극기(좌), 왼쪽의 세로 게양(중앙), 중앙의 대형 태극기(우)

청산리대첩에서 독립군이 사용한 태극기(그림 114의 가운데[548])와

---

545) 1920년 10월 김좌진金佐鎭(1889~1930)·나중소羅仲昭(1866~1925)·이범석李範奭(1900~1972)이 지휘하는 북로군정서군北路軍政署軍과 홍범도洪範圖(1868~1943)가 이끄는 대한독립군大韓獨立軍 등을 주력으로 한 독립군부대가 독립군 토벌을 위해 간도에 출병한 일본군을 청산리 일대에서 10여 회의 전투 끝에 대파한 전투{한국민족문화대백과사전의 '청산리대첩'(집필자 이강훈)에서 인용}.
546) 1920년 홍범도와 최진동이 이끄는 독립군이 봉오동에서 일본 정규군을 대패시킨 전투{한국민족문화대백과사전의 '봉오동전투'(집필자 이강훈)에서 인용}.
547) 나무위키의 '태극기'에서 인용.
548) 네이버 블로그 'https://blog.naver.com/bonakava2014/220449951733'(2015. 8. 13. 17:25)에서 '청산리 전투 태극기'를 인용.

봉오동전투에서 독립군이 사용한 태극기(그림 114의 오른쪽[549])는 독립군 태극기(그림 114의 왼쪽)와 비교할 때 4괘와 태극문양의 관계가 동일한 것임을 알 수 있다.[550]

그림 114: 독립군 태극기(좌), 청산리대첩 태극기(중앙), 봉오동전투 태극기(우)

그런데 중앙의 대형 태극기가 대한민국 임시정부가 사용하고 있었던 도식이라는 언급도 있다.[551] 임시정부 도식이 구체적으로 무엇을

---

549) eToLAND(https://etoland.co.kr/link)에서 '[감동] 봉오동전투에서 사용한 태극기'를 인용.

550) 나무위키에 게재된 독립군 태극기는 건·곤괘와 리·감괘가 일직선의 대칭적으로 배치되지 않게 되어 있는 점에서 독립군 태극기와 차이가 있다. 나무위키는 독립군 태극기 작성 시 '태극기'란의 '4.3. 태극기의 변천'에서 광복 직후 1945년~1948년까지 사용된 태극기의 건·곤괘와 리·감괘의 관계를 고려한 것으로 보인다.

551) 일본 위키피디아{ウィキペディア(Wikipedia)}의 '大韓民国の国旗(대한민국의 국기)'에서 '1948년 8월 15일 대한민국 정부 수립 선포식' 사진(그림 106)을 흑백으로 게재하고, 이에 대해 "화상 중앙에 있는 큰 태극기는 임시정부가 사용하고 있었던 도안으로 되어 있다. 또한, 오른쪽 옆의 작은 태극기는 태극문양의 상태가 분명하지 않지만, 4괘의 배치 상황이 다르다."라고 언급하고 있어, 일본 위키피디아는 1948년 8월 15일 대한민국 정부 수립 선포식장에서 사용된 태극기가 2종류임을 인식하고 있다.
1948년 8월 15일 대한민국 정부 수립 선포식장에서 사용된 태극기가 2종류임을 인식하고 있는 것으로는 '월간 독립기념관'의 '2021 독립기념관 7월호'의 "태극기는 어떻게 만들어졌고 되새겨야 할까"라는 기고(국민대학교 교양대학 교수 이계형)가 있다. 이계형은 "그해 12월 환국 직후 임시정부 내무부장 신익희가 태극기의 양식과 만드는 법을 알렸지만, 역시 통일되지 못하여 행사마다 다른 모양의 태극기가 사용되곤 했다. … 그래서였는지 그해 8월 15일 '대한민국 정부 수립 국민 축하식'

의미하는지 명확하지 않지만, 독립군 태극기처럼 태극문양이 기울어지지 않은 것으로는 1923년 상해 대한민국임시의정원에 걸렸던 대한민국임시의정원 태극기(등록문화재 제395호)(그림 115의 왼쪽. 대한민국역사박물관 소장)가 있다. 대한민국임시의정원 태극기를 늘어뜨리는 방식으로 게양한 것(그림 115의 가운데)을 중앙의 대형 태극기(그림 115의 오른쪽)와 비교할 때 양자는 4괘와 태극문양의 관계가 서로 달라 동일한 도식이 아니다.

그림 115: 임시의정원 태극기(좌), 왼쪽의 세로 게양(중앙), 중앙의 대형 태극기(우)

독립군 태극기는 4괘 전체가 시계 반대 방향으로 45도 회전되어 있지만, 태극문양은 회전하지 않고 있어 역리易理에 부합하지 않는다.[552] 그런데도 독립군 태극기를 1948년 8월 15일 대한민국 정부 수립 선포식장의 중앙에 게양한 것은 외세의 강한 군대를 상대해서 승리함으로써 외세에 굴복하지 않는 한민족의 불굴의 정신을 상징하기 위한 것으로 보인다.

당시 두 개의 태극기가 다르게 내걸리는 불상사도 일어났다."라고 언급하고 있다.

552)　태극문양이 4괘와 함께 일체로 시계 반대 방향으로 45도 회전하면, 역리易理에 부합하게 된다. 이는 깃대가 깃발의 오른쪽에 위치하는 이응준 감정본을 좌우 반전하여 깃대가 깃발의 왼쪽에 위치하는 형태가 됨과 동시에 가장 이상적인 태극기가 된다.

(라) 현행 태극기의 선정 과정

1948년 8월 15일 대한민국 정부 수립이 선포된 후인 1948년 9월 9일 제헌국회는 '3. 국가와 국기 제정에 관한 건의안'을 의제로 국가 상징물에 관한 토의에 들어갔고, 태극기의 규격을 하나로 통일시켜야 한다는 제안설명이 있었으며, 이 건의안은 철회되었다.[553] 이승만 초대 대통령은 1949년 1월 3일 작성한 '국기제정에 관한 건'을 1월 4일 총무처에 지시하였고,[554] 이는 태극기가 현재의 도식으로 통일되는 계기가 되었다. 문교부는 1월 7일 '국기제정위원회 구성준비위원회'를 소집했고,[555] 1월 14일 문교부에서 국기제정준비위원회가 개최되었으며,[556] 국기제정준비위원회는 2월 3일 행정부·입법부·사법부·학계·언론계·미술계·공공단체 등 각 분야에서 42인을 국기제정위원으로 위촉하고, 국기제정위원회는 2월 7일 중앙청에서 첫 회의인 '제1차 전체회의'를 열었는데, 대다수 제정위원이 새로운 국기제정은 바람직하지 않다고 주장하여,[557] 국기제정보다는 기존 태극기의 도형과

---

553) 국회사무처, 제1회 국회 속기록 제61호{단기4281년(1948년) 9월 9일}, 10~14쪽.
554) 국가기록원의 국가 상징에 관한 대통령문서의 '대한민국 국기제정에 관한 건'에 이승만 대통령의 친필 문서(3쪽)가 첨부되어 있다. 문서의 주요 내용은 '유구한 역사와 전통을 자랑하는 우리나라가 현재까지 국기에 대한 규정을 갖추지 못하여 관공서, 민간 등에 혼란을 주고 있다는 것, 국기에 대한 규정이 없는 것은 국가의 존엄성을 훼손하는 일이라는 것, 정부가 긴급·정확한 국기를 제정·공포하여 국민으로 하여금 국기에 대한 위상을 새롭게 해야 한다는 것' 등이다. 이승만 대통령의 친필 문서는 그 내용으로 보아, 태극기의 규격 통일에 관한 것으로 보인다.
555) 행정안전부 대통령기록관이 2016.09.08. 16:43:45에 등록한 「태극기를 계승한 대한민국」이라는 제목의 공감마당에서 인용했다.
556) 한국 현대 사료 DB의 자료대한민국사 제10권, 1949년 1월 14일, 문교부, '국기제정준비위원회 개최'(서울신문 1949년 1월 15일 기사)에서 인용.
557) 행정안전부 대통령기록관이 2016.09.08. 16:43:45에 등록한 「태극기를 계승

규격을 통일하는 것이 바람직하다고 결론짓고, 국기제정위원회를 국
기시정위원회國旗是正委員會로 변경했다.[558] 국기시정위원회는 당시 제
출된 4개의 태극기 도안(구왕실 소장 태극기, 군정 문교부 공포 태극
기, 우리국기보양회 제안 현행 태극기, 당시 변호사협회장 이정혁 위
원 건의 태극기)을 심의하여 시정 통일하기로 했고,[559] 심의를 신중히
하기 위해 12인으로 구성된 특별심사위원회를 구성했다.[560] 2월 23
일 특별심사위원회에서 현행 태극기(제3도안)를 채택하기로 의결했으
나,[561] 2월 28일 열린 '제2차 전체회의'에서 '독립문 태극기(제5도안)'
가 새로 제출되어 표결에 부친 결과 제3도안이 부결되고 제5도안이
채택되었다.[562] 그런데 3월 25일 열린 '제3차 전체회의'에서 제5도안
이 역리에 맞지 않는다는 점 등의 비판이 제기되었고, 표결 결과 제3

한 대한민국」이라는 제목의 공감마당에 실린 이유는 이하와 같다. 1) 일제 강점기
　　　에 우리 민족이 태극기로 뭉쳐 일제와 싸웠고, 2) 수많은 애국선열이 태극기를 휘
　　　날리다가 혹은 태극기를 지키기 위해 순국했으며, 3) 태극기는 한민족의 마음을 연
　　　결하는 단 하나의 상징이다(신희정, 앞의 논문, 41쪽에 같은 취지의 언급이 있다).

558)　행정안전부 대통령기록관이 2016.09.08. 16:43:45에 등록한 「태극기를 계승
　　　한 대한민국」이라는 제목의 공감마당에서 인용했다.

559)　김일수, 『국기해설』(1957년, 우리국기보양회 출판부)의 37쪽; 최창동, 앞의 논문
　　　(1989), 60쪽; 김혜수, 앞의 논문, 122쪽; 최종고, 앞의 논문, 94쪽.

560)　김일수, 앞의 책, 38~39쪽; 최창동, 앞의 논문(1989), 60쪽; 최종고, 앞의 논문,
　　　94쪽.

561)　김일수, 앞의 책, 39쪽; 최종고, 앞의 논문, 95쪽; 안창호, 앞의 논문, 155쪽.

562)　김일수, 앞의 책, 41쪽; 김혜수, 앞의 논문, 123쪽; 최종고, 앞의 논문, 95쪽; 안
　　　창호, 앞의 논문, 155쪽.
　　　김일수, 앞의 책 41쪽에 의하면, 재석 위원 23인의 표결에 있어서 제1도안 찬성자
　　　3인, 제5도안 찬성자 12인(과반수로 가결), 제3도안 찬성자 8인으로, 재석 위원
　　　기준이다. 한편, 최종고, 앞의 논문 95쪽{각주 21에서 사단법인 독립동지회 태극
　　　기보급위원회, 국기해설(국민윤리), 1984, 38면을 인용}에 의하면, 찬성 28, 반
　　　대 12, 기권 1, 불참 1이라고 하였는데, 이는 김일수, 앞의 책 43~45쪽에서 정
　　　리한 사항인 '제3차 전체회의'의 결과(각주 563 참조)와 동일하다.

도안이 채택되었다.[563] 국기시정위원회의 보고서는 1949년 10월 12일 대통령의 재가를 받았고, 10월 15일 〈문교부 고시 제2호, 국기제작법〉이 공포되었다(관보 제199호 1949년 10월 18일).[564]

(마) 국기시정위원회에서 심의한 5개의 태극기 도안

국기시정위원회[565]에서 심의한 5개의 태극기 도안은 '구왕실 소장

---

563) 김일수, 앞의 책, 42~43쪽; 최창동, 앞의 논문(1989), 61쪽; 김혜수, 앞의 논문, 123쪽; 최종고, 앞의 논문, 95쪽; 안창호, 앞의 논문, 155~156쪽.
표결에 있어서, 김일수, 앞의 책, 43~45쪽에서 정리한 사항은 이하와 같다. 제3도안에 대한 찬성 28인(2월 28일과 3월 25일 표결 시 재석 찬성 15인, 표결 시 재석하지 않았으나 개별적 찬성 13인), 반대 12인{제5도안 찬성자 5인, 제1도안 찬성자 4인(최현배 포함), 별개 도안 주장 2인, 기권 1인}, 부재 위원 1인(도미)으로, 위원 41인(이봉수 제외) 기준이다.

564) 그 후 1950년 1월 「국기제작방법」(국무원 고시 제8호) 공포, 1966년 4월 「국기게양방법에 관한 건」(대통령 고시 제2호) 공포(「국기제작방법」 폐지), 1984년 2월 「대한민국 국기에 관한 규정」(대통령령 제11361호)을 제정·공포(문교부 고시의 〈국기제작법〉과 대통령 고시의 「국기게양방법에 관한 건」을 흡수·통합하고 일부 규정을 보완)하였고, 2007년 1월 대한민국국기법을 제정·공포(2007년 7월 27일)하고 2007년 7월 27일부터 시행하였다.
태극문양의 색에 대한 표현도 변화를 보인다. 즉, 1949년, 1984년 및 2007년의 순으로 양陽은 '새빨간빛(眞紅色)', '빨강색(진홍색)' 및 '빨간색'으로, 음陰은 '푸른빛(雅靑色)', '파랑색(아청색)' 및 '파란색'으로 변화되었다.

565) 김일수, 앞의 책, 33쪽~36쪽에 의하면 국기시정위원 42명은 이하와 같다(특별심사위원은 별도 표시). 고재욱(高在旭, 동아일보 주필), 고희동(高羲東, 미술협회장. 특별심사위원), 김도태(金道泰, 경성여자상업학교 교장), 김영주(金榮胄, 우국노인회), 김우열(金又悅, 서울고법원장), 김일수(金一秀, 국립경찰전문학교 교수. 특별심사위원), 김찬영(金瓚泳, 대법원 대법관), 김형원(金炯元, 공보처 차장), 김홍관(金弘琯, 유학강론 사장), 김효석(金孝錫, 내무부 차관), 김 훈(金 勳, 기획처 차장), 권혁채(權赫采, 우국노인회), 노응도(魯應燾, 경기도 학무과장. 특별심사위원), 박종만(朴鍾萬, 3월에 문교부차관 경질로 추가위촉), 서상환(徐相懽, 서울고검 검사장), 손진태(孫晉泰, 문교부 차관), 신석호(申奭鎬, 국사관장), 안재홍(安在鴻, 한성일보 사장. 특별심사위원), 양재하(梁在厦, 한성일보 주필), 오세창(吳世昌, 대한국민회 회장), 옥선진(玉璿珍, 대검 검사), 윤석오(尹錫

태극기'(제1도안), '군정 문교부 공포 태극기'(제2도안), '우리국기보양회 제안 현행 태극기'(제3도안), '변호사협회장 이정혁 건의 태극기'(제4도안)와 '독립문 태극기'(제5도안)인데, 1949년 2월 23일 12인으로 구성된 특별심사위원회에서 4개 도안(제1도안부터 제4도안까지) 중 제3도안(현행 태극기)을 채택하기로 의결했고, 2월 28일 '제2차 전체회의'에서 새로이 추가된 독립문 태극기(제5도안)를 포함한 5개의 태극기 도안(제1도안부터 제5도안까지) 중 제5도안(독립문 태극기)이 채택되었으며, 3월 25일 '제3차 전체회의'에서 제3도안(현행 태극기)이 채택된 경위에 대해서는 앞에서 살펴본 바와 같다. 이하에서 5개의 태극기 도안에 대하여 살펴본다.

첫째, 제1도안인 '구왕실 소장 태극기'이다. '구왕실 소장 태극기'(그림 116의 왼쪽)는 5개의 태극기 도안 중 깃대가 깃발의 오른쪽에 위치하는 조선식 기준을 따른 유일한 태극기이다. 이것이 '대한민국임시정부공고 제75호의 국기양식'을 구체화한 태극기라는 것에 대해서는 앞에서 살펴본 바와 같다{앞의 (나) 항 참조}.

五, 총무처 차장), 이규남(李奎南, 계선철학회. 특별심사위원), 이병기(李秉岐, 진단학회), 이병도(李丙燾, 진단학회. 특별심사위원), 이병열(李丙烈, 구왕궁 사무소), 이봉수(李鳳秀, 문교부 편수과장), 이선근(李瑄根, 서울대 교무처장. 특별심사위원), 이순석(李順石, 예술대학 교수), 이정렬(李定烈, 사학연구가. 특별심사위원), 이정혁(李晶赫, 변호사회장. 특별심사위원), 이종모(李鍾模, 고려통신사 고문), 이중화(李重華, 조선어학회), 이재학(李在鶴, 국회의원), 장 발(張 勃, 예술대학 교수. 특별심사위원), 장지영(張志暎, 조선어학회), 정인보(鄭寅普, 감찰위원장. 특별심사위원), 주기용(朱基瑢, 국회의원), 최범술(崔凡述, 국회의원), 최창순(崔昌順, 사회부 차관), 최현배(崔鉉培, 조선어학회. 특별심사위원), 함석기(咸錫璣, 사학연구가).

둘째, 제2도안인 '군정 문교부 공포 태극기'이다. '군정 문교부 공포 태극기'(그림 116의 가운데[566])는 제1도안(그림 116의 왼쪽)을 '좌우 반전'함으로써 깃대가 깃발의 왼쪽에 위치하는 서양식 기준(1945년 태극기부터 적용된 현행 기준)에 따른 것이다. 미군정 문교부는 1945년 11월에 태극기를 공포했는데{Ⅰ.1.다.(2)(나) 항 참조}, 이것이 '군정 문교부 공포 태극기'이다.[567] 이는 해방 이후 현행 태극기가 선정되기 전까지 사용된 태극기로 1946년 1월 14일 중앙청에 처음으로 게양된 태극기이고,[568] 1946년 삼일절을 기념해 남산에 게양

---

566) 신희정, 앞의 논문, 42쪽의 '〈표-1〉 국기시정위원회의 5가지 태극기 도안' 중 제2도안(미군정 문교부)에서 인용.

567) 김상섭, 앞의 책, 118쪽. 김상섭은 1945년 11월 17일 태극기의 제작 방법 및 그 양식을 제정하여 군정 문교부 당국이 발행한 교과서에서 발표하였다고 언급하고 있다. 또, 네이버 블로그 https://blog.naver.com/greysblog/223091258220 (2023. 5. 2. 14:38)에 미군정 문교부에서 1945년 11월 17일에 태극기를 공포(제정)했다는 언급이 있다.
군정 문교부 공포 태극기에 대해, '우리국기보양회'는 여러 차례에 걸쳐 '군정문교 당국'에 그 시정을 요청하였으나 하등의 성의가 없었고(김일수, 앞의 책, 48쪽에 의하면, 1948년 9월 이후에는 정부 당국에 정식으로 지상 공개를 통하여 그릇된 군정 문교부 공포 태극기를 현행 태극기로 시정하도록 요청하였다고 한다), 이러한 시정요청이 국기시정위원회의 발족으로 이어졌다고 한다(김일수, 앞의 책, 31쪽). 우리국기보양회의 시정요청은 군정 문교부 공포 태극기가 역리상易理上 배치되는 '그릇된 태극기 구도'라는 것이다(김원모, 앞의 책, 48쪽). 그런데 군정 문교부 공포 태극기(제2도안)는 구왕실 소장 태극기(제1도안)와 좌우 반전의 관계에 있는 것으로, 구왕실 소장 태극기가 역리易理에 부합하므로{뒤의 Ⅳ.2.가.(1) 항 참조} 그 좌우 반전의 관계에 있는 군정 문교부 태극기도 당연히 역리易理에 부합한다.

568) 김혜수, 앞의 논문, 96쪽에 "1946년 1월 14일 해방후 처음으로 중앙청 국기게양대에 태극기를 게양하면서 애국가가 불려졌고,"라는 기재가 있지만, 태극기의 도식에 대한 기재는 없다.
네이버 블로그 https://blog.naver.com/pyjuk/100131504341(2011. 6. 28. 13:02)에 소개된 KBS1 방송(KBS영상실록)에 의하면, 1945년 9월 9일 중앙청의 국기 게양대에 게양되어 있던 일장기가 내려지고 성조기가 게양되었으며, 1946년 1월 14일에 스코틀랜드 민요풍의 애국가 제창 속에 태극기가 게양되었다. 게양된 태극기는 '군정 문교부 공포 태극기'임이 확인된다.

된 태극기다(그림 116의 오른쪽[569]).

그림 116: 구왕실 소장(좌), 미군정 문교부 공포(중앙), 남산 게양 태극기(우)

셋째, 제3도안인 '우리국기보양회 제안 현행 태극기'이다. 이에 대해서는 뒤의 (바) 항에서 구체적으로 살핀다.

넷째, 제4도안인 '이정혁 건의 태극기'이다. '이정혁 건의 태극기'(그림 117의 왼쪽[570])는 곤괘와 감괘의 위치가 바뀌어 있어 괘의 배열이 잘못되었고, 태극문양의 음양 시작 부분은 '청산리대첩 태극기 및 봉오동전투 태극기'(그림 114)와 '역리에 부합하는 태극기'(그림 117의 오른쪽)의 중간 부분에 배치되어 있다. 태극문양을 시계 반대 방향으로 23.5도 회전하고, 곤괘와 감괘의 위치를 바로잡으면 역리에 부합하는 가장 이상적인 태극기(그림 117의 오른쪽)가 된다.

---

569) 나무위키의 '태극기'에서 인용했다. 태극기 사진 아래에는 '1946년 삼일절을 기념해 남산에 올려지는 태극기'라는 기재가 있다. 이 태극기는 흑백 사진으로 표현된 것으로, 흑백 사진의 경우 태극문양의 양(+)인 빨간색은 음(−)인 파란색에 비해 엷게 나타난다{주미조선공사관의 중앙홀에 부착·게양된 태극기 사진(그림 32의 오른쪽) 참조}.

570) 신희정, 앞의 논문, 42쪽의 '〈표−1〉 국기시정위원회의 5가지 태극기 도안' 중 제4도안(이정혁)을 인용.

그림 117: 이정혁 건의 태극기(좌), 왼쪽을 역리에 맞게 수정한 태극기(우)

다섯째, 제5도안인 '독립문 태극기'이다. 이 태극기(그림 118)는 뒤에서 살펴보는 바와 같이 역리에 부합하지 않는 방향으로, 의도적으로 고안된 것으로 보인다{뒤의 라.(4)(다) 항 참조}.

그림 118: 독립문 태극기

(바) 국기시정위원회에 있어서 제3도안의 심의 과정에 관한 고찰

국기시정위원회가 1949년 3월 25일 '제3차 전체회의'에서 제3안인 '우리국기보양회[571] 제안 현행 태극기'를 채택한 경위에 대해, 외

---

571) 김혜수, 앞의 논문, 122쪽에 의하면, 김일수가 1948년 4월에 조직한 민간단체라고 한다.

솔 최현배의 언급이 있다고 한다. 최종고는 "그런데 그 당시 국기시정
위원회 특별위원이었던 외솔 최현배의 말에 따르면, 1949년 3월 중
앙청 회의실에서는 최대다수의 출석과 절대다수의 동의로서 독립문에
있는 태극기 양식을 국기로 채택하기로 결의하고 중앙의 태극도의 선
(線)의 돌기만 약간 수정하기로 한 후 산회했으며, 그 후 그 수정을 의
제로 한 회의 소집 때는 자신을 위시하여 많은 사람들이 불참했더니
집회 목적과는 어긋나게 미리 태극기 보급을 위하여 많은 국기를 제
작하여 준비해 놓았다는 소문이 있었던 모씨의 주장에 따라 옛날 외국
문헌에 남아 있는 도형으로 채택했다고 지적한다."라고 언급하고 있
다.[572] 최현배는 다음과 같이 비판하는 글을 남기고 있다.

그 뒤 한참 오래 있다가 그 수정을 의제로 한 소집 통지서를 받았으나, 나
및 많은 사람들이 불참하였더니 웬걸 집회의 목적을 변경하여 그만 종래
의 국기 보급을 목적으로 제품을 많이 준비하여 놓았다는 모씨의 주장하
던 것, 곧 옛날 외국 문헌에 남아 있는 그림을 채용하였다. 이 불법적 결
의를 듣고 나는 심히 불쾌함을 금치 못했다. 제 나라에서 최후까지 쓰던
것보다는 또 제 나라 안의 독립문에까지 새겨진 것보다는 서양인이 보고
그렸다는 그림을 채용하였으니 이런 본말전도의 처사가 어데 있을쏘냐?
사대주의와 배금주의가 광복 첫머리에 이 엄숙한 국기 제정에 횡포작희
했다는 것은 참 부끄럽기 짝이 없는 일이라 뒷 자손들에게 무어라고 변명

김일수, 앞의 책, 62~65쪽에 의하면, 우리국기보양회는 이승만 초대 대통령을 명예
총재로 추대하고, 부통령 이시영, 국회의장 신익희, 대법원장 김병노, 내무부 장관
김효석 이외의 각부 장관, 국회의원, 신문사 사장 등의 인물을 고문으로 위촉했다.
특히, 국기시정위원(각주 565 참조) 중 김효석, 오세창, 정인보, 이선근, 이병도,
안재홍, 김 훈, 김홍관과 고희동을 고문으로 위촉했다.
572)　최종고, 앞의 논문, 95쪽.

할 말이 없다. 그 뒤 단기 4291년(1958년) 9월 4일에 또 국기 문제로 문교부 회합이 있었는데 국기를 사용해 온 것을 생각하고 묵묵히 동의를 하고 돌아오기는 하였으나 그 부정불의에 대한 분노가 새삼스레 치밀어 올라 밤잠을 이루지 못한 일이 있었다.[573]

국기시정위원회의 1949년 3월 25일 '제3차 전체회의'와 관련한 최현배의 언급과 비판 글을 '제2차 전체회의' 및 '제3차 전체회의'의 자료, 관련 자료 등과 비교해서 살펴보면 다음(이하의 ①부터 ⑧까지)과 같다.

① 조선어학회 사건[574]으로 징역 4년을 선고받고 복역하다 8.15광복으로 출소한 민족주의자 외솔 최현배는 '뒷 자손들'에게 태극기 선정 과정의 진상을 알리기 위해 비판 글을 남겼다.
② 최현배의 언급(각주 572 관련)과 비판 글(각주 573 관련)에 의하면, '제3차 전체회의'는 2회에 걸쳐 개최되었다. 즉, 1949년 3월의 '전체회의'와 그 뒤 한참 오래 있다가 '그 수정[575]'을 의제로 소집된 회의'이다.

---

573) 최종고, 앞의 논문, 96쪽; 안창호, 앞의 논문, 156~157쪽; 신희정, 앞의 논문, 43쪽. 최종고와 안창호는 이를 최삼철, 『태극기 도설』(1960년, 태극기고양회)의 1면 머리말(추천사, 최현배)에서 인용하고 있다.
574) "조선어학회사건은 1942년 10월부터 일제가 조선어학회 회원 및 관련 인물을 검거해 재판에 회부한 사건이다. 만주사변 후 일제가 조선민족 말살을 위해 조선어교육을 단계적으로 폐지하는 중에도 조선어학회는 민족정신의 상징인 조선어사전 편찬사업을 추진하고 있었다. 편찬작업에 참가 중이던 교사 정태진을 취조하던 중에 조선어학회가 독립운동을 목적으로 하는 민족주의단체라는 자백을 받아낸 일제는 조선민족 노예화에 방해가 되는 단체를 해산시킬 꼬투리를 잡게 되었다. 그리하여 조선어학회 핵심 관련자들을 내란죄로 검거·기소함으로써 학회의 활동은 중단되었다."{한국민족문화대백과사전의 '조선어학회 사건(朝鮮語學會 事件)'(집필자 김석득)에서 인용}
575) 전체회의에서 절대다수의 동의로 채택된 제5도안인 '독립문 태극기'에서 태극도(태극문양)의 선의 돌기만 약간 수정.

③ 최현배의 언급과 비판 글에 의하면, 그 뒤 한참 오래 있다가 '그 수정을 의제로 소집된 회의'는 목적이 변경되었다. 즉, 1949년 3월의 '전체회의'에서 결의된 제5도안을 취소하고 제3도안으로 의결하는 회의가 되었다(이는 앞의 (라) 항의 내용, 즉 '제5도안이 역에 맞지 않는다는 점 등의 비판이 제기되었고, 표결 결과 제3도안이 채택되었다'라는 사항과 부합하지 않는다). 최현배는 이를 불법적 결의로 규정하고 있다.

④ 국기시정위원회의 의결 방식에 일관성이 없다. '제2차 전체회의'는 재석 위원 기준으로 심의하고 의결했지만(각주 562의 김일수의 관련 자료 참조), '제3차 전체회의'는 회의에 참석하지 않았어도 국기시정위원회의 전체 위원의 의견이 반영된 방식을 취했다(각주 563의 김일수 관련 자료 참조).

⑤ 김일수, 앞의 책, 43쪽과 44쪽의 '제3차 전체회의' 관련 자료에 의하면, 재석 찬성 15인의 성명을 언급하고, 이 15인에 대하여 ( ) 안에, "이상 二月二十八日 및 二(三의 오타로 보인다:필자주)월二十五日 표결시(票決時) 재석찬동(在席贊同)"이라 기재하고 있는데, 이 기재 중 '二月二十八日'은 '제3차 전체회의'가 아닌, '제2차 전체회의'에 관한 것이다. 이를 고려할 때 '제3차 전체회의'에서 제3도안을 찬성한 재석 위원 15인이 '제3차 전체회의'의 재석 위원인지 명확하지 않게 된다.

⑥ 최현배의 언급과 비판글 중 '미리 태극기 보급을 위하여 많은 국기를 제작하여 준비해 놓았다는 소문'은 김일수 본인에 의한 것으로 보인다. 이는 "김일수는 이미 동회안을 가지고 태극기를 제작하여 보급준비가 완료되었다면서 사전에 정치권과의 협의가 있었음을 암시하였다."라는 사항에 의해 뒷받침된다(김혜수, 앞의 논문, 123쪽. 김혜수는 최삼철,『태극기도설』(태극기고양회, 1960), p.1.을 인용하고 있다).
또한, 관련 자료(김일수,『국기해설』의 45~47쪽)에 의하면 위의 소문은 사실로 보인다.『국기해설』의 해당 부분에 의하면, 미국의 유명

한 '뉴-헤분- 국제박물관'이 이승만 대통령에게 대한민국 국기의 기증을 요청했고, 총무처는 바른 국기(제3도안)의 제작 납품을 1949년(단기 4282년) 4월 7일 우리국기보양회장에게 공문으로 의뢰했으며, 총무처는 1949년 4월 30일 우리국기보양회장에게 정부에서 미국 '뉴-헤분- 국제박물관'에 보낼 국기를 기증하여 주어 감사하다는 취지의 공문을 보냈는바, 이는 최현배의 언급과 비판글을 뒷받침하는 것으로 보인다.

한편『국기해설』의 해당 부분에는 1949년 3월 25일의 '제3차 전체회의'에서 바른 국기(제3도안)의 시정이 결정되었다고 기재되어 있는데, 이는 최현배의 그(1949년 3월 25일의 '제3차 전체회의') 뒤 한참 오래 있다가 '그 수정을 의제로 소집된 회의'의 존재 자체를 부정하는 셈이 된다. 만약 최현배의 '그 뒤 한참 오래 있다가 그 수정을 의제로 소집된 회의'가 총무처에서 우리국기보양회장에게 공문을 보낸 날짜인 1949년 4월 7일의 전후에 개최되었다고 하면, 일정으로 보아 절차상 문제가 있는 것으로 보인다.

⑦ 최현배의 언급과 비판글 중 '옛날 외국 문헌에 남아 있는 그림'에 대한 구체적인 내용이 없어 그 진위를 확인할 수 없지만, 외국 문헌에 제3도안과 동일한 태극기가 게재되어 있다는 사실은 확인된다{앞의 (1)항의 ③ 및 그림 97 참조}.

⑧ 제5도안이 역리에 맞지 않는다고 하면서 제3도안으로 변경하여 의결한 '제3차 전체회의'의 의결은 제3도안 또한 역리에 맞지 않는다는 점{앞의 Ⅰ.2.라. 항 및 앞의 나.(4) 항 참조}을 고려할 때 문제가 있다. 5개 도안 중 역리에 맞는 태극기는 김일수가 역리에 맞지 않는다고 주장(각주 567 참조)한 제1도안과 제2도안이다.

국기시정위원회의 1949년 3월 25일의 '제3차 전체회의'와 관련한 최현배의 언급과 비판 글 중 '제 나라에서 최후까지 쓰던 것'은 제2도 안인 '군정 문교부 공포 태극기'이고, '제 나라 안의 독립문에까지 새겨진 것'은 제5도안인 '독립문 태극기'임을 알 수 있다. 최현배는 이처럼 나라 안의 독립문에 새겨진 태극기의 채택을 무리수를 두어 가면서 취소하고 나서 채용한 태극기가 '곧 옛날 외국 문헌에 남아 있는 그림(태극기)'이어서 본말이 전도되었다고 비판하고 있다.[576] 최현배는 '곧 옛날 외국 문헌에 남아 있는 그림(태극기)'이 '서양인이 보고 그렸다는 그림(태극기)'이고, 이것이 제3도안인 '우리국기보양회 제안 현행 태극기'라는 것인데, '서양인이 보고 그렸다는 그림(태극기)'이 구체적으로 무엇인지에 대해서는 언급하고 있지 않다. 이하에서 '서양인이 보고 그렸다는 그림(태극기)'이 미국인 스튜어트 컬린(Stewart Culin, 1858~1929)이 1895년에 출판한 『Korean Games with Notes on the Corresponding Games of China and Japan』(번역본 『한국의 놀이』, 열화당, 2003.)에 게재된 박영효 태극기(이하 이 항에서 컬린 박영효 태극기)(그림 120의 오른쪽)일 가능성이 크다는 것에 대해 살펴본다.

제3도안인 '우리국기보양회 제안 현행 태극기'(그림 119의 왼쪽[577])는 남상룡 태극기(그림 119의 오른쪽)와 비교할 때 태극문양과 4괘의 위치 관계가 완전히 일치하므로, 박영효 태극기와 동일하다(앞

---

576) 그런데 최현배 본인은 제5도안을 찬성하지 않았고, 제1도안을 찬성하였다(각주 563 참조).
577) 신희정, 앞의 논문, 42쪽의 '〈표-1〉 국기시정위원회의 5가지 태극기 도안' 중 제3 도안(우리국기보양회)을 인용.

의 (1) 항의 ⑥ 부분 참조}. 남상룡 태극기는 1919년 안동군 임동면의 3.1만세운동 당시 사용된 태극기인데, 국기보양회가 남상룡 태극기가 아닌 '서양인이 보고 그렸다는 그림'을 모본으로 해서 '우리국기보양회 제안 현행 태극기'로 한 이유는 당시 국내에 태극기에 관한 정보가 충분히 활성화되지 않았음에 기인하는 것으로 보인다. 즉, 일제는 을사늑약 이후 민족의식이나 조선의 주권을 강조하는 책을 소각하고 압수했는데, 일제 강점기의 금서에는 '민족혼을 없애기 위한 무궁화, 태극기 관련 서책'도 포함되어 있었을 뿐 아니라,[578] 을사늑약 이후 외교권을 박탈당하면서 조선과 대한제국의 상징이었던 태극기는 일제에 의해 게양이 금지되었고, 일제에 의한 강제 병합이 이루어진 1910년에는 공식적으로 태극기의 사용과 소지가 금지되었기 때문에, 8.15광복을 맞이한 후에 태극기를 제대로 기억하지 못하였던 사정[579]에 영향받았을 가능성이 크다. 8.15광복 당시 태극기 관련한 상황은 다음과 같다.

그림 119: 국기보양회 제안 태극기(좌), 남상룡 태극기(우)

---

578) 한국민족문화대백과사전의 '금서(禁書)'{집필자 이민희(강원대학교 교수)}에서 인용.
579) 안창호, 앞의 논문 154쪽.

「… 신문기사들은 고사(故事)에 밝은 노인들을 찾아가 태극기의 형태를
묻는 촌극을 빚기도 했다. 정오 방송을 듣고 기쁨에 젖어 있던 총독부 한
국부 조선인 속관 전예용, 손정선, 이승호, 崔盤 등은 총독부 정문에 걸
린 일장기가 눈에 거슬렸다. 이들 중 이승호가 영천의 독립문으로 달려갔
다. 그는 평소에는 겁에 질려 얼핏 보아 두기만 했던 독립문 꼭대기에 새
겨진 태극기의 모양을 종이 조각에 그대로 옮겼다. 총독부로 돌아온 이승
호는 전예용과 함께 사방 6척의 광목에 이것을 정성껏 다시 옮겨 그려 해
방된 서울 하늘에 제일 먼저 게양된 태극기를 만든 것이다… 혹은 3.1독
립운동 때부터 20여 년을 비밀히 간직해 온 태극기를 들고나온 이도 있
었고, 혹은 일장기에 팔괘와 청색을 칠해 만든 태극기를 들고나온 이들도
있었다」[580]

박영효 태극기 계열로 최현배가 비판 글에서 언급한 '옛날 외국 문
헌에 남아 있는 그림'은 청국에서 1886년에 발간된 『통상장정성안
휘편』에 게재된 '대청속국 고려국기', 『통상약장류찬』에 게재된 '대청
속 고려국기'와 '컬린 박영효 태극기'가 해당하는데{앞의 (1) 항의 ①
및 ③ 부분 참조},[581] '서양인이 보고 그렸다는 그림'에는 '컬린 박영

---

580) 최창동, 앞의 논문(1989), 55쪽; 안창호, 앞의 논문 154쪽. 이들은 이현종, 『컬러
판 한국사』(1982년, 신흥서관), 84쪽에서 인용하였다.

581) '대한황뎨폐하몸긔(대한황제폐하 몸기)'{앞의 (1) 항의 ⑤ 부분 및 '그림 98의 왼
쪽'}는 '옛날 외국문헌'에 게재된 태극기가 아니다. 국립민속박물관은 2006년 6월
『1906~1907 한국·만주·사할린 독일인 헤르만 산더의 여행』이라는 도록을 발간하고
2006년 6월 14일부터 8월 28일까지 기획전시를 했는데, '대한황뎨폐하몸긔(대한
황제폐하 몸기)'는 이 도록의 303쪽에 수록되어 있다. 이 도록은 헤르만 산더가 약
2년에 걸쳐 조선과 만주 등을 여행하면서 남긴 사진과 엽서, 편지 문서 등을 그 손
자인 슈테판 산더가 국립민속박물관에 기증한 것을 편집한 것이다.
한편, 태극기를 소개하고 있는 '외국 문헌'이 다수 있지만(이현표, 앞의 책, 67쪽,
117쪽 및 121쪽), 이들은 박영효 태극기가 아니다. 호레이스 알렌(Horace Allen,
1858~1932)이 1889년 미국에서 출판한 『대죠선』(Korean Tales)이라는 책의 책

효 태극기'만 해당한다. '우리국기보양회 제안 현행 태극기'(그림 120
의 왼쪽)와 '시계 반대 방향으로 90도 회전한 컬린 박영효 태극기'(그
림120의 가운데)를 비교할 때, 양자는 태극문양과 4괘의 배치 관계
가 완전히 동일하다{앞의 (1) 항의 ③ 부분 설명 참조}. 따라서 확인
된 자료에 의하면 제3도안의 '우리국기보양회 제안 현행 태극기'는 '컬
린 박영효 태극기'를 모본으로 했을 가능성이 크다.

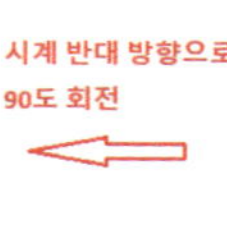

그림 120: 국기보양회 제안 태극기(좌), 오른쪽 관련(중), 컬린 박영효 태극기(우)

표지에는 짙은 청색과 노란색의 태극문양과 황금빛의 4괘가 새겨져 있는데(이현표,
앞의 책, 66쪽), 이 태극기는 이응준 태극기와도 무관하다(알렌은 각주 193 참조).
『아시아학회 일본지부 회보』 제22권(1894년)에 실린 애스턴의 논문 「히노마루, 또
는 일본 국기」(The Hino Maru, or National Flag of Japan)(이현표, 앞의 책,
114쪽)에 태극기가 소개되어 있는데(이현표, 앞의 책, 117쪽), '통리교섭통상사무
아문 제작 태극기'(그림 84의 오른쪽)와 동일하다{애스턴은 『사화기략』, 1882년 10
월 3일 '送機務處書'(기무처에 보내는 보고서)의 영국 영사 애스턴(阿須敦) 및 1884
년 6월 10일 '통리교섭통상사무아문 제작 태극기'를 주청국 영국공사 파크스에게 보
낸 조선 주재 영국 총영사 애스턴(W. G. Aston)과 동일 인물임}. 오스트리아 외교
관인 에른스트 폰 헤세-바르테크(Ernst von Hesse-Wartegg, 1854~1918)가
1894년 6월 말 조선을 방문하고 1년 후인 1895년에 출판한 『Korea』(이현표, 앞의
책, 118~120쪽)에 태극기 삽화가 소개되어 있는데(이현표, 앞의 책, 121쪽), 이응
준 태극기와 동일하다. 일본에서 33년 동안 외교관으로 활동했던 영국인 조셉 롱포
드는 1911년 영국에서 『The Story of Korea(鷄林八道物語계림팔도물어)』를 발간하
면서, 태극기를 책의 표지로 하였는데(이현표, 앞의 책, 242쪽), 이 태극기(부록의
박영효 태극기 계열 참조)는 박영효 태극기에서 '태극문양'을 고정한 상태에서 '4괘'를
180도 회전한 것으로, 외견상 박영효 태극기와 아무 관련이 없는 것처럼 인식된다.

라. 박영효 태극기에서 변형된 태극기들

(1) 통리교섭통상사무아문이 제작한 국기

(가) 영국 국립문서보관소에서 발견된 태극기

'통리교섭통상사무아문이 제작한 국기'(이하 이 항에서 '통리교섭 태극기'라 한다)(그림 84의 오른쪽)는 조선 주재 영국 총영사 애스턴(W. G. Aston)이 1884년 6월 10일에 주청국 영국공사 파크스에게 보낸 '조선국기(Corean National Flag)'였다는 것에 대해서는 앞에서 살펴본 바와 같다(앞의 1.가. 항 참조).

(나) 조선의 국기였던 통리교섭 태극기

통리교섭 태극기의 깃대 아래에는 깃대를 기준으로 오른쪽에서 왼쪽의 순서로 쓴 '國旗'라는 기재가 있는 것으로 보아, 통리교섭 태극기는 조선의 외교 통상 사무를 관장하는 중앙관청인 통리교섭통상사무아문이 제작하여 각국의 공사 혹은 영사에게 보낸 조선의 국기였다. 이런 이유로 통리교섭 태극기는 조선보다는 외국에서 공개된 자료에 의해 그 실체를 확인할 수 있다{다만, 각주 581에 소개된 통리교섭 태극기는 4괘가 검은색으로 보인다. 또한, 각주 474의 담배카드에 소개된 통리교섭 태극기는 태극문양이 최초 태극기와 동일하고, 음양의 시작점이 쥬이 태극기와 동일한 정도로 시계 방향으로 더 늘려진 점('그림 122의 오른쪽' 참조)에서 통리교섭 태극기의 변형에 해당한다}. 또한, 통리교섭 태극기는 깃발의 오른쪽에 깃대를 그려 놓아 깃대가 깃발의 오른쪽에 위치하는 조선식 기준에 따른 것임을 밝히고 있다.

(다) 통리교섭 태극기의 제작 이유

통리교섭 태극기가 보내진 1884년 6월 10일은 조선에서 국기를 반포한 후 불과 1년 3개월여 후인데, 통리교섭 태극기는 2008년에 발견되기 전까지 그 존재가 알려지지 않았고, 1884년 6월 10일 이후에도 박영효 태극기는 통리교섭 태극기에 의해 대체되지 않고 주미조선공사관에서 조선의 국기로 사용되고 있었던 점 등을 고려할 때, 통리교섭 태극기가 조선의 외교담당 기구에서 제작된 이유가 무엇인지 궁금하지 않을 수 없다. 통리교섭 태극기와 박영효 태극기를 비교할 때, 태극문양과 괘 사이의 거리에 차이가 있다는 것을 제외하고는 4괘의 위치와 괘의 색은 서로 같지만, 태극문양의 모양과 괘와의 관계에 큰 변화가 있는 것으로 보아(그림 84 참조), 통리교섭 태극기는 박영효 태극기의 태극문양 변경을 주목적으로 한 것이 아니었을까 추측해 본다. 즉, 역리易理의 관점에서 보면, 박영효 태극기의 태극문양은 양(+, 빨간색)이 음(−, 파란색)의 위에 위치하여 천지비天地否에 해당하나, 통리교섭 태극기의 태극문양은 음(−, 파란색)이 양(+, 빨간색)의 위에 위치하므로 지천태地天泰에 해당한다{Ⅱ.2.나.(3) 항의 참조}. 이와 같은 관점에서 박영효 태극기를 모본으로 해서 통리교섭 태극기가 도출되는 과정을 다음(이하의 '첫째'부터 '넷째'까지)과 같이 구성해 본다. 통리교섭 태극기는 외국의 공사나 영사에게 조선의 국기로서 보낸 것 외에도, 조선 정부에서 실제 사용하기도 했다. 조선 정부가 미국에 보빙사를 파견했을 당시 보빙사 일행의 미국 체재 시 게양한 태극기이고{1.나.(1) 항 참조}, 조선 정부에서 우표의 도안으로 활용하기도 했다('각주 511' 참조).

첫째, 양(+, 빨간색)이 음(-, 파란색)의 위에 위치하는 박영효 태극기의 태극문양을 음(-, 파란색)이 양(+, 빨간색)의 위에 위치하도록 박영효 태극기를 180도 회전한다(그림 121의 2단계).

둘째, 180도 회전한 태극문양의 형태를 조선 시대 초기의 회암사 태극문양 2(그림 37의 왼쪽에서 두 번째 사진 참조) 형태로 변경하되, 음(-)과 양(+)의 시작점은 박영효 태극기의 태극문양을 180도 회전한 것과 동일하게 한다(그림 121의 3단계).

셋째, 4괘의 위치와 색은 박영효 태극기와 동일하게 하되(그림 121의 4단계), 태극문양과 괘 사이의 간격을 넓힌다.

넷째, 변경된 태극문양(그림 121의 3단계)과 박영효 태극기에서 태극문양과 괘 사이의 간격을 넓인 4괘를 결합하여 통리교섭 국기를 도출한다(그림 121의 5단계).

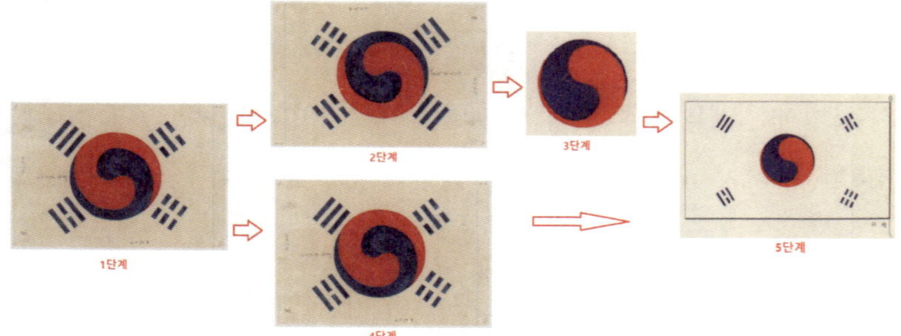

그림 121: 박영효 태극기(좌), 태극문양(2, 3단계),
4괘(4단계), 통리교섭 태극기(우)

박영효 태극기가 역리易理에 부합하지 않는다는 것에 대해서는 앞에서 살펴본 바와 같다{앞의 나.(4) 항 참조}. 통리교섭 태극기는 박영효 태극기에서 4괘를 고정한 상태에서 태극문양을 180도 회전했기 때문에 건괘(☰) 부위가 양(+)의 시작점이 되고 곤괘(☷) 부위에서 음(−)의 시작점이 되는 등 역리를 무시하게 되어, 가뜩이나 역리에 맞지 않는 박영효 태극기에 역리를 완전히 무시하는 방향으로 변경하는 결과가 되었다.

(2) 쥬이 태극기

(가) 현존하는 가장 오래된 실물 태극기

쥬이 태극기는 미국 워싱턴 D.C.에 소재하는 스미스소니언 국립 자연사박물관에 소장된 태극기로, 주조선미국공사관의 서기관이었던 피에르 쥬이[582](Pierre L. Jouy, 1856~1894)가 1884년 경기도 지역에서 수집하여 미국으로 돌아간 후 스미스소니언 인류학분과에 소장(소장번호: E151638)한 것이다. 쥬이 태극기(그림 122의 오른쪽)는 흰색 바탕의 비단에 태극문양은 빨간색과 파란색이고, 4괘는 검은색으로, 크기는 가로 55cm, 세로 36cm로 현존하는 가장 오래된 실물 태극기이다.[583]

  (나) 쥬이 태극기의 제작 이유

  쥬이 태극기는 통리교섭통상사무아문이 제작한 국기와 마찬가지로 박영효 태극기에서 태극문양이 변경된 것으로 보인다. 즉, 역리易理의 관점에서 보면, 박영효 태극기의 태극문양은 양(+, 빨간색)이 음(-, 파란색)의 위에 위치하여 천지비天地否에 해당하나, 쥬이 태극기의 태극문양은 음(-, 파란색)이 양(+, 빨간색)의 위에 위치하므로 지천태地天泰에 해당한다. 이와 같은 관점에서 박영효 태극기를 모본으로 해서 쥬이 태극기로 변경되는 과정을 다음(이하의 '첫째'부터 '넷째'까지)과 같이 구성해 본다.

---

582) 스미스소니언의 박물학자이고, 1883년 5월 13일 초대 주조선 미국공사 푸트(Lucius H. Foote)가 주조선미국공사관의 서기관으로 근무하게 했다. 쥬이는 조선에서 동물 자료를 수집하고, 고대 토기 등 조선의 민속 유물에 관심을 가지고 조선의 전역을 다니면서 토기와 조각상·구슬·철기 등 많은 유물을 수집했으며, 그가 모은 자료는 1890년 스미스소니언에 소장되었다.

583) 문화일보의 2023년 8월 21일 "가장 오래된 실물 태극기 '주이 태극기'[국외소재문화유산재단의 세계 속 우리 문화재]"라는 제목의 기사(김도형 전 독립기념관 연구위원)에서 인용.

첫째, 양(+, 빨간색)이 음(-, 파란색)의 위에 위치하는 박영효 태극기의 태극문양을 음(-, 파란색)이 양(+, 빨간색)의 위에 위치하도록 박영효 태극기를 180도 회전한다(그림 122의 2단계).

둘째, 180도 회전한 태극문양의 형태를 조선 시대 초기의 회암사 태극문양 2(그림 37의 왼쪽에서 두 번째 사진 참조) 형태로 변경하되, 음(-)과 양(+)의 시작점은 박영효 태극기의 태극문양을 180도 회전한 것에서 시계 방향으로 더 늘렸다(그림 122의 3단계).

셋째, 4괘의 위치는 박영효 태극기와 동일하게 하되(그림 122의 4단계), 괘의 색깔은 파란색에서 검은색으로 변경한다.

넷째, 변경된 태극문양(그림 122의 3단계)과 박영효 태극기의 파란색 괘를 검은색 괘로 변경한 4괘를 결합하여 쥬이 태극기를 도출한다(그림 122의 5단계).

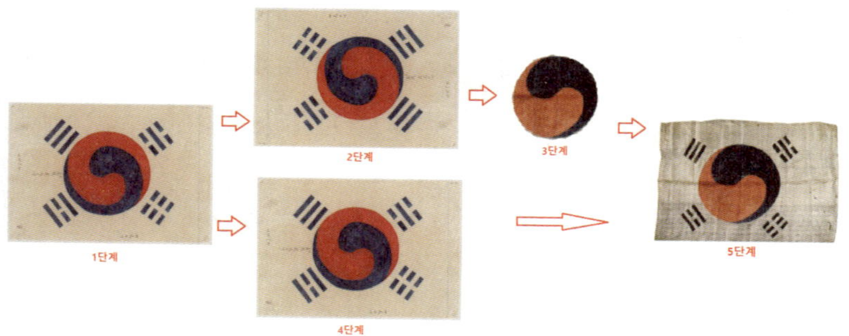

그림 122: 박영효 태극기(좌), 태극문양(2,3단계), 4괘(4단계), 쥬이 태극기(우)

쥬이 태극기는 그 도출 과정이 통리교섭통상사무아문이 제작한 국기와 비슷하므로, 역리를 완전히 무시하는 방향으로 변경하는 결과가 되었다.

(3) 데니 태극기

(가) 현존하는 국내에서 가장 오래된 실물 태극기

데니 태극기는 오웬 니커슨 데니(Owen Nickerson Denny, 1838~1900)가 1886년부터 1890년까지 고종의 외교 고문으로 서울에서 근무할 때 그의 숙소 위에 휘날리고 있던 태극기로, 데니가 1891년에 미국으로 돌아갈 때 고종이 감사의 뜻으로 하사한 것을 1981년 그의 후손이 대한민국에 기증한 것인데,[584] 이와 관련한 정보는 다

---

584) 문화재위원회, 앞의 책, 440~442쪽 및 454~462쪽.
　　　그런데 일반적인 한국인은 데니 태극기가 서울에서 사용된 사실을 알지 못하고, 미국으로 돌아가는 데니에게 고종이 (데니가 미국으로 돌아갈 즈음 제작된 데니 태극기를) 하사했다고 인식하고 있다(이현표, 앞의 책, 76쪽에서, 이현표는 "데니는 1886년 3월 28일 조선에 왔다가 1891년 1월 22일 떠났으므로 '데니 태극기'는 그 사이에 제작된 것으로 보인다."라고 기술하고 있지만, 데니 태극기가 서울에서 사용되었는지에 대한 언급은 없다). 즉, 최근까지 공개된 대부분의 언론매체{KBS(2020.8.13.), MBC(2020.8.13.), SBS(2020.8.13.) 및 YTN(2019.8.13.) 등의 방송, 연합뉴스(2021.2.23.)와 같은 통신사, 조선일보(2021.8.13.), 중앙일보(2021.2.22.), 동아일보(2018.8.11.), 한국일보(2025.8.12.), 서울신문(2021.2.22.), 경향신문(2020.8.13.), 국민일보(2020.8.14.), 한겨레(2018.8.10.), 뉴스1(2021.10.25.), 뉴시스(2020.8.13.; 2021.2.22.), 우리문화신문(2021.3.21.), 내외방송(2020.8.13.) 및 서울문화투데이(2018.8.10.) 등의 신문사, 시사주간(2021.2.25.) 등의 주간지}는 데니가 '데니 태극기'를 서울에서 게양했다는 언급 없이 미국으로 돌아갈 때 고종이 '데니 태극기'를 하사했다는 취지로 보도한 바 있고, 복수의 태극기 연구 전문가도 데니가 '데니 태극기'를 서울에서 게양했다는 언급 없이 1890년 미국 귀국 시 고종이 하사하였다는 취지로 기술하고 있다(김원모, 앞의 책, 90쪽; 김상섭, 앞의 책, 65~66쪽). 한편, 경향신문은 1979년 11월 10일 '구한말 외교문서 발견 고종외교고문 데니문서 美서'라는 제목의 기사에서 "데니가 1886년(고종 23년) 고종으로부터 직접 받

음(이하의 ①부터 ③까지)과 같다. 데니 태극기는 가로 262cm, 세로 182.5cm로 현재 우리나라에 있는 옛 태극기 가운데 가장 클 뿐 아니라 가장 오래된 태극기로, 2008년 8월 12일 국가등록문화재 제382호로 지정되었고, 2021년 10월 25일 보물 제2140호로 승격되었다.

① 문화재위원회, 앞의 책, 441쪽 '1) 『데니문서』 속의 태극기 관련 자료'에 "태극기와 관련된 사진은 figure3과 figure8이다. figure3 'Owen N. Denny's Korean flag'는 공개되었으나 figure8은 공개된 바 없다. figure8의 캡션에는 'Owen N. Denny's residence and compound, below and to the left of the Korean flag in the center of the photograph'(사진 중앙에 있는 태극기 아래 왼쪽에는 오웬 N. 데니의 관저와 복합공간)라고 적혀 있다. 사진 상태가 너무 낡아 활용도가 떨어져 공개되지 않은 듯하다. 판독을 위한 디지털복원 결과 데니의 관저는 경희궁 새문안 방향 성끝 부근이었고 관저 한쪽의 높은 게양대에 국기가 게양된 것을 확인할 수 있었다."라는 기재가 있다. 그 아래에 데니 태극기의 칼러 사진('그림 123의 왼쪽'을 촬영하였으나 깃대 부분이 삭제되어 있음)인 figure3이 있고 figure3의 캡션에는 'Figure3. Owen N. Denny's Korean flag(太極旗). The center design is in red and blue; the markings in the four corners are also blue.'{Figure3. 오웬 N. 데니의 한국 깃발(太極旗). 가운데 디자인(태극문양:필자주)은 빨간색과 파란색; 네 모퉁이에 있는 괘들은 역시 파란색}라고 적혀 있다. 이어서 "figure3은 당초 흑백이었으나 후손 Ralston이 칼러로 찍음"이라고 적혀 있

은 교지, 그 당시에 사용했던 태극기와 서울에서 찍은 사진 수백장을 데니의 후손집에서 발견했다."라고 보도하고 있어(문화재위원회, 앞의 책, 462쪽), 데니문서가 발견된 1979년 당시 데니가 서울에서 태극기('데니 태극기'라고 하지 않았지만)를 사용했다는 사실을 밝히고 있다.

다. 442쪽에 'figure8 원본'과 'figure8 디지털복원' 사진이 게재되어 있다. 'figure8 디지털복원' 사진의 붉은색 원 안에는 깃대가 깃발의 왼쪽에 위치하는 서양식 기준으로 촬영된 태극기가 확인된다.

② 문화재위원회, 앞의 책, 442쪽, '2) 데니소개서의 태극기 내용'에 "데니소개서(Judg OWEN NICKERSON DENNY)란 1981년 데니 태극기를 기증할 때 후손 윌리암 카토 롤스턴이 2번에 걸쳐 보내온 문서(별첨#1~2)로 국가기록원보존문서에 포함되어 있다. … 별첨#2에는 '…, 서울의 관저에 휘날렸던 귀중한 태극기가 전시되어 있었는데 한국을 떠날 때 왕이 하사한 것이었다.'라고 적혀 있다."라는 기재가 있다. 별첨#2의 관련 원문은 '…, the treasured Korean flag which had flown over their residence in Seoul and which had been presented to them by the King on their departure from Korea.'이다(문화재위원회, 앞의 책, 457쪽).

③ 문화재위원회, 앞의 책, 442쪽, '3) 방한 기증식 인사말(별첨#3)'에 "1981년 6월 23일 태극기를 기증하기 위해 방한했던 윌리암 카토 롤스턴의 인사말에는 이런 내용들이 적혀 있었다.

'이 깃발은 100년이 넘은 것이며 오웬 니커슨 데니가 1886년부터 1890년간에 고종의 고문으로 서울에서 근무할 때 그의 숙소 위에 휘날리고 있던 바로 태극기였던 것입니다.'

'데니가 1890년에 미국으로 돌아갈 때 고종은 이 깃발을 감사의 뜻으로 데니에게 하사하셨습니다.'

'1910년에 이웃나라가 한국을 합방하여 정치 구조를 바꾸고 한국 국기를 모두 없애버렸습니다. 그러나 포트랜드(자택)의 이 깃발만은 고이 간직되었습니다.'

한국인보다 더 태극기를 사랑했던 데니와 그 후손들의 마음을 절절하게 헤아릴 수 있는 대목이었다."라는 기재가 있다.

　(나) 조선식 기준에 따라 앞면이 정해진 데니 태극기

　데니 태극기는 그 제작 시기와 사용 기간으로 보아 깃대가 깃발의
오른쪽에 위치하는 조선식 기준에 따라 앞면이 정해져 있다. 깃대로
여겨지는 부분이 깃발의 오른쪽에 있는데(그림 123의 왼쪽. 국립중
앙박물관 소장), 힘을 받을 수 있도록 머리카락(또는 동물의 털)으로
심을 만들어 그 안에 넣었다.[585] 따라서 데니 태극기의 뒷면은 깃대로
여겨지는 부분이 왼쪽에 위치하게 되고(그림 123의 오른쪽), 이는 현
재 데니 태극기의 앞면과 뒷면의 정설로 되어 있으며, 국가유산청의
홈페이지를 비롯하여 태극기 소개 서적과 각종 사전(위키백과 등) 등
에 반영되어 있다(이와 달리 소장처인 국립중앙박물관은 현재 뒷면으
로 정해진 면을 먼저 공개하고 있다).

585)　문화재위원회, 앞의 책, 423쪽. '그림 123'도 423쪽에서 인용했다.
　　복수의 태극기 연구 전문가는 깃대가 깃발의 오른쪽에 위치하는 조선식 기준을 적
　　용해서 데니 태극기의 앞면을 판단했다(각주 8 참조. 또한, 문화재위원회, 앞의
　　책, 428~431쪽의 '〈참고〉 표 태극기의 변천(1882~1906)'의 '12' 데니 태극기
　　에서 '오른쪽 깃대'로 소개되어 있다).
　　한편, 김상섭은 깃발과 깃대의 위치로 데니 태극기의 앞면을 판단하는 대신 '4괘의
　　배열'과 '태극문양의 회전 방향'을 근거로 '그림 123의 왼쪽'을 앞면으로 파악하고
　　있다(김상섭, 앞의 책, 65~66쪽).
　　그런데, 앞의 (가) 항의 ①에서『데니문서』속의 태극기 관련 자료 중 태극기와 관련
　　된 사진은 figure3과 figure8이라 하였고, figure3은 '그림 123의 왼쪽'이다.
　　태극기의 앞면과 뒷면 중 촬영된 면을 태극기의 앞면으로 의도된 것으로 볼 여지는
　　있다. 촬영자가 미국인일 가능성이 큰데(서양식 기준에 따른 figure8을 고려할 때
　　데니는 아닌 것으로 보인다), 촬영 시점이 언제인지가 중요한 것으로 보인다(사진
　　의 부여 번호가 figure3과 figure8인 점을 고려할 때 비슷한 시기에 촬영되었을
　　가능성도 있다). 이 외에도 figure3은 오른쪽에 위치하는 깃대 부분이 배제된 상
　　태에서 촬영되어 있는데, 이에 대한 이유를 포함하여 추가적인 검토가 필요한 것으
　　로 보인다.

그림 123: 데니 태극기의 앞면(좌), 데니 태극기의 뒷면(우)

(다) 사용자에 따라 앞면이 정해져야 하는 데니 태극기

데니 태극기의 사용자는 데니이다. 데니가 데니 태극기를 서울 경희궁 새문안 부근의 관저와 복합공간에서 사용하였으므로(각주 584 관련 본문 참조), 비록 조선 정부에서 데니 태극기를 제작했다고 하여도 태극기의 앞면이 정해지면 깃대의 위치는 사용자(조선인 또는 서양인)에 의해 정해지는 것이 사용자가 의식하든 않든 다음(이하의 ① 부터 ④까지)과 같은 사례로 보아 관례라고 할 수 있다.

① 1882년 5월 22일 조미수호통상조약 체결 전 스와타라호 선상에서 이응준에 의해 제작된 태극기는 깃대가 깃발의 오른쪽에 위치하는 조선식 기준을 따른 이응준 감정본이지만(그림 28의 5단계 참조), 조미수호통상조약 체결 시 게양된 이응준 태극기는 깃대가 깃발의 왼쪽에 위치하는 미국식(서양식) 기준에 의한 것이다(그림 23 참조). 이응준 감정본과 이응준 태극기는 깃대의 위치와 무관하게 깃발의 앞면이 동일하다.

② 영국인 선장 제임스는 박영효 태극기를 깃대가 깃발의 왼쪽에 위치하는

서양식 기준에 의해 제작하였지만{앞의 나.(4) 항 참조}, 박영효는 깃대가 깃발의 오른쪽에 위치하는 조선식 기준에 따라 박영효 태극기를 게양하였고{앞의 가.(1) 항 참조}, 조선 정부는 주미조선공사관 중앙홀의 벽면에 박영효 태극기를 깃대가 깃발의 오른쪽에 위치하는 조선식 기준에 따라 늘어뜨리는 방식으로 부착·게양하였다{앞의 가.(2) 항 참조}. 박영효 태극기는 깃대의 위치와 무관하게 깃발의 앞면이 동일하다.

③ 조선 정부는 주미조선공사관의 옥상에 이응준 감정본을 깃대가 깃발의 오른쪽에 위치하는 조선식 기준에 따라 게양했고(그림 33 참조), 미국인 알렌이 조선의 박람회 참여를 준비하고 본인도 직접 참가했던 1893년 시카고 만국박람회의 조선관 지붕 위에서 늘어뜨리도록 게양된 이응준 태극기(그림 70 참조)는 깃대가 깃발의 왼쪽에 위치하는 서양식 기준을 따랐다. 이 두 태극기는 깃대의 위치와 무관하게 깃발의 앞면이 동일하다.

④ 대한제국 시기에 편찬된『각국기도』에서, 대한제국 정부는「대한제국 국긔만만셰」를 깃대가 깃발의 오른쪽에 위치하는 조선식 기준을 따라 깃대의 표시 없이 앞면을 그렸고{앞의 나.(7) 항 참조}, 성조기 등 깃대가 깃발의 왼쪽에 위치하는 서양식 기준을 따르는 각국 국기도 깃대의 표시 없이 앞면을 그렸다.

앞에서 살펴본 당시 조선의 깃발에 대한 관례를 고려할 때에, 사용자가 미국인인 데니 태극기는 현재 '데니 태극기의 뒷면'(그림 123의 오른쪽)이 '데니 태극기의 앞면'이 되어야 한다. 그 이유는 다음(이하의 '첫째'부터 '넷째'까지)과 같은 데니 태극기의 도출 과정(그림 124)을 고려하면 명확해진다.

<u>첫째</u>, 데니는 미국인으로 깃대가 깃발의 왼쪽에 위치하는 서양식

기준을 따랐다{앞의 (가) 항의 ①에서 『데니문서』속의 태극기 관련 자료 중 'figure8 원본'을 디지털 복원한 'figure8 디지털복원' 사진의 붉은색 원 안을 확대하면, 깃대가 깃발의 왼쪽에 위치하는 서양식 기준으로 촬영된 태극기가 확인된다. 이 경우 보이는 면은 '그림 123의 오른쪽'으로, 촬영자는 이 면을 태극기의 앞면으로 인식했다}.

둘째, 영국인 선장 제임스는 박영효 태극기를 깃대가 깃발의 왼쪽에 위치하는 서양식 기준에 의해 제작하였지만(그림 124의 1단계), 조선 정부는 박영효 태극기를 깃대가 깃발의 오른쪽에 위치하는 조선식 기준에 따르고 있었다(그림 124의 2단계. '그림 87의 오른쪽' 참조). 따라서 데니는 '그림 124의 2단계'의 박영효 태극기에 대해 깃대가 오른쪽에 위치한다고 생각했다.

셋째, 데니는 깃대가 깃발의 오른쪽에 위치하는 '그림 124의 2단계'의 박영효 태극기에서 깃대를 왼쪽으로 옮기면서 깃대 쪽에 위치하는 감괘와 곤괘도 깃대와 함께 옮기고, 대칭 관계에 있는 건괘와 리괘를 감괘와 곤괘 자리로 옮겼다(그림 124의 3단계[586]). 즉, '그림 124의 3단계'는 '태극문양'은 그대로 고정한 상태에서 '4괘'만 '좌우 반전'했다. 서양인{미국인 데니, 영국인 배설과 조셉 롱포드(Joseph Longford) 등}은 '태극문양'과 '4괘'를 서로 독립적인 디자인으로 보고 개별적으로 전환하고 있다. i) 배설은 박영효 태극기에서 '4괘'(검은색)를 고정한 상태에서 '태극문양'(이응준 감정본의 태극문양에서 현행 태극문양으로 변경)을 시계 반대 방향으로 90도 회전하여 '배설의 태극기'(등록문화제 제483호)를 도출했다{국가유산청(문화재청),

---

586)　3단계의 이응준 태극기는 2단계의 박영효 태극기에서 4괘의 '좌우 반전'을 예시하기 위해 사용되었다.

2011년 등록문화재 등록보고서, 184쪽}(부록의 '박영효 태극기의 변형'에서 '배설의 태극기' 참조). ii) 조셉 롱포드는 박영효 태극기에서 '태극문양'을 고정한 상태에서 '4괘'를 180도 회전한 태극기를 1911년 영국에서 발간한 『The Story of Korea(鷄林八道物語계림팔도물어)』의 표지로 하였다(이현표, 앞의 책, 242쪽)(부록의 '박영효 태극기의 변형'에서 『계림팔도물어』(1911) 표지에 실린 태극기' 참조).

 넷째, 데니 태극기는 박영효 태극기의 태극문양은 그대로 두고(그림 124의 2단계), 4괘만 '좌우 반전'한 후(그림 124의 3단계), 태극문양과 '좌우 반전'된 4괘를 결합함으로써 깃대가 깃발의 왼쪽에 위치하는 서양식 기준의 태극기(그림 124의 4단계)가 되었다. 깃대가 깃발의 왼쪽에 위치하는 데니 태극기는 이응준 태극기(그림 24)와 그 구조가 동일하다. 즉, 데니 태극기는 이응준 태극기의 태극문양을 시계 반대 방향으로 90도 회전한 것과 같은 형태가 된다(박영효 태극기의 태극문양도 이응준 태극기의 태극문양을 시계 반대 방향으로 90도 회전하여 도출되었다).

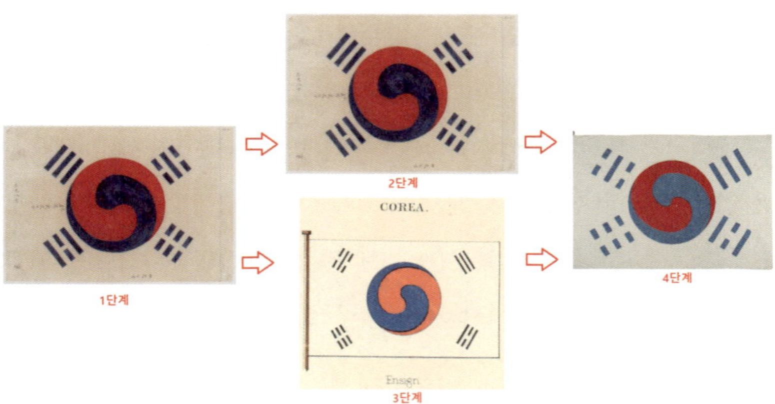

그림 124: 박영효 태극기(좌), 태극문양(2단계), 4괘(3단계), 데니 태극기(우)

데니 태극기와 박영효 태극기는 태극문양이 서로 동일하고, 4괘도 파란색으로 서로 동일하며, 태극문양과 4괘 사이의 거리도 가깝게 배치되어 있다. 박영효 태극기는 깃대가 깃발의 왼쪽에 위치하는 서양식 기준에 따라 제작되었지만, 조선 정부에 의해 깃대가 깃발의 오른쪽에 위치하는 조선식 기준에 따라 사용(게양)되었는데, 미국인 데니는 박영효 태극기를 서양식 기준에 따라 4괘의 위치를 변경시켜서 데니 태극기로 해서 사용했으므로, 데니 태극기는 박영효 태극기의 변형이라 할 수 있다.

데니 태극기는 박영효 태극기에서 태극문양을 고정한 상태에서 4괘를 '좌우 반전'했기 때문에, 역리에 부합하지 않은 박영효 태극기에 역리를 완전히 무시하는 방향으로 변경하는 결과가 되었다.

(라) 데니 태극기의 앞면, 뒷면의 구별 회의 결론의 문제점

국가유산청은 데니 태극기를 보물로 지정하기 위한 절차로 문화재위원회를 개최했고, 이 위원회의 회의 결과를 『2021년도 문화재위원회 동산문화재분과위원회 제4차 회의자료』(이하 이 항에서 단순히 '회의자료'라 한다)로 공개했다. 데니 태극기는 '회의자료'의 419쪽부터 462쪽까지에 걸쳐 자세하게 소개되어 있다.[587] 이하에서 데니 태극

---

587) 회의자료에는 국가유산청(문화재청)이 데니 태극기를 국가등록문화재 제382호로 지정하기 위해 검토한 자료로 공개한 『2013년 등록문화재 보고서』의 104쪽부터 109쪽까지의 주요 내용이 포함되어 있어, 회의자료는 데니 태극기를 조사·분석한 결정판이라 할 수 있다. 또한, 문화재위원회는 『2021년도 문화재위원회 동산문화재분과위원회 제5차 회의자료』(데니 태극기: 160~190쪽)도 공개했는데, 두 회의

기의 앞면과 뒷면의 구별과 관련한 회의자료 등의 내용을 소개하고 문화재위원(실명으로 거론된 경우)의 의견도 소개하면서, 데니 태극기는 앞의 (다) 항에서 검토한 바와 같이 현재 뒷면으로 되어 있는 부분이 앞면이 되어야 한다는 것에 대해 구체적으로 살펴본다.

회의자료에서 데니 태극기의 앞면과 뒷면을 구분함에 있어서 현재 방식대로 설명한 부분은 다음(이하의 ①부터 ⑥까지)과 같다.

① 회의자료에서 '그림 1 데니 태극기 앞면'과 '그림 2 데니 태극기 뒷면'으로 구분해서 표현하고 있다(회의자료의 423쪽. 앞의 그림 123 참조).

② 회의자료에 "데니 태극기는 광목으로 보이는 면직물로 제작되었는데, 흰 바탕천은 90.5cm와 92cm 두 폭을 이어 붙였다. 가운데의 태극은 지름이 115.8cm로 청홍의 천으로 태극문양을 제작하고, 바탕천에 태극보다 3mm 정도 작은 원을 도려내고 그 위에 덧붙였다. 현재 뒷면으로 보이는 면(그림 125의 B면)에 덧대어 있다."라고 기재하고 있다(회의자료의 425쪽).

③ 회의자료에 "이러한 대본 태극기가 게양되는 방식이 깃대에 거는 것 외에도 실내에 세로로 게양한 예가 미국 워싱턴의 주미 공사관에 있었음을 알 수 있는 사진(그림 126의 아래 사진 참조)이 있다. … 1889년에 마련한 새 공사관의 실내를 1893년에 촬영한 사진이다. 건물 현관으로 들어가면 바로 나오는 중앙홀의 벽면에 대형 태극기를 게양하고 있다. 이 태극기는 위쪽에 실로 깃대를 제작한 점이 데니 태극기와 일치한다. 태극의 형태는 다르나 괘의 위치는 같다. 현존하는 태극기

자료는 보물 지정을 위한 행정 절차를 반영한 것으로 데니 태극기의 구체적인 검토 내용에는 차이가 없다.

도식이나 유물을 보면 그 크기나, 태극의 모양, 괘의 위치가 매우 다
양한데, 주미 공사관의 태극기는 시기적으로나 형태적으로 데니 태극
기와 매우 유사해서, 데니 태극기의 크기나 게양 방식을 추정할 수 있
는 근거가 된다.(붙임 참고 표 참조)"라고 기재하고 있다(회의자료의
429쪽. '붙임 참고 표'는 그림 126 참조).

④ 회의자료의 '2) 데니 태극기의 앞과 뒤의 구별에 대한 의견'에 "데니 태
극기의 제작 시기와 가장 가까운 1893년 대한제국 미국 공사관의 실
내에 게양된 태극기 사진의 괘 위치와 비교해 보면 현재의 앞면인 A면
이 앞면임."이라는 기재가 있다(회의자료 438쪽의 A면이 앞면이라는
의견 부분).

⑤ 회의자료의 '2) 데니 태극기의 앞과 뒤의 구별에 대한 의견'에 "〈그림
6〉의 태극기 일부를 확대한 오른쪽 사진을 통해 두 줄 박음선이 태극
과 괘 안에 있는 쪽을 위로 게양한 것을 확인할 수 있음. 즉 문양의 배
치로는 A면이 앞면이고, 제작 기법으로 보면 B면이 앞면이 되는 것
임."이라는 기재가 있다(회의자료 438쪽의 문양의 배치로 보아 A면
이 앞면이라는 의견 부분).

⑥ 회의자료의 '2) 데니 태극기의 앞과 뒤의 구별에 대한 의견'에 "이상의
내용을 모두 종합해 본다면 바탕천을 오려내고 덧붙이는 기법의 근대
국기는 앞뒤의 구분이 그다지 중요하지 않았을 가능성 역시 있을 듯
함."이라는 기재가 있다(회의자료 438쪽).

A면	B면

그림 125: 회의자료의 432쪽 그림

	전거/명칭	년도	태극	색깔			괘의 배치				기타
				바탕	태극	괘	좌상	우상	우하	좌하	
12	데니 태극기	1890 이전		백색	홍청	청색	건 ☰	감 ☵	곤 ☷	리 ☲	오른쪽 깃대
13	주미공사관 복도	1893		백색	미상	미상	감 ☵	곤 ☷	리 ☲	건 ☰	세로 늘어뜨림

그림 126: 회의자료 429쪽의 〈참고〉 표 태극기의 변천(1882~1906)의 일부

    회의자료의 내용으로 보아 '⑥ 항'에서 언급한 '바탕천을 오려내고 덧붙이는 기법'은 '② 항' 및 '⑤ 항의 제작기법'과 관련되고, 이에 의하면 'B면'이 앞면으로 해석된다는 취지이다.[588] 그렇지만 회의자료의

---

588)   회의자료의 '2) 데니 태극기의 앞과 뒤의 구별에 대한 의견'에 "만드는 순서로 볼 때는 흰색 바탕천을 잘라낸 다음 태극을 위에 덧붙이기 때문에 태극의 지름이 큰 쪽을 앞면으로 계획했을 가능성이 있음. 이러한 측면에서 보면, 데니 태극기의 앞면은 현행 앞면이라고 하는 A면이 아니라 B면으로 볼 수 있고, …"라고 해서, '바탕을 오려내고 덧붙이는 기법'에 의하면 B면을 데니 태극기의 앞면으로 파악하고 있다. 이와 관련해서 회의자료의 445쪽부터 447쪽까지에 데니 태극기의 〈실측도(백영자 교수 작성)〉와 관련 사진이 도시되어 있는데, 이 〈실측도〉는 깃대가 왼쪽에

'③ 항' 및 '④ 항'의 입장에 의하면, 데니 태극기가 제작되고 사용될 당시 조선은 깃대가 깃발의 오른쪽에 위치하는 조선식 기준을 따르고 있었기 때문에 깃대가 오른쪽에 위치하는 A면이 데니 태극기의 앞면이어야 한다는 취지이다. '③ 항' 및 '④ 항'에 의한 입장에 의할 때, '데니 태극기'와 '주미 공사관 중앙홀의 벽면에 부착·게양된 태극기'[589]의 사용 주체(데니, 조선 정부)가 깃대가 깃발의 오른쪽에 위치하는 조선식 기준에 부합해야 한다. 깃대가 깃발의 오른쪽에 위치하는 조선식 기준의 데니 태극기(A면이 앞면)를 늘어뜨리는 방식으로 게양하면, 데니 태극기와 주미 공사관 태극기는 회의자료의 '③ 항'의 기재 내용과 같이 괘의 위치가 같게 된다(그림 127 참조).

그림 127: 데니 태극기(좌), 주미 공사관 중앙홀 태극기(중앙), 박영효 태극기(우)

위치하는 면을 기준으로 한 것으로 보이고, 이 면을 '앞면'으로 표현하고 있다. 한편, 국가유산청(문화재청), 앞의 책(2008), 107~108쪽에는 '실측도'의 '실측면'을 '앞면'으로 의도한 것으로 보인다. 이로 보아 백영자는 B면을 앞면으로 파악한 것으로 보인다(백영자는 등록문화재 지정 시 문화재위원으로 참여했지만, 보물 지정을 위한 회의자료의 참석위원은 아님).

589) 각주 197에서 언급한 바와 같이 깃대가 깃발의 오른쪽에 위치하는 박영효 태극기를 늘어뜨리는 방식으로 부착·게양한 것이다. 태극문양은 현행 태극기와 비슷하게 변형되어 있다.

그렇지만 문화재위원회의 앞에서의 판단은 다음(이하의 ㉮부터 ㉯까지)과 같은 이유로 그 정당성이 상실된다.

㉮ 문화재위원회는 앞의 '(다) 항'에서 언급한 태극기 사용자인 데니가 미국인임을 고려하지 않고 데니 태극기의 앞면을 주미 공사관 중앙홀에 늘어뜨리도록 게양된 태극기(그림 127의 가운데)와 동일하게 조선식 기준을 적용하고 있다.

㉯ 문화재위원회는 앞의 ③에서 데니 태극기(그림 127의 왼쪽)와 주미 공사관 중앙홀 태극기(그림 127의 가운데)가 "태극의 형태는 다르나 괘의 위치는 같다."라고 하는 한편, 주미 공사관 중앙홀 태극기는 데니 태극기의 게양 방식을 추정할 수 있는 근거가 된다고 하면서, 앞의 ④에서 괘의 위치를 기준으로 해서 "현재의 앞면인 A면이 앞면"이라고 판단하고 있다. 그러나 문화재위원회는 '괘의 위치'가 데니 태극기의 게양 방식을 추정하는 판단의 근거가 되는지에 대한 이유를 밝히지 않고 있다. 만약 데니 태극기가 조선식 기준이 아닌 서양식 기준에 따라 앞면이 정해졌다고 하면, 조선식 기준을 적용해서 '괘의 위치'가 같다는 근거는 정당성을 상실하게 된다. 따라서 '괘의 위치'는 데니 태극기의 게양 방식을 추정하는 절대적인 기준이 될 수 없다.

㉰ 문화재위원회는 앞의 ③에서 데니 태극기(그림 127의 왼쪽)와 주미 공사관 중앙홀 태극기(그림 127의 가운데)가 "태극의 형태는 다르나"라고 하면서, '태극의 형태가 다른 것'이 구체적으로 무엇을 의미(예를 들어, 태극문양의 모양이 다른지, 회전 방향이 다른지, 아니면 태극문양의 모양과 회전방향이 다른지 등)하는지 설명하지 않고 있다. 또한 문화재위원회는 주미 공사관 중앙홀 태극기(그림 127의 가운데)가 어떤 종류의 태극기인가에 대한 판단도 하고 있지 않다. '태극의 형태'에 있어서, 주미 공사관 중앙홀 태극기의 태극문양은 현행 태극기와 동일

한데, 이를 이응준 감정본의 태극문양으로 치환하면 박영효 태극기(그림 127의 오른쪽)가 된다('각주 589' 참조). 태극문양에 있어서, 데니 태극기(그림 127의 왼쪽)와 박영효 태극기(그림 127의 오른쪽)는 회전 방향이 반대이다.

㉛ 태극기의 태극문양에 있어서, 태극문양이 좌우 반전되면 회전 방향이 반대로 된다. 좌우 반전된 태극문양은 위치하는 면을 달리하게 된다. 즉, 좌우 반전된 태극문양은 서로 위치하는 면이 반대(앞면과 뒷면)의 관계에 있게 된다. 태극문양의 회전방향은 동일하지만, 회전 각도가 다른 경우에 두 태극문양은 같은 면에서 일정 각도 회전한 상태에 있게 된다.

㉢ 태극문양에 있어서, 데니 태극기(그림 127의 왼쪽)와 박영효 태극기(그림 127의 오른쪽)가 회전 방향이 반대이고, 음양이 서로 '그림 127'과 같은 관계에 있으면, 데니 태극기의 태극문양은 박영효 태극기의 태극문양을 좌우 반전한 후 180도 회전한 것과 동일하게 된다{부록의 '데니 태극기의 앞면과 뒷면(그림 127 관련)' 참조}.

㉣ 따라서 조선식 기준에 따라 늘어뜨리는 방식으로 게양된 주미 공사관 중앙홀 태극기(그림 127의 가운데)는 앞면이 촬영된 것이고, 데니 태극기의 태극문양은 주미 공사관 중앙홀 태극기의 뒷면에 위치하는 것이다.

한편, 주미 공사관 중앙홀 태극기(그림 127의 가운데)와 같은 시기인 1893년 시카고 만국박람회의 조선관 지붕에 늘어뜨리도록 게양된 태극기(그림 128의 가운데와 오른쪽[590])는 깃발의 사용 주체[591]가 깃

---

590) 깃대가 깃발의 왼쪽에 위치하는 이응준 태극기를 늘어뜨리도록 게양한 것이다.
591) 예를 들어, 데니는 '데니 태극기'의 사용 주체이고, 알렌은 1893년 시카고 만국박람회의 조선관 지붕 위에 늘어뜨리도록 게양된 이응준 태극기의 게양 주체이다(각주 196 관련).

대가 깃발의 왼쪽에 위치하는 서양식 기준에 따른 것으로, 데니 태극기(B면이 앞면)를 서양식 기준에 따라 늘어뜨리도록 게양하는 방식과 괘의 위치가 같고, 데니 태극기와 시카고 만국박람회 태극기의 태극문양은 회전 정도에서 차이가 있지만 같은 방향으로 회전하고 있는 동일한 형상이다(그림 128 참조).[592] 더욱이 아래의 그림(그림 128)에서 데니 태극기와 이응준 태극기를 비교할 때, 데니 태극기는 이응준 감정본의 태극문양을 시계 반대 방향으로 90도 회전한 것이므로(그림 93에서 박영효 태극기의 태극문양은 이응준 감정본의 태극문양을 시계 반대 방향으로 90도 회전한 것이고, 그림 124에서 박영효 태극기와 데니 태극기의 태극문양은 서로 동일한 점을 참조), 서양식 기준에 따른 깃대가 깃발의 왼쪽에 위치하는 시카고 만국박람회 태극기와 동일하게 데니 태극기도 깃대가 깃발의 왼쪽에 위치하는 것이 타당하고, 아래(그림 128)에서 보이는 면이 모두 태극기의 앞면으로 동일하다.

그림 128: 데니 태극기(좌), 시카고 만국박람회 태극기(중앙), 이응준 태극기(우)

---

592)   서양식 기준은 현행 태극기 게양 기준과 같으므로, 행정안전부, 앞의 책, 30쪽 기재와 같이 '깃면을 늘여서 벽면에 다는 방법'인 국기를 시계 방향으로 90도 회전한 것이다.

앞에서 살펴본 사항으로부터 회의자료 '③ 항' 및 '④ 항'의 입장이 데니 태극기의 앞면을 결정하는 기준이 될 수 없음을 알 수 있다. 그리고 '그림 127'에서 데니 태극기와 주미 공사관 중앙홀 태극기의 '태극문양'을 비교할 때, 두 태극기의 태극문양은 반대편에 위치하는 결과가 되어, 주미 공사관 중앙홀 태극기가 앞면이므로 데니 태극기(A면)는 뒷면이 된다. 또한, '③ 항' 및 '④ 항'의 입장에 따른 깃대가 깃발의 오른쪽에 위치하는 조선식 기준의 데니 태극기(A면이 앞면)는 '⑥ 항'에서 언급한 '바탕천을 오려내고 덧붙이는 기법'과 서로 부합하지 않는다. 오히려 깃대가 깃발의 왼쪽에 위치하는 서양식 기준의 데니 태극기(B면이 앞면)는 서양식 기준에 따른 시카고 만국박람회 태극기와 앞면이 일치하고, '⑤ 항'에서 언급한 제작 기법에 따른 앞면에도 부합하여, 결과적으로 '⑥ 항'에서 언급한 '바탕천을 오려내고 덧붙이는 기법'과 서로 부합할 뿐만 아니라, '⑥ 항'에 언급된 "바탕천을 오려내고 덧붙이는 기법의 근대 국기는 앞뒤의 구분이 그다지 중요하지 않았을 가능성 역시 있을 듯함."이라는 결론이 잘못된 것임을 확인해 준다(각주 8 관련 문화재전문가들의 의견과 각주 588 관련 백영자의 관점이 타당하다).

따라서 데니 태극기의 앞면은 사용 주체를 고려하여 서양식 기준에 따라 정해야 한다는 (다) 항의 논리가 타당하다.

(4) 독립문 태극기

(가) 중국의 태극문양이 들어있는 독립문 태극기

독립문 태극기는 청국과의 관계 청산을 기념하기 위해 1896년부터
1898년 사이에 중국 사신을 영접하던 영은문 부근에 서재필과 독립
협회의 주도로 세워진 독립문에 새겨져 있는 태극기로서, 태극문양에
중국 태극문양(음양의 문양 안에 점이 새겨져 있음)의 요소를 가미한
특징이 있다{Ⅱ.3.다.(2)(다) 항의 '첫째' 중 '독립문 태극기' 참조}.

(나) 국기시정위원회의 제5도안인 독립문 태극기

독립문 태극기는 국기시정위원회에 제출된 제5도안(그림 129[593]
참조)이었다{앞의 다.(4)(마) 항 참조}. 독립문 태극기에 있어서 태극
문양의 음양은 당시 독립문 태극기의 태극문양이 흑백으로 처리되어
있어(그림 130[594]의 오른쪽 참조), 독립문 태극기의 제5도안은 검은
색(−)으로 처리되어 있던 부분이 파란색(−)으로, 흰색(+)으로 처리
되어 있던 부분이 빨간색(+)으로 채색된 것으로 보인다.

---

593)   신희정, 앞의 논문, 42쪽에서 인용.
594)   한겨레의 2017년 11월 20일 "[역사 속 오늘] 독립문, 일제 아닌 중국한테서 독립
        상징"이라는 제목의 기사(강민진 기자)에서 "임인식(1920~1998년) 사진작가와
        미군정 당시 서울에 있던 미군 병사 프레드 다익스가 찍은 독립문과 영은문 주춧돌
        모습. 서울시 제공"이라는 사진 설명이 있다. 독립문 태극기의 흑백 태극문양은 독
        립문 앞의 흑백 옷과 동일하게 대비된다.

문 양	종 류	주 관	특 징
	제5도안	독립문 태극기	괘의 양음의 위치가 다름. 넓이가 4:2의 비율이 아닌 정사각임.

그림 129: 국기시정위원회의 태극기 도안 중 제5안인 독립문 태극기

그림 130: 미군정 당시의 독립문 사진(좌), 왼쪽 사진의 일부 확대도(우)

(다) 청국과의 관계 재정립을 나타낸 독립문 태극기

독립문 태극기는 태극문양이 '통리교섭통상사무아문 국기', 쥬이 태극기와 같이 음(−) 문양이 양(+) 문양의 위쪽에 위치하는 형식인데,[595] 4괘의 배치는 다른 태극기와 비교할 때 독특하다. 독립문이 가지는 상징성을 고려하고, 또 독립문을 건축하기 위해 1896년 7월에 창설된 독립협회에 월남 이상재가 참여한 사실을 고려할 때,[596] 태

---

[595] 태극문양의 색깔은 국기시정위원회의 도안을 참조하였다.

[596] 한국민족문화대백과사전의 '이상재(李商在)'{집필자 전택부(대한기독교청년회연명)}의 '생애 및 활동상황'에서 인용. 이상재는 이응준 감정본의 완성에 주도적인 역할을 하였다{Ⅱ.3.다.(1)(나) 항 참조}.

극문양과 4괘의 배치에 독립문 태극기 고안자의 원려遠慮가 녹아 있을 가능성이 큰 것으로 보인다.[597] ① 독립문 태극기의 태극문양은 박영효 태극기의 태극문양을 180도 회전한 것이고, 4괘는 이응준 감정본의 4괘를 180도 회전한 것이다. 이응준 감정본은 조선의 실질적인 국가 상징이고, 박영효 태극기는 조선의 형식적인 국가 상징이다. 180도, 즉 백팔십도百八十度의 사전적 의미는 "정반대의 방향으로 바뀐 상태를 이르는 말"로서, 독립문 태극기는 독립문이 가지는 상징성을 의미한다. ② 태극문양은 음(−)이 양(+)의 위쪽에 위치하고, ③ 4괘에서 땅(곤坤, ☷)이 위에 있고 하늘(건乾, ☰)이 아래에 위치한다. ④ 건乾에서 시작하는 4괘의 선천팔괘의 방향도 역리에 부합하는 '건(☰) → 리(☲) → 감(☵) → 곤(☷)' 방향(∪방향. 그림 131의 왼쪽 박영효 태극기의 4괘 참조)과 반대인 '건(☰) → 리(☲) → 감(☵) → 곤(☷)' 방향(∩방향. 그림 131의 오른쪽 독립문 태극기의 4괘 참조)이다. 즉, 독립문 태극기의 고안자는 기존의 질서 내지 관계를 부정하거나 극복하는 개념으로 독립문 태극기를 의도하지 않았는지 추측해 본다.[598] 이와 같은 관점에서 박영효 태극기를 모본으로 해서 독립문 태극기가 도출되는 과정을 다음(이하의 '첫째'부터 '넷째'까지)과 같이 구성해 본다.

---

597) 독립협회가 창설되기 전인 1896년 5월 2일 독립신문에 게재된 태극기(그림 132의 왼쪽. 이하 이 항에서 독립신문 태극기)와 독립문 태극기(그림 132의 오른쪽)를 비교할 때, 깃대가 깃발의 왼쪽에 위치하는 서양식 기준을 따른 점과 4괘의 배치 관계는 동일하지만, 태극문양의 형상이 다르고 음양 관계가 반대임을 확인할 수 있다. 이와 같은 두 태극기의 차이는 독립신문 태극기가 이응준 감정본의 180도 회전에 의한 것이고, 독립문 태극기가 아래에서 밝히는 바와 같이 박영효 태극기의 변환에 따른 것에 기인한다.

598) 이는 독립신문 태극기(그림 132의 왼쪽 참조)도 마찬가지로 보인다.

첫째, 양(+, 빨간색)이 음(−, 파란색)의 위에 위치하는 박영효 태극기의 태극문양을 음(−, 파란색)이 양(+, 빨간색)의 위에 위치하도록 박영효 태극기를 180도 회전한다(그림 131의 2단계).

둘째, 180도 회전한 태극문양의 음양에 각각 점을 형성한다(그림 131의 3단계).

셋째, 4괘를 배치함에 있어서, 이응준 감정본을 180도 회전하되(그림 131의 4단계), 태극문양과 괘 사이의 간격을 박영효 태극기와 같게 좁힌다.

넷째, 변경된 태극문양(그림 131의 3단계)과 '셋째'에서 도출된 4괘를 결합하여 독립문 태극기를 도출한다(그림 131의 5단계).

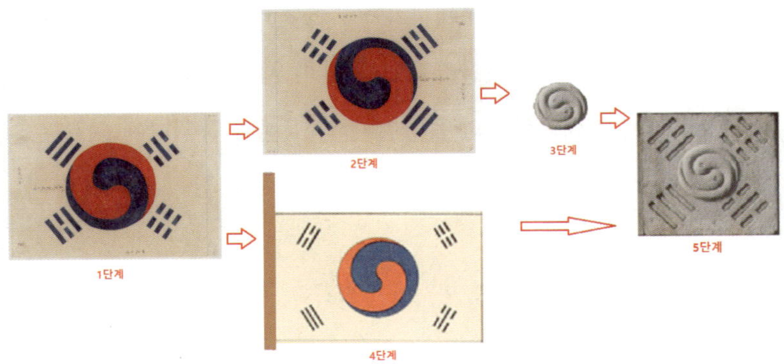

그림 131 : 박영효 태극기(좌), 태극문양(2,3단계), 4괘(4단계), 독립문 태극기(우)

그림 132: 독립신문 태극기(좌), 독립문 태극기(우)

독립문 태극기는 박영효 태극기에서 태극문양을 180도 회전한 것
과 이응준 감정본에서 4괘를 180도 회전한 것을 결합했기 때문에,
역리에 부합하지 않은 박영효 태극기에 역리를 완전히 무시하는 방향
으로 변경하는 결과가 되었다.

(라) 독일인 헤르만 산더가 촬영한 독립문과 독립문 태극기

주일본 독일대사관 무관으로 근무한 독일인 헤르만 산더가 1906년
3월 대한제국을 방문하여 촬영한 독립문 사진[599](그림 134의 왼쪽)의
독립문 태극기(그림 134의 오른쪽. 이하 이 항에서 헤르만 독립문 태
극기)에 있어서, 태극문양의 음양은 미군정 당시 촬영한 독립문 태극
기(그림 130의 오른쪽)와 반대이다.[600] 헤르만 산더가 독립문을 촬영
한 1906년경은 독립문이 건립되고 10년이 지났는데, 헤르만 독립문
태극기에 있어서 태극문양의 음양이 건립 당시와 동일한지 여부는 알
수 없다. 이에 대해 다음(이하의 ①부터 ③까지)과 같이 추론해 본다.

① 태극문양의 음양이 건립 당시와 동일하다. 이 경우, 박영효 태극기에
   서 독립문 태극기로 도출하는 과정(그림 131 참조)에서 태극문양이
   180도 회전하는 단계(그림 131의 2단계)는 생략된다. 그렇지만, 이
   는 독립신문 태극기가 이응준 감정본에서 도출되는 과정(이응준 감정
   본을 180도 회전)을 고려할 때 태극문양을 회전하지 않고 변환시킬
   가능성이 크지 않은 것으로 보인다.

---

599) 국립민속박물관, 앞의 책, 186쪽.
600) '독립문'의 글자도 미군정 당시 촬영한 '독립문'은 검은색이지만, 헤르만 산더가 촬
      영한 '독립문'의 글자는 검은색이 아니다.

② 태극문양의 음양이 건립 당시와 역시 동일하다. 이 경우, 박영효 태극기에서 독립문 태극기로 도출하는 과정(그림 131 참조) 대신 이응준 감정본에서 '헤르만 독립문 태극기'로 도출되는 과정을 상정할 수 있다(그림 133 참조).[601] 도출 과정은 이하와 같다. 이응준 감정본의 태극문양을 양(+, 빨간색)이 음(−, 파란색)의 위에 위치하도록 이응준 감정본을 시계 반대 방향으로 90도 회전한다(그림 133의 2단계). 그림 133의 2단계 변환은 깃대의 위치를 깃발의 오른쪽에서 왼쪽에 위치하게 함으로써 조선식(구제도)에서 서양식(신제도)으로의 변경을 의도한다. 시계 반대 방향으로 90도 회전한 태극문양의 음양에 각각 점을 형성한다(그림 133의 3단계). 4괘를 배치함에 있어서, 이응준 감정본을 180도 회전하되(그림 133의 4단계), 태극문양과 괘 사이의 간격을 박영효 태극기와 같게 좁힌다. 변경된 태극문양(그림 133의 3단계)과 4단계에서 도출된 4괘를 결합하여 '헤르만 독립문 태극기'를 도출한다(그림 133의 5단계).

그림 133: 이응준 감정본(좌), 태극문양(2,3단계), 4괘(4단계), 헤르만 태극기(우)

601) 월남 이상재가 이응준 감정본에서 '헤르만 독립문 태극기'를 도출한 과정을 상정한 것이다.

③ 1905년의 을사늑약 체결 후 근왕勤王의 의미로 태극문양의 음양에 대한 구분이 이루어졌다.[602] 이는 불원복 태극기에서 빨간색(+)을 위쪽에 위치하도록 이응준 감정본을 변환한 것과 동일하다(각주 543 참조).

그림 134: 헤르만 산더 촬영 독립문 사진(좌), 왼쪽 사진의 일부 확대도(우)

---

602) 헤르만 산더가 촬영한 '독립문'의 글자는 검은색으로 표시되어 있지 않기 때문에, 독립문 건립 당시 헤르만 태극기에도 음양이 표시되지 않았을 가능성이 큰 것으로 보인다.

IV

태극기,
처음으로 돌아가자

태극기! 한국인에게 가장 친숙한 이름의 하나인 태극기를 누가 창안했는지 명확하게 밝혀지지 않은 현시점에서, 우리 겨레가 태극기라는 이름을 언제부터 불렀는지 명확하게 밝혀졌을까? 조선 정부가 1883년 3월 6일 국기를 반포한 때에는 단지 '나라의 기'라는 의미의 '國旗'로 지칭되었고(각주 460의 고종실록 참조), 1884년 6월 10일 조선 주재 영국 총영사 애스턴(W. G. Aston)이 주청국 영국 공사 파크스에게 보낸 통리교섭통상사무아문 제작의 '조선국기(Corean National Flag)도 '國旗'(그림 84의 오른쪽)로 표현되어 있다. 1889년 5월 8일에 촬영된 주미조선공사관 사진의 옥상 국기 게양대에는 '국긔'(그림 30의 왼쪽)로 표현되어 있어, 당시 '국긔'가 '태극긔'로도 불렀는지 알 수 없다. 최근까지 '태극기'는 3·1운동을 계획하는 과정에서 '국기'를 '태극기'로 부르자고 하면서 지금껏 태극기로 그 명칭이 굳어지게 되었다고 하나, 이현표는 1896년에 발간된 독립신문 기사를 근거로 '태극기' 또는 '태극긔'라는 용어가 1896년에 이미 사용되었다고 밝히고 있다.[603] 관련 자료 등을 살펴보면 국기 공포 후 초기에 공식적으로는 '國旗' 또는 '국긔'로 불리었고, 그 후 '태극·팔괘기',[604] '팔괘기',[605] '太極旗',[606] '태극긔' 및 '태극기'로 불리다가, 3·1운동을 계기로 '태극기(太極旗)'[607]로 통일되었고 '태극기'가 단순

603) 이현표, 앞의 책, 136~140쪽.

604) 미국인 그리피스(William Griffis)가 1899년에 발간한 『America in the East(극동에서의 미국)』의 201쪽에서 조미수호통상조약 체결 당시를 "… 신생국의 성조기와 유구한 나라의 신비로운 태극·팔괘기가 조화롭게 펄럭이고 있다."라고 묘사하고 있다(이현표, 앞의 책, 18쪽). 여기서 태극·팔괘기는 이응준 태극기(그림 23)이다. 그리피스(William Griffis)는 각주 2 및 474에서 언급된 그리피스(William Griffis, 1843~1928)와 동일인으로 보인다.

605) 독립신문의 1896년 5월 9일에 실린 학부주사 이필균의 '대죠선국 자주독립 애국하는 노래'에 "팔괘국긔 놉히 달아 륙대주에 횡행하세."라는 문구가 있고, 9월 6일에 실린 배제학당 학도 최영구의 '애국독립가'에 "독립문을 세운 후에 팔괘기호 긔운(기운)나리."라는 문구가 있다(이현표, 앞의 책, 142쪽). 독립신문의 1896년 8월 20일 雜報(잡보)에 실린 배제학당 학원 문경호의 '자주 독립가'에 "우리나라 독립되니 팔괘기가 기운나네 죠흘시고 죠흘시고 독립문이 죠흘시고 … 팔괘기를 높이 다니 세계상에 제일일세 독립문에 명세하여 우리나라 힘써보세 …"라는 문구가 있다(이태진, 앞의 논문, 264~265쪽).
이태진은 '팔괘기'를 '태극팔괘기'로 의도하고 있고(이태진, 앞의 논문, 265쪽), 이 '태극팔괘기'가 군주기, 즉 어기(그림 94)를 의미한다고 언급하고 있지만(이태진, 앞의 논문, 245~248쪽), 이는 잘못으로 보인다. 독립신문에서 언급하고 있는 '팔괘기'가 독립문에 새겨진 독립문 태극기를 의미한다고 보기 어렵지만(독립문은 1897년 11월에 완공되었음), 학부주사 이필균이 언급한 '팔괘국긔'를 고려할 때, '4괘'가 아닌 '팔괘'로 이루어진 '국긔'가 당시 조선에 존재하지 않았으므로, '팔괘기'는 4괘로 이루어진 조선의 국기로 보아야 이치에 맞는 것으로 보인다. 이는 1896년 11월 21일의 독립문 기공식 때에 송문(松門)에 태극기를 좌우로 단장했다는 독립신문 1896년 11월 24일 기사에 의해서도 뒷받침된다(목수현, 앞의 논문(2008), 53쪽에서 재인용).

606) 안중근 의사의 자서전 『안응칠 역사』(1910)에 '太極旗'(태극기)라는 단어가 보이는데, 1909년 12명의 동지들과 각각 왼손 약지를 자르고 그 피로 태극기에 '대한독립'이라는 네 글자를 크게 썼다는 대목이다(이현표, 앞의 책, 140쪽).

607) 대한민국 임시정부가 1919년에 발행한 신문인 독립신문 제30호(1919년 11월 27일) 1쪽 4단에 실린 시 '太極旗'에 '太極旗'가 무려 9회 언급되어 있다(한철호, 「진관사 태극기의 형태와 그 역사적 의의」(2010.7.5., 『한국독립운동사연구』 제36집), 18쪽).

히 조선과 대한제국의 국기라는 의미를 넘어 한민족의 독립과 자주의 상징으로 한민족의 가슴에 각인된 것으로 보인다.[608]

현행 태극기는 대한민국 정부 수립 후 국기시정위원회의 의결을 거쳐 1949년 10월 15일 〈문교부 고시 제2호, 국기제작법〉이 공포된 후 현재까지 대한민국의 국기로서 대한민국을 상징하고 있다. 현행

'태극기'라는 명칭은 3월 1일 이후 3·1운동이 전국적으로 확산되는 과정에서 한민족의 가슴에 각인됨으로써 일반화된 것 같다. 3월 1일 서울에서 만세운동의 경우 '태극기'라는 언급이 거의 확인되지 않지만, 이후의 만세운동에는 태극기가 반드시 언급되는 것으로 보인다. 김지훈, 「3.1운동의 성격과 의의 재고찰」(2013년 8월, 서울대학교 대학원 정치외교학부 외교학 석사학위 논문)에 의하면, 3월 1일의 태극기 관련 언급은 "그 수가 부족하여 태극기를 손에 쥘 수는 없었지만 대신 모자와 손수건을 흔들어 대는 모습."(33쪽)과 "오직 만세를 외치고 태극기를 흔드는 것이 그들이 하는 일의 전부였다."(46쪽)이고, 3월 1일 후에는 "지역과 지역이 태극기를 이어 받으며 행한 릴레이 시위,"(51쪽), 오산학교 뒷마당에서 "그날 우리 마을 사람들 모두가 하얀 새 옷을 입고 그 모임에 참가할 준비를 했지요... 우리는 각자 손에 태극기를 들고 있었어요. 모든 사람들이 말이에요."(52쪽) 및 "만세운동이 열린다는 소식을 전해들은 마을 사람들은 당일 모두 흰 옷을 입고 참가했다. … 동네 장이 열리는 날, 시장으로 운동의 장소를 정했던 것이다. 모인 사람들의 손에는 태극기가 쥐어졌다."(54쪽)이므로, 이로부터 3월 1일 후에는 만세운동의 참가자 거의 모두가 태극기를 가지고 있었다는 사실을 알 수 있다.
이는 이 책에 소개되었거나 등록문화재로 등록된 태극기는 3월 1일 후에 사용된 것임이 이하의 사항으로부터 확인된다. 즉, 남상락 자수 태극기(그림 112 오른쪽)는 1919년 4월 4일에 제작되었고{문화재청(국가유산청), 앞의 책(2008), 123쪽}, 남상룡 태극기(그림 119의 오른쪽)는 1919년 3월 21일 사용되었으며(각주 513의 대경일보 기사 내용), 진관사 소장 태극기는 3.1운동 이후 제작된 것으로 추정된다{문화재청(국가유산청), 『2010년도 등록문화재 등록보고서』, 29쪽}.

608) 이태진은 어기를 의도한 '태극팔괘기'와 구분하기 위해 조선 국기를 의도한 '태극사괘기'라는 용어를 사용하였지만(이태진, 앞의 논문, 247쪽), 최초의 태극기 이후 적어도 광복 직후까지 태극기의 '4괘'는 '팔괘'로도 지칭된 것으로 보인다. 이는 태극·팔괘기(각주 604 참조), 팔괘기(각주 605 참조) 등 태극기의 명칭뿐 아니라, 태극기의 '4괘'를 '팔괘'라고 지칭한 것으로 보이는 상황인 "혹은 일장기에 팔괘와 청색을 칠해 만든 태극기를 들고 나온 이들도 있었다."라는 언급(각주 580 관련 신문 기사 참조)에서 확인된다.

태극기는 조선 정부가 1883년 3월 6일 반포한 국기인 박영효 태극기와 역리易理의 측면에서 같은 계열이고{앞의 Ⅲ.2.다.(1) 항의 ⑨ 참조}, 대한제국의 국기인 「대한제국국긔만만세」도 박영효 태극기와 역리易理의 측면에서 같은 계열이므로{앞의 Ⅲ.2.다.(2) 항 참조}, 현행 태극기는 조선, 대한제국, 대한민국의 국기로서 오랜 기간 우리 겨레를 상징해 왔다고 해도 과언이 아니다. 한편, 태극기는 세계 어느 나라의 국기와 비교해도 특정 국가를 나타내는 상징성보다 우주 창조와 변화를 포괄하는 철학적 보편성을 내포하고 있다. 그런데도 1949년 10월 15일 이후 현행 태극기를 개정하자는 주장이 계속 제기되고 있다. 개정하자는 주된 이유는 현행 태극기가 역리易理에 맞지 않는다는 것이다. 이하에서는 태극기의 개정 반대론과 개정론을 살펴보고, 역리易理의 측면에서 가장 이상적이면서도 외세의 간섭이나 영향을 받지 않고 제작된 처음 태극기로 돌아가자고 제안한다. 이렇게 하면 태극기에 대한 역리易理 측면에서의 논란을 잠재우고, 태극기가 가지는 철학적 보편성을 최대한 살리게 된다.

1

태극기 개정 반대론

가. 태극기 자체의 개정을 반대하는 입장

이선근은 1949년 10월 15일 문교부에서 대한민국 국기로 공포한 현행 태극기가 제정의 경위로 보나 그 상징하는 뜻으로 보나, 우리 국기 도안은 세계 어느 나라의 국기에 비해서도 결코 손색이 없을 뿐 아니라, 이 태극기의 깃발 아래 피와 목숨을 내대고 항일 독립운동을 전개해 왔고, 반공 통일의 역사적인 투쟁도 오늘 현재까지 계속하고 있으므로, 개정이란 있을 수 없는 일이고 국토 통일의 대업을 달성하기 전에 개정은 말도 안 된다고 했다.[609]

이선근은 태극기의 제정 경위와 역사적 당위성으로 보아 태극기의 개정논의 자체를 부정하고 있다. 이선근의 개정논의 자체 부정은 그가 국기시정위원회의 시정위원이자 특별심사위원으로 참여한 사실(각주

---

609) 이선근, 앞의 논문, 216~217쪽. 같은 취지로는 최창동, 앞의 논문(1989), 63쪽.

565 참조)과도 관련 있는 것으로 보인다. 이선근의 개정 반대 이유는 앞에서 언급한 사항 외에 우리 태극기가 중국의 태극도안과 다른 독창적이라는 것인데, 그 근거는 다음(이하의 ①부터 ③까지)과 같다.[610]

① 중국의 태극도안은 태극에 8괘를 붙이는 것이 보통이지만, 태극기는 4괘만 채택하여 도안으로 선명을 기한 것이 다르다.
② 중국의 태극도안은 태극문양을 수직(垂直)으로 배치하고 음양에 각기 작은 구멍으로 심을 표시하지만, 태극기는 태극문양을 수평(水平)으로 배치하고, 음양에 각기 작은 구멍이 없다.
③ 태극기 제정 당시의 경과로 보아 청국이 임오군란을 기화로 군사적인 간섭을 감행하면서 저들의 용기(龍旗)를 국기로 사용하라고 강권하였음에도 불구하고 개화 독립을 견지하는 이 나라 상하가 이를 거부하고 독자적인 주견 아래 태극기를 채택하였으니, 태극기 자체가 우리 국민의 독립 정신을 상징한 것임에 틀림없다.

나. 현행 태극기의 개정을 반대하는 입장

(1) 우리 견지에서 창안되었다는 입장

류승국은 "태극기에 보이는 태극·음양 및 건·곤·감·리의 4괘가 그 원리에서 역리易理를 취한 것이 사실이지만, 그렇다고 태극기의 태극도형과 4괘의 배열이 저 중국 주렴계의 태극도형이나, 이른바 복

---

610)　이선근, 앞의 논문, 213~214쪽.

희팔괘도伏羲八卦圖 또는 문왕팔괘도文王八卦圖의 방위를 기준으로 한
것은 아니다. 태극기의 태극도형과 4괘의 배열이 일치하지는 않는
다. 우리의 국기는 우리의 견지에서 창안해 낸 것이므로, 복희팔괘도
나 문왕팔괘도를 기준으로 하여 해석할 수 없다."라고 언급하고,[611]
건·곤·감·리 4괘는 태극도형(태극문양)의 음양 양의와 뗄 수 없는
관계에서 배열된 것으로서, 음양이 생성 발전된 양상을 나타낸다고
하면서, 음양의 작용이 공간적으로 동서남북 사방으로 광대무변廣大
無邊함과 시간적으로 춘·하·추·동 사시四時에 따라 영허소장盈虛消
長함을 상징하는 것으로, 음양 작용이 공간적, 시간적으로 영원무궁
함을 나타낸 것이라는 취지로 언급하고 있다.[612] 류승국은 현행 태극
기에서 태극문양(태극도형)과 4괘의 관계에 관한 논리적 근거를 다음
(이하의 ①부터 ③까지)과 같이 언급하는 한편,[613] 4괘의 성격을 다
음(이하의 ㉮부터 ㉰까지)과 같이 설명[614]하고 있다(그림 135[615] 참
조). 류승국의 논리는 현행 태극기는 복희팔괘도伏羲八卦圖와 무관하
게 우리 견지에서 창안된 것이므로, 복희팔괘도伏羲八卦圖의 관점에서

---

611) 류승국, 앞의 논문(『태극기의 원리와 민족의 이상』), 『한국사상의 염원과 역사적 전망』의
     517쪽.
612) 류승국, 앞의 논문(『태극기의 원리와 민족의 이상』), 『한국사상의 염원과 역사적 전망』의
     521~522쪽.
613) 류승국, 앞의 논문(『태극기의 원리와 민족의 이상』), 『한국사상의 염원과 역사적 전망』의
     522쪽 각주 21.
614) 류승국, 앞의 논문(『태극기의 원리와 민족의 이상』), 『한국사상의 염원과 역사적 전망』의
     522쪽.
615) 류승국, 앞의 논문(『태극기의 원리와 민족의 이상』), 『한국사상의 염원과 역사적 전망』의
     524쪽. 다만, 그림 135의 오른쪽 태극 모형(태극문양)의 원리는 '조현의 휴심정
     벗님글방'(인터넷 한겨레)에서 인용했다. 또한, 이선경, 앞의 책, 96쪽에서 '그림
     135'의 순서를 바꾸어 '밤낮 길이의 비율을 그리면 태극기 된다. 자연의 리듬을 그
     린 그림과 현행 태극기'로 소개하고 있다.

그 당위성 여부를 판단할 수 없다는 취지인 것으로 보인다.

 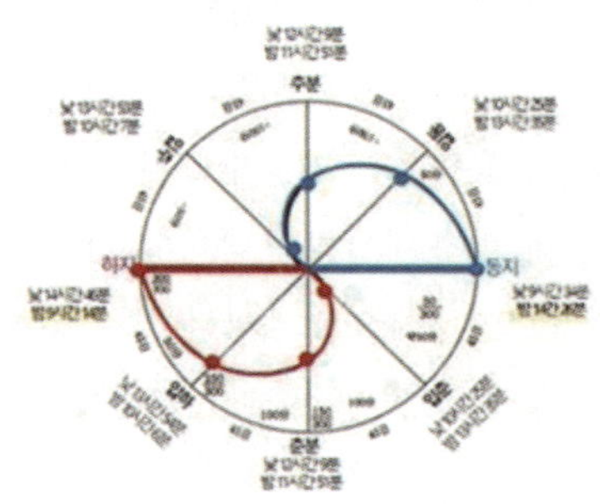

그림 135: 현행 태극기(좌), 태극 모형(태극문양)의 원리(우)

① 건·곤·감·리의 4괘는 음양 양의의 도형을 기준으로 하여 배열된 것이다. 따라서 복희팔괘방위도伏羲八卦方位圖나 문왕팔괘방위도文王八卦方位圖를 기준하여 설명할 수 없다.

② 「설괘전說卦傳」에 이르기를 "乾(건)은 천이요, 坤(곤)은 지요, 坎(감)은 月(월)이요, 離(리)는 日(일)이라" 하였다. 따라서 감은 음을 표시하고 리는 양을 표시한 것으로 말하지만 이는 用(용)에서 고찰한 것이요, 體(체)에서 보면 '양괘는 多陰(다음)하고 음괘는 多陽(다양)이라(「繫辭下」, 제4장' 하였다. 즉, 坎(☵)의 用(용)은 음이지만 體(체)는 양이요, 離(☲)의 用(용)은 양이지만 體(체)는 음인 것이다.

③ 이같이 볼 때 坎(감)은 極盛(극성)한 음 속에서 양이 矛盾(모순)으로 자라는 모습을 그린 것이다. 陰中陽(음중양)인 감(소양)은 老陰(노음) 속에서 생겨나므로 춘·東(동)을 상징하고, 老陽(노양)인 乾(건)은 盛炎(성염)의 하·南(남)을 상징하며, 陽中陰(양중음)인 리(소음)는 老陽(노양) 속에서 생겨나므로 추·西(서)를 상징하며, 老陰(노음)인 坤(곤)은 동·北(북)을 상징한다.

㉮ 왼편 위의 건(☰)은 태양으로서 양이 가장 성한 방위에 배치되고, 오른편 아래의 곤(☷)은 태음으로서 음이 가장 성한 방위에 배치되어 있다.

㉯ 오른편 위의 감(☵)은 음중양陰中陽인 소양少陽으로서 음에 뿌리를 박고 자라나는 모습을 그린 것이며, 왼편 아래의 리(☲)는 양중음陽中陰인 소음少陰으로서, 양에 뿌리를 박고 자라나는 모습을 표현한 것이다.

㉰ 바꾸어 말하면 태양인 건乾에서 소음인 리離로 바뀌고, 리離에서 태음인 곤坤으로 성장하며, 또 곤坤에서 소양인 감坎으로 바뀌고, 감坎에서 태양인 건乾으로 성장하여 무궁한 순환 발전을 수행한다.

한편, '태극 모형의 원리'(그림 136)에 대하여, 이선경은 "여기에는 일종의 수학적 원리가 있다. 동지의 밤 시간과 하지의 밤 시간은 약 300분의 차이가 있다. 입춘(立春)에는 밤의 길이가 동지보다 대략 50분 줄어드니, 300분의 50, 즉 6분의 1이 줄어든다. 반대로 낮의 길이는 6분의 1만큼이 늘어난다. 춘분(春分)이 되면 밤의 길이는 150분 줄어 밤과 낮의 길이가 같아진다. 입하(立夏)를 거쳐 하지가 되면 드디어 300분의 300, 낮의 길이가 가장 길고, 밤의 길이가 가장 짧은 때가 된다. 하지–입추–추분–입동–동지의 과정도 마찬가지로 낮은 점점 줄어들고 밤은 점점 늘어난다. 밤과 낮이 줄어들고 늘어나는 비율, 즉 음양의 줄어들고(消) 늘어남(息)을 따라 그린 곡선이 물결치는 태극의 모양이다. 그래서 태극기의 첫 번째 원리는 '자연의 리듬을 본떴다'고 할 수 있다."라고 언급하고 있다.[616] 이선경은 류승국의 '태극 모형의

---

616) '조현의 휴심정 벗님글방'(인터넷 한겨레)에서 인용.
　　　이선경, 앞의 책, 5쪽에서, 이선경은 "이 책은 2022년 9월에서 2024년 1월 초 사이 인터넷 한겨레 '조현의 휴심정(休心井)'에 연재했던 '이선경의 나를 찾아가는 주역'을 다시 정리하고 수정 보완한 것이다."라고 언급하고 있어 논자를 '이선경'으로 했다(이선경, 앞의 책, 95~96쪽에 이와 동일한 논지의 기재가 있다).

원리'(그림 136의 왼쪽[617])에서 원의 중심에서 동지까지의 거리를 파란색으로 표시하고, 원의 중심에서 하지까지의 거리를 빨간색으로 표시하고 있는데(그림 136의 오른쪽), '원의 중심에서 동지까지의 거리'와 '원의 중심에서 하지까지의 거리'는 원의 반지름으로 그 길이는 '동지의 밤 시간과 하지의 밤 시간의 차이'인 '300분'에 상당하는 것으로 의도하고, '음양의 줄어들고 늘어남을 따라 그린 곡선'을 붉은 점과 푸른 점을 연결한 선으로 표시하였는데, 이는 이하와 같은 의미가 있는 것으로 보인다. 첫째, 입춘과 입추를 이은 선에서 붉은 점과 푸른 점은 원의 중심에서 같은 거리에 있고, 그 거리는 '300분'의 1/6(50/300)이다. 둘째, 춘분과 추분을 이은 선에서 붉은 점과 푸른 점은 원의 중심에서 같은 거리에 있고, 그 거리는 '300분'의 1/2(150/300)이다. 셋째, 입하와 입동을 이은 선에서 붉은 점과 푸른 점은 원의 중심에서 같은 거리에 있고, 그 거리는 '300분'의 5/6(250/300)이다.

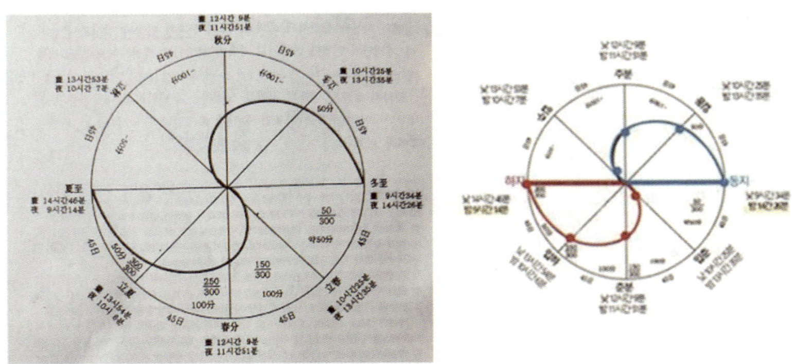

그림 136: 태극 모형의 원리(류승국)(좌), 태극 모형의 원리(이선경)(우)

617) 류승국, 앞의 논문(「태극기의 원리와 민족의 이상」, 『한국사상의 염원과 역사적 전망』의 524쪽.

또한, 대한민국학술원의 국기자문위원회는, 태극기에 보이는 태극과 음양, 건·곤·감·리 4괘는 그 원리에 있어서 역리를 취한 것은 사실이지만 그렇다고 하여 태극기의 도형과 4괘의 배열이 중국 주돈이의 태극 도형이나, 이른바 복희팔괘도 또는 문왕팔괘도의 방위를 기초로 한 것은 아니므로 태극기의 태극 도형과 4괘의 배열이 그것들과 일치하지 않으며, 우리의 국기는 우리의 견지에서 창안해 낸 것이므로, 복희팔괘도나 문왕팔괘도를 기준으로 하여 해석할 수 없다고 하였다.[618] 학술원 국기자문위원회의 이와 같은 입장은 류승국의 입장과 동일하다.[619]

(2) 복희팔괘방위도와 동일한 원리의 다른 표현이라는 입장

이선경은 "현행 태극기는 음양이 소식하는 방위 및 괘도의 배치 등이 「복희팔괘방위도」의 모양과 완전히 일치하지 않기 때문에, 역리에 맞게 개정해야 한다든가, 「복희팔괘방위도」 외의 역리를 동원하는 해설이 나오게 되었다.(각주 20) 그러나 위에서 살펴보았듯 「복희팔괘방위도」 자체가 태극을 상징하므로, 필자는 그것을 도외시하고 태극기를 설명하는 것은 타당하지 않다고 생각한다. 또한 「복희팔괘방위도」가 내포하고 있는 철학정신, 즉 대립자를 끌어안는 상생과 포용, 생명살림, 평화, 생명을 훼손하는 불의에 대한 저항 등의 사상을 취

---

618) 신희정, 앞의 논문, 59쪽에서 인용. 신희정은 학술원, 「태극기의 원리와 해설」, 대한민국학술원, 1977, 17쪽에서 인용하였다고 기재하고 있다.
619) 이는 류승국이 1977년 6월부터 학술원 정회원이 되었기 때문에, 학술원 국기자문위원회의 입장에 류승국의 의견이 반영되었을 가능성이 큰 것으로 보인다.

하고, 심미성을 고려해서 아름답게 디자인하면 될 일이지 태극기를 「복희팔괘방위도」와 똑같이 그려낼 필요는 없을 것이다."라고 언급하고,[620] "류승국은 현행 태극기의 태극문양은 동지에서 하지, 하지에서 동지까지의 낮과 밤의 소식하는 비율을 그려낸 것임을 밝혔다. 그는 이 원리를 「복희팔괘방위도」로 설명하지 않고, 노음[坤, 겨울]-소양[坎, 봄]-노양[乾, 여름]-소음[離, 가을]의 순환으로 설명한다. [그림 15][621]에서 동지를 오른쪽에 두고, 하지를 왼쪽에 두며, 가운데에서 음양이 돋아나는 형태로 밤낮 길이의 변화를 그려낸 것은 현행 태극기의 모습에 맞게 설명하기 위해서일 것이다. 이러한 형태로 설명을 하든 전통적 「복희팔괘방위도」의 형태로 설명을 하든 하나의 원리에 대한 다른 표현으로 이해할 수 있을 것이다."[622]라고 언급하고 있다.

---

620) 이선경, 앞의 논문, 142~143쪽.
621) '그림 136의 왼쪽'을 지칭한다.
622) 이선경, 앞의 논문, 143쪽의 각주 20.
　　　이선경, 앞의 책, 97~98쪽에서, 이선경은 "이 이야기의 의미를 단번에 알기 어렵다는 것은 인정한다. 다만 이런 설명법이든 저런 설명법이든 모두 1년 밤낮의 줄어들고[消] 늘어나는[息] 흐름을 그려냈다는 점을 강조해 두고자 한다. 학창 시절 태극기의 사상적 원리를 도원(道原) 류승국 선생에게 배웠다. 당시 도원 선생에게 태극기의 원리를 설명하는 방법이 하나가 아니고, 또 『주역』에서 태극의 모양과 현행 태극기에서의 태극 모양이 일치하지 않는데, 무엇이 옳은 것인지 질문한 적이 있었다. 선생은 '원리를 장악하면 그 모습은 다양하게 펼쳐낼 수 있다'는 취지의 답을 한 것으로 기억한다. 동지를 기점으로 양(陽)이 원의 중심에서부터 자라나간다고 설명하든, 끄트머리부터 시작되어 확장되어 나간다고 표현하든 그 원리는 마찬가지라는 뜻이겠다."라고 언급하고 있다.

(3) 태극문양이 복희팔괘방위도의 괘의 모양에서 도출된 것이라는
입장

박석재는 우리나라 태극기의 태극문양은 복희팔괘방위도에서 왔다
고 하면서, 복희팔괘방위도에 태극을 그리기 위해 원을 그리고, 이
원을 팔괘의 각 괘에 일대일로 대응하도록 8조각으로 나눈 후, 각 괘
에서 양효를 흰색, 음효를 검은색으로 해서 원의 대응 부분에 대응시
키며, 리괘와 감괘는 가운데 하나의 효와 나머지 2개의 효가 원의 대
응 부분을 양분하여, 양효와 음효의 비율을 매끄럽게 연결시키면 태
극문양이 나오게 되고(그림 137의 왼쪽),[623] 복희팔괘에서 4괘를 생
략한 것이 태극기가 된다고 한다(그림 137의 가운데, 오른쪽).[624]

그림 137: 태극문양과 복희팔괘방위도(좌), 4괘의 생략(중), 현행 태극기(우)

---

623) 유튜브 박석재의 천문&역사 TV, '태극기의 원리란 무엇인가[157]'의 8분부터 10
      분 28초까지.
624) 유튜브 K스피릿TV, '환단고기: 한국의 숨은 우주 역사를 밝히다 #3 | 상고사, 태
      극기, 고조선 | 천문역사학자 박석재 교수 | 다시 보는 국민강좌 195회'의 20분 36
      초부터 20분 50초까지.

2

태극기 개정론

가. 국기시정위원회에서 심의한 태극기 도안으로 개정

(1) 구왕실 소장 태극기(제1도안)로 개정

장경하張炅夏는 『주역』의 역리易理에 비추어 볼 때 현행 태극기는 역리에 맞지 않는다고 다음(이하의 ① 및 ②)과 같이 지적하는 한편, 다음(이하의 ㉮ 및 ㉯)과 같이 '정통기본원리의 태극기 도안'(그림 138의 왼쪽[625])을 설명하고 있다. 장경하가 제안하고 있는 '정통기본원리의 태극기 도안'은 국기시정위원회에 심의 상정된 구왕실 소장 태극기(제1도안)(그림 138의 오른쪽)에서 깃발은 그대로 두고 깃대를 오른쪽에서 왼쪽으로 옮긴 것이다.[626] '정통기본원리의 태극기 도안'은 괘의 색깔이 구왕실 소장 태극기(제1도안)와 다르다.

---

625) 최창동, 「대한민국 국기의 시정론 소고」(1991, 『法學硏究』 第3輯), 11쪽에서 인용.
626) 이와 같은 관계는 이응준 감정본과 이응준 태극기 사이의 관계와 동일하다.

① 『(음)양의 근본은 음양이 이원이기(二元二氣)에 있다. 태극은 고유의 명칭으로서 태극팔괘 음양의 정통은 오로지 하나뿐인 것이다. 그런데 현재 사용 중인 국기 태극기는 태극기 근본원리에 맞지 않으며 전연 다르게 되어있다. 이것은 태극 고유의 근본원리를 정확하게 알지 못하였기 때문에 현행 태극기가 나온 것이다.

시계의 시·분침과 같이 좌측에서 우측으로 춘, 하, 추, 동 사시 절기가 정통 근본원리의 태극기와 같이 순리(順理)로 되어있어야 태극도형이 정확한 원리이다. 그런데 현행 태극기의 도형은 정반대, 거꾸로 돌고 도는 방향으로 태극도형이 되어있다. 건「☰」, 곤「☷」, 리「☲」, 감「☵」(4괘)은 여러 뜻을 포함하고 있다. 그중에 봄(春)·여름(夏)·가을(秋)·겨울(冬) 계절 바뀜의 차례가 순리로 되어 있지 않고 거꾸로 되어 틀려 있다. 예컨대, 봄(春) 겨울(冬) 가을(秋) 여름(夏)으로 계절이 바뀐다고 되어있어서 틀린 것이다. 봄·여름은 양(陽)이요 가을·겨울은 음(陰)으로 되고, 가을과 여름이 양(陽)이라고 차례 순서가 되어 양음(陽陰)의 계절 순위가 틀려 있다.』[627]

② 『현행 태극기는 둥근 청홍색 음양도 중간의 곡선이 알파벳 에스(S)자 형(形)으로 되어있고, 리「☲」괘卦는 홍색 양이면서 청색 음도에 속해 있다. 또, 감「☵」괘(卦) 역시 (청색 음이면서) 홍색 양도에 속해 있다. 4괘의 색은 태극기 둥근 음양도에 맞는 청색과 홍색으로 되어있어야 하는데 어찌하여 모두 흑색이다.』[628]

㉮ 『역유태극 시생양의에서부터 역易에 자진지건위순(自震至乾爲順)은 사진(四震)「☷」괘卦에서 시작(시생始生)하여 일건(一乾)「☰」괘卦쪽으로

---

627) 최창동, 앞의 논문(1991), 11쪽에서 인용. 최창동은 張炅夏,『대한민국 태극기 정통근본원리』(1989년, 태극원리출판사), 49쪽에서 인용하고 있다.

628) 최창동, 앞의 논문(1991), 11쪽에서 인용. 최창동은 張炅夏, 앞의 책, 49쪽에서 인용하고 있다.

순리로 이르러 닿는 의(意)로서 홍색 양을 말한다. 역(易)에 왈(曰) 자손지곤위역(自巽至坤爲逆)은 오손(五巽) 「☴」괘卦에서 시작(시생始生)하여 팔곤(八坤) 「☷」괘卦쪽까지 역(逆)으로 이르러 닿는 의(意)로서 청색인 음을 말한다. 이러하므로 자건지곤곡선(自乾至坤曲線)이 원중(圓中)에 있어 음양이 돌아 변화를 이루는 것을 증명할 수 있다. … 시계의 시·분침 움직임과 같이 좌쪽에서 우쪽으로 돌아가는 정통 태극도형은 춘·하·추·동 사시(四時) 절기가 순리로 돌고 도는 이치는 정통태극의 원리이며 진리이다.』[629]

㉯ 그리고 정통 태극원리의 태극기는 음양 양의(兩儀)인 둥근 청·홍색 중간곡선이 새을(∼)자 형形으로 되어있고, 리「☲」괘卦는 홍색의 양이므로 주간점장(晝間漸長)인 홍색 양도(陽圖)의 제자리에 속해 있어 해(日)는 낮에 뜨고, 감「☵」괘卦는 청색 음이므로 야간점장(夜間漸長)으로 청색 음도(陰圖)의 제자리에 속해 있으며, 달(月)은 밤(夜)에 떠야 합리적이다. 건「☰」, 리「☲」는 홍색 양도(陽圖)에서 출생하였으니 모체(母體)의 둥근 홍색 양도(陽圖)에서 태어나온 까닭으로 따라서 건「☰」, 리「☲」도 홍색으로 일치되어야 하고, 곤「☷」, 감「☵」은 둥근 청색음도(靑色陰圖)에서 출생하였으니 모체의 둥근 청색으로 일치되어야 태극 근본원리에 맞는 것이다. 음양은 이원이기(二元二氣)로서 오직 청·홍색뿐인 것이다.[630]

---

629) 최창동, 앞의 논문(1991), 12쪽에서 인용. 최창동은 張炅夏, 앞의 책, 49쪽에서 인용하고 있다.

630) 최창동, 앞의 논문(1991), 12쪽에서 인용. 최창동은 張炅夏, 앞의 책, 66쪽에서 인용하고 있다.

그림 138: 정통기본원리의 태극기 도안(좌), 구왕실 소장 태극기(제1도안)(우)

(2) 독립문 태극기(제5도안)로 개정

구필회具弼會는 현행 태극기는 광복 후 통일된 태극기를 시정하면서 본래의 모습이 변형된 것으로서 『주역』의 이론상으로도 뒤바뀌었다면서 원래元來의 태극기는 독립문에 새겨져 있는 도형圖形(그림 118 참조)이라고 주장하고 있다. [631]

나. 주역의 원리에 따라 개정

(1) 주역의 원리 그대로 개정

태극문양과 복희팔괘방위도로 이루어진 도식(그림 27의 1단계)에서 태兌·간艮·진震·손巽괘를 생략한 태극기로, 『주역』의 원리에 그대

---

631) 최창동, 앞의 논문(1991), 14~15쪽; 신희정, 앞의 논문, 62쪽.

로 부합하는 태극기 도식(그림 139[632] 참조)이다. 이에는 김경탁 태극기,[633] 야산선생의 태극도,[634] 이찬구의 태극기 도안,[635] 최정준의 개정기초안[636] 등이 있다.

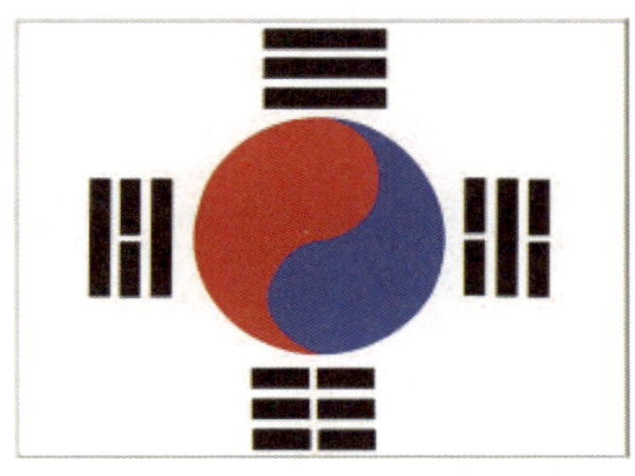

그림 139: 주역의 원리를 그대로 따른 태극기 도안

(2) 주역의 원리에 부합하게 개정

김상섭은 "지금 우리 태극기는 음양의 위치가 바뀌어 있으니 천지가

---

632) 신희정, 앞의 논문, 107쪽. 〈그림-78〉 도안 2를 인용.

633) 신희정, 앞의 논문, 61쪽에서 인용. 신희정은 김경탁, 『태극의 원리』(1946, 취영암), 4쪽에서 인용하고 있다.

634) 신희정, 앞의 논문, 107쪽에서 인용. 신희정은 야산선생문집 간행회, 『야산선생문집』(1989년, 여강출판사), 139쪽에서 인용하고 있다.

635) 최창동, 앞의 논문(1991), 10쪽. 최창동은 이찬구의 태극기 도안은 대산 김석진의 역학사상을 기본으로 구상한 것이라 할 수 있다고 언급하고 있다{重山學會編, 『周易과 世界』(1988년, 東信出版社), 208~209쪽}. 이찬구의 태극기 도안은 천부경天符經의 원리를 중심으로 하고 여기에 『주역』과 홍범洪範·동학東學의 이치를 응용하여 도출되었고, 태극문양 중앙에 인극人極을 상징하는 황색의 원(그림 53의 오른쪽 일정팔회도의 태극문양 가운데의 작은 원에 상당)을 배치하고 있다. 이찬구의 태극기 도안은 깃면이 세로가 가로보다 약간 긴 직사각형이다.

636) 최정준, 앞의 논문, 373쪽의 〈그림 14〉 개정기초안. 개정기초안은 깃면이 정사각형이다.

막혀 있다(天地좀). 양이 위에 있고 음이 아래에 있으므로 천지가 서로 통하지 못해 모든 것이 막혀 있는 것이다. … 현행 태극기의 잘못 그려진 부분을 바로 잡아 바른 그림을 그리자면 다음과 같다."라고 언급하고 있는데,[637] 김상섭의 바로 그린 태극기는 '그림 140의 왼쪽'이다. 그런데 김상섭은 현행 태극기가 역리易理에 부합하지 않는다고 주장하고 있지만, 이러한 현행 태극기를 역리에 부합하는 '바로 그린 태극기'로 개정하자는 주장을 하고 있지는 않는 것 같다.[638]

그림 140: 김상섭의 바로 그린 태극기(좌), 신희정의 도안 3(우)

신희정은 이응준 태극기(그림 22)를 좌우 반전한 것,[639] 박영효 태극기(그림 84의 왼쪽)에서 태극문양의 회전 방향을 조중전의 고태극도(그림 48)와 같이 시계 방향으로 돌려놓은 것,[640] 데니 태극기의 앞

---

637) 김상섭, 앞의 책, 130쪽.
638) 왜냐하면, 김상섭은 '…'에서 "그러나 음양이 막히든 통하든, 위에 있든 아래에 있든 우리의 그 무엇과도 아무런 관계가 없다. 태극기는 근본적으로 우리 민족과는 추호의 관계가 없는 물건이다."라고 언급하고 있다.
639) 신희정, 앞의 논문, 108쪽의 〈그림-79〉.
640) 신희정, 앞의 논문, 108쪽의 〈그림-80〉.

 태극기, 처음으로 돌아가자

면(그림 123의 왼쪽)에서,[641] 이들 세 개의 태극기는 사괘가 동일한 위치에 있고, 태극문양의 형태가 일치하므로, 여기에 좌양 우음의 원칙(그림 17의 오른쪽)과 건乾에서는 음이 생하면서 양이 제일 왕성하고, 곤坤에서는 양이 생하면서 음이 제일 왕성하도록 태극의 위치를 회전시켜 현행 태극기의 사괘에 배치함으로써 도안 3(그림 140의 오른쪽)을 도출하고 있다.[642] 그런데 신희정이 도출한 '도안 3'은 이응준 태극기에서 깃발을 좌우 반전한 태극기(그림 25)와 동일하다. 또한, '도안 3'은 신희정이 이응준 태극기(그림 22)를 좌우 반전한 것(각주 639의 〈그림-79〉)과도 동일한 것임을 알 수 있다.

김상섭의 '바로 그린 태극기'(그림 140의 왼쪽)와 신희정의 '도안 3'(그림 140의 오른쪽)은 태극문양의 모양에서 차이가 있을 뿐, 역리 易理상 서로 동일하다.

---

641)　신희정, 앞의 논문, 108쪽의 〈그림-81〉.
642)　신희정, 앞의 논문, 108~109쪽.

3

태극기, 처음으로 돌아가자

가. 설득력 없는 태극기 개정 반대론의 논리

(1) 태극기 자체의 개정 반대에 대하여

태극기 자체의 개정 반대 논리는 이선근에 의해 제기되었다(앞의 1.가. 항 참조). 이선근의 주장은 1959년에 발표된 논문에서 제기되었으므로, 당시 이응준 감정본의 존재를 알지 못한 상태에서, 현행 태극기와 최초 태극기를 동일시한 역사적 배경에 기인하는 것으로 보인다.

이런 관점에서 보면 이선근이 우리 태극기와 중국 태극도안(중국 고태극도[643])의 다른 점으로 언급한 부분(앞의 1.가. 항의 '①부터 ③까지' 참조)은 이응준 감정본과 중국 고태극도의 관계에서도 그대로 적

---

643) 이선근은 중국의 태극도안을 '그림 46부터 그림 48까지'에 도시된 중국의 고태극도 계열을 의도한 것으로 보인다.

용되므로,[644] 박영효 태극기 계열인 현행 태극기에서 이응준 감정본 계열로의 태극기 개정은 이선근에 의한 태극기 자체의 개정 반대 대상이 되지 않는 것으로 해석된다.

(2) 현행 태극기의 개정 반대론에 대하여

(가) 우리 견지에서 창안된 것이라는 논리에 대하여

류승국은 현행 태극기의 태극문양(류승국은 '태극도형'이라 표현하고 있음. 이하 태극문양)과 그 주위의 4괘가 그 원리에서 역리易理를 취한 것이 사실이지만, 복희팔괘방위도의 관점이 아닌 음양의 공간(동서남북의 사방)과 시간(춘·하·추·동의 사시)에 따른 영허소장盈虛消長함을 상징하는 것이라고 하면서, 그 논리적 근거{앞의 1.나.(1)항의 '①부터 ③까지' 참조}를 들고 있으나, 이는 이하에서 살펴보는 바와 같이 설득력이 없다.

---

644) 앞의 '1.가. 항의 ②'에서 이선근은 중국의 고태극도는 태극문양을 수직(垂直)으로 배치하고, 태극기는 태극문양을 수평(水平)으로 배치한 점에서 차이가 있다고 하였으나, 태극기(이응준 감정본, 박영효 태극기, 현행 태극기)는 태극문양이 수평(水平)이 아닌, 수직(垂直)에서 45도 기울어진 점에서 차이가 있다는 표현이 정확하다. 현행 태극기는 괘와 태극문양의 관계에 있어서 박영효 태극기와 동일한데, 박영효 태극기는 수직(垂直)에서 시계 방향으로 45도 회전한 이응준 감정본의 태극문양{Ⅱ.2.나.(3) 항과 그림 28 참조}을 다시 시계 반대 방향으로 90도 회전한 것이므로{Ⅲ.2.나.(4) 항과 그림 93의 2단계 참조}, 수직(垂直)에서 왼쪽으로 45도 기울어진 것이다. 그러나 현행 태극기는 가로 세로의 비율이 3:2이므로 실제 기울어진 각도는 건乾(☰)·리離(☲)가 왼쪽으로 45도보다 약간 더 기울어진 상태이고, 감坎(☵)·곤坤(☷)이 왼쪽으로 45도보다 약간 덜 기울어진 상태에 있다.

첫째, 건·곤·감·리의 4괘는 음양 양의의 도형(태극문양)을 기준으로 하여 배열된 것이어서, 복희팔괘방위도伏羲八卦方位圖를 기준하여 설명할 수 없다{앞의 1.나.(1) 항의 ① 참조}는 류승국의 논리는 『주역』 체계의 기본을 무시한 것이면서 논리 모순이다. 류승국이 언급하는 "건·곤·감·리의 4괘는 음양 양의의 도형(태극문양)을 기준으로 하여 배열된 것"이 『주역』의 「계사상전」 11장에 있는 "역유태극(易有太極), 시생양의(是生兩儀), 양의생사상(兩儀生四象), 사상생팔괘(四象生八卦)"에 근거하였음은 태극문양과 그 주위의 4괘가 그 원리에서 역리易理를 취한 것이 사실이라는 류승국의 언급에 의해서도 확인된다. 그런데 『주역』의 「계사상전」 11장에 있는 팔괘八卦의 생성 과정을 『주역』의 「설괘전」 3장의 구절을 근거로 소옹邵雍이 그림으로 표현한 것이 복희팔괘차서도와 복희팔괘방위도인데(Ⅰ.2.나. 항 및 그림 12 참조), 이 팔괘八卦 중의 4괘와 태극문양의 관계가 복희팔괘방위도와 관련 없다는 논리는 성립되지 않는다.

한편, 류승국이 언급하고 있는 '현행 태극기의 태극문양과 그 주위의 4괘가 그 원리에서 역리易理를 취한 것이 사실이지만, 복희팔괘방위도의 관점이 아닌 음양의 공간(동서남북의 사방)과 시간(춘·하·추·동의 사시)에 따른 영허소장盈虛消長함을 상징하는 것'은 권근의 『입학도설』의 전집에 실려 있는 '선천방위원도'와 그 설명으로 완벽하게 뒷받침되는데{Ⅱ.3.다.(3)(마) 항의 '첫째' 및 그림 53 참조}, '선천방위원도'(그림 53의 왼쪽)는 태극, 양의(음양), (사상), 팔괘와 복희 64괘의 생성 원리를 나타냄과 동시에 음양의 소식消息 관계를 밝히고 있으므로, 류승국의 이와 관련된 논리 또한 성립되지 않는다.

둘째, 『주역』「설괘전」의 "건(乾)은 천이요, 곤(坤)은 지요(7장:필자주), 감(坎)은 월(月)이요, 리(離)는 일(日)이라(11장:필자주)"는 부분에서 감坎은 달(月)이라 음陰을 표시하고 리離는 해(日)라서 양陽을 표시하는바 이는 용用에서 고찰한 것이고, 「계사하전」4장의 '양괘(陽卦)는 다음(多陰)하고 음괘(陰卦)는 다양(多陽)이라'는 문구에 의거 감坎(☵)의 용用은 음陰이지만 체體는 양陽이고, 리離(☲)의 용用은 양陽이지만 체體는 음陰이다{앞의 1.나.(1) 항의 ② 참조}라는 류승국의 논리는 「설괘전」과 「계사하전」의 해당 문구를 자의적으로 해석한 것이면서 체體와 용用의 관계를 잘못 파악한 것으로 보인다. 감坎(☵)의 체體가 양陽이고, 리離(☲)의 체體가 음陰이라는 류승국의 언급은 현행 태극기에서 감坎(☵)이 태극문양의 양陽에 위치하고 리離(☲)가 태극문양의 음陰에 위치하는 것을 정당화하기 위한 것으로 보이지만, 이는 이하에서 살펴보는 바와 같이 잘못된 것이다. ① 체용體用은 그 사전적 의미가 "사물의 본체와 그 작용, 또는 원리와 그 응용을 통틀어 이르는 말"645)이므로, 감坎(☵)은 그 체體가 양陽, 용用이 음陰이고, 리離(☲)는 체體가 음陰, 용用은 양陽이라는 류승국의 언급은 체용體用에 관한 사전적 의미와 배치될 뿐 아니라, 『주역』의 원리에도 부합하지 않는 것으로 보인다. 즉, 복희팔괘차서도(그림 13의 왼쪽)에 의하면 이하와 같다. 팔괘八卦에 속하는 리離(☲)는 음陰이고, 이 리離(☲)

___
645)　국립국어원 표준국어대사전의 '체용體用'의 「1」 부분.

는 팔괘의 상위인 사상四象의 소음少陰에 속하며, 이 소음少陰은 사상四象의 상위인 양의兩儀의 양陽에 속하므로, 리離(☲)는 본체(원리)가 양陽이고 작용(응용)이 음陰이다. 또한, 팔괘八卦에 속하는 감坎(☵)은 양陽이고, 이 감坎(☵)은 팔괘의 상위인 사상四象의 소양少陽에 속하며, 이 소양少陽은 사상四象의 상위인 양의兩儀의 음陰에 속하므로, 감坎(☵)은 본체(원리)가 음陰이고 작용(응용)이 양陽이다. ② 또한, 류승국의 이 논리는 그에 뒤따르는 류승국의 논리{앞의 1. 나. (1) 항의 ③ 참조}와도 모순된다. "이같이 볼 때 감(坎)은 극성(極盛)한 음(陰) 속에서 양(陽)이 모순(矛盾)으로 자라는 모습을 그린 것"이라는 류승국의 표현은 곤坤(극성한 음陰)을 본체로 하고 그 작용으로 양陽(감坎)이 자라난다는 의미로 읽히므로, 감坎의 체體(본체)는 음陰이고 용用(작용)은 양陽이어야 한다. 리離에 관한 언급도 마찬가지이다.

셋째, 춘·하·추·동의 사시四時를 4괘(건乾·곤坤·감坎·리離)에 사상四象(노양老陽[646]·노음老陰[647]·소양少陽·소음少陰)을 적용해서 설명하는 류승국의 논리{앞의 1. 나. (1) 항의 ③, '㉮부터 ㉰까지' 참조}는 사상四象(노양老陽·노음老陰·소양少陽·소음少陰)과 4괘(건乾·곤坤·감坎·리離)의 관계를 잘못 적용한 것에 기인한다. 이하 이에 대해 구체적으로 살펴본다.

우선, 음중양陰中陽인 감坎(少陽)은 노음老陰 속에서 생겨나므로 춘春·동東(동쪽)을 상징하고, 양중음陽中陰인 리離(少陰)는 노양老陽 속

---

646)　태양太陽과 동일하다.
647)　태음太陰과 동일하다.

에서 생겨나므로 추秋·서西(서쪽)를 상징한다는 류승국의 언급은 역리易理상 아무런 근거가 없다.[648] 복희팔괘차서도(그림 13의 왼쪽)에 의하면, 감坎은 노음老陰(태음太陰) 속에서 생겨나는 것이 아닌 소양少陽에서 생겨나고, 리離는 노양老陽(태양太陽) 속에서 생겨나는 것이 아닌 소음少陰에서 생겨난다. 따라서 감坎·리離의 시時·공空에 관한 류승국의 언급 역시 근거가 없다.

다음으로, 4괘의 건乾·곤坤·감坎·리離는 각각 사상四象의 태양太陽·태음太陰·소양少陽·소음少陰이 아니다. 건乾을 태양太陽 또는 노양老陽, 곤坤을 태음太陰 또는 노음老陰, 감坎을 소양少陽, 리離를 소음少陰이라고 하는 류승국의 언급은 역리易理상 아무런 근거가 없다. 복희팔괘차서도(그림 13의 왼쪽)에 의하면, 건乾은 태양太陽에서 나오기는 했지만, 태양太陽 자체는 아니다. 건乾이 태양太陽이라고 하면, 태양太陽에서 나온 태兌도 태양太陽이 되고, 건乾과 태兌는 태양太陽으로 서로 동일하게 되기 때문이다. 곤坤·감坎·리離와 태음太陰·소양少陽·소음少陰의 관계도 동일하다.

마지막으로, 사상四象의 태양太陽, 태음太陰, 소양少陽, 소음少陰은 각각 하夏(여름)·남南(남쪽), 동冬(겨울)·북北(북쪽), 춘春(봄)·동東(동쪽), 추秋(가을)·서西(서쪽)라고 하는 류승국의 언급은 역리易理상 아

---

648) 감坎(☵)이 노음老陰 속에서 생겨난다는 류승국의 언급은 곤坤(☷)이 태음太陰이라는 언급(앞의 1.나.(1) 항의 ㉮ 참조)에서 곤坤(☷)의 두 번째 효인 음효(⚋)가 양효(⚊)로 변화하여 감坎(☵)이 된다는 개념을 적용한 것으로 보인다. 리離(☲)와 건乾(☰)의 관계도 동일하다.

무런 근거가 없다. 복희팔괘차서도와 복희팔괘방위도(그림 13)에 의하면, 팔괘八卦가 나온 후에 비로소 형상과 성격을 알 수 있고, 그 전단계인 사상四象에서는 공간(동서남북의 사방)과 시간(춘·하·추·동의 사시)의 형상과 성격을 특정할 수 없기 때문이다. 이는 정제두의 태극음양상괘방위절기지도(그림 60의 왼쪽)에서 사상四象은 각각이 팔괘 중 2괘에 걸쳐 있게 나타내어진 것으로 확인된다.

넷째, 류승국이 언급한 '현행 태극기가 우리 견지에서 창안된 것'이라는 주장은 아무런 근거가 없다. 앞의 첫째부터 셋째까지에 걸쳐 살펴본 바와 같이, 류승국의 주장에는 『주역』 이론과 차별화되는 '우리 견지'라고 볼 수 있는 내용이 없고, 복희팔괘방위도와 직접 관련되는 『주역』 이론에 근거하고 있을 뿐임을 알 수 있다.

그런데 현행 태극기를 국기시정위원회에서 대한민국의 국기 도안(제3도안)으로 심의 신청한 주체인 국기보양회에서 발간한 『국기해설』(각주 559 참조)에도 현행 태극기가 '우리 견지에서 창안된 것'이라는 다음과 같은 취지의 언급이 있다. 이에 대해 이선근은 "나아가 태극팔괘 도안과 관련시켜 단군성조까지 들추어낸다든가 … 태극 사상(思想)을 우주현상에 연관시켜 해설한 것은 그다지 문제가 없으나 역리학상 위대한 무엇이라 해 놓고 단군성조까지 내세운 것은 이미 지적한 대로 그 어데 근거한 것인지 견강부회(牽強附會)도 심한 것이라 아니할 수 없다."[649]라고 비판하고 있다.

---

649)　이선근, 앞의 논문, 181~182쪽.

조선은 고래(古來)로 동방예의지국(東方禮儀之國)이라 칭(稱)하였고 동방예의는 천지지도(天地之道)에 기준(基準)한지라 이 천지지도의 대경대법(大經大法)에 준칙(準則)하여 우주만상 광명천지 무궁(宇宙萬象 光明天地無窮)함을 상징(象徵)한 것으로서 단군성조(檀君聖祖)로부터 계천이후 역대 성군(繼天以後 歷代 聖君)들, 또한 천지지도(天地之道)로 치국(治國)하시고 국민은 선대의 유지(先代遺志)를 계승하여 반만년 전래(半萬年 前來)의 예절과 문언이 전세(禮節 文言 前世)에 찬란함을 따라 이에 단군성조(檀君聖祖)로부터 인세(人世)에 조시(詔示)한바 있어 고래(古來) 조선에서 태극팔괘(太極八卦)의 정기(旌旗=國旗[650])를 사용(使用)하여 옴으로 이를 전통적 기본(傳統的基本)으로 삼아 태극 사(四)괘(卦·象)를 채택하여 이를 옛 대한제국(大韓帝國)의 『국기』로서 제정하다. (壬申年=서기 一八七二년[651]) 이에 국내 국외(國內國外)에서 사용되어 왔으며 지금의 대한민국(大韓民國)도 이 태극기로 제정(制定)한 것이다. [652]

한편, 국기시정위원회의 심의 과정에서 우리국기보양회안(제3도안)에 대해 앞에서 살펴본 바와 같이 태극기의 근본정신을 '우리 견지'라고 하는 상징조작이 있었다는 취지의 언급이 있다. 김혜수는 "실제로 우리국기보양회안은 태극기의 근본정신을 중국식의 태극 8괘사상이나 주역 8괘설 등 역리상의 해설에 두지 않고 현실에서 요구되는 정치성을 부여하였다. 즉 태극 4괘설을 채택하여 국기로 제정하게 된

---

650)　이선근, 앞의 논문, 181쪽. 이선근은 "정기는 군기(軍旗) 종류에 속하는 것"이라고 언급하고 있다.

651)　이선근, 앞의 논문, 181쪽. 이선근은 "고종 임신년-서기 1872년은 김씨가 말한 신미양요(辛未洋擾)의 다음 해로 아직도 대원군이 집정하여 예의 척화비를 세우면서 쇄국정책을 고집하던 시절"이라고 언급하고 있다.

652)　김일수, 앞의 책, 12~13쪽.

유래를 단군의 태극 팔괘 정기(旌旗)에서 찾음으로써 민족 정통성을 부각시키고자 하였다. 따라서 흰 바탕은 평화, 태극은 단일, 홍청은 창조, 리감은 광명, 건곤은 무궁의 상징으로 설명하였다. 즉 태극도 안을 민족의 시원인 단군에서 찾는 상징조작을 통하여 단군 자손이라 는 단일민족임을 강조하여 단결력과 민족적 자부심을 심어 주었고"라 고 언급하고 있다. [653]

(나) '태극 모형의 원리'에 부합한다는 논리에 대하여

류승국은 현행 태극기의 태극문양과 '태극 모형의 원리'(그림 136의 왼쪽)를 대비하고 있고, 이선경은 '태극 모형의 원리'에 일종의 수학적 원리가 있다고 하면서 현행 태극기의 태극문양이 수학적 원리에 부합 한다는 취지로 언급하고 있다{앞의 1.나.(1) 항 참조}. 그러나 류승 국의 논리와 이를 뒷받침하기 위한 이선경의 논리(이선경의 설명에서 '태극 모형의 원리'가 수학적인 원리로부터 일의적으로 정해진다)는 이하에서 살펴보는 바와 같이 설득력이 없다.

첫째, 현행 태극기의 태극문양과 4괘(건·곤·감·리) 사이의 관계 에 대한 류승국의 논리{앞의 1.나.(1) 항의 ③, '㉮부터 ㉰까지' 참조} 와 '태극 모형의 원리'에서의 사시(하·동·춘·추) 관계(그림 135 참 조)는 서로 부합하지 않는다. '그림 135'에 있어서, 현행 태극기의 태 극문양과 4괘는 수직(垂直, '태극 모형의 원리'의 추분과 춘분을 이은

---

653)　김혜수, 앞의 논문, 123쪽.

선)에서 45도보다 약간 더 회전한 상태이지만(각주 644 참조),[654] 이를 복희팔괘방위도의 형태로 전환(그림 16의 이응준 감정본에서 1단계로 전환)해서 '태극 모형의 원리'(그림 135의 오른쪽)에 대응시키면 이하와 같다. 즉, 현행 태극기의 곤坤괘(☷), 리離괘(☲), 건乾괘(☰) 및 감坎괘(☵)는 각각 '태극 모형의 원리'의 동지, 춘분, 하지 및 추분에 정확하게 대응된다.[655] 따라서 '감坎(☵)은 봄(春)·동쪽(東)', '리離(☲)는 가을(秋)·서쪽(西)'{앞의 1.나.(1) 항의 ③ 참조}을 상징한다는 류승국의 논리는 타당성을 잃게 된다.

둘째, 이선경은 '태극 모형의 원리'에 일종의 수학적 원리가 있다고 하지만, 이 수학적인 원리는 '태극 모형의 원리'(그림 136)에만 일의적으로 적용되지 않는다. '태극 모형의 원리'(그림 141의 왼쪽)는 이를 '상하 반전'한 모형(그림 141의 오른쪽)에도 그대로 적용된다. 즉, '태극 모형의 원리'를 '상하 반전'한 모형(그림 141의 오른쪽)에 있어서 절기의 변화를 '태극 모형의 원리'를 적용해서 설명하면 이하와 같다. ① 입춘과 입추를 이은 선에서 붉은 점과 푸른 점은 원주에서 원의 중심을 향한 반지름 방향으로 같은 거리[656]에 있고, 그 거리는 '300

---

654) 건乾(☰)·리離(☲)는 시계 반대 방향으로 45도보다 약간 더 회전한 상태이고, 감坎(☵)·곤坤(☷)은 시계 반대 방향으로 45도보다 약간 덜 회전한 상태에 있다.

655) '태극 모형의 원리'는 절기(동지, 입춘, 춘분, 입하, 하지, 입추, 추분, 입동) 사이가 45일이고 한 해를 360일로 보아, 각 절기 사이는 45도(360/8)가 된다.
한편, '태극 모형의 원리'에 표시된 절기(동지, 입춘, 춘분, 입하, 하지, 입추, 추분, 입동)는 정제두의 태극음양상괘방위절기지도(그림 60의 왼쪽. 이의 확대도는 부록 참조)에서 복희팔괘방위도의 팔괘(☷, ☶, ☵, ☴, ☳, ☲, ☱, ☰)와 정확하게 일치한다.

656) 이는 '원'을 기준으로 하는 방식이다. 한편 '태극 모형의 원리'는 '원의 중심'을 기준으로 하는 방식인 점에서, 서로 차이가 있다.

분'의 1/6(50/300)이다. ② 춘분과 추분을 이은 선에서 붉은 점과 푸른 점은 원주에서 원의 중심을 향한 반지름 방향으로 같은 거리에 있으며, 그 거리는 '300분'의 1/2(150/300)이다. ③ 입하와 입동을 이은 선에서 붉은 점과 푸른 점은 원주에서 원의 중심을 향한 반지름 방향으로 같은 거리에 있고, 그 거리는 '300분'의 5/6(250/300)이다. '태극 모형의 원리'를 '상하 반전'한 모형(그림 141의 오른쪽)은 현행 태극기의 태극문양과 회전 방향이 반대다. 이처럼 '원의 중심'을 기준으로 해서 절기의 변화를 표시하면 현행 태극모형의 원리가 도출되고, '원'을 기준으로 해서 절기의 변화를 표시하면 현행 태극모형의 상하 반전이 도출되므로, 현행 태극도형은 수학적 원리로부터 일의적으로 정해진다 할 수 없다. 한편, '태극 모형의 원리'(그림 141의 왼쪽) 및 '태극 모형의 원리를 상하 반전'(그림 141의 오른쪽)을 시계 방향으로 90도 회전하여 '태극문양과 복희팔괘방위도의 관계'(그림 17의 가운데)와 상호 관계를 일치시키면, '태극 모형의 원리를 상하 반전'을 시계 방향으로 90도 회전한 문양은 '태극문양과 복희팔괘방위도의 관계'에서의 태극문양과 동일한 관계에 있게 된다(부록의 '태극 모형의 원리'와 이의 '상하 반전'을 시계 방향으로 90도 회전한 문양과 '태극문양과 복희팔괘방위도의 관계'의 비교(그림 141 관련) 참조). 그러므로 '태극 모형의 원리'(그림 141의 왼쪽)는 일종의 수학적 원리가 일의적으로 규정되어 있지 않고, 또 역리易理에도 부합하지 않으므로 바르게 된 도형이라 할 수 없다.

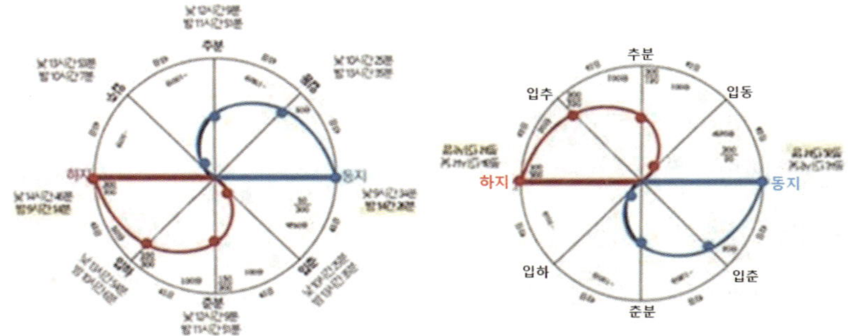

그림 141: 태극 모형의 원리(이선경)(좌),
태극 모형의 원리(이선경)를 상하 반전(우)

셋째, '태극 모형의 원리'(그림 141의 왼쪽)는 래지덕의 '태극도'(그림 50의 가운데)에서 "중간의 한 원'을 제거'('중간의 한 원'의 반지름을 '0'으로 한 것이다)[657]한 후 이를 시계 반대 방향으로 90도 회전한 도식과 동일한데, '중간의 한 원이 태극의 본체'라고 하면('각주 289부터 291까지' 관련 내용 참조), 래지덕의 태극도에서 '태극의 본체'를 생략할 수 없다고 해석하는 것이 타당하다고 생각된다. 그러므로 '태극 모형의 원리'(그림 141의 왼쪽)는 역리易理에 부합한다고 할 수 없다. 이에 대해서는 이하에서 구체적으로 살핀다.

----

657) 최정준, 앞의 논문, 370~371쪽. 최정준은 현행 태극기의 태극문양이 래지덕의 '태극도'(그림 50의 가운데)의 전통을 따랐을 가능성이 있다고 언급한 후, 중앙의 원(중간의 한 원)을 생략하여 단순화시키면 현행 태극기를 세운 태극문양과 일치하는데, 이럴 경우 좌음우양左陰右陽의 모습으로 정착되어 정작 내용[左陽右陰]과 형식[左陰右陽]이 일치되지 않는 문제가 생긴다고 언급하고 있다. 최정준의 이와 같은 언급은 래지덕의 태극도에서 중앙의 원을 생략하면 역리易理(내용[左陽右陰]과 관련해서는 '그림 13의 오른쪽' 참조)에 부합하지 않게 된다는 취지로 읽힌다.

(다) 복희팔괘방위도와 동일한 원리의 다른 표현이라는 입장에 대하여

현행 태극기는 복희팔괘방위도와 동일한 원리의 다른 표현이라는 이선경의 언급 내용{앞의 1. 나. (2) 항 참조}에서, 이선경은 복희팔괘방위도 자체가 태극을 형상하므로 태극(태극문양)을 도외시하고 태극기를 설명하는 것은 타당하지 않다고 하면서도 동지에서 하지, 하지에서 동지까지의 낮과 밤의 소식하는 비율을 그려낸 현행 태극기는 하나의 원리에 대한 다른 표현으로 이해할 수 있다고 하여, 현행 태극기에 대한 류승국의 논리를 수용하는 듯한 태도를 보인다. 이선경은 상호 모순되는 듯한 두 관점을 동일한 관점으로 보는 듯하다. 이선경의 이 같은 태도 내지 입장은 류승국의 논리에 따른 현행 태극기의 태극문양과 4괘의 관계에 부응하는 것처럼 보이는 '원대 황공망의 태극도'[658]('그림 49 왼쪽'의 복희선천시획지도)와, 이와 다른 시각에서 표현[659]된 '명초 조휘겸의 태극도'[660](그림 47 왼쪽의 선천태극도)를 하나의 원리에 대한 다른 표현으로 의도하고 있는 것처럼 보인다. 만약

---

658)   이선경, 앞의 논문, 138쪽의 〈그림 2〉.
659)   최정준의 논리(각주 657 참조)에 따르면, 이선경이 언급하는 '원대 황공망의 태극도'(복희선천시획지도)는 래지덕의 '복희팔괘방위도'(그림 50의 오른쪽)에서 중앙의 원(중간의 한 원)을 생략하여 단순화시킨 것이다. 래지덕의 복희팔괘방위도는 '안에서 밖으로 바라보는 시각 또는 관점'이고, 중국의 고태극도 계열(명초 조희겸의 태극도 포함)은 '밖에서 안을 바라보는 시각 또는 관점'이다. 이 시각 또는 관점의 차이에 따라 복희팔괘방위도를 구성하는 팔괘의 각 효의 배열에 있어서, 래지덕의 복희팔괘방위도 계열은 복희팔괘방위도와 동일하게 효가 배열되어 있고(래지덕의 복희팔괘방위도는 괘의 이름이 표기되어 있다), 중국의 고태극도 계열은 반대로 배열되어 있다. 또한, 이와 같은 시각 또는 관점의 차이에 따라 태극문양에 있어서, 래지덕의 '태극도' 계열은 'S자字' 모양으로 표현되고, 중국의 고태극도 계열은 '乙자字' 모양으로 표현된다.
660)   이선경, 앞의 논문, 138쪽의 〈그림 3〉.

이것을 의도한 것이라고 하면, 이는 이하에서 살펴보는 바와 같이 설
득력이 없다.

첫째, 현행 태극기의 태극문양과 4괘(건·곤·감·리) 사이의 관계
는 '원대 황공망의 태극도(복희선천시획지도)'에 부응하고 있지만(그
림 142 참조), 복희선천시획지도는 어떤 원리를 가지고 그려진 도식
이라고 할 수 없어 태극문양의 주위에 팔괘가 둘러싸고 있는 역리易理
에 부합하는 도식이라 할 수 없는바{Ⅱ.3.다.(3)(다) 항 참조}, 이를
근거로 현행 태극기가 역리易理에 부합한다고 할 수 없다.

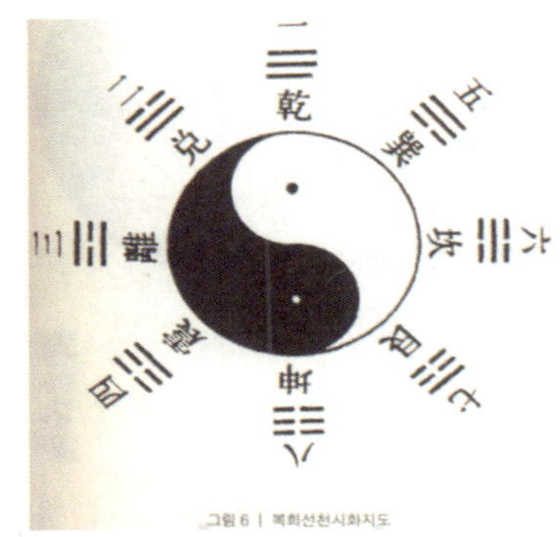

그림 142: 현행 태극기(좌), 복희선천시획지도(우)

둘째, 래지덕의 '태극도'(그림 50의 가운데)의 바깥 원 주위에 복희
팔괘를 배치한 것이 래지덕의 '복희팔괘방위도'(그림 50의 오른쪽)인
데, 이에서 '중간의 한 원'(반지름, r)의 반지름 r을 0으로 하면,[661]

---

661)   최정준은 이를 중앙의 원을 생략하여 단순화시킨다고 표현하고 있다(각주 657 참조).

래지덕의 복희팔괘방위도(그림 143의 왼쪽[662])와 복희선천시획지도
(그림 143의 오른쪽)는 서로 동일하게 되지만, 이는 이하에서 살펴보
는 바와 같이 성립될 수 없다.

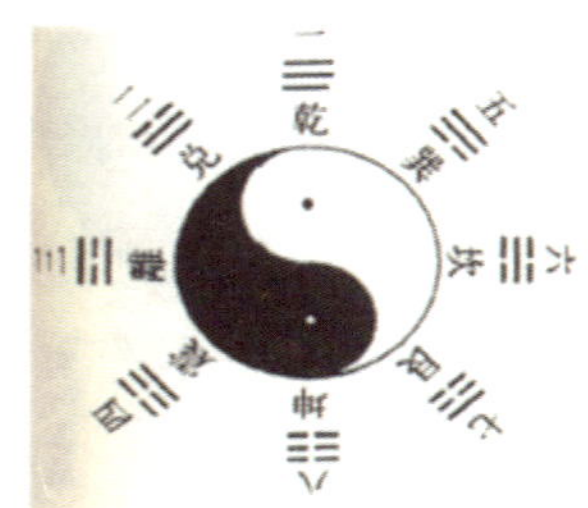

그림 143: 래지덕의 복희팔괘방위도(좌), 복희선천시획지도(우)

우선, 래지덕의 복희팔괘방위도에서 '중간의 한 원'(반지름, r)의 반
지름 r을 0으로 하면, '중간의 한 원'은 없어지고 '반지름 r이 0'이 되
는 점點은 '바깥 원'의 중심이 되는데, 이 점點은 '양陽이 시생始生하는
점이기도 하고, 동시에 음陰이 시생始生하는 점'이기도 해서(그림 144
참조), 역리易理상 성립될 수 없다. 즉, 음陰이 시생始生하는 부분은
건乾의 자리이고, 양陽이 시생始生하는 부분은 곤坤의 자리가 되는데,
반지름 r이 0이 되는 점點은 결과적으로 건乾의 자리이기도 하고, 동
시에 곤坤이 되는 자리이기도 해서, 건乾과 곤坤이 동시에 존재하게
되는 역리易理상 있을 수 없는 모순이 발생하게 된다.[663]

---

662) 최정준, 앞의 논문, 370쪽의 그림 〈10〉을 인용했다. 래지덕의 복희팔괘방위도에
      서, '그림 50의 오른쪽'과 '그림 143의 왼쪽'은 소양少陽과 소음少陰의 위치가 서로
      다르게 표시되어 있다.
663) 그런데 이선경의 "동지를 기점으로 양(陽)이 원의 중심에서부터 자라나간다고 설명
      하든, 끄트머리부터 시작되어 확장되어 나간다고 표현하든 그 원리는 마찬가지라

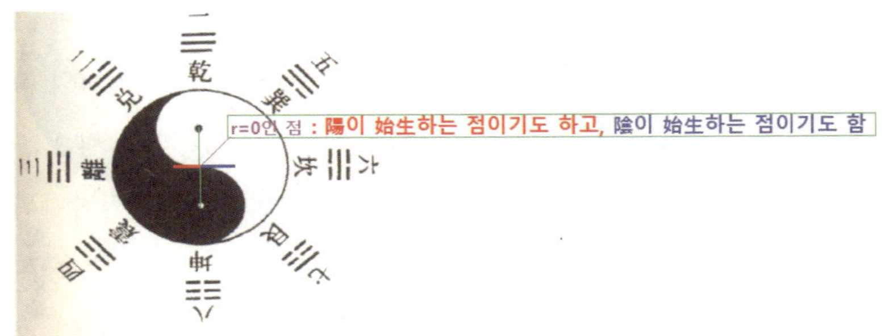

그림 144: 래지덕의 복희팔괘방위도에서 'r=0'인 경우, 복희선천시획지도의 의미

　다음으로, 래지덕의 태극도(그림 50의 가운데)에서 '중간의 한 원이 태극의 본체'이고(각주 289부터 각주 291까지 관련 내용 참조), 이 '태극의 본체'를 생략할 수 없다고 해석해야 한다면{앞의 (나) 항 '셋째' 참조}, 래지덕의 복희팔괘방위도(그림 50의 오른쪽)에서 '중간의 한 원'도 '태극의 본체'로서 생략할 수 없다. 왜냐하면, '태극의 본체'로서 '중간의 한 원'은 음양陰陽(양의兩儀)을 생生하는데 직접 관여하고 있기 때문이다.[664] 그러므로 래지덕의 복희팔괘방위도에서 '중간

는 뜻이겠다."(각주 622 참조)라는 언급은 '역리易理상 있을 수 없는 모순 발생'과 배치되는 것으로 보인다.

664)　이와 같이 래지덕의 복희팔괘방위도에서 반지름 r을 0으로 하는 것은 태극기에서 태극문양을 없애는 것('원'이 없어지면 '태극'이 없어짐)과 같은 의미여서 성립될 수 없다(태극기에서 태극문양이 없어지면 그 하위개념인 4괘도 없어져서, 태극기는 흰색 바탕색만 남게 된다).
　최정준이 "천지자연지도(天地自然之圖)(그림 47의 오른쪽:필자주)나 래지덕이 설명하는 고태극도설(古太極圖說)(그림 52의 왼쪽:필자주)을 보면 알 수 있듯이 건(乾)괘는 태극도형에서 양극음생(陽極陰生)의 극지점(極至點)에 위치한 정남에 위치한다. 곤(坤)괘는 태극도형에서 음극양생(陰極陽生)의 극지점(極至點)에 위치한 정북에 위치한다."라고 언급하고 있듯이(최정준, 앞의 논문, 369쪽), 래지덕의 복희팔괘방위도에서 '중간의 한 원'(반지름, r)과 태극기에서 태극문양의 원(태극)은 음양을 생生하는 같은 기능(다만, 양 도식에 의해 생生해지는 음양이 바깥쪽인지의 한 원'을 생략함으로써 도출되는 복희선천시획지도(그림 143의 오른쪽)는 성립될 수 없는 것이다. 한편, 장커삔(張克賓)은 래지덕의 복희팔괘방위도가 도출되는 과정을 3단계로 설명하고 있는데(그림 145 참조),[665] 주희朱熹의 『주역본의』[666] 권수卷首에 게재된 복희팔괘방위도伏羲八卦方位圖(그림 145의 왼쪽)와, 원대元代 웅양보熊良輔의 웅씨태극도熊氏太極圖(그림 145의 가운데)에는 '태극太極'이라는 글자가 명시적으로 기재되어 있다.[667]

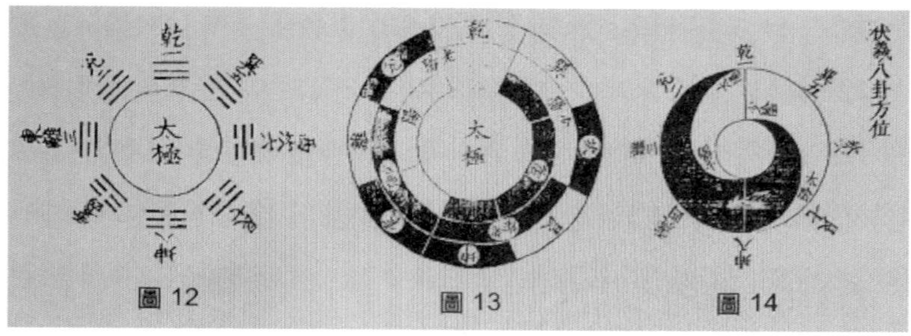

그림 145: 주희의 복희팔괘방위도(좌), 웅씨태극도(중), 래지덕의 복희팔괘방위도(우)

아니면 안쪽인지의 차이만 있을 뿐이다)을 가지고 있기 때문이다.

665) 장커삔(張克賓), 앞의 논문, 61쪽.

666) 장커삔(張克賓), 앞의 논문, 61쪽. 61쪽의 각주 32에서, 『宋刊周易本義』, 卷首, 頁 11로 되어 있다. 이는 각주 39의 서울대 규장각 소장본과 다른 판본으로 보인다.

667) 장커삔(張克賓)은 중국의 고태극도 계열을 도출하는 과정을 도시(그림 40 참조) 하고 있고, 관련 설명에서 "만약 圖16(그림 40의 가운데)의 가운데에 있는 'ㅇ'을 제거하면 그 형상은 圖 18(그림 40의 오른쪽)과 같은 형상으로 된다."라고 하여 {Ⅱ.3.다.(2)(다) 항 '첫째' 참조}, '가운데에 있는 'ㅇ'을 제거'할 수 있다는 취지로 서 차이가 있다. 이와 같은 차이는 '태극太極'으로서 실제 기능하고 있는지 있지 않는지에 따라 정해지는 것으로 해석된다.
     같은 이유로 권근의 십이월괘지도(그림 54의 오른쪽)의 안쪽에 있는 '태극太極'은 음양陰陽의 영허소식盈虛消息에 직접 작용하고 있지 않기 때문에 생략할 수 있다.

(라) 태극문양이 복희팔괘방위도의 팔괘의 각 괘의 모양에서 도출된다는 논리에 대하여

우리나라(현행) 태극기의 태극문양이 복희팔괘방위도의 팔괘의 각 괘에서 왔다고 하는 박석재의 논리{앞의 1.나.(3) 항 참조}는 역리易理상 근거가 없다. 복희팔괘방위도의 팔괘의 각 괘는 역리易理에 부합하는 음양의 구별이 있고,[668] 태극문양은 음양 소식消息의 방향성을 보이지만,[669] 박석재가 그린 태극문양(그림 137의 왼쪽)은 복희팔괘방위도의 배열에서 음양의 구별 없이 각 괘의 음효와 양효의 수를 효가 그려진 순서대로 원(태극)에 반영된 것으로,[670] 역리易理에 맞게 그려졌다고 할 수 없다.

한편, 박석재는 태극문양과 복희팔괘방위도에서 4괘를 생략하여 현행 태극기가 도출되었다고 하나(그림 137의 가운데, 오른쪽), 그 도출 과정에서 태극문양은 그대로 있고 4괘만 시계 반대 방향으로 45도 회전하므로, 이것도 역리易理에 맞게 그려졌다고 할 수 없다.[671]

---

668) '그림 13'의 복희팔괘차서도와 복희팔괘방위도에서와 같이 음양의 구별이 있다.

669) 중국의 고태극도 계열과 래지덕의 원도 계열의 구분 없이, 태극문양은 양陽의 영역(진震·리離·태兌·건乾)에서는 '진震→리離→태兌→건乾' 방향으로 음陰이 줄어들고(消) 양陽이 자라나는(息) 음소양식陰消陽息의 방향성을 보이고, 음陰의 영역(손巽·감坎·간艮·곤坤)에서는 '손巽→감坎→간艮→곤坤' 방향으로 양陽이 줄어들고(消) 음陰이 자라나는(息) 양소음식陽消陰息의 방향성을 보인다.

670) 더욱이 리離는 양陽에 속함에도 중앙의 음효를 따라 '음양'의 순으로 원(태극)에 반영되어 있고, 감坎은 음陰에 속함에도 중앙의 양효를 따라 '양음'의 순으로 원(태극)에 반영되어 있다.

671) 태극문양과 이로부터 도출된 팔괘나 4괘는 일체로 회전하거나 좌우 반전 등을 해야 역리易理에 어긋나지 않게 된다.

이처럼 태극문양은 고정된 상태에서 4괘만 회전하거나 좌우 반전 등
이 된 태극기는 역리易理에 부합하지 않게 되고,[672] 태극문양과 4괘가
각각 회전 또는 좌우 반전된 태극기도 역리易理에 맞지 않게 된다.[673]

나. 태극기, 처음으로 돌아가자

  현행 태극기가 역리易理에 부합하지 않는 문제점이 있다는 것은 앞
에서 살펴본 바와 같다. 태극기 개정론은 현행 태극기가 역리易理에
부합하지 않는다는 것을 주된 이유로 하므로, 현행 태극기를 역리易理
에 맞도록 개정하여야 한다는 것이다.[674] 역리에 맞게 개정해야 한다
는 개정론은 크게 두 가지로 분류된다. 첫째, 주역의 원리를 그대로
따르자는 주장이다. 주로 주역을 전공한 역학자들에 의해 제기되었다
{앞의 2.나.(1) 항 참조}. 둘째, 기존 태극기의 틀 안에서 역리易理에
맞게 개정하자는 주장이다{앞의 2.가.(1) 항, 2.나.(2) 항 참조}.

  주역의 원리를 그대로 따른 태극기 도안(그림 139)은 4괘(건·곤·
감·리)의 위치를 복희팔괘방위도와 일치시킨 것으로 역리易理의 관점

---

[672] 1948년 8월 15일 대한민국 정부 수립 선포식 때 중앙에 게양된 태극기(그림 106
참조), 독립군 태극기(그림 114 참조), 임시의정원 태극기(그림 115의 왼쪽) 등이
있다.

[673] 박영효 태극기(그림 93 참조), 통리교섭통상사무아문 제작 태극기(그림 121 참조),
쥬이 태극기(그림 122 참조), 독립문 태극기(그림 131, 133 참조) 등이 있다.

[674] 독립문 태극기(제5도안)로 개정하자는 주장은 독립문 태극기가 역리易理에 역행하
도록 의도되었다는 점{Ⅲ.2.라.(4) 항 참조}을 고려할 때 역리易理와 무관한 것으
로 보인다.

에서 문제가 없으나, 미국 성조기와 함께 최초로 게양된 이응준 태극기 이후 현행 태극기에 이르기까지 우리 태극기의 독창적이고 특징적인 디자인으로 확립된 4괘의 배치에서 『주역』의 원리를 가장 충실하게 표현하는 방향으로의 개정이 되어, 결과적으로 한국적인 상징성을 상실하는 문제점이 있는 것으로 보인다.

기존 태극기의 틀 안에서 역리易理에 맞게 개정하자는 대상이 되는 태극기는 모두 이응준 감정본 계열이다. 이응준 감정본 계열에 대해서는 앞에서 살펴본 바와 같다{앞의 Ⅱ. 항, 2.가.(1) 항 및 2.나.(2) 항 참조}. 이응준 감정본은 깃대가 깃발의 오른쪽에 위치하는 조선식 기준에 따른 것이지만, 현행 태극기는 깃대가 깃발의 왼쪽에 위치하는 현행(서양식) 기준을 따르고 있다. 이응준 감정본 계열에서 서양식 기준을 따르는 태극기는 이응준 태극기,[675] 1899년 미국 해군부 태극기(그림 33의 오른쪽), 군정 문교부 공포 태극기(그림 116의 중앙, 오른쪽)와 장경하張炅夏 제안 태극기 도안(그림 138의 왼쪽)이 있다. 이응준 감정본 계열에서 조선식 기준을 따른 태극기는 1885년 고종의 어가행렬 태극기(그림 75의 아래), 주미조선공사관 옥상에 게양된 태극기(그림 30), 신축진연도병의 태극기(그림 76의 오른쪽), 고종임인진연도병풍의 태극기(그림 74의 왼쪽), 불원복不遠復 태극기(그림 112의 왼쪽), 김구 서명문 태극기(그림 77), 대한민국임시정부 임시의정원 태극기 1(그림 80의 왼쪽), 대한독립만세 태

---

675) 이응준 감정본에서 깃발은 그대로 두고 깃대만 깃발의 왼쪽에 위치하게 한 것으로, 1882년 미국 해군부 태극기(그림 12의 왼쪽)이다. 동일한 것으로 1893년 시카고 만국박람회의 조선관 게양 태극기(그림 73의 왼쪽)이다.

극기(그림 109의 왼쪽)와 대한민국임시정부 국기양식(그림 108의
왼쪽)이 있다.

이응준 감정본 계열의 태극기가 역리易理에 부합한다는 것은, 최초
태극기가 역리에 부합한다는 사항(Ⅰ.2.다. 항 참조)과 깃발에 있어
서 '좌우 반전' 등으로 깃발이 전환되어 깃발 내의 변경된 문양이 최초
문양과 다른 것처럼 보이게 되어도 최초 문양과 동일하게 보는 기학旗
學의 이론{Ⅰ.1.다.(2)(나) 항 참조}에 근거한다.[676]

그렇다면 이응준 감정본 계열 중에서 깃대가 깃발의 왼쪽에 위치
하는 현행 태극기의 기준을 충족하면서 역리易理에도 완벽하게 부합
하는 태극기는 무엇일까? 이는 깃대가 깃발의 오른쪽에 위치하도록
제작된 이응준 감정본을 좌우 반전하는 것이다. 이응준 감정본을 좌
우 반전한 태극기(그림 146의 가운데)와 그 현대적 모습(그림 146
의 오른쪽)은 복희팔괘차서도, 복희팔괘방위도와 그 의미(그림 13 및
그 앞의 ①부터 ⑩까지의 기재)에 완벽하게 부합한다(이는 또한 각주

---

676) 그런데 김상섭, 앞의 책, 131~133쪽에서, 김상섭은 국기시정위원회에 제출된 5
개의 태극기 도안 가운데에서 『주역』의 원리를 알고 정확히 그린 태극기 도안은 구
왕궁 소장안(제1도안. 앞의 대한민국임시정부 국기양식과 동일하다) 하나밖에 없
다고 언급하고 있다. 김상섭의 이와 같은 언급은 기학旗學의 이론을 적용하지 않은
결과 문교부안(제2도안. 앞의 군정 문교부 공포 태극기와 동일하다)이 정확하게 그
린 그림이 아니라고 판단한 것으로 보인다.
또한, 장경하張炅夏 제안 태극기 도안과 관련하여, 장경하張炅夏가 의거한다는 역리
易理의 관점에서 보면{앞의 2.가.(1) 항 참조}, 이응준 감정본 계열 중에서 '시계의
시·분침 움직임과 같이 좌쪽에서 우쪽으로 돌아가는 정통 태극 도형은 춘·하·추·동
사시(四時) 절기가 순리로 돌고 도는 이치는 정통태극의 원리이며 진리이다.'라는
조건에 부합하는 태극기 도안은 장경하張炅夏 제안 태극기 도안 하나밖에 없다.

676에서 언급한 장경하張炅夏의 역리 조건과도 완벽하게 부합한다).

그림 146: 이응준 감정본(좌), 왼쪽의 좌우 반전(중), 중간의 현대적 모습(우)

한편, 이응준 감정본의 창안자가 깃대가 깃발의 오른쪽에 위치하는 조선식 기준이 아닌 서양식 기준을 따른다고 하면, 5단계를 거쳐 이응준 감정본이 도출되는 복잡한 과정을 거치지 않고(그림 28 참조), 태극문양과 그 주위의 복희팔괘방위도를 시계 반대 방향으로 45도 회전하는 과정 등의 4단계를 거쳐 간단하게 도출된다(그림 147 참조).

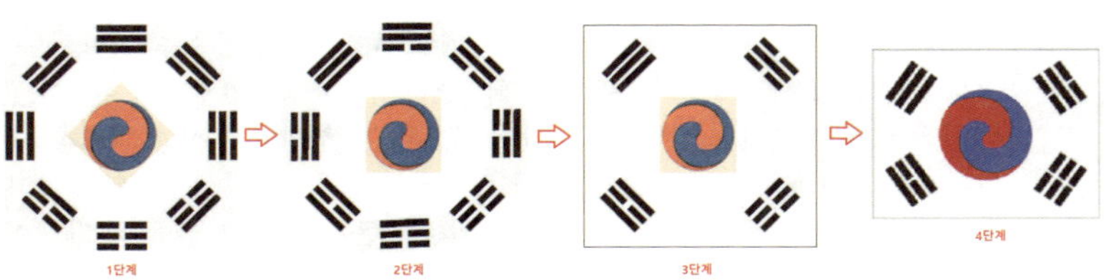

그림 147: 복희팔괘방위도를 시계 반대 방향으로 45도 회전하여
손·진·간·태괘를 생략

또한, 이응준 감정본의 좌우 반전 후 현행 태극기의 태극문양으로

변경한 태극기 도식(그림 148의 오른쪽[677])은 주역의 원리를 그대로 따른 태극기 도안(그림 139 참조)과 비교할 때, 태극문양의 음양 관계가 이응준 감정본과 동일하게 아래에 있는 양(+)은 위로 올라가고 위에 있는 음(−)이 아래로 내려오면서 음양이 서로 교접하여 만물이 형통한다는 태괘泰卦의 모양(象)을 가지게 되는 효과를 더 추가하게 된다. 더욱이 이 태극기 도식(그림 148의 오른쪽)은 현행 태극기에 대해 제기되어 온 모든 부정적인 시각[678]이 해소된다. 이 태극기 도식(그림 148 및 그림 151의 오른쪽)은 조선식 기준의 김구 서명문 태극기(그림 77)와 대한민국임시정부 임시의정원 태극기 1(그림 80의 왼쪽)을 좌우 반전하여 서양식 기준으로 변환한 것과 완전히 동일하다(그림 149 및 그림 150 참조).[679] 더욱이 이 태극기 도식(그림

---

677)　이는 김구 서명문 태극기(그림 77)와 대한민국임시정부 임시의정원 태극기 1(그림 80의 왼쪽)을 좌우 반전하여 도출된다.

678)　태극문양에 있어서, 양(+)이 위에 있고 음(−)이 아래에 있어 화합하지 않는 상을 나타내고, 또 빨간색(북)은 위로 올라가고 파란색(남)은 아래로 내려가서 서로 반목 질시하고 적대시하는 상을 나타낸다는 등의 부정적인 시각이다.

679)　한철호, 앞의 논문(2010), 19~20쪽에서, '김구 서명문 태극기' 및 '대한민국임시 정부 임시의정원 태극기 1'의 좌우 반전과 완전히 동일한 태극기에 관한 설명이 있다(태극문양을 그림 148의 '5단계'로 해석한 것은 김두봉의 아래 설명에서 '태극문 양은 바로 서지 못하고 기울어져 있다'에 근거했다. 그림 148의 '4단계'의 경우 태 극문양은 '바로 서지 못하고 기울어져 있다'라는 표현이 적절하지 않을 수 있기 때 문이다). 대한민국임시정부가 1919년에 발행한 신문인 독립신문 제32호(1919 년 12월 25일)의 4쪽 1~2단에 게재된 김두봉金枓奉의 「太極國旗新說태극국기신 설」이란 강연 내용이다. 이 강연은 1919년 상해청년단上海青年團 주최로 개최되었 던 (건국)기원절기념강연회(1919년 11월 24일 임시정부 주최 첫 건국기원절 축 하식이 있었음：필자가 '광복회' 홈페이지에서 확인)에서 행하여진 「建國當時 文化 와 吾人의 覺悟」(건국 당시 문화와 우리의 각오)라는 제목의 강연에서 태극기에 대 한 새로운 해설 부분이다. 김두봉은 태극문양에 대해, "太極中의 赤部는 北에 始 하야 漸次 膨大하면서 東을 經하야 南에 極하고, 青部는 此와 反對라. 然則 太 極은 直立치 못하고 기우러지도다."｛태극문양의 빨간색 부분은 북쪽(곤괘)에서 시 작하여 점점 커져서 동쪽을 거쳐서 남쪽(건괘)에서 최대로 되고, 파란색 부분은 이

151의 오른쪽)은 현행 태극기(그림 151의 왼쪽)에서 태극문양의 회전 방향만 반대로 하면 되므로, 현행 태극기의 상징성이 변경되지도

와 반대이다. 그런즉 태극문양은 바로 서지 못하고 기울어져 있다.}라고 설명하고 있고, 4괘에 대해, "乾은 陽ㅅ분이매 南에 위하고 坤은 陰ㅅ분이매 北에 處하며 陽中陰이 離는 東이요 陰中陽이 坎은 西이라. 太陽軌度를 基線 삼으매 南偏西하고 北偏東이라"{건괘는 양陽뿐인데 남쪽에 위치하고 곤괘는 음陰뿐인데 북에 위치하며 양중음인 리離괘는 동쪽이고 음중양인 감坎괘는 서쪽이다. 태양궤도를 기준이 되는 선으로 삼으면 남(건괘)에서 서(감괘)로 기울고, 북(곤괘)에서 동(리괘)으로 기운다(건괘→감괘, 곤괘→리괘).}라고 설명하고 있으며, 깃대의 위치에 대해, "旗대는 正東에 位할지니 卽, 赤편이오 그 意는 進取를 象함이라"(깃대는 똑바른 동쪽에 위치하니 즉, 빨간색 쪽이다. 그 의미는 진취를 상징한다)라고 하여, 깃대가 깃발의 왼쪽에 위치하는 서양식 기준으로 설명하고 있다. 한철호는 '太極國旗태극국기'에 대해, "태극은 현재의 국기를 뒤집은 모양에다가 적청색이 서로 바뀐 형태가 된다."라고 설명하는 한편{한철호, 앞의 논문(2010), 19쪽}, "괘의 위치는 최초의 국기 또는 현재의 국기와 동일하다"라고 설명하고 있다{한철호, 앞의 논문(2010), 20쪽}.
'김구 서명문 태극기' 및 '대한민국임시정부 임시의정원 태극기 1'의 좌우 반전 도식이 3·1독립운동이 전개되고, 그 직후 대한민국임시정부가 수립되었던 1919년 당시에 '太極國旗태극국기'로 불리어졌다는 점에 큰 의미가 있는 것으로 보인다. 대한민국임시정부 수립 직후에 발간된 '조선독립신문'의 호외와 제32호(1919년 6월 6일자), 제40호(8월 12일자), 제41호(8월 15일자 추정), 제42호(8월 20일자)의 1쪽에 그려져 있는 태극기는 현재의 태극기와 거의 동일하다고 한다{한철호, 앞의 논문(2010), 11쪽}. '현재의 태극기'는 박영효 태극기 계열로서 박영효 태극기가 조선과 대한제국의 공식 국기였다는 것은 앞에서 살펴본 바와 같다. '현재의 태극기와 거의 동일'한 태극기도 '太極國旗태극국기'로 불리었는지 확인되지 않지만, 당시 이응준 감정본 계열과 박영효 태극기 계열이 혼재하고 있었음은 확실하고, 3·1독립운동과 그 직후 수립된 대한민국임시정부 당시 독립을 염원하는 동포들의 뇌리에 '이응준 감정본'과 '박영효 태극기' 계열 모두가 '국기'로서 인식되고 있었음이 틀림없었을 것으로 보인다. 그래서 '이응준 감정본의 좌우 반전'과 동일한 이 '太極國旗태극국기'는 20년 후 '김구 서명문 태극기' 및 '대한민국임시정부 임시의정원 태극기 1'로 연결되었고, 이와 동일한 이응준 감정본 계열인 '대한민국임시정부공고 제75호'의 국기양식으로 연결된 것으로 보인다. 그렇지만 대한민국임시정부는 주권 국가가 아니다. 이응준 감정본은 주권 국가 조선의 국기로 창안되었음에도 외부적인 요인으로 조선의 공식적인 '국기'가 되지 못했지만, 동포의 가슴 속에서 변함없이 '국기'로서 자리를 차지하고 있었으므로, 명실상부한 자주 독립국가인 대한민국은 이제 '김구 서명문 태극기' 및 '대한민국임시정부 임시의정원 태극기 1'의 좌우 반전 도식을 '국기'로서 제자리에 있게 해야 할 것이다.

않으므로 현행 태극기의 간단한 개정으로 변경이 가능하다.

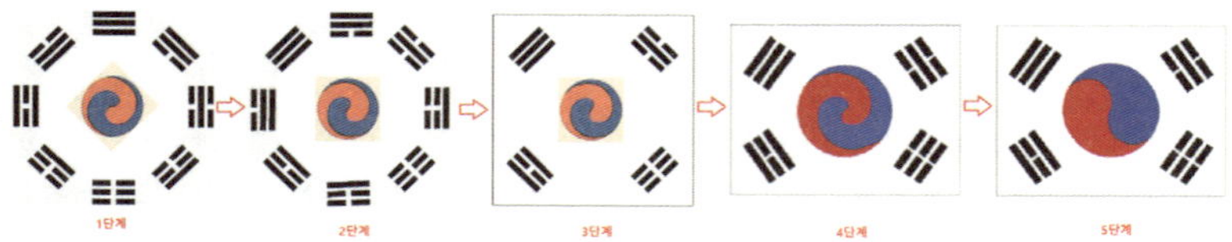

그림 148: 그림 147의 오른쪽 태극문양을 현행 태극기의 태극문양으로 치환

그림 149: 김구 서명문 태극기(좌), 좌의 좌우 반전(우)

그림 150: 대한민국임시정부 임시의정원 태극기 1(좌), 좌의 좌우 반전(우)

그림 151: 현행 태극기(좌), 이응준 감정본의 좌우 반전 태극기 도식(우)

이선근 박사가 태극기의 상징성에 대해 "이 태극기의 깃발 아래 피
와 목숨을 내 대고 항일 독립운동을 전개해 왔고"라고 언급하였듯이,
태극기는 한민족의 굴하지 않는 독립 정신을 상징한다. 이 굴하지 않
는 독립 정신은 청국에 의한 최소한 네 번에 걸친 용기龍旗의 조선 국
기 채택 요구에도 불구하고 이를 뿌리치고 이응준 감정본으로 관철한
당시 조선 정부의 자주정신으로 출발한다. 이응준 감정본은 조선의
자주 개화정책의 실현을 추구했던 역매 오경석으로부터 시작해서 국
권을 상실한 일제 강점기에도 겨레의 앞날을 위해 청년들의 깨달음과
실력 양성을 위해 힘썼을 정도로 겨레의 장래를 걱정한 월남 이상재에
의해 완성되었다. 이응준 감정본은 김구 서명문 태극기와 대한민국임
시정부 임시의정원 태극기 1로 형태를 달리하고 있는데, 이들 태극기
는 일가족 7명이 독립운동에 헌신했던 대표적인 가문인 김붕준의 부
인 노영재 여사에 의해 제작되었을 가능성이 크다. 그러므로 한민족
의 굴하지 않는 자주정신과 독립 정신을 온전하게 보전하고 있는 이응
준 감정본의 현행 기준(그림 151의 오른쪽)을 대한민국의 국기로 바
꾸는 것은 무엇보다 우선되어야 한다.

맺음말

『25시』의 저자 C. V. 게오르규는 태극기에 대해 "세계 모든 철학의 요약 같은 것이 새겨져 있다."라고 언급한 바 있고, 김두봉도 태극기에 우주의 원리(원이 우주의 근원인 태극을 의미하고, 두 개의 반원은 음양, 네 귀의 문양은 4괘를 의미)가 담겨있고, 한국의 전통이 반영되어 있다고 본마음을 밝힌 바 있다고 한다.

우리가 살고 있는 이 세상에서 우주의 원리가 미치지 않는 곳이 없다. 뉴턴과 거의 동시에 미적분을 창시한 수학자·과학자·철학자인 라이프니츠는 기계식 계산기에 2진법을 도입함으로써 현대 전자식 컴퓨터로의 토대를 마련했다. 라이프니츠는『주역』에 나오는 64괘의 전개과정이 그가 연구하고 있던 2진법과 같다는 프랑스인 부베(Uoachim Bouvet)(당시 청국에서 선교사로 활동)의 편지를 받고, 2진법에 대해 확신을 갖게 되었다고 한다. 수천 년 전 복희씨의 생각이 첨단의 슈퍼컴퓨터에 연결된 셈이다.

최초 태극기는 '모든 것을 통하게 하여 막힘이 없게 하는 지천태의 형상'으로, 우주의 원리를 가장 이상적으로 구현하는 구조로 되어 있다. 이는 '인간 세상을 널리 이롭게 한다'라는 뜻을 가진 홍익인간弘益人間의 이념과 통한다. 홍익인간은 한민족을 상징하는 이념이므로, 최초 태극기는 이를 구현하는 가장 한국적인 상징이다.

부록

□ 이응준 감정본(태극기) 계열

이응준 감정본(1881년 추정)

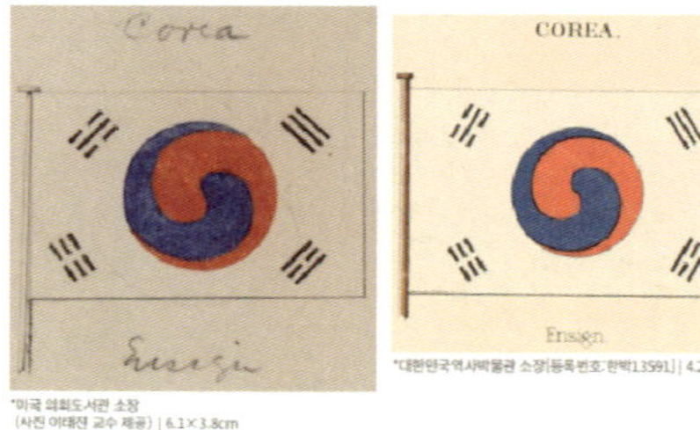

조미수호통상조약(1882.5.22.)

고종 어가행렬(1885년 종로)

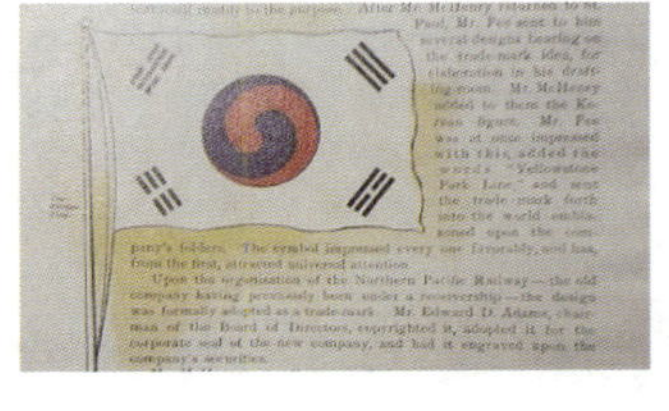

주미조선공사관옥상(1889.5.8.)　　시카고만국박람회 조선관(1893.5.)

미국 해군부(1899)

신축진연도병(1901), 고종임인진연도병풍(1902)

  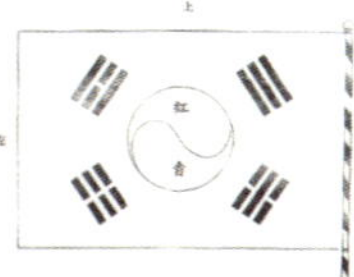

불원복(1907) – 대한독립만세(1930 ~ 1940년대),
대한민국임시정부정부공보 제75호 국기양식(1942.8.20.)

김구 서명문(1941)

미군정문교부공포 태극기(1945.11.)

대한민국 임시의정원 태극기 1(1942)

박영효 태극기(1883.3.6.)

독립신문 태극기(1896.5.2.)

태극기 배지(1896)

통신원게양 태극기(1900년대 추정)

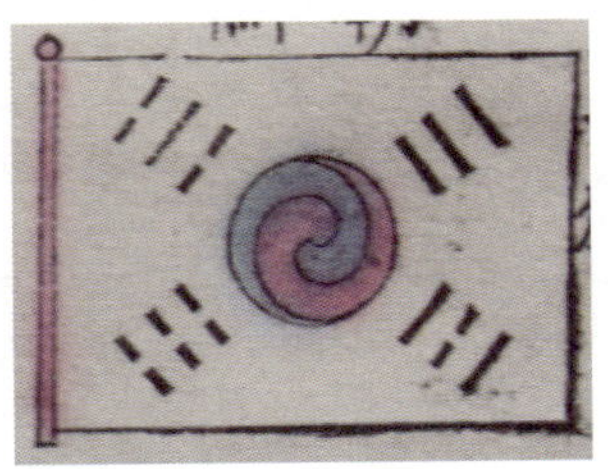

세계전도(1900)

□ 박영효 태극기 계열

박영효 태극기(1882. 3. 6.)

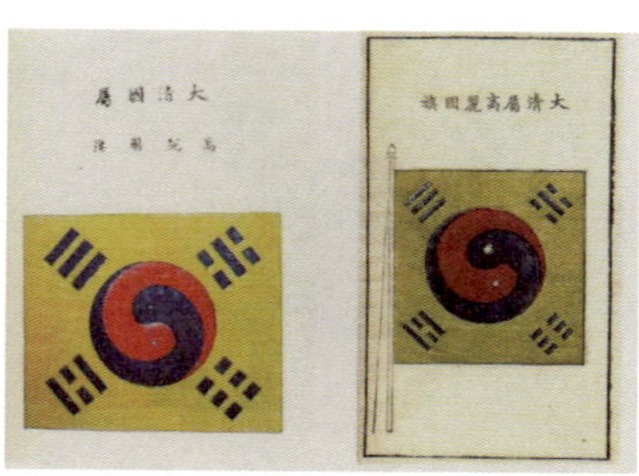

통상장정성안휘편의 대청속국고려국기
통상약장유찬의 대청속고려국기(1886)

주미공사관 중앙홀 벽면(1893년 촬영)

<그림 4> 공사관 현관 입구 포치(porch) 합각 금속판에 태극기 문양을 새겼다. (1920년대 초반 추정, 독립기념관 소장)

주미공사관 현관 포치
(1891. 5. 9. 설치 결정)

스튜어트 컬린 태극기(1895)

대한제국국긔만만세
(상: 규장각, 하: 장서각)

대한황제폐하 몸기(1907)

대한민국임시의정원 태극기 3(1941)

현행(1949.10.15.~)

○ **박영효 태극기의 변형**

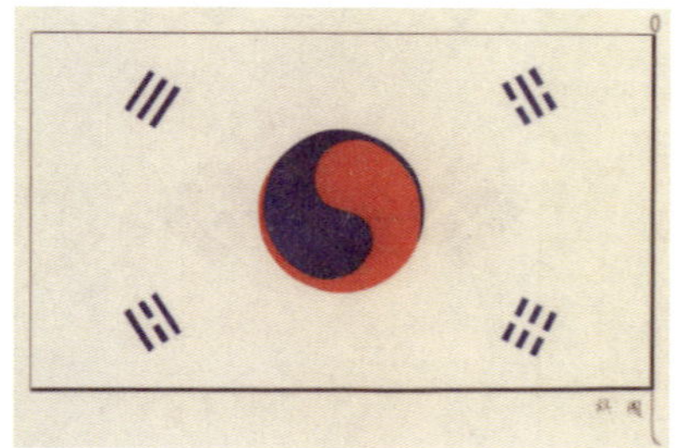

통리교섭통상사무아문 국기(1884. 6. 10.)

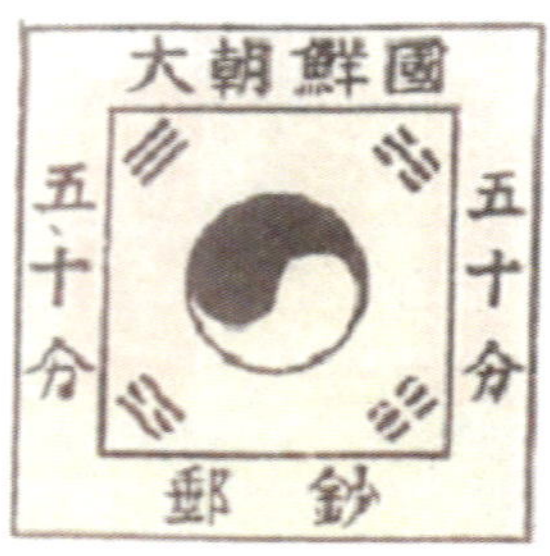

우초추형(1884)

쥬이 태극기(1884)

A&G 카드 태극기(이현표 소장)

데니 태극기(1886~1890년 사이)

배설의 태극기(신문박물관 소장)

독립문 태극기(1897)

『계림팔도물어』(1911) 표지에
실린 태극기(이현표 소장)

콜렝 드 플랑시 외교문서
(1888.7.8.)

태극우표(1895)

□ **주돈이 태극도**{남송 때인 1134년 주진朱震이 조정에 제출한 주자태극도周子
太極圖임. 통지당경해본通志堂經解本 한상역괘도상漢上易卦圖上에 수록(최창동,
앞의 논문(1990), 14쪽에서 인용)}

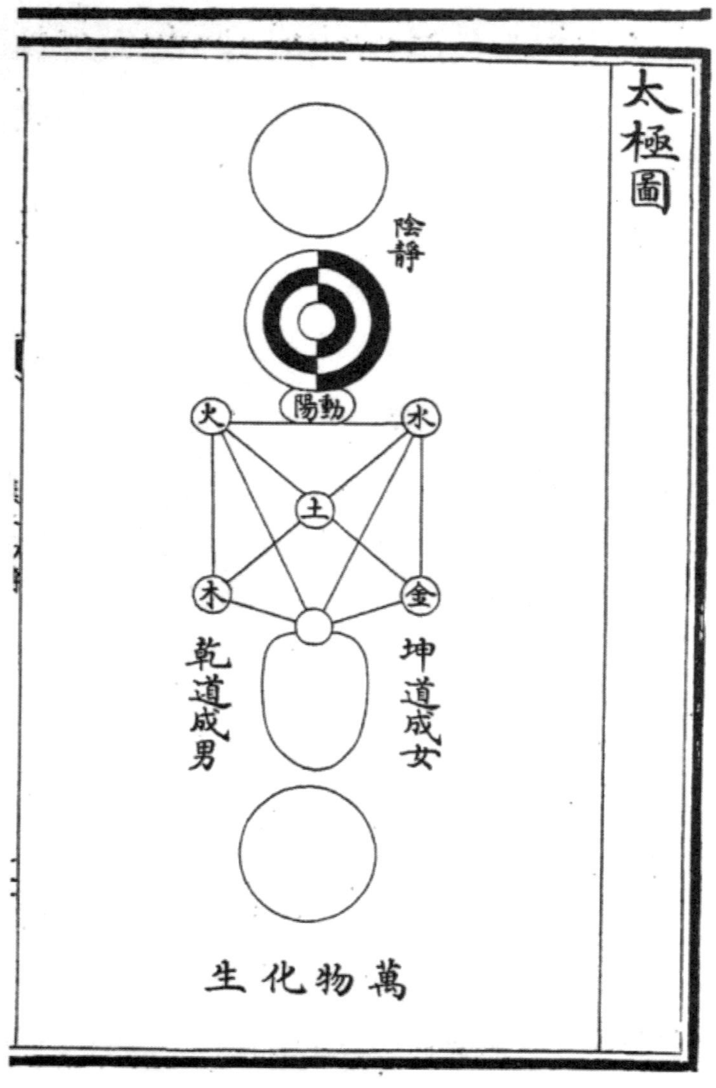

출처http://www.zhqmdj.com/homepage/wangye/yxjc/htls/htls3.htm

□ 선천방위원도('그림 53의 가운데' 관련)

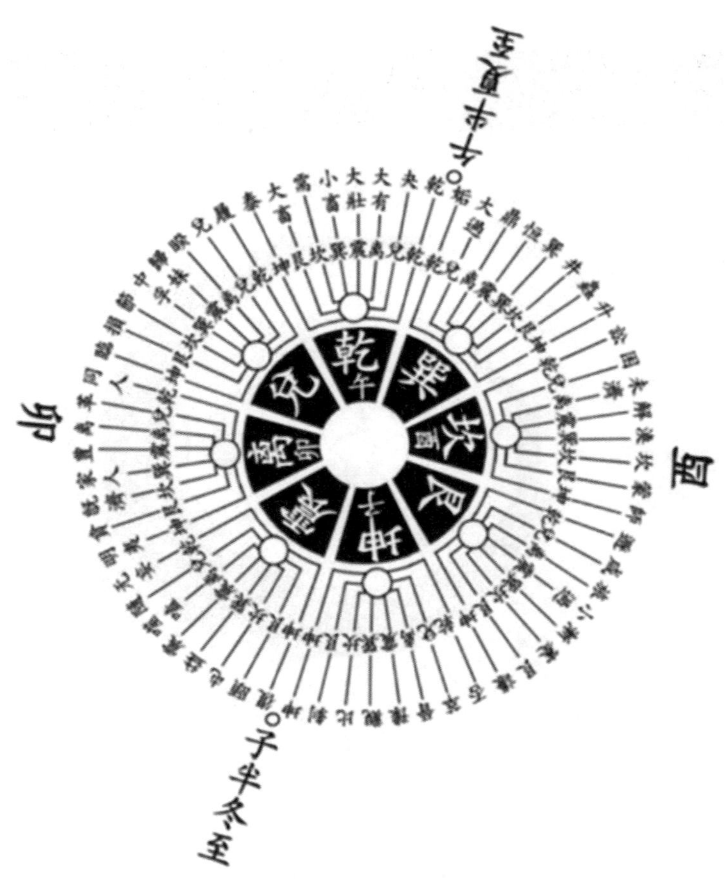

□ 천명구도('그림 58의 가운데' 관련)

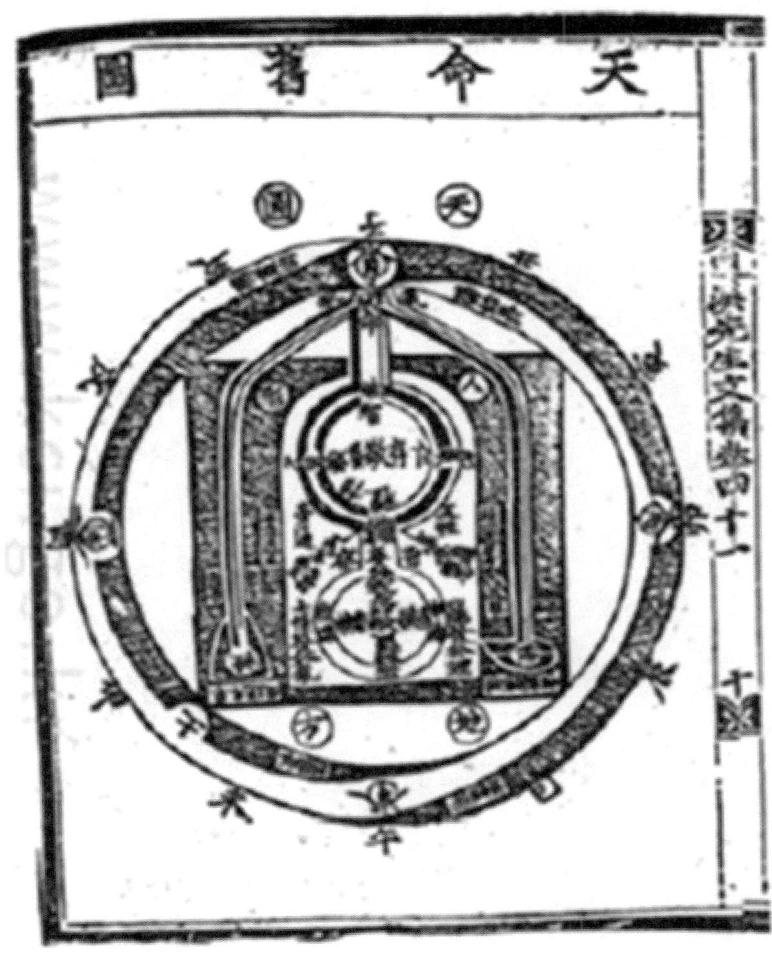

□ 태극음양상괘방위절기지도('그림 60의 왼쪽' 관련)

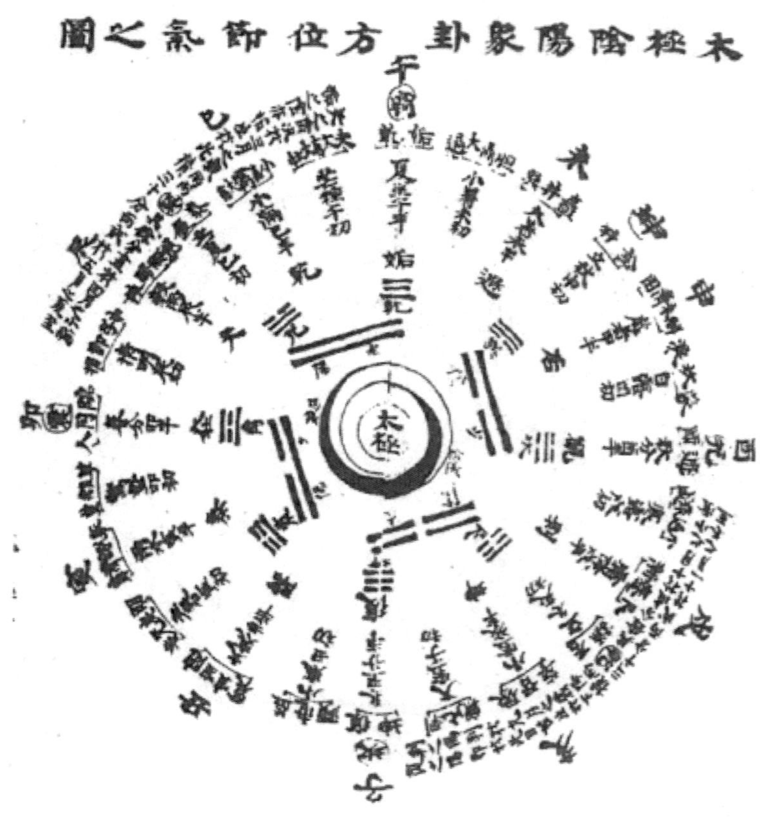

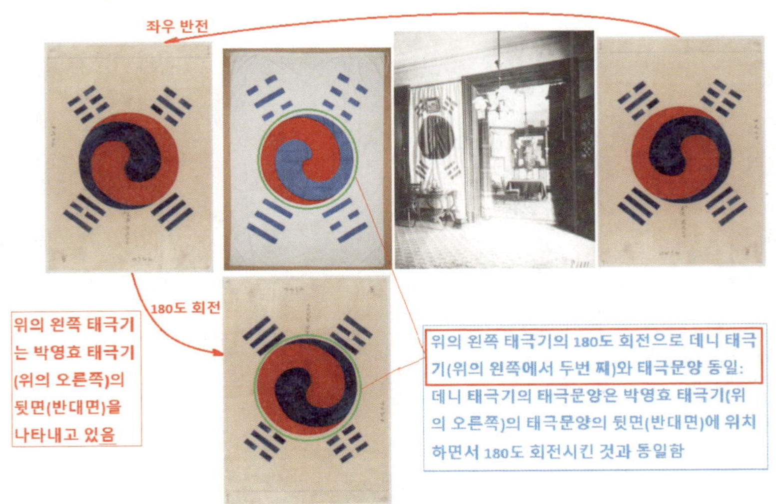

좌우 반전
180도 회전
위의 왼쪽 태극기
는 박영효 태극기
(위의 오른쪽)의
뒷면(반대면)을
나타내고 있음
위의 왼쪽 태극기의 180도 회전으로 데니 태극
기(위의 왼쪽에서 두번 째)와 태극문양 동일:
데니 태극기의 태극문양은 박영효 태극기(위
의 오른쪽)의 태극문양의 뒷면(반대면)에 위치
하면서 180도 회전시킨 것과 동일함

□ '태극 모형의 원리'와 이의 '상하 반전'을 시계 방향으로 90도 회전
한 문양(위)과 '태극문양과 복희팔괘방위도의 관계'(아래)의 비교(그
림 141 관련)

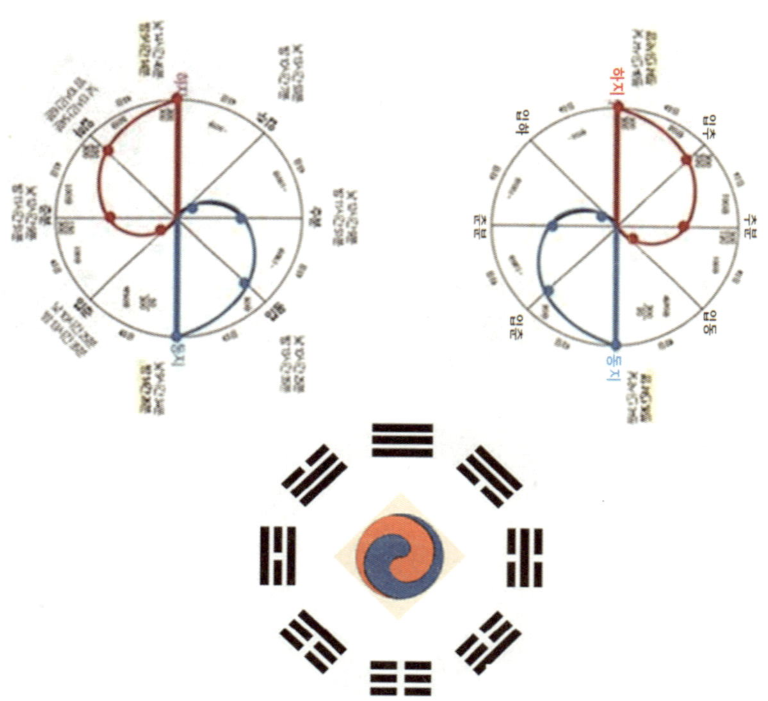

참고 자료 등

『각국기도各國旗圖』(서울대 규장각 古4635-1)(한국학중앙연구원 장서각 K3-544), 『논어論語』(권경자 역해, 메이트북스, 2019.4.5.), 『대청흠사필담록大淸欽使筆談錄』(김홍집, 한국학중앙연구원 장서각), 『동경일기東京日記』(송헌빈, 서울대 규장각 古4710-4), 『동행일록東行日錄』(민건호, 부산근대역사관 사료총서 3), 『사화기략各和記略』(박영효, 부산대학교 사학회), 『속병장도설續兵將圖說』(서울대 규장각 奎1609)(한국학중앙연구원 장서각 K3-288), 『신각래구당선생역주新刻來瞿唐先生易註』(서울대 규장각 奎中4739), 『신각래구당선생역주新刻來瞿唐先生易註』(서울대 규장각 奎中2842), 『양산래지덕선생역경집주梁山來知德先生易經集註』(서울대 규장각 奎中4695), 『역경易經』(주희朱熹, 서울대 규장각 청구기호 奎中4461-v.1-2), 『역도명변易圖明辨』(호위胡渭, 서울대 규장각 奎中3379-v.1-4), 『우리역사넷』{국사편찬위원회(https://contents.history.go.kr〉mobile〉view)}, 『일동록日東錄』(강진형, 서울대 규장각 奎7774), 『입학도설入學圖說』(한국학중앙연구원 장서각 청구기호 PC2-113), 『청국문답淸國問答』(서울대 규장각 도서 번호: 20417), 『천명도설天命圖說』(정지운鄭之雲, 서울대 규장각 도서번호 7020), 『淸史稿』, 『통상약장류찬通商約章類纂』(서울대 규장각 奎中3795-v.1-20), 『통상장정성안휘편通商章程成案彙編』(서울대 규장각 奎中5801-v.1-12), 『포일함삼비결抱一函三秘訣』{중국 바이두 백과, 단경선독/포일함삼비결(丹经选读/抱一函三秘訣)}, 『훈민정음운해訓民正音韻解』(신경준, 도서출판DRM연구원, 2015.5.30.), 『The Story of the Monad(태극 이야기)』(1955년 발간, http://hdLhandle.net/20.500.11867/15436), 『조선왕조실록朝鮮王朝實錄』(국사편찬위원회), 『승정원일기承政院日記』(국사편찬위원회), 『한국민족문화대백과사전』(한국학중앙연구원), 위키백과, 나무위키, WIKIPEDIA, 일본 위키피디아{ウィキペディア(Wikipedia)}, 중국 바이두 백과(Baidu百科), 중국어판 위키백과(维基百科)

국가유산청(문화재청), 『2008년도 등록문화재 등록보고서』, 문화재청 근대문화재과, 2009.5.24.

국가유산청(문화재청), 『2010년도 등록문화재 등록보고서』, 문화재청 근대문화재과, 2011.2.

국가유산청(문화재청), 『2011년도 등록문화재 등록보고서』, 문화재청 근대문화
　　　재과, 2012.2.

국가유산청(문화재청), 『2013년도 등록문화재 등록보고서』, 문화재청, 2014.4.

국가유산청(문화재청), 『2022년도 국가등록문화재 등록조사보고서』, 문화재청,
　　　2023.11.

국립고궁박물관, 『왕실문화도감 의장』 제4책, ㈜조은피앤피, 2018.12.

국립민속박물관, 『1906~1907 한국·만주·사할린 독일인 헤르만 산더의 여행』,
　　　시월, 2006.6.

국외소재문화재재단, 『자주외교와 한미우호의 상징 주미대한제국공사관』, 2020.
　　　11.30.

권석봉, 「國旗 制定의 由來에 대한 管見」, 『歷史學報』 23집, 1964.

김기승, 이종훈, 「훈민정음 한글발음의 성명학 적용 논점 고찰」, 『한국산학기술
　　　학회논문지』 제20권 제2호, 2019.

김도형, 「1882년 '이응준 감정본' 국기 자료 검토」, 『백범과 민족운동연구』 11,
　　　백범학술원, 2015.12.

김동진, 「내지덕(來知德) 주역집주(周易集注)의 판본 연구 -장유임(張惟任)본과 고
　　　앵영(高翯映)본의 비교를 중심으로-」, 『민족문화연구』 제83호, 2019.

김만태, 『한국 성명학 신해新解』, 좋은땅, 2018.5.22.

김만태, 「훈민정음의 제자원리와 역학사상 -음양오행론과 삼재론을 중심으로-」,
　　　『시대와 철학』 제45권, 2012.

김상섭, 『태극기의 정체』, 동아시아, 2001.10.1.

김석진, 『새로 쓴 대산 주역강의 ① 상경』, 대유학당, 2021.1.12.

김석진, 『새로 쓴 대산 주역강의 ② 하경』, 대유학당, 2021.1.12.

김석진, 『새로 쓴 대산 주역강의 ③ 계사』, 대유학당, 2021.1.12.

김영우, 「조선 후기 래지덕(來知德) 역학의 수용과 비판」, 『인문논총』 제72권 제1
　　　호, 2015.

김원모, 「조미조약 체결 연구」, 『東洋學』 第22輯, 단국대학교 동양학연구소,
　　　1992. 10.

김원모역, 「조미조약 체결사」, 『史學志』 25, 단국대학교 출판부, 1992. 7.

김원모, 『태극기의 연혁』, 행정자치부, 1998. 5.

김원모, 「奉使圖의 太極圖形旗(1725)에 대하여 - 太極旗 起源문제를 중심으로 -」, 『亞細亞文化硏究』 第4輯, 2000.2.

김일수, 『국기해설』, 우리국기보양회 출판부, 1957.4.10.

김일환, 박태봉, 「감은사 태극문양의 기하학적 의미 연구」, 『한국콘텐츠학회논문지 '21』 Vol. 21 No. 6, 2021.3.22.

김종학, 「개화당의 기원과 비밀외교, 1879-1884」, 서울대학교 대학원 정치외교학부 외교학전공 외교학박사학위논문, 2015.2.

김지훈, 「3.1운동의 성격과 의의 재고찰」, 서울대학교 대학원 정치외교학부 외교학 석사학위 논문, 2013년 8월

김현수, 「영국 직업 외교관, 써 해리 파크스(Sir Harry Parkes)의 동아시아 외교 활동, 1842-1885」, 《영국 연구》 제9호, 2003.6.

김형찬, 『율곡이 묻고 퇴계가 답하다』, 바다출판사, 2018년 3월

김혜수, 「해방후 통일국가수립운동과 국가 상징의 제정과정 -國號·國旗·國歌·國慶日 제정을 중심으로-」, 『國史館論叢』 第75輯, 1997.

노선희, 「서원문(書院門)의 태극문양 연구」, 서경대학교 경영문화대학원 동양학과 동양학석사 학위논문, 2019.2.

노영돈, 「태극기의 국기로서의 최초 사용과 인천」, 『인천학연구』 26, 2017.2.

량야오중, 「조선시대 『홍무정운』의 지식전파 형식」, 『지식인문학』 2019-08-제1권 1호, 2019.

뢰기삼, 「한국 '태극기'와 송대 유학자 소옹의 선천역학의 비교연구」, 『규장각』 40, 서울대학교 규장각한국학연구원, 2012.

류승국, 「東方思想 형성의 연원적 연구」, 『한국사상의 염원과 역사적 전망』, 성균관대학교 동아시아학술원 유교문화연구원, 2009.6.30.

류승국, 「한국 역학의 현대적 의의와 전망」, 『한국사상의 염원과 역사적 전망』, 성균관대학교 동아시아학술원 유교문화연구원, 2009.6.30.

류승국, 「태극기의 원리와 민족의 이상」, 『한국사상의 염원과 역사적 전망』, 성균관대학교 동아시아학술원 유교문화연구원, 2009.6.30.

목수현, 「망국과 國家 表象의 의미 변화 : 태극기, 오얏꽃, 무궁화를 중심으로」, 『한국문화』 53, 2011.

목수현, 「한국 근대 전환기 시각 상징물」, 서울대학교 대학원 고고미술사학과 미술사전공 문학박사학위논문, 2008.2.

문경득, 「19세기 말 '부민(富民)' 개념의 의미장의 변화 양상 – 개항기 신문 매체를 중심으로–」, 『민족문화논총 76』, 영남대학교 민족문화연구소, 2020.

문광(권기완), 『탄허 선사의 사교 회통 사상』, 민족사, 2020.8.25.

문순희, 「1881年 조사시찰단의 일본을 바라보는 시선 차이 –『日東錄』, 『東行日錄』, 『東京日記』를 비교하며 –」, 『洌上古典研究』 제53집, 열상고전연구회, 2016.10.

문화재위원회, 『2021년도 문화재위원회 동산문화재분과위원회 제4차 회의자료』, 2021.8.12.

방현주, 「『천명도天命圖』의 판본문제 고찰 –사칠논변의 발단이 된 천명도에 대하여–」, 『한국철학논집』 제40집, 2014.

백인수, 김태식, 「감은사지 태극 장대석의 수리천문학적 의미」, (https://www.researchgate.net/publication/263362257), 2011.3.14.

서울역사편찬원, 『국역 경복궁영건일기 2』, 2019.6.17.

손성태, 『고대 아메리카에 나타난 우리민족의 태극』, 코리, 2017.1.20.

신용하, 「開國論의 대두와 開化思想의 형성」, 『東洋學』 第28輯 檀國大學校 東洋學研究所, 1998.11.

신원봉, 「박영효 태극기의 유래와 그 발견의 의미」, 『東洋古典研究』 第43輯, 2011년a.

신원봉, 「태극기 중국 유래설에 대한 반박」, 『東洋文化研究』 第8輯, 2011년b.

신희정, 「太極旗의 太極紋樣에 관한 研究」, 원광대학교 동양학대학원 석사학위논문, 2017.

안창호, 「국가 상징으로서 국기의 인식과 통일국가기 제작방안 연구」, 홍익대학교 대학원 디자인공예학과 시각디자인전공 박사학위논문, 2011.

양원석, 「규장각 도서 '經部–小學類–字書'의 서지사항에 대한 고찰」, 『한국문화』 74, 2016.

유정화, 「근대 개혁기 한일 통번역 결사 비교 연구 육교시사(六橋詩社)와 메이로쿠샤(明六社)를 중심으로」, 통번역학연구 제23권 2호, 한국외국어대학교 통번역연구소, 2019.4.

유홍준, 『완당평전1–일세를 풍미하는 완당바람』, 도서출판 학고재, 2002.2.28.

육영수, 「은자의 나라 조선 사대부의 미국문명 견문록」, 『역사민속학』 제48호, 2015.

윤치영, 『(東山回顧錄)尹致暎의 20世紀』, 삼성출판사, 1991.

이기훈, 『동이 한국사』, 책미래, 2021.7.30.

이남희, 「조선후기 잡과의 위상과 특성 - 변화 속의 지속과 응집 -」, 『한국문화』58
(https://s-space.snu.ac.kr), 2013.

이선경, 「태극기의 원리와 易의 철학정신 - K철학을 전망하며」, 범한철학논문집
『범한철학』제100집, 2021년 봄

이선경, 『주역의 눈』, 불광출판사, 2025.02.18.

이선근, 「우리 국기제정의 유래와 그 의의」, 『국사상의 제문제』제2집, 국사편찬
위원회, 1959.

이성준, 「景福宮 勤政殿 月臺 欄干石柱像 研究」, 고려대학교 대학원 석사학위논문,
2006.

이성혜, 「19세기 새로운 지식인의 출현: 오경석론」, 東洋漢文學研究 第38輯, 동
양한문학회, 2014.2.

이태진, 「대한제국의 황제정과 [민국] 정치이념 -국기의 제작·보급을 중심으로-」,
『韓國文化』22, 1998.12.

이현표, 『우주를 품은 태극기』, 코러스, 2015.10.15.

인현정, 「태극기의 철학적 의미」, 『인문과학연구』제48집, 2023.3.

장철균, 「인물로 본 한국 외교사(18) 金弘集」, 월간조선, 2016년 3월호

전나나, 「경복궁 광화문 월대(月臺)의 난간석 복원에 관한 고찰」, 『MUNHWAJAE
Korean Journal of Cultural Heritage Studies』Vol. 54 No. 4,
2021.12.

조인수, 「태극문양의 역사와 태극도의 형성에 대하여」, 『동아시아 문화와 예술』
제1집, 2004.

정승안, 「일부(一夫) 김항(金恒)의 정역(正易)과 사회사상적 함의」, 『한국학논집』
제68집(2017), 계명대학교 한국학연구소, 2017.

제송희, 김영선, 「조선 후기 무위(武威)의 상징 대기치(大旗幟) 고증」, 『MUNHWAJAE
Korean Journal of Culutral Heritage Studies』Vol. 54 No. 4,
2021.

최성미, 「명성황후 가례와 국장도감의궤 반차도의 기법 연구」, 이화여자대학교
대학원 2011학년도 석사학위 논문

최식, 「19세기말 20세기초 閭巷文人의 交遊樣相 -六橋詩社의 向背와 殘影-」,

東方漢文學 第71輯, 東方漢文學會, 2017.

최정준, 「태극기에 관한 역학적 검토 -개정논의와 관련하여-」, 『한국사상사학』
    제47집, 2014.8.

최종고, 「남북한의 국가 상징과 법」, 『서울대학교 법학』 제40권 3호, 1999.

최창동, 「大韓民國 國旗上의 太極圖 小考」, 『法學研究』 第2輯, 1990.

최창동, 「대한민국 국기의 시정론 소고」, 『法學研究』 第3輯, 1991.

최창동, 「태극기의 제정배경과 법철학적 의의 및 남북한 통일국기 제정안 소고」,
    『釜山 外大 法學研究』 創刊号, 1989.

한글서예연구회, 『훈민정음 해례본·언해본』, 도서출판 다운샘, 2015.5.29.

한동석, 『宇宙 變化의 原理』, 대원출판, 2008.5.1.

한보람, 「고종정부의 만국박람회 인식과 파견 인물의 성격 -1893년 콜럼비아
    박람회를 중심으로-」, 『숭실사학』 2022년 48권 48호, 2022.

한철호, 「우리나라 최초의 국기('박영효 태극기' 1882)와 통리교섭통상사무아문
    제작 국기(1884)의 원형 발견과 그 역사적 의의」, 『한국독립운동사연구』
    제31집, 2008.

한철호, 「진관사 태극기의 형태와 그 역사적 의의」, 『한국독립운동사연구』 제36집,
    2010.7.

한홍구, 「[한홍구의 역사이야기] 태극기는 정말 민족의 상징인가」, 한겨레21 제
    415호, 2002.6.26.

한훈, 「태극도의 도상학적 세계관과 그 매체성」, 공주대학교 대학원 동양학과 동양
    학전공 박사학위논문, 2013.2.

행정안전부, 『2024 정부의전편람』, 행정안전부(의정관실), 2024.8.

허동현, 「1881年 朝士視察團의 활동에 관한 연구」, 『國史館論叢』 第66輯, 국사
    편찬위원회, 1995.

홍승표, 「태극기는 누가 처음 만들었을까?」, 뉴스앤조이(NEWS&JOY) 기고,
    2020.2.27.

홍원식, 「권근의 성리설과 그 철학사적 위치」, 『韓國思想史學』 제28집, 2007.

羅樂然(Law, Lok-Yin)은 「達志通欲 : 朝鮮漢語驛館與十七至十九世紀的中朝關
    係 = Communicating likings and needs : Chinese interpreters
    of Choson and Sino-Choson relations, 1600-1900」, 싱가폴 난
    양이공대학, 2017.

오카다 마코토(岡田 誠),「熊崎式姓名判斷の源流(구마사키식 성명판단의 원류)」,
    『人体科学』32-(1) : 34~42쪽, 2023.
시오다 교오코(塩田 今日子),「太極旗の文樣の意味に関する一考察(태극기 문양
    의 의미에 관한 일고찰)」,『大学論集』31-44쪽, 2011.3.
Stewart Culin,「Korean Games with Notes on the Corresponding
    Games of China and Japan(한국의 게임)」, 1895. (번역본『한국의
    놀이』, 열화당, 2003.)
Theun Okkerse,「The obverse-reverse paradox: reading flags differs
    fundamentally from reading texts」, ICV27 London 2017,
    2017.
Whitney Smith,「FLAGS: Through the ages and Across the
    world」, McGraw-Hill, 1975.
장커삔(張克賓, Zhang Ke-bin),「明代〈古太極圖〉考論(명대〈고태극도〉고
    론)」,『政大中文學報』第四十期, 2023.12.

KBS, MBC, SBS, YTN, 연합뉴스, 조선일보, 동아일보, 중앙일보, 뉴데일
리(NewDaily), 뉴스앤조이(NEWS&JOY), 한국일보, 데일리안, 서울신문,
문화일보, 경향신문, 한겨레, 국민일보, 오마이뉴스, 경기일보, 대경일보, 천지
일보, 우리문화신문, 뉴스1, 뉴시스, 아주경제, 금강일보, 대전일보, 국방일보,
시니어가이드, 문화저널21, 세종대왕신문, 우리문화신문, 월간조선, 신동아,
한겨레21, 시사주간, 월간 독립기념관, 월간도예

찾아보기

태극기, 처음으로 돌아가자

ⓒ 김인기, 2026

초판 1쇄 발행 2026년 2월 12일

지은이   김인기
펴낸이   이기봉
편집   좋은땅 편집팀
펴낸곳   도서출판 좋은땅
주소   서울특별시 마포구 양화로12길 26 지월드빌딩 (서교동 395-7)
전화   02)374-8616~7
팩스   02)374-8614
이메일   gworldbook@naver.com
홈페이지   www.g-world.co.kr

ISBN   979-11-388-5401-6 (93150)